外语教育研究与实践应用

Researches and Practices in Foreign Language Education

皇甫伟　著

中国农业大学出版社
·北京·

内 容 提 要

本书是一部理论与实践结合的专著。该书对外语教育的理论研究"兼收并蓄"、"博采群长",广为吸收第二语言描写理论、第二语言习得理论、教育学、心理学、心理语言学以及认知语言学相关领域的最新研究成果,包含十分丰富的内容。全书主要内容涉及外语教育的六个方面,即语法、词汇、听力、阅读、写作以及学习者因素。阅读本书,既能够提高对外语语言教育理论的认识,同时又能够提高实践应用能力。因此,本书能够供外语专业学习的各层次学生,或者从事外语教学的教师,或者外语师资培训的专业人员,以及进行语言教育研究的相关研究人员阅读与参考。

图书在版编目(CIP)数据

外语教育研究与实践应用/皇甫伟著. —北京:中国农业大学出版社,2010.12
ISBN 978-7-5655-0166-1

Ⅰ.①外… Ⅱ.①皇… Ⅲ.①外语教学-教学研究 Ⅳ.①H09

中国版本图书馆 CIP 数据核字(2010)第 261672 号

书　　名 外语教育研究与实践应用
作　　者 皇甫伟 著

策划编辑 赵　中　　**责任编辑** 洪重光
封面设计 郑　川　　**责任校对** 陈　莹　王晓凤
出版发行 中国农业大学出版社
社　　址 北京市海淀区圆明园西路 2 号　　**邮政编码** 100193
电　　话 发行部 010-62731190,2620　　读者服务部 010-62732336
编辑部 010-62732617,2618　　出　版　部 010-62733440
网　　址 http://www.cau.edu.cn/caup　　**E-mail** cbsszs@cau.edu.cn
经　　销 新华书店
印　　刷 北京鑫丰华彩印有限公司
版　　次 2010 年 12 月第 1 版　2010 年 12 月第 1 次印刷
规　　格 787×1 092　16 开本　14.75 印张　363 千字
印　　数 1～3 000
定　　价 38.00 元

前言

外语教育是国际交往的产物，其重要性随着全球化的加剧日显突出。目前，我国外语教育正处在革新的关键时刻，我国外语教育改革和发展要体现以人为本，要做到和谐、全面、可持续，为此必须借鉴国外的先进理念和做法，通过我国教师的课堂实践应用形成与我国国情相适应的发展理念和理论指导思想。

本书理论与实践相结合。外语教育理论的研究能够促进外语学科的建设和发展。本书中吸收了第二语言描写理论、第二语言习得理论、教育学、心理学、心理语言学以及认知语言学领域的最新研究成果，具体包括语法、语义和语用等方面所做出的具体描写和分析，还涉及对比分析、错误分析、中介语理论、语言学习的环境、学习者差异、认知理论和应用语言学理论在第二语言习得研究中的应用、课堂学习与第二语言学习的关系、认知方式和学习策略对第二语言学习的影响等十分丰富的内容。外语理论在课堂教学中的实践应用属于操作层次，是理论框架指导下的教学模式、教学方法和教学技巧的具体实施，指具体的技术性、操作性的教学方法、方式、手段等，涉及语言的具体教法及教法分析。教学实践能够为外语教育的各种理论提供应用场所，使这些理论在实践中得到检验、修正，从而能更加有效地指导外语教学实践。

本书是介绍外语教学基本理论与实践方法的著作，全书共6章，主要内容包括：语法学习和教学理论与应用、词汇学习和教学理论与应用、听力学习和教学理论与可选策略、阅读学习和教学理论与应用、写作教学理论与应用以及语言教育中的学习者因素。在实际教学中，这6个方面是紧密联系的，但侧重点有所不同，所以理论指导有时会有相似之处，但更多的是差异。每个章节的后面都提供大量的参考文献，便于读者作进一步深入的研究。这种安排会使每一个读者对理论有完整清晰的概念，并对自己以后的实践应用提供更加广阔的空间。

在大部分情况下，本书没有对“外语教学”与“英语教学”，“外语学习”与“英语学习”，“外语教师”与“英语教师”作区分。但是，本书中对“英语”的讨论多数情况下依然适用于“外语”。

外语教育理论不能脱离外语教育的实际，必须是用来指导外语教学的。撰写本书的一个重要的目的就是为外语师资教育提供有益的基础理论和实践应用方法，希望既能够提高教师对教学理论的认识，同时又通过实践应用促进教师教学理念的形成和完善课堂活动的安排。本书能够供外语专业的学生，或者从事外语教学、外语师资培训的教师阅读与参考，也可供进行第二语言习得相关专业人员或者从事其他语种教学的人参考。希望读者通过阅读本书，能够对外语教育理论进行宏观把握，并对外语教学实践中的各种问题拥有基本的解决办法，进而在新形势下就外语教育所遇到的问题进行富于挑战性和开拓性的研究。

笔者在本书的撰写过程中参考吸收了国内外一些专家学者的研究成果，中国农业大学出版社编辑给予了大力的支持和帮助，并提出了十分宝贵的意见，在此一并表示衷心的感谢。笔者要借此机会把此书献给妻子李桂园女士和父母，谢谢妻子对家庭的无私奉献和父母的养育之恩。笔者还要特别衷心感谢中国农业大学的李保明教授和宁秋娅女士，对我来说他们既是亲人，又是师长，在生活和事业上都给予我悉心的关怀和指导，再次向二位长辈表示感谢。此外，作者所在单位华北电力大学外国语学院的各级领导在本书的写作过程中，给予作者许多工作便利，在此一并向他(她)们表示感谢。

皇甫伟

2010 年于华北电力大学，北京

目录

第 1 章

语法学习和教学理论与应用

语法教学是外语教学中的一个重要组成部分，无论是从语言的本质、外语教学的特点等方面，还是从外语学习者的认知能力培养的角度都说明了这一点。语言之所以是人类最重要的交际工具是因为它的系统性，系统性表现在它有极强的规则性。语法规则是语言的主要组成部分，是语言得以成为语言的根本条件之一。

语法是语言的共核(common core)之一，其重要性是不言而喻的。然而，如何使学习者获得语法却是一个值得研究的重大问题。交际教学法的兴起，曾经使人们一度认为语法是无意识地自然习得的，正规的语法教学没有必要。但经过多年的实践，人们发现在语言学习过程中，仅仅依靠语言的输入同样无法达到让学习者正确使用语言的目的，因此语法的学习和教学还是有必要的(胡壮麟，2006)。否则，多年之后学习者仍然无法自然习得许多形式结构，语言的准确程度也差强人意(何莲珍，2004)。

1.1 英语教学中语法教学的现状

教学方法欠佳，多数教师下定义、讲规则，讲实例，做练习；学生死记硬背语法条文，似乎只要记住了条文，会做一些相对应用的习题，就等于掌握了语法。课堂上，教师感到枯燥乏味，难以调动学生的学习兴趣；学生则疲惫不堪，头绪繁杂，即使暂时听懂了，做习题或实际运用时仍问题百出。久而久之，规则的实际运用意义被教师和学生忽视了。

教学模式古板、单调，不利于学生个性化学习方法的形成和学生自主学习能力的发展。由于语法课内容丰富、涉及面广，教师往往采用“填鸭式”及讲练结合的方法进行讲解。采取这些方法，学生的学习主动性不强，思维能力和创造性受到压抑；学习语法不是为了真正地掌握语法，只是流于形式，运用语言的能力得不到培养。

1.2 语法学习和教学的相关理论与实践

1.2.1 建构主义理论与语法学习和教学

建构主义是近几十年具有相当影响力的心理学派别,此理论下建构主义学习理论产生和发展了多学科教学应用,英语教学也是其中重要一面。语法教学是一门知识性教学,而建构主义强调知识的意义建构,注重学习者认知能力的发展,用于指导语法教学是有一定的合理性的,这与目前外语教学的认知转向也是相符的。

1.2.1.1 建构主义学习理论简介

建构主义理论(constructivism)是认知心理学中的一个分支,是由认知主义发展而来的哲学理论。建构主义包括激进建构主义和社会建构主义。激进建构主义的主要代表是美国的冯·格拉塞斯菲尔德。他认为:"我们将'知识'重新定义为与生命有机体经验中固有的不变成分有关,而不是与一个独立存在的世界中的实体、结构和事件有关。相应的,我们重新定义了'感知'。它并不是对来自外界的信息的接受或复制,而是对不变成分的建构,通过这种方式,有机体才能够同化和组织它的经验。"(张民选,2004)

社会建构主义的代表有瑞士的皮亚杰、英国的所罗门、美国的杜宾等。皮亚杰在其早期作品中就已经使用"自我调节"结构与同化、适应、平衡、发展过程等术语来描述这些心理现象。他认为万物对其环境具有适应性。皮亚杰持有的是辩证结构主义立场,他认为,"一个辩证的争端经过辩证的说理到对抗这种辩证的理论,最后才能把它们归结到综合性理论方面来。经过转换的理论可作为一种新的命题而进入更高水平,更为新颖的综合性理论。"(玛·博登,1988)

建构主义的共同点在于:注重研究"活动",既注意一般的活动,也注意创造性的、形成性的、建构性的活动;在知识发展过程的认识上,都认为"产生"比"发现"更重要,创造的过程比发现的过程更重要;都认为没有独立于人存在的"外部世界";强调知识是学习者个体主动建构的东西。建构主义在学习问题上的共同看法可概括为:第一,学习者对知识的理解是学习者基于自己的经验构建起来的。第二,学生不是被动的信息接受者,而是一个主动对外在信息,进行选择和加工的人。第三,背景知识和经验是新的学习活动的基础,是学生建构新的知识的基础。(张民选,2004)

建构主义理论的一个重要概念是图式,图式是指个体对世界的知觉理解和思考的方式。也可以把它看作是心理活动的框架或组织结构。图式是认知结构的起点和核心,或者说是人类认识事物的基础。因此,图式的形成和变化是认知发展的实质,认知发展受三个过程的影响:即同化、顺化和平衡。同化(assimilation)是指学习个体对刺激输入的过滤或改变过程。也就是说个体在感受刺激时,把它们纳入头脑中原有的图式之内,使其成为自身的一部分。顺应(accommodation)是指学习者调节自己的内部结构以适应特定刺激情境的过程。当学习者不能用原有图式来同化新的刺激时,便要对原有图式加以修改或重建,以适应环境。平衡(equilibration)是指学习者个体通过自我调节机制使认知发展从一个平衡状态向另一个平衡状态过渡的过程。

在此基础上的学习理论就是建构主义学习理论,建构主义学习理论是建构主义理论在教学中的细化应用。建构主义学习理论的基本内容可包括“学习的含义”(即关于“什么是学习”)与“学习的方法”(即关于“如何进行学习”)这两个方面。

1.关于学习的含义

建构主义认为，由于学习是在一定的情境即社会文化背景下，借助其他人(教师和学习伙伴)的帮助即通过人际间的协作活动而实现的意义建构过程。因此建构主义学习理论认为“情境”、“协作”、“会话”和“意义建构”是学习环境中的四大要素。“情境”:学习环境中的情境必须有利于学生对所学内容的意义建构，这就对教学设计提出了新的要求，也就是说，在建构主义学习的环境下，教学设计不仅要考虑教学目标分析，还要考虑有利于学生建构意义的情境创设问题，并把情境创设看做是教学设计的最重要的内容之一。“协作”:协作发生在学习过程的始终，协作对学习资料的搜集与分析、假设的提出与验证、学习成果的评价直至意义的最终建构都有重要作用。“会话”:会话是协作过程中不可缺少的环节，学习小组成员之间必须通过会话商讨如何完成规定的学习任务，会话过程中每个学习者的思维成果(智慧)为整个学习群体所共享，因此会话是达到意义建构的重要手段之一。“意义建构”:这是整个学习过程的最终目标，所要建构的意义是指:事物的性质、规律以及事物之间的内在联系。在学习过程中帮助学生建构意义就是要帮助学生深刻地理解当前学习内容所反映的事物的性质、规律以及该事物与其他事物之间的内在联系。换句话说，获得知识的多少取决于学习者根据自身经验去建构有关知识的意义的能力，而不取决于学习者记忆和背诵教师讲授内容的能力。

2.关于学习的方法

建构主义提倡在教师指导下的，以学习者为中心的学习，也就是说，既强调学习者的认知主体作用，又不忽视教师的指导作用，教师是意义建构的帮助者、促进者，而不是知识的传授者与灌输者。学生是信息加工的主体，是意义的主动建构者，而不是外部刺激的被动接受者和被灌输的对象。学生要成为意义的主动建构者，就要求学生在学习过程中从以下几个方面发挥主体作用:要用探索法、发现法去建构知识的意义;在建构意义的过程中，要求学生主动去搜集并分析有关的信息和资料，对所学问题要提出各种假设并努力加以验证;要把当前学习内容所反映的事物尽量和自己已经知道的事物相联系，并对这种联系加以认真的思考。“联系”与“思考”是意义构建的关键。如果能把联系与思考的过程同协作学习中的协商过程(即交流、讨论的过程)结合起来，则学生建构意义的效率会更高、质量会更好。(钟平，2007)

建构主义学习理论在教学过程中的运用，主要表现出以下几个方面特点(张民选，2004):

(1)在教学过程中强调“情境”对意义建构的重要作用。由于建构主义者认为，学习总是与一定的社会文化背景即“情境”相联系的，在实际情境下进行学习，可以激化学生的联想思维，使学习者能利用自己原有认知结构中的相关经验，去同化和索引当前学习到的新知识，从而在新旧知识之间建立起联系，并赋予新知识以某种意义。

(2)在教学中强调“协作学习”对意义建构的关键作用。建构主义者认为，协作学习环境以及学习者与周围环境的交互作用，对应学习内容的理解，即对知识意义的构建来说起着关键作用，这是建构主义的核心内容之一。通过这样的协作学习，包括教师和每一位学生所组成的学习者群体成为重要的学习共同体，他们的思维与智慧就可以被整个学习共同体所共享，整个学习群体共同完成对所学知识的意义建构，而不是由其中的某一位或某几位学生来完成意义的建构。

(3)强调教师对学习环境的设计。由于建构主义者认为，学习是学习者可以在其中进行自由探索和自主学习的场所。因此,教师在设计这种环境时,应提供充分的、多样化的学习材料。在此环境中,学习者可以利用各种工具和信息资源,如文字、书籍、音像资料、CAI与多媒体课件以及网络上的信息等等,来达到自己的学习目标。

(4)强调利用各种信息资源来支持"学"。为了支持学习者的主动探索和完成自己的意义构建,在学习过程中要为学习者提供各种信息资源,包括各种类型的教学媒体和教学资源。但是必须明确的是:这里对媒体和资源的利用并非用于辅助教师的讲解和演示,而是用于支持学生的自主学习和协作的探索。由于将媒体的选择、使用与控制的权力交给了学生,对于信息资源应如何获得、从哪里获取,以及如何有效地加以利用等问题,则成为学生在主动探索过程中迫切需要教师提供帮助的内容。

(5)强调学习过程的最终目的是完成意义建构,而不是完成教学目标。在以"学"为中心的建构主义学习环境中,由于强调学生是认识主体、是意义的主动建构者,所以是把学生对知识的意义建构作为整个学习过程的最终目的。不论是学生的独立探索、协作学习还是教师辅导,总之,学习过程中的一切活动都要从属于这一中心,都要有利于完成和深化对所学知识的意义构建。

总之,建构主义学习理论本质上是知识的主动建构过程,是个体在与外部世界相互作用的过程中,在已有经验和知识的基础上,建构自己新的认识和理解的过程,也是一个意义不断生成的过程。学习是对外部信息进行选择、加工、转换和重组的过程。这便是学习的建构性本质。

1.2.1.2 建构主义学习理论对语法学习和教学的启示

建构主义学习理论认为,学习过程不是学习者被动地接受知识,而是积极地建构知识的过程。学习者对于这些规则和习惯表达并不是被动接受,而是主动构建。主动构建的最大优点就是能理解结构和语义,从而能触类旁通。这一理论对于英语语法教与学具有非常重要的意义。规则要求有适用范围,只要符合条件,规则就会适用。学习者对语法学习主动构建就是对语法构造规律的概括和迁移的心理过程。根据美国著名教育心理学家加涅(R. M. Gagne)学习过程及其发展阶段的理论"与概括阶段相应的心理过程是迁移"(Gagne 把学习过程划分为八个阶段,即动机、定向选择信息、获得信息、保持信息、回忆信息、概括、新作业或新操作的完成、反馈,相应的八种心理过程为预期、注意、编码、储存、检索、迁移、反应和强化)。把学习的材料进行总结、整理、归纳,形成体系或结构,并能把它和技能应用到各种新的情境中,这就涉及相应的迁移,即能到达灵活应用。迁移的基础在于概括。那么,学习者要很好的应用语法规则的比较好的办法就是先让学习者概括"发现",形成对语法知识的主动构建,形成系统。(李铮,1995)

布鲁纳倡导的发现教学法在语法先期教学中占有尤为突出的地位。这种教学方法与传统的教学方法最明显的区别在于,不是把现成的结论提供给学习者,而是利用学习者的好奇心和探究欲望,引导学生自己发现问题、解决问题、得出结论。教师不再是知识的输出者,而是学习者发现的合作者、指导者和学习材料的提供者、学习环境的创设者。

例如:

教师先给出正常语序的例句:

第一组:Henry has been sleeping so long at no time.

He had hardly sat down when the telephone rang.

He noticed the mistake only later.
They didn't find the passage until then.
He would give up writing his novels under no circumstances.
They won't admit their guilt to anyone.
…

教师再给出倒装例句：

第二组：At no time has Henry been sleeping so long.
Hardly had he sat down when the telephone rang.
Only later did he notice the mistake.
Not till then did they find the passage.
Under no circumstances would he give up writing his satires.
To no one will they admit their guilt.
…

学习者可以先自己研究这些句子的特点，然后把这些规律总结出来，而不是先由老师给出规则。通过这样的“发现”，学习者更容易识别和应用这些规则。

1.2.1.3　基于建构主义学习理论的语法教学原则

1. 真实的语言学习活动

认知心理学认为，如果输入到大脑的信息具有一定的趣味性、实用性或与日常生活经验结合紧密，那么当它到达大脑这一中心加工器时，便会产生兴奋的情感，输出活跃的思想与行为（李晓，2000）。在言语活动中进行语言教学，我们可以借助意义或语境对语言形式认知处理的帮助，而且可以根据教学需要，在不同的语境中反复凸显某一特定语言形式。根据建构主义的活动论，当学生在交际活动中遇到语言形式的困难，语言形式任务即转为当前主要的活动任务，此时我们不能过于强调交际的流利性，不应跳过去，而应抓住机会，开展相关的语言形式活动，这时候的语法学习效果才会很好，学生的积极性也会很高，语法教学也更体现了其实用性。当学生在言语活动中感受语法时，语法不再只是一些抽象的规则，而是活生生的交际生活中一个必不可少的组成部分。

真实的活动意味着将语法学习与实际生活有机结合起来，激发学习者的积极性，促进语法学习。语法教学任务最终的落实还是要靠设计一系列的教学活动，积极创造适宜的学习活动环境，对某一语法点，要不断改变其出现的上下文和实际生活场景（linguistic and experiential environment）。广泛使用各种信息资源，如可通过大量使用原版的、地道的或者简化了的语篇，让学习者在丰富的语篇语境里接触掌握目的语的语言结构。

2. 参与者共同建构语法知识

建构主义理论下出现了学习观的改变，不再把学习看做是单纯接受知识的过程，而是认为学习主要是学习者一起参与各种学习活动的过程。那么对学习的不成功的解释，不再从学习者的智能、动机、学习策略等方面去找原因，也许会认为是由于学习者的学习实践脱离社会，或者是未能从专家那里得到足够的中介，与学习集体接触较少等。同样的，评估观念也不再是对学习者每个个体都要进行单独的学后测试评价，而主要是看学习者在学习群体中的活动参与情况。

维果茨基认为，学习、发展的起源都可归至会话，但并不等同于交谈，特别是不等于简单形式上的一问一答式机械谈话，而是通过建构性的对话使彼此都能得到有益的启发、理解或提升，也就更能够促进语法认知及能力的发展。语法教学要在会话中进行，尤其是当引入一个新的语法点时。课堂教学从“提供知识”转向“展开活动”，在活动过程中，通过学生的参与、感知、体验和实践来共同完成建构知识、提高语言和言语能力的任务和目标，也给了学生自己动脑总结出语法规则、发现语言规律的机会。

外部输入是一个方面，但个体在社会互动活动中对输入的处理、转换和内部生成更为重要，学习者自己讨论总结过的语法点，在以后的语言输入中，会更容易意识到这些语法现象，这样不断的强化，可以促进学习者内隐的语言知识系统的重构。但教师一直要全程指导，在学生不确定或者走弯路的时候要及时提供必要的帮助。要注意的是，教师的语言应是启发性的，而不是指令性的。注重学习者的以往学习经验，培养学生的集体合作精神，鼓励学生从学习伙伴中寻求学习帮助，课堂气氛要活跃，教师和学生都要很投入。师生间的交流应既是信息的传递、人际间的交往，同时也是教导性的，但决不能像在传统教学中，只要求学生精确地模仿操练教师提供的句型。

3. 掌握语法规则是基础，学会使用是目的

现实情况中，学生往往难以把语法规则的掌握与实际言语使用相结合，难以从抽象自然走向具体，学与用产生严重脱节。他们在英语语法知识层面上对正误有较强的判断能力，但在语言的运用层面却显得很不足，语法已经成为惰性知识了。“惰性知识”的产生是因为学生在学校中所学的知识仅仅是为了考试做准备，而不能解决实际中的问题。在无背景的情境下获得知识，经常是惰性的和不具备实践作用的。为此，我们要变传统的语法知识体系为语法应用体系，不把语法仅仅当作是被动的对语法知识的掌握，而应看成是积极的使用过程，要力求准确和熟练。学完一个新的语法项目，就要多进行言语实践，在实践中巩固，从实践中发现问题，纠正错误，这样既正确建构了语法点知识，又学会了用。语法知识、语言规则的掌握要与语言点的实际使用紧密结合，这就是我们通常说的活学活用。

正如 Batstone(1994)所言，如果学习者想要提高语法学习效果，他们必须使用语法，构建到自己有关语法结构的假设中去。也就是说，光是注意到了、理解到了还没用，还要去用它，在实际使用中去验证自己的理解。只有通过对一门语言的使用才能掌握这门语言。语言是在使用中获得的，不宜将语言的使用和语言的学习完全割裂开来，因为正是在使用中学习才发生了。因此我们要变传统的语法知识体系为语法应用体系，培养学生驾驭语法的能力，让语法为自己的语言使用服务，通过语法的恰当选择让读者和听者更好地明白自己的意思。这样学生学习语法的兴趣就调动起来了，他们也不再是语法学习的奴隶了。

4. 适当集中，适时归纳

大多数的语法现象学生在初高中就接触到了，但普遍存在的问题就是系统性不强，对一些相近概念掌握较模糊，容易混淆。机械孤立地记忆语法的条条框框，在口语和书面语写作上，仍然容易犯人称、时态、主谓一致等各种初级错误，所以有必要将以前的语法知识重新系统地呈现。根据人类认识发展规律，人们都不是一次实现对于事物本质规律的认识，而是一个从简单到复杂、从浅到深、从低到高、从旧质到新质的不断变化和反复巩固、完善过程。因此，教师应自己或引导学生及时总结归纳语法知识，提升学生对语法现象进行抽象概括的能力。

Ellis(1990)&Marion(1988)认为课堂学习者不论有没有语法教学，都会尝试通过他们获得的语料去发现语言规则、做出假设，但由于不是在自然环境下学语言，学习者接触语言的时

间较少，这种假设形成和验证的过程较缓慢，因此教师在适当时候对一些语法点的讲解也是很有必要的，通过证实、修改和补充，能够促进这一过程。即使在必须讲解语法规则时，也要注意方式，避免说教。与其给学生讲一些语法规则，分析句法和语义，让学生产生厌烦、畏难和抵触情绪，倒不如多有意识地在学习材料、活动和教师自己的语言产出中大量运用，让学生无意识地广泛接触这种语言现象，再在适当的时候进行总结、提示，引导学生注意这种语法现象。过急，过多，会适得其反，学生有可能采取放弃、规避策略，达不到我们预期的课堂教学效果。

Ellis(1997)在二语习得的研究中发现学习者在语法的习得过程中体现了明显的U形发展过程。在这一过程中，学生即使对一个简单语法点的掌握也不是一次完成的，而是经过多个阶段的发展后才能掌握。因此要注意主次，不要希望学生一次就把某一现象的所有应用都学会，要循序渐进，多引导学生自己在学习中发现一些特殊用法。相关语法点的教学要不断地循环往复，但是往复不是简单的重复，而是有变化的重复，这可表现在语境发生了变化，或添加少许新的内容还要针对学生的不同学习水平，对一些不常见的语法规则使用可考虑推迟或不介绍，特别是一些罕见用法。在语法教学的过程上，要突出阶段性和系统性，即应认真分析和依据学生的认知能力与思维能力。所有的这些活动都需要教师及时地帮助学生全面系统地归纳语法知识，建构结构完整的语言体系。也就是说，在一定的阶段对学生在语言和言语学习中碰到的语法现象和困难一定要适时总结，就算不开语法课，也可尝试每月一次的语法辅导或咨询课。

此外，语法教学要充分利用建构主义提出的同化和顺应，新旧知识，新输入和原有经验之间的关系，因为大学语法教学的对象是已经有一定的语法基础，学过语法的，我们应更多地考虑如何进一步提高他们大脑的存储，把原先错误的经验纠正过来，或者完善他们先前的经验，以及如何利用他们大脑的原有图式对新刺激进行选择、整合、加工进而同化的能力。只有在原有知识、已有经验和新输入之间建立必要的联系，新知识才能被重新建构。因此只有在适时归纳学生已学知识的基础上，我们才可以更好地将学生的新旧知识结合起来。让已有的知识经验作为新知识的"生长点"，去引导学生建构新知识，从而促使学生的语法知识和语法能力呈螺旋上升之势。

1.2.1.4　建构主义学习理论在语法学习和教学中的应用

1. 激活先前的知识

教师在教学过程中应成为学习建构意义的帮助者，通过创设符合教学内容要求的情景和提示新旧知识之间联系的线索，帮助学生构建当前所学知识的意义。例如在讲解一般过去时，教师可以先板书一段英文，其中包含了一般过去时的各种表达形式，引导学生理解一般过去时中动词形式的意义并总结规律；之后，写出一些有趣的词组，让学生两人一组连词成句，连句成故事，互相讲述，在真实的语境下进行练习，激发他们的学习内驱力，加大自主性学习，使语法知识的形式、意义及运用有机的联系起来。又如，在讲条件句时，老师选取学生都熟悉的短文材料，其中含有真实的和非真实条件句，引导学生观察、讨论、总结规则，有针对性地进行练习。之后，学生通过情景对话或角色扮演，在真实的语境中发现问题、解决问题。这样，学生的已有知识和新知识相互渗透，学与用相结合。教学活动既传授了一般的语言知识和技能，又注重培养了学生的语言运用能力，特别是个人能力和自主学习能力。

2. 正确对待学生所犯的错误

建构主义学习理论主张语法教学中开展丰富的课堂活动，有利于调动和激发学生的学习积极性，鼓励他们主动地运用英语进行交际，从语言知识的被动接受者变成语言交际中的积极参与者。由于学生参与意识强，学生的出错概率将会增大。教师应正确地看待错误，采取"恰到好处"的纠错方法，培养学生自我纠错的能力。只有当错误影响到交际时，才有必要予以纠正。对于不影响大局的错误，为保证交流的正常进行，教师应点到为止。对于个别特殊的错误，因人而异，教师或记录下来、课后纠正，或及时指正，但不应伤害学生的自尊心；对于普遍性的重点出现的，妨碍交际整体性的错误，则应采取严肃的态度，及时总结纠正，保证所学语法项目在交际中的正确使用。

3. 在情境中进行语法教学

建构主义认为，学习总是与一定的社会文化背景即"情境"相联系的，在实际情境下进行学习，可以增加可理解性语言的输入，使学习者能利用自己原有认知结构中的有关经验，去同化和索引当前学习到的新知识，从而赋予新知识以某种意义。因此，教师在教学设计中应重视有利于学生建构意义的情境的创设。体现在语法教学中，要求教师积极创设各种情境，激发学生的学习兴趣、思维活动和参与意识，使语法教学与学生的思维和说话的意识联系起来，与听、说、读、写结合起来，实现语法形式、意义与运用教学的统一，提高学生的语言运用能力。如，教师可创设：

(1)直观情境　在语法教学中，借助实物和多媒体课件等直观手段创设情境，不仅有助于调动学生的学习兴趣，使抽象、枯燥的语法知识具体化、形象化，让学生更好地理解和掌握，而且可以为学生创造更多的听说机会，提高语言的使用能力。如，用"讲台在教室的前面"和"讲台在学生的前面"教学 in the front of 和 in front of。

(2)讨论情境　如，针对很多学生经常把情态动词 mustn't 当"不必"用的情况，可让学生一起讨论用 must 和 mustn't 制订不同场所(如图书馆、公园、学校)的规则或在组织郊游前制订有关注意事项，让学生在积极的参与中反复使用，从而纠正对 mustn't 的错误理解，同时也培养学生的合作意识与语言实践能力。

(3)活动情境　在活动情境中学习和巩固语法，可以避免学生对语法死记硬背的低效和机械训练的单调，激发学生的参与意识，提高学生运用语法和组织语言的能力。如，为了巩固一般过去时与过去进行时的形式和用法，可要求每位学生用一句含有这两种时态的话描述经历的一件事或一个场面，在组内或组间进行接力(不准重复)。如：

S1：When I phoned Li Fang last night, she was doing her homework.

S2：When I saw several monkeys in the park, they were eating bananas.

4. 要求学生以建构的方式理解

新的语法知识，无论是权威性的还是通俗性的，只有学生以建构的方式去理解，才能转化为学习者的个人知识。比如教师讲时态时提及情态动词 could，教师只告诉学生这个词的虚拟用法，那么他们是否就获得了这一语法知识？不一定。事实上，学生需要重新认识 could 并改变对 could 只用于过去时的认识(认为过去式只表达过去的行为状况)，他们需要重新认识已有的知识，通过设置问题来重新建构新的理解，最后达到概念转变的目的，即 could 在不同的交际情景中有不同的意义。如，

A：Could you help me?

B：Yes，(of course.)I can.

提问时 could 并不是 can 的过去时，而是在虚拟语气中的婉转表达。

5. 把握学生建构的基础

如，很多学生在使用被动语态时，往往在其结构中的 being 或 been 部分出问题。如果在提示学生先熟悉动词 be 的各种时态结构（再在后面加 done）后，他们使用的准确率和信心均大大提高。这说明，对许多学生来说，熟悉动词 be 的各种时态结构是建构被动结构“be＋done”的基础。又如，学生如果对情态动词和行为动词的概念与用法不了解，就只能从记忆层面而不是在理解的基础上使用动词 need 与 dare，以致经常出错。再如，现在、过去与将来是正确使用时态的基点；五个基本句型是掌握句法的基点；掌握一些语法规则是在母语环境中学好外语的必要前提等等。

6. 尊重差异，让每个学生都有主动建构的机会

既然知识是学习者的经验、解释和假设；学习是以学习者为主体的主动建构过程，是学习者经过学习同化新经验或对已有经验进行重组改进并逐渐使其系统化的变化过程。因此，除课前的教学设计要面向全体学生，考虑他们的知识经验基础，使“机会”处于“学生最近发展区”外，课堂上在呈现所设计的语境、情境、任务后，教师要留有足够的时间，让学生在各自能调动原有知识的基础上进行自主学习或合作讨论。只有这样，才能真正体现学生的主体性和确保每一个学生在原有基础上得到发展。

7. 使用归纳和演绎两种思维过程

首先，呈现样例，让学生通过对语言形式的观察和语法规则的发现并进行归纳。教师结合学习者已有的语法知识，把当前要学习的语法内容以句子或具有一定语境的篇章的形式充分展现给学习者，引导他们通过观察发现其中的语言形式规律，归纳出句子中所隐含的语言规则。在此过程中，教师通过引导性的问题对学习者的认知思维进行控制和疏导，对于学习者错误的理解或思路教师应该给予及时的纠正。这应该是一个最有利于学习产生的教师与学习者之间的积极互动过程。

其次，学生不可能自己发现一切规则，而演绎的方式比归纳更能突出学习目标，所以可先采用显性语法教学法把英语语法知识明确地交给学生，由教师帮助学习者对所发现知识的认知建构。在教学中用情景化的例句达到语言形式和功能的统一，并进一步提供条件，促使学生多次感悟所学语法，使其注意语法知识之间的内在联系，在学习过程中对相关的语法项目进一步进行归纳和整理，帮助学生形成一个清晰的语法框架，以完整系统的语法知识促进理解、监控输出。必要的时候，可结合教材上语法教学部分及其示例由教师进行更系统的归纳、总结，并讲解和说明，对学生的结论给予支持、确认和补充。

例如，在学习英语中不定式用法的时候，可以先让学习者通过归纳法自己去发现，归纳出不定式的功能和形式的关系。但是对其中比较难理解的部分，可采用演绎法，由教师给予讲解。这样可以使学习过程更严密，既发挥了学习者的主观能动性，又避免了学习者漫无目的的归纳。

1.2.2　交际法理论与语法学习和教学

20 世纪 80 年代以来，英语教学理论的研究逐渐由语法-翻译理论向交际教学理论（communicative language teaching）转变，然而在交际教学理论的实施应用过程中，仍有英语教师为了避免以往传统教学的不当之处，采取“矫枉过正”的方法，忽略了本身属于交际教学理论内容

之一的语法这一重要部分，并认为交际教学理论就是排斥语法学习。而实际上，交际教学法包含了进行有效语法学习的内容，语法的学习同样可以提高学生的语言能力，进而发展他们的语言交际能力。

1.2.2.1 交际教学法概述

美国社会语言学家，交际功能理论创始人 D. H. Hymes（1979）认为："语言的社会交际功能是语言最本质的功能。"人的交际能力不但应具有语言知识，而且还应具有运用语言的能力。交际教学法的核心就是把教学过程当做交际过程，其基本教学原则可以综述为：

（1）语言是信息的载体，是交际工具，教学过程要交际化。语言教学要通过各种活动来实现有目的、有意义的交际，以促进语言学习，获得交际能力。课堂教学活动的方法多种多样，如广泛的提问式、应答式、对话式、场景教学，就某个主题各抒己见的课堂讨论，双向教学模式等。

（2）语言运用的流畅性先于准确性。学生犯语言错误是自然和不可避免的，可以在学习过程中逐步纠正。因为交际能力的核心是使学生能够运用英语在不同场合对不同对象进行有效、得体的交际。

（3）教学应以学生为中心。教师要充分发挥学生学习的积极性与主动参与性，使学生在运用语言中提高语言的交际能力。要放手帮助学生大胆地进行语言实践，如创造适当的场景，让学生结合课文的学习，进行议论性、描述性和发挥性的表达。以学生为中心，并不是让学生自主学习而放任自流，还是要认真组织各个教学环节，周密计划、严格要求、强化训练。

1.2.2.2 交际教学法中国化面临的难题

交际法产生于 20 世纪 70 年代初期，该理论的中心是把语言看做是人与人之间的交际工具。外语教学要从交际目的出发安排内容和选择方法，以 1976 年威尔金斯（D. A. Wilkins）《意念大纲》（*Notional Syllabuses*），威多森（H. Widdowson）《交际法语言教学》（*Teaching Language as Communication*）等交际法的代表著作的相继问世为代表。但是交际教学法中国化面临的难题：

1. 对教师素质提出了很大的挑战

教师理论素质和学术修养普遍不高，尤其是经济欠发达地区的教师教学理念难以很快适应交际教学的需要，教学效果并不理想。

2. 对教学设备也有很高的要求

图文并茂、音形俱佳的多媒体教学是实现英语教学交际化、情景化最主要、最有效的手段之一。然而，多媒体教学不仅对学校的硬件有较高的要求，最大的问题是学校自行制作教学课件还存在很大的困难。而大部分教师自己都没有掌握一定的现代教育技术，绝大部分学校的多媒体教室缺乏。

3. 英语学习在中国是外语学习，而不是第二语言学习

在我国缺少语言环境，因而英语不是无指导的或自然的习得，是一种有指导的（tutored）或通过讲授而习得的（classroom acquisition）。外语学习者只是把英语当做工具来学，缺少融入性动机，也不是为了解决生活问题而学，也缺乏高水平的教师以及丰富的语言学习环境。即使有良好的目的语言环境，缺乏语言知识的掌握，而一味地强调交际语境在外语学习中的作用也无益于学习。

4. 对待"错误"的方法不当会导致更加不良的后果

交际法鼓励学生在实际生活中学习使用语言，他们所犯的错误被视为学习过程中出现的

自然现象而无需指责。对错误过分纵容,采取听任自流的态度对减少学生的语言错误、提高语言能力和交际能力未必是明智之举。

5.语言功能和意念难以穷尽

交际法想穷尽交际过程中的交际需要以达到学习语言的目的,如果在有目的语环境的二语学习中还有可能达到的话,在中国,英语是作为外语来学习的,要想达到目的,是非常困难的。

交际法重视学习者的需要分析,看来很科学很合理,然而,学生日后的需求多种多样,日后碰到的情景更是千变万化,他们的实际需要在教材中如何才能具体化,如何才算是周全而科学的呢?按功能项目编排教材,即使语言地道、真实,一旦编成教材,也就成了固定的静止的语言材料。交际法倡导借助模拟情景、扮演角色、咨询等交际手段,使教学内容功能化、情景化和交际化,然而这些交际手段比起自然情景中的真实语言总还是有差距的,多少有些虚假、不真实的地方。按功能项目编排教材,课文间必然缺少内在的连贯性和逻辑性,教师很难掌握其难易程度,学生也很难通过学习这些功能项目和所谓的地道语言达到提高语言知识和应用能力的目的。

6.交际教学法如果实施不当会对学生以后的学习产生不利影响

付霆轶(2008)一项关于交际教学法的运用情况调查发现:交际教学法在英语学习初级阶段确实很受学生的欢迎,对学生们的英语学习也起到了一定的作用,但是随着学习任务的变化,知识难点的加深,学生们的学习目标和方法也随之变化。对于低年级的学生们来说,英语还是很新鲜的一门学科,交际活动的开展能让他们每个人都参与进来。而且交际教学法学习方式轻松活泼,适合他们这个年龄段的要求;但是因为交际教学法强调交际活动的顺利进行,忽视其中的错误纠正,因此语言基本错误得不到及时改正,学生们抓不住课堂重点,只能学会一些简单的英语表达。到了高年级阶段后,面临各种模拟测试,学生开始感觉到语言基本功的欠缺,同时,随着年龄的增加,学生们的自主性和个体性开始体现在学习方法和策略的选择上。每个人都有了自己的学习目标和计划,不再热心于集体形式的交流活动,其重心开始转移到词汇的积累、语法的强化和阅读的训练上。所以学习好的同学,交际能力已退化很多,但词汇、语法和阅读能力却有所提高,而学习差的同学就很糟糕了,交际能力退化了,词汇、语法以及阅读能力也几乎为零。因为这些同学已经养成了只动口不动手的习惯,这样的学习习惯一直延续到大学阶段,使其语言基础知识日益薄弱,学习兴趣一天天递减。而同时,大学英语教学中也在强调交际法的应用,课堂活动与他们初高中的雷同让这些同学索然无味,很难取得理想的教学效果。由此可见,对教学效果起决定性因素的并不一定完全是某一种教学方法的优劣,受到与教学相关的各种因素的影响。

1.2.2.3 交际教学法与语法学习和教学的密切关系

如今语法在外语及第二语言课堂教学中又有回归的迹象。(魏耀章,2005)当前英语语法教学中存在的问题却很严重。在语法教学中,教师在课堂教学中处于主导地位,注重语言规则和形式的传授,习惯于详细讲解语言知识分析语法结构,系统传授语法规则。学生能熟练地背诵语法规则,准确地分析语法结构,却不会用语法知识及结构进行交流。这种"满堂灌"、"填鸭式"的方法造成教学效果差,课堂气氛沉闷,学生参与少,不能运用所学提高语言使用能力。反映在语言学习的各个方面主要体现在:①阅读方面:对长句和复杂句没有分析能力,不会断句,不能理解语篇结构及其意义;②写作方面:语法错误过多,最基本的语法常识也常出错,不懂得运用语篇衔接手段，每个段落、每个句子各自为战；③词汇方面：对同一单词的各类变异，如：词性，词形的变化没有概念，更不会灵活运用。因此，当前日益紧迫的问题是如何使英语语法课生动有趣且易于学生接受，从而帮助学生学好英语。

将交际教学法应用于语法课则是一个切实可行的解决办法。交际教学法自 20 世纪 70 年代就在许多国家应用于语言教学，且起着重要作用。交际教学法强调以学生为中心、强调交流和语言情景的真实化。采用交际教学法并不意味着不讲语法，而是采用新方法教授语法。

对交际法用于语法教学存在争议。注重形式(focus on forms)还是注重意义(focus on form)就成为一个受关注的焦点问题。前者表达了传统语法教学所关注的具体语言成分，即“传统的语法翻译教学”；后者则被用来指学习者出于交际的需要而注意的语言特征，这一方法强调始终以交际为先决条件。Ellis(2001)认为，这两个概念间的“区别较为模糊”，“他们之间的本质区别应该在于学生在学习中的角色是语言的使用者还是语言的学习者”。另外一个焦点问题是“显性教学”与“隐性教学”到底孰优孰劣。戴炜栋(2005)研究表明显性教学优于隐性的教学模式，结合语篇情景教授语法形式胜过孤立地教授语法形式。因此“隐性”教学功能有限，有必要让学生对某些语言现象引起注意，并吸收、消化，成为有效输出。

事实上，语法知识和交际能力并不矛盾，关键是寻找两者结合的正确途径。Hymes 提出的“交际能力”概念包括四个层面，即社会语言能力(sociolinguistic competence)，话语能力(discourse competence)，策略能力(strategic competence)和语法能力(grammatical competence)。由此可见，语法能力是交际能力必不可少的一部分，交际语言的运用只有通过语法系统和它的创造潜能才能成为可能。(Littlewood，1985)

根据 P. Balcom(2001)的观点，语法教学在英语教学中至少在三个方面对外语教学起作用：①使输入更易理解，使学习者接触的语言系统化；②使学习者更易于把接收的语言信息分析成可以理解的语言单位；③可进一步将语言学习者对目标语所作的无意识的假设进行肯定或否定。因此，英语语法教学有助于学生掌握英语的基本结构规律，做到举一反三，从而提高语言学习的效率。另外，在交际教学法中进行语法教学也能提高输入的效率，使有限的语言输入更好地为学生理解，并顺利地转化为吸收，从而促进语言的习得。

《大学英语教学大纲》也对语法教学提出了这样的要求：“巩固和加深基础语法知识，提高在语篇水平上运用语法知识的能力。”外语教学的最终目的是培养学生使用外语的实际技能。外语的能力包括语言能力和交际能力。语言能力是指学生必须具备的语言知识和运用语法、词汇和语音、语调的能力；交际能力是指在交际时既能确切表达自己的思想，又能正确理解对方意图并恰当做出反应的能力。在外语学习中，语言材料的理解对培养语言能力和交际能力是重要的，但交际能力的培养只靠语言材料输入还远远不够，因为语言的交际也要遵循语言的基本规则。语言能力是交际能力的条件和基础，没有扎实的语言能力就不具备交际能力。要使学生掌握交际的本领，就要使他们由语言能力向实际运用语言的能力转化。从这个意义来看，不掌握语言结构的知识是不行的。《大学英语教学大纲》对语法教学的要求与《大学英语教学大纲》所规定的教学目的并不矛盾。《大学英语教学大纲》在教学目的上明确指出：“培养学生具有较强的阅读能力和一定的听、说、写、译能力，使他们能用英语交流信息。”不论哪一种能力其实都与语法知识相关，要想说出、写出、读懂一句话，就必须熟练地运用各种语法规则，这是重要的语言基础，而语言基础学习的内涵，一是指英语的基本语音、基本词汇、基本语法的学习；二是指听、说、读、写、译的基本技能的训练，即培养学生必须具备的交际能力。因此，不论是语言能力还是交际能力,都离不开语法规则。所以在英语教学中虽然要强调培养学生交际能力,但须加强语法知识的教学。

1.2.2.4　交际型语法教学的方法

1. 建立科学的教学原则

Richard and Rodgers(1986:72)提出交际语言教学应该遵循三个原则,即交际原则、任务原则和意义原则(communicative principle, task principle and meaningful principle)首先,遵循语言交际的原则。教学活动不能停留在机械地反复练习的层面,必须让学生有一个真正的交际目的而进行练习。教师在组织交际化的教学活动时,应该学会兼顾语言使用的技巧以及语言知识的系统性和整体性,从而促使学生"用语言去学"到外语知识和技能。其次,教师应该遵循意义的原则。这是针对教学内容而言的。学生要有与他人交流的欲望,学生的学习要与自身的需要相对应。课堂的语言材料和活动必须是真实的,必须是学习者所感兴趣的。最后,在教学活动的设计方面,教师应遵循任务原则。交际语言教学提倡任务教学。任务教学中设置了学生能互相交流的活动。有关学习者的学习策略和认知过程的研究表明,语言学习所依赖的,不仅要使学生沉浸于"理解性输入"中,而且要沉浸于任务中,使学生通过协商、讨论的方式进行自然的、有意义的交际。

2. PPP 模式

交际法提倡在学生学习英语语法的时候,教师布置让学生解决的任务或问题。教师在真实的情境下用有意义的方法呈现给学生各种语言点,那么,学生就能在一个真实的更贴近生活的交际情境下使用英语语法。PPP(presentation, practice, and production)模式,也就是说,一堂语法课可以被分为三个阶段:讲演阶段、练习阶段和产出阶段。

第一阶段是要讲演语法规则。

在所有讲演语法的方法中,归纳法和演绎法是最常见的方法。交际教学法则更偏向于前者。交际教学法中都是在有意义的课文或者段落中出现语言点。教师要求学生了解某一个语言点在课文中的用法并总结语言点的一些规律。比如,教师为了要说明"this is"和"these are"这两个形式,就可以先拿出一支钢笔并说:"This is a pen."然后再拿出几支钢笔并说:"These are pens."这样相类似的例子反复几次之后,学生就会了解"these are"用于名词的复数形式。然后教师要求学生运用这个新掌握的结构根据一些学生的所见所闻造一些句子。最后,教师要求学生归纳出语法规则。

第二个阶段是练习。

练习在英语语法的教学过程当中是极其重要的一个阶段。传统方法采用机械的练习,而交际教学法提倡意义练习,在一个有意义的语境中使用语法。教师为学生的练习设计一些可供学生交换信息的活动。比如,以下的活动旨在联系一般现在时态中的第三人称单数动词形式:教师要求全班学生讨论某个同学的特征,然后教师把学生讨论的结果写在黑板上:Tom is my classmate. He is tall. He likes English. He comes early to school. He studies hard. He plays football. He sits in the front of the class...接下来,教师要求学生向各自的同桌描述另外某一个同学。之后教师请一些学生在全班同学面前做一个描述,其他同学则猜测所描述的同学是谁。这样的活动不但可以吸引学生的兴趣,而且贴近生活,学生在就可以运用同样的语言点来介绍生活中的某个人。

在练习阶段的初期,主要是机械式训练(controlled practice)采用模仿等方式重点强调对语言形式的掌握。教师在此阶段可以不时打断学生的练习活动进行纠错以确保语言形式的正确。在练习阶段的后期，则以自由训练(free practice)为主。要求学生在老师引导下进行有意义的、可自由发挥的语言训练，激励学生在完成任务中学会运用语法知识。

第三个阶段是产出阶段。

在这个阶段中，学生被要求在有意义的活动中使用语法。这是学生运用说或者写对于所掌握信息的一种输出过程。同样是以第三人称单数动词形式为例，教师可以要求学生用他们所学的知识写一篇关于他们亲戚、老师或者朋友的作文。这篇作文就成为了学生的家庭作业。由于家庭作业是关于他们熟悉的人，学生就会对此产生兴趣。在这个过程中，学生通过在现实生活中使用语法来学习语言点。记忆过程也会因此而变得略为容易。经过这一过程，大多数学生就会知道如何用适当的动词形式来描述一个人。

总而言之，这三个阶段说明了语法应从有实际意义的语境中归纳，语言点的练习也应通过真实有意义的任务来完成，学生应通过真实生活中的交际把语言点用于句子或段落。

3.结构式讲解与生活化应用的结合

为了达到英语教学的根本目的，应有必要的系统语法讲解和总结归纳。在英语教材中，总有些比较复杂难懂的句子，需要教师耐心讲解，使学生在理解、掌握的基础上模仿、套用，直到在实际交流中熟练运用。教师在语法教学中要有计划、有重点，不要词词讲、句句说，零敲碎打，漫无目的，使学生感到处处是重点，处处又无重点，不但增加了学生的学习压力，还容易造成学生对英语学习的厌倦感，从而导致学生的英语水平无法提高，英语教学也就失去了应有的动力。

例如：在形容词比较级和最高级的教学时，

可以进行以下练习：

A：He is young. He is not older than her.

B：This book is interesting. This book is more interesting than that one.

C：I'm the tallest student in our class. I'm taller than any other student in our class.

通过练习让学生总结、归纳句型的特点，这个过程就是引导学生实际运用的过程，使学生在真实的语境中了解掌握语法结构，促使他们的实际交际能力达到较为理想的水平。

同时，要用交际教学法开展语法教学，培养学生学习兴趣。首先要加强师生之间的感情交流，重视情绪与情感对教与学所起到的重要作用。在英语教学过程中，呆板而程式化的教学方式只能让学生感到枯燥无味，甚至会逐渐产生抵触情绪。因此，教师要为学生创造一个宽松而愉快的学习氛围，使师生都保持饱满的情绪，让学生充分感受到学习英语语法其实是一件快乐的事，才会让学生容易接受，教师才能按照计划完成教学任务，达到教学目的。教师要有意识地将语法学习和实际情况相结合，让学生有机会在实践中运用、掌握。

例如：在虚拟语气教学时，教师先举两个例子：

If I were you, I should study hard.

If I were a bird, I could fly.

I wish I had a car.

教师还可以让学生以小组形式用刚学的虚拟语气编短剧或对话，下面是教学中学生组的对话。

A：Would you like to go shopping with me?

B:Oh,sorry. If there were not an examination on Monday,I would go with you. Now,I have to make the revision.

通过上述例句,让学生体会到虚拟语气与普通语气句式的不同,让学生感受到这些假设与现实相反,而对于这些例子的内容,学生都有切身体验,学生的模拟兴趣就会提高。这种以师生之间或学生之间的相互交流为载体的语法教学要比单纯的、灌输式的语法教学效果要好得多。

4. Performance(个人交谈)、Rehearsal(排练)、Report(作报告)

这是教育家Dave Willis和Jane Wills根据美国语言学家Labov关于人们在不同场合的交际中使用的语言质量也不同的理论,总结多年的经验后提出的语法教学模式。当交际处于非正式场合时,语言也是非正规的、口语化的,不必太注意语法的规范。而正式场合的交际所使用的语言则注意语法规范且非常严谨。这一模式的目的是通过非正式的交流过渡到较高质量的交流的课堂训练,达到语言流利和准确的双重目的。

第一环节的个人交流强调流利,第三环节的报告要求流利和准确。第二环节则是从第一环节过渡到第三环节的必要操练。例如:教虚拟语气时,第一环节的活动可以设计一个性格调查表(personality quiz)。学生结成小分队对班级同学展开调查并填写调查表。这一活动属学生间的非正式交流,以获取信息和流利为主。第三环节则可以设计一次演讲或汇报大会。每组推荐一名学生到讲台前介绍某一组员的个性并将测试表里的内容作为陈述他(她)性格的实例或理由。由于这一活动是在全班范围的演说,相对很正式。因此学生尽量会采用准确、流利的语言表达自己。在此之前的第二环节,教师应不时地参加各小组的活动,与组员同学一起帮助作报告的学生做发言准备,修改和操练报告等。实践证明,这一方法既提高了学生的交际能力和语法能力,又锻炼了学生的演讲能力和胆量,增加了他们的信心。有助于学生综合能力的培养。

5. 创造各种情境

语言是语音和意义结合的统一体,是客观情景的反映。如果没有情景语言就丧失其意义,语言就不能反映和代表什么。因此教师在课堂上应尽量选用与生活息息相关的材料,围绕真实生活中所提出的实际任务来进行教学。教师可以设计或选择一些含有语法点的交际情景,让学生在贴近生活实际的语感中,理解和学习语法知识。如在讲授“there be”结构时,可以利用学生课桌上、书包里、教室内的人或物与学生进行情景对话:

T:What's on the desk?

S:There is a school bag on it.

T:What's in your school bag?

S:There are some books, pens and papers in it.

T:How many books are there in it?

S:There are four.

根据教材所涉及的内容,利用实物、图片、简笔画、眼神、脸部表情、身体动作、音乐等真实情景进行教学。教师还可以将教室内的桌椅进行重新布置,让学生根据这些贴近生活的语言情景扮演相应角色,恰当地使用语言。教师在选用或创造的背景时应形式多样,可采用对话、图片、阅读材料、信件、故事等方式。例如:

(1)通过使用教材或图片创造背景

e. g. 感叹句

T:Look at the picture, Is this a factory or a school?

S:Its'a factory.

T:Can you see any workers in it?

S:No. We can't see any workers.

T:We see a lot of robots working there. What a modern factory it is!(板书)

通过使用图片,教师可以生动地解释句型结构,使学生容易理解,将需要学生掌握的语言点板书在黑板上,加深学生对知识点的印象。

(2)通过在教师和学生之间的对话创造背景

e. g. 一般过去时

T:I watched a basketball match on TV last night. Did you watch the game last night?(板书)

S:Yes.

T:How did you like it?(板书)

S:Not bad, I think.

T:But I didn't quite enjoy it.(板书)

通过一问一答,让学生参与到口语练习中。将需要学生掌握的语言点板书在黑板上,同时通过反复带读,加深学生对知识点的印象。

(3)利用有趣的故事创造背景

故事中含有语法点。如,要教授一般现在时,就讲一个含一般现在时的故事。One cold morning in winter, when I was about to go to school, a smiling man with an ax on his shoulder stopped me, saying:"My pretty boy, has your father a grindstone?""Yes, sir." said I. "You are a fine little fellow!" said the man. "Will you let me grind my ax?" Hearing the praise, I answered:"Oh, yes. The grindstone is in the big room…"

教师创造性地使用不同的教学方法,采用生动有趣的形式给学生展示句子的结构,确保学生在快乐的环境中理解新的语法、句子结构。在介绍语法或者句型结构时,教师应用明确的方式将句型结构板书在黑板上,同时简要地分析句型构成、语法意义、发音结构等。

另外,游戏情境也是活跃课堂教学的主要手段。既可以提高学生学习的动力,创造和谐欢乐的气氛,又能激发学习兴趣,鼓励绝大多数学生参与,使学生变被动为主动。通过游戏,学生有更多的机会进行交际,他们可以随心所欲地用英语交谈,课堂气氛更为活跃。

还可以利用中学生好胜的心理特征,在课堂教学中引入竞争情境。开展各种学习竞赛,既可以激励学生学习的积极性,又能培养学生的英语能力。竞争的模式可以是多种多样的。通过竞争情景惊醒教学能激发学生学习英语的强烈兴趣。还能培养学生参与意识、合作精神、初步运用语言的能力以及表达情感的能力。培养学生的组织能力、想象能力、创造能力和表演的能力。

6. 直观教学

学生通过看景、听音、会意,使音意相联系,然后自己能说。让学生在情景中学语言,学生学到的不再是一个个孤立的单词和句子,而是初步的语言能力。教师演示、学生对话中,学生们已基本了解了所学新语法的基本形式及构成，再来进行句型操练，让学生在真实和仿真的环境中学习语言，进行语言对话。看景、听音、会意，即直观教学的方法用于现在进行时教学的过程如下：

(1)准备工作　教师请学生配合来演示，教师(T)向学生(S1)说：

T：Open the door，please.（待学生完成动作后）

T：What are you doing?

S1：I'm opening the door.

T：Are you opening the door?

S1：Yes，I am.

T：Are you opening the window?

S1：No，I'm not.

然后教师转向学生 S2：

T：S2，What's A doing?

S2：He is opening the door.

T：Is he opening the door?

S2：Yes，he is.

T：Is he opening the window?

S2：No，he isn't.

教师把“I am opening the door.”写在黑板上，使学生视觉上形成现在进行时的结构形式，而教师并未点破，只给学生有个感性认识。

(2)引导工作　在真实的情景中利用实物和动作也可采用图片等直观教具，从视听入手，联旧引新，使学生掌握一定数量的语言材料。如教师做动作演示：

Look at me and listen.

What am I doing?

I'm cleaning our classroom.

Am I cleaning our classroom?

Yes，I am.

Am I cleaning the dining-room?

No，I'm not.

教师对学生 S3 说

T：clean the blackboard，S3，what are you doing?

S3：I'm cleaning the blackboard.

T：Are you cleaning the blackboard?

S3：Yes，I am.

T：Are you cleaning the table?

S3：No，I'm not.

教师向学生 S4 提问

T：What is S3 doing?

教师向学生 S4 提问后，把“I am cleaning the blackboard.”写在黑板上，教师做动作让学

生说出句子。教师将一张椅子搬到座位旁,教师说:

T:Look at me, what am I doing?

T:I'm carrying a chair to the door.

T:Am I carrying a chair to the door?

T:Yes I am.

T:Am I carrying a desk to the door?

T:No, I'm not.

同时将"I am carrying a chair to the door."写在黑板上,这时黑板上写了三句话:

I am opening the door.

I am cleaning the blackboard.

I am carrying a chair to the door.

根据黑板上的例句,教师给学生提供更多的情景词组来完成现在进行时,使学生掌握现在进行时的要领,教师先领读上面的句子,然后再给出括号里的主语,(You,He,She,We,You,They)由学生说出整句。

实践证明,没有哪种教学法能独立存在,也没有哪种教学方法能够被称为是最有效的方法。因此,最重要的是灵活运用多种教法,取长补短。交际法迫切需要同语法教学相结合。一方面,交际包括口头交际和书面交际,二者缺一不可,语法知识作为书面交际的基础是不容忽视的;另一方面,语法教学为交际法顺利实施打下基础。语法是语言能力的重要组成部分,而语言能力又是交际能力的一个部分,失去了语法的支撑,交际能力只能成为空谈。可见,交际能力和语法教学不可分割。语法非但不会阻碍交际能力的发展,恰恰相反,如果教师能妥善处理语法教学和交际能力的关系,二者还能相得益彰。

1.2.3 内隐认知理论与语法学习和教学

内隐学习(implicit learning theory)是人类自身认知能力和认知方式的重大发现,对诸多领域特别是教育领域具有启示和指导作用,为英语教学提供了新的视野。下面将结合认知心理学内隐学习理论的最新研究,探讨该理论对语法教学方面的启示。

1.2.3.1 内隐学习理论的科学概念

内隐学习的概念最早是由美国著名心理学家 Reber 于 1961 年在论文"人工语法的内隐学习"中首次提出来的。Reber 在人工语法概念学习的实验中发现,被试能在无意识作用下获得所蕴含的语法规则,于是首次明确提出了"内隐学习"这一概念,并将内隐学习界定为无意识地获得关于刺激情境复杂知识的过程。其后进一步指出:人能够按照两种本质不同的模式来学习复杂的任务。一种是外显学习,即有目的的,受意识控制需付出努力,采取一定策略来完成的学习活动。另一种是内隐学习,即对学习过程缺乏明确意识并没有意识到控制它们行为的是什么却学会了这种规则的学习活动。在特定条件下,内隐学习甚至优于外显学习。Reber 的发现在认知心理学界开辟了一个崭新的研究领域,具有里程碑的意义。

内隐认知即无意识认知,它主要包括内隐记忆和内隐学习等。所谓内隐记忆是指在无意识状态下个体已获得的经验自动对当前任务产生易化影响而表现出来的记忆效果。内隐学习则是"一种产生抽象知识,平行于外显学习方式的无意识加工,它所获得的主要是程序性而非描述性的知识”。关于内隐学习的本质特征，众多学者都对此作过探讨。内隐学习具有一些特点，具体归纳为以下几点：

（1）自动性　内隐知识是在过去的无意识学习中自动获得的。它会自动地产生，无需有意识地去发现任务操作中的外显规则。它是内隐学习最令人感兴趣的一方面，即人们能在没有意识努力去发现周围环境中的隐藏规则或结构的情况下，仍然能对环境中的复杂关系做出恰当的反映。

（2）概括性　假定所需的内隐知识是抽象的，那么将其推广到所有深度且结构相同的新情景中时，都与在类似的特殊记忆环境中的效果相等或更好。

（3）抽象性　内隐学习可以抽象出事物的本质属性，所获得的知识不依赖于刺激的表面物理形式，所获得的内隐规则不会因为表面符号的变化而受到影响。内隐学习获得的是抽象的规则知识即使在外部刺激发生变化的情况下知识也能够发生迁移但研究表明这种抽象性只有在一些特定的任务中才能体现出来。

（4）理解性　内隐知识并非不能为人们意识到，内隐学习的产物即缄默知识在部分程度上可以被意识到，只是人们很难把它们完全揭示出来，即内隐学习具有理解的不彻底性。

（5）抗干扰性　即稳定性，它不易受到机能障碍和机能失调的影响。这是内隐学习区别于外显学习的主要特征。与外显学习相比内隐学习所获得的知识不容易受次要任务、年龄、IQ和病理等外界因素的干扰，也不随时间的推移而减少，也就是说内隐学习的所获知识更加稳定，个体差异和群体差异小，并且其内部机制具有跨物种的普遍性。

（6）“三高特征”　除了上述特征以外，我国学者也对内隐学习的特征进行了研究。他们研究采用一种测量内隐学习和外显学习的新方法，要求被试学会把相片按其组合特征分类，从而在研究的基础上提出了内隐学习的“三高特征”：高选择力、高潜力、高效性。（杨治良，1993）

内隐认知与外显认知相比，有以下不同之处：

首先，内隐认知的认知过程具有无意识性和非直接目的性。内隐认知不受意识的控制，无须注意的参与，完全是一种自发的机制。无论是对刺激的表面特征的加工，抑或是对隐含在表面特征下的内在规律的可能抽取，内隐认知都是在不知不觉中进行的，无目的性可言。

其次，内隐认知能节约心理资源。内隐认知无须注意的参与，即使在个体感觉阈值以下呈现的事件也会在人脑中留下痕迹，使个体对出现过的事件的表面特征敏感并存在情感偏好，而这个认知过程却不会挤占工作记忆空间。另外，作为内隐认知主要形式的直觉和灵感依靠的不是语言而是心理表象，由于心理表象在无特殊要求之下对客体情境是一种概括的而非精确的模拟表征，所以在问题的解决中，心理表征的利用可以节约工作记忆空间，节省认知资源（张一中，2003）。

第三，内隐认知对情境存在依赖性。通过内隐认知获得的知识，在运用时对情境具有依赖性。出现与初始内隐认知行为相同或相近的情境时，有助于对此初始行为所获知识的提取与巩固，这也是为什么重复是训练一些脑损伤患者的重要手段的原因。例如 Schneider（2000）便是通过逐次减少提示字母的“线索消减法”，以机械地重复练习使一位失去外显认知的脑炎患者掌握了一些有关计算机的术语，并学会了用计算机来干一些程序性的文秘工作。在此需要说明的是，重复只是一种练习形式，它并非内隐认知的专利，有时外显认知也可能涉入其中，所不同的是内隐的重复依靠的是知觉而外显的重复依靠的是理解。

第四，内隐认知在认知系统中具有基础地位。内隐认知先于外显认知而存在，且没有明显的年龄差异，即使丧失了外显认知，它也依然能够存在。这一点从生物进化论的角度来看并不难理解，因为人类进化史即是一个漫长的由无意识的动物向有意识的人类进化的过程，外显认知作为一种有意识的认知，它必然要晚于无意识的内隐认知出现。（吴国宏，2001）

第五，内隐认知具有稳定性。内隐认知不会受到个体学习动机和情绪状态的影响。尽管内隐认知与外显认知存在巨大的差异，但它们并非完全独立，各自为政。相反，几乎所有复杂的知识都须二者合作获得，并加以运用。作为人类认知系统的两大组成部分，它们之间实际上是一种扬长补短、相互协作、相互促进的关系。例如，Mathew 等人的人工语法范式学习实验表明，以先内隐后外显的认知方式进行学习，效率远高于单纯依赖一种机制的学习，而且也高于先外显后内隐的学习。

1.2.3.2 内隐学习新进展

1. 内隐学习的本质特征——抽象性的新进展

内隐学习抽象性的发展首先表现在内隐学习抽象性含义的发展。Theresa Johnstone 和 David R. Shanks(2001)在使用双条件语法为材料的研究中，认为内隐学习中不仅仅需要结构知识（规则、范例、字母的碎片），过程知识也是需要的。这大大扩展了内隐学习抽象性的含义。其价值在于：它肯定了在复杂的规律性或内在结构的掌握等方面，内隐学习比外显学习具有更大的优势。

此外，我国学者邵志芳(2002)和郭秀艳(2003)对复杂规则内隐学习抽象性的深入研究从整体性和长时性角度为内隐学习抽象性的诠释提供了全新的视角。邵志芳对复杂规则内隐学习抽象性的研究认为，内隐学习所获得的知识的抽象性是基于刺激具体的表面特征的抽象，具有一定的整体性；郭秀艳提出长时功效的概念，认为内隐学习虽然具有自动性，但并不意味着它可以跳过一定时间的累积一蹴而就地发生，并非从内隐学习发生之始就直接达到对规则知识的最大程度的掌握。实验研究也已经证明，只有经过时间推移和练习的增加，内隐学习的效果才会体现出来，并呈现逐渐增长的趋势。由此我们可以推断，人类的许多技能并不是单单靠书面知识的表达、通过言教就可以习得的，而是要通过实际的反复操练方能悟出其间的规律技巧，并迁移运用于瞬息万变的客观情境中方可习得，即是通过内隐学习习得。这就是为何围棋新手看大量的棋谱，即使不加以点拨，棋艺也会有所长进的原因。同时，内隐学习也不是一蹴而就的，必须像专家技能的获得一样付出长期的努力。

2. 内隐学习的内在表征机制——多水平表征机制

内隐学习的内在表征首先体现在它对知识的表征。关于内隐学习知识表征的争论源于内隐学习中被试是否获得抽象知识的问题。Reber 通过多种方法，验证被试在不同内隐学习条件下获得的都是有关材料规则的抽象知识。从而率先提出了内隐知识表征的"抽象观"，主张内隐知识是以一般的、抽象的形式表征的，这种表征独立于具体刺激的表面结构 Reber (1989)。林颖(2003)从发展的观点来看待内隐学习的内在表征机制，认为可以用 Karmiloff-Smith 的儿童知识表征的发展机制理论来解释内隐学习研究中专家的行为变化。被试在学习情境的不断接触中，虽然报告不出任何规则，但对这些规则却越来越敏感，这时正处于行为的熟练阶段，这一阶段的表征是以内隐的范例表征为基础的。然而，发展并不因此而停止，在某个特定时刻，一个由内而生的被 Karmiloff-Smith 称为"表征重述"(representational re-description, RR)的过程会被诱发出来，来引导和驱动内隐知识转为为外显的知识。由此我们可以推断，可能存在一个多水平表征机制的内隐学习。即内隐学习可能存在三个层次的表征水平:内隐学习的最低层次的表征水平可能由对刺激材料的初步接触对材料的潜在结构形成简单的联结网络;然后通过对学习刺激的不断接触形成的表征重述,形成具有一定结构和层次的无法用言语表达的规则意识,这是内隐学习的第二层次的表征水平;内隐学习的第三层次的表征则是将内源性的表征重述,逐渐将独立的层级联结网络织补进原有知识网络,以便于迁移运用于其他情景中。

3. 内隐学习与外显学习的相互关系——协同效应

在内隐学习的产生之初,研究者们把内隐学习看成是一种独立的平行于外显学习的无意识加工,主要开展的是外显与内隐学习的区分研究。

Mathews 在 1989 年最早用实验证明了二者的协同效应。此后,研究者越来越把焦点集中于内隐学习和外显学习如何协作的问题上来。王慧(2003)认为内隐学习与外显学习的相互作用的内在机制是内隐学习的抽象性,外在条件是外显学习的适时配合。因此,要探讨外显学习和内隐学习如何协作的问题,首先应当确定内隐与外显训练阶段结合的最佳顺序。此外,郭秀艳(2004)从内隐学习与外显学习之间的动态发展过程的角度,认为,内隐与外显学习的协同作用的关键在于内隐知识在多大程度上能有意识地加以利用的问题。他们通过实验研究推断,当经历一定数量的强内隐训练之后,被试掌握的内隐知识渐渐地越来越为意识所接近,以致最终在内隐加工强度的某一点上内隐和外显两种加工接通,彼此迅速地达成资源共享,从而使学习效率最高。同时,研究中发现,对内在关系明显的人工语法材料,内隐和外显的协同效应中外显学习的贡献比较大,而内在关系不明显的人工语法材料更适宜内隐学习。

内隐学习与外显学习协同效应给专长训练提供了很大的启发,即在对新手的专长训练中,内隐加工的高强度训练可能是专长习得的根本原因,但适时的配以高强度的外显训练也是专长习得最佳的外部条件。尤其是在一些任务规则模糊和复杂的专长领域,可能无法用实验室任务提取出其本质的外显任务,采取内隐学习的方式更加易于专长的习得和研究。但是如何将内隐知识有意识地加以利用,如何使外显和内隐两种加工达成资源共享,这仍然是专长训练中操作层面的一个难点。

1.2.3.3　内隐学习对语法教学的启示

内隐学习的理论表明,在学习复杂任务时,人们常常是以一个内隐的直觉方式进行的。内隐学习的自动性、高潜力,以及它与外显学习的相互作用,都提示我们:内隐学习在教育领域的应用前景是十分广泛的。在语法教学中使用内隐学习的方式就是试图在设计的任务中,检验学习者在中心注意力放在某一特殊任务,如文章理解的同时,是否会在无意识中获得文中规则性的语法结构,进而在后续的任务中对这一规则进行自动化的应用。

1. 采用多样的教学方式,建立轻松的英语语法学习氛围

要使学生在无意识中愉快地学习,就要在大学英语语法教学过程中,加强学生内隐学习的运用,采取灵活的教学方法,让学生在不知不觉中提高英语语法水平。如合作学习法(collaboration),小组讨论(group discussion),设计一些游戏等,使学生建立起无意识的心理倾向,充分利用学生的有意识和无意识学习功能,激发学生内在的学习动力来调动学生学习的积极性,使学生在轻松愉快的学习中获得更好的效果,帮助学生提高各项英语语法技能。

在语法教学中可以采取两种方式:一是选择真实,鲜活的语言材料,活化教学内容。真实的语言材料不是孤立的词或者句子,它包括文字材料(报纸、杂志、广告、诗歌等)和隐含某些特定语法项目的音像资料(电影、电视、广播、幻灯、碟片等)以及电子教材等等。在教学中,材料

的选择应根据教学需要，具有针对性，并通过生动有趣的讲解，手势，图式等方式让学生理解该语言材料的意思。二是加强社会交际型练习，活化课堂活动。譬如：学习完状语从句后，要求学生运用所学语法项目进行对话，了解对方的生活经历等等，就是交际型练习。这样，学习者在鲜活、真实的语言环境中时，其内隐认知将自动帮助他们认知语言材料中所隐含的语法规则，形成语感。使他们在感悟中不知不觉的学习语法，从而提高其学习动机和学习效率。

2. 突出以学生为中心，强调学生的英语语法自主学习

内隐学习理论指出：内隐学习具有自动性与无意识性，即人们能在没有有意识努力去发现任务的隐藏规则或结构的情况下学会在任务环境中对复杂关系做出恰如其分的反应。（吴国宏，2001）因此，教学方法、教学组织、教学手段的使用应以学生的需要为出发点，应突出以学生为中心，强化学生自主学习的意识，努力使教学活动由"教"语法到学生"学"语法的转变。教师在英语语法教学中可以采取多种形式，尽力把学习的主动权交给学生，努力改变语法教学中教师一言堂，学生被动接收的教学现状。例如，在讲授"连接词"这部分语法时，教师可以在课前给学生布置一些作业，让其通过图书馆或互联网等各种途径搜集相关语法现象的语言资料，然后，在课堂上教师可以把学生分成若干小组，让他们进行 presentation 和 discussion，而老师则起到帮助、协调和总结的作用。由于学生在整个学习中亲自参与，都不是老师在"教"也不是自己在刻意去学，因此在无意识的情况下，学生更容易掌握各种英语语法，获得的英语语法知识与英语语法技能也更不容易忘记。

3. 处理好英语语法教学中外显学习和内隐学习的关系

外显学习和内隐学习是学生学习英语的两种方式，它们相互协同，在一定条件下相互转化。在目前的英语语法教学中，老师注重的是外显学习，即强调有意注意、记忆等意识活动。在英语语法教学中表现为非常重视让学生背诵语法规则，重视各种语法现象的讲解和操练，而不关心学生是否感兴趣，不关注学生在英语语法学习中的情感因素，忽视学生的内隐学习潜能，结果，教师出了很多力、费了许多时，效果却不令人满意。教师必须清楚地认识到，有意识的、外显的认知系统和无意识的、内隐的认知系统之间相互统一的辩证关系，大学生的各项语法知识和技能的获得是在外显学习和内隐学习的交互作用过程中获得的，教师在语法教学中只有把外显学习和内隐学习二者有机地结合起来，才能取得良好的教学效果。为此，教师应当摆正外显学习和内隐学习的关系，改变传统的教学手段、教学方法和策略，采取更为宽松自然的措施，不仅要注意学生外显的行为表现，而且要激发内隐的认知探究倾向，充分调动学生潜在的学习积极性，让学生内隐而高效地掌握各项英语语法知识和技能。

4. 应使师生认识到内隐认知的存在及其重要意义

赵继政（2008）调查研究表明内隐语法教学方法不受学习者的欢迎，对语法规则掌握的即时效果和长时效应都较差。这可能与语法规则的教学时间、呈现频率和学习者的注意力分配和对其熟悉程度都有关系。

内隐认知存在的客观性无论是在科学实验还是在日常生活中都得到证实：如阈下刺激、启动效应对后继作业易化作用的普遍存在，麻醉期间学习的存在等。内隐学习效应随着不断地强化策略训练有增强和向外显转化的趋势。（张晓明，1996）对这种内隐无意识加工的认识，可以在学生头脑中确立一种"任何学习方式都是有效的"的观念，有助于增强学生的自信心与求知欲。比如，"高原期"现象，从内隐加工的角度看，这一时期或许正在内隐地进行着不为人知的整合操作，学生在此期间的努力并没有白费。这一点可以从练习曲线上高原期之后作业绩

效的猛增得到证实。因此,不能消极地等待高原期的消失,这也就为重复学习、强化练习这一教学原则提供了另一种心理学依据。其实,重复对于新旧知识的控制性加工和自动加工都有促进作用,只是影响程度不同而已,对后者的促进作用会更大一些。也就是说,重复练习的效果或许不易外显,但其实无意之中已经提高了主体的理解力与学习能力,这是一个潜移默化的过程。而且杨治良(1999)研究发现随着重复接触次数的增加会产生"纯粹接触效应",即一外在刺激仅仅因为呈现次数越频繁(使个体能够接触到该刺激的机会越多,但并不必要刻意引起注意或有意地强化),个体对该刺激的印象就越深刻。个体对刺激的知觉流畅性也同时得到提高,促进了无意识迁移能力,而且这种知觉流畅性也是创造性思维的三要素之一。

1.2.4 意识提升在语法学习和教学中的作用和应用

意识提升(consciousness raising)并不是一个新概念,它早在1981年就由Sharwood Smith提出了。根据Rutherford和Sharwood Smith(1985)的定义,意识提升是指"有意图地将学习者的注意力吸引到目标语(target language)的语法特征上",目的在于通过将学习者的注意力吸引到第二语言的特性上,帮助学习者学习第二语言。意识提升强调对目标语的语法特性的注意,即对语法事实进行有意识的解释,因此,意识提升就是一种语法教学。Nunan(1991)的意识提升理论指出,有意注意是二语习得的关键,它强调教学过程是有机的、循环的,而非线性的,反对那种一旦教了语言知识,学生即会的观点,因而是一种更关注教学过程的教学方法。Ellis(1993)发展了意识提升手段,他指出,意识提升并不是为了教语法而是让学生具备语法意识,其根本目的是使学生注意自己语言形式的正确性,这就要求经常提醒和鼓励学生注意语法的准确性。

近些年来,意识提升法被那些注重语言形式教学的研究者们广泛应用于二语习得研究。他们认为意识提升的目的并不是为了教语法,而是让学生具备语法意识。因此,意识提升的过程就是以学习者为中心,鼓励学习者形成假设,积极寻找新知识和原有知识的连接点,从而学会学习,成为学习的自我管理者。

20世纪80年代后期出现的建构主义学习理论,为意识提升法在外语教学领域中充分的应用和论证提供了新的理论依据。建构主义学习理论首先强调以学生为中心,认为学生是学习的主体,是认知和信息加工的主体,是知识意义的主动建构者。学生获取知识的多少取决于学习者根据自身的经验去建构有关知识的能力,教师对学生的意义建构只起帮助和促进的作用。其次,建构主义强调学习情境的重要性。学习者只有在真实的社会背景下,借助于社会性交互作用,利用必要的学习资源,才能有效地建构知识,重组原有知识结构。第三,建构主义学习理论认为"协作学习"对知识意义的建构起着关键性的作用。他强调学生之间、师生之间的协作交流以及学生和教学内容与教学媒体之间的相互作用。第四,建构主义强调对学习环境的设计,认为在学习过程中教师要为学习者提供各种资源(教学资料等),鼓励学习者主动探索并完成意义建构,以达到自己的学习目标。显然,建构主义理论所倡导的学习和教学理论与意识提升的要求有很多共性的地方,两者都强调了以学习者为中心,意义建构的重要性。意识提升的启示可以归纳为以下几点:

1. *以任务为基础的意识提升活动*

在意识提升理论中,有意注意是关键;首先,学生以听或读的形式进行足够的可理解的输入，把注意力集中在语言形式上，观察这些形式是如何运用和表达的，然后通过课堂活动完成语言知识的内化功能，使语言形式与功能融为一体。意识提升把教授语法与发展语言运用技能结合起来，兼顾语言表达的流利性与正确性，学习过程逐步从显性知识向隐性知识转化。在教学中进行意识提升可以分三个步骤：使学生注意力集中在语言的形式和意义上，引导他们观察这些形式和意义在情景中是如何运用和表达的；练习学生所理解的语法内容；通过交际活动使学生有机会对所掌握的语言形式和内容加以运用。

可以说意识提升理论是一种更关注教学过程的教学方法。在任务教学理论中，外语教学过程就是解决交际任务的过程，教师组织以任务为核心的课堂活动，学生通过完成任务达到语言学习的目的。在意识提升活动中，任务是提升意识的手段，是实现教师和学生互动的枢纽，教师根据学生的语言水平、教学目的、语言材料的特点选择任务形式。

理解型任务以内隐的形式介绍语法形式。学生在理解型任务中注意和理解经过精心设计的输入材料中的语法形式，并做出适当的反应。输入的方法有多种，主要以听力和阅读的形式为主，材料内容的选择应本着实用有趣的原则。例如有两个关于现在完成时和现在完成进行时的问题，以及两人对话的听力文本如下：

问题 A. Which one is used for an action occurring at some undefined time during an incomplete period?

问题 B. Which one is used for an action which began in the past and is still continuing?

文本：

T：I see you're majoring in art. Have you thought about a career yet for your future?

S：I've thought about it, but I'm still not sure what I'm going to do when I graduate. I've always loved art, but my parents are worried that I won't be able to make a living as an artist. Lately I've been thinking about changing majors.

T：What major have you been considering?

S：Graphic design or commercial art.

T：Have you taken any courses in these fields?

S：I've already taken a course in graphic design. But I don't know much about the future of this career. Are there a lot of jobs for graphic artists?

T：Have you ever used the Occupational Outlook Handbook?

S：No, I haven't. I've never even heard of it. What is it?

T：It's a government publication that gives you a lot of information about jobs in the U.S. You can find it in the library or on the Internet.

S：Thanks for the information.

实例中活动的目的是使学生注意现在完成时中存在着不同的形式和意义，并使他们理解在交际过程中如何使用这些形式来表达不同的意思。这种理解型任务在意识提升活动中是很关键的，意识提升活动正是利用学生主动的发现来提高其理解语法知识的能力的。（王勇，1997）

增强意识的任务是前一阶段任务的继续和发展。这种活动是以显性的方式要求学生在互动活动中练习他们在第一阶段注意到的语言形式，进一步了解如何正确使用这些语法形式来表达意思。例如：

Directions:Work in pairs and ask a question with"Have you ever…?"and the words given. Another student will answer. Then switch roles.

Example:ask your boss for a raise.

A:Have you ever asked your boss for a raise?

B:No, I never have.

(1)fill out a job application

(2)have an interview

(3)use the Occupational Out look Handbook

(4)see a job counselor

(5)use a resume writing service

(6)take courses to train for a job

(7)go to a state employment office

(8)read a book about finding a job

产出型任务需要使用目的语的形式来完成纯粹的交际活动,学生必须借助目的语结构来完成任务。这项任务是以内隐的形式在交际情景中学习目的语的语法形式的,因此,活动的形式可以是口语或书面语的。在这个阶段,学生有更多的机会以更复杂的形式练习已掌握的语法结构,并把这些结构的运用与实际的交际过程结合起来,理解在交际时如何运用这些形式实现意思的表达。(王勇,1997)产出型任务是学生最终完全掌握语言知识的决定性一步,是从外显性知识转化到内隐式知识的转折点。只有到学生能够运用语言进行交际时,才能认为他们真正掌握了语言知识。例如:

Directions:Tom has not seen John lately because John has been sent to America. Julia, John's sister, has not had any letters from him, while his wife has been hearing from him regularly. The husband and wife have been thinking about quitting the job but haven't quite decided yet. Work in pairs and make a dialog according to the situation. One acts as Tom, who asks Julia for some information about John, and the other acts as Julia.

以上语法任务活动从学生的需要出发,对语言的形式和意义进行有机地结合,既能营造轻松自如的学习气氛,降低学生的焦虑感,又能形成交际所需的信息沟,给学生提供表达真实思想的渠道,提高学生对英语学习的信心。

2. 以学生为中心、以学生的需要为基础以激发学生学习的热情

基本做法是:教师对学生实施突出语法项目的语言活动,比如对语法现象的简明讲授。学生讨论语法规则。学习课文时,偶尔提醒学生注意语法现象,语言活动后对语言错误及时纠正等。Ellis(2003)提出了意识提升的三个步骤:展示与观察阶段(the presentation and noticing stage)、操练阶段(the practice stage)和言语产生阶段(the output stage),要求学生以小组为单位合作完成,达到提高学生语言意识程度,内化语法知识的目的。

例如,语言学习目标是"negative + comparative"结构。下面是具体实施过程。

步骤 1:观察

要求学生观察教师给出的句子,目的是引起学生对这些句子共同的语法点的注意。

a. Nobody works harder than Mark does.

b. Nothing is more dangerous to people's health than passive smoking.

c. No one in our family has a better memory than Jane.

d. No garden in the town is more beautiful than his.

e. The story I read last night couldn't be more interesting.

f. This is a question that couldn't be more important.

g. I couldn't have spent more time writing this book.

最初,学生发现这些句子都有否定结构。然后,他们又发现了这些句子的比较结构。在教师的提示下,他们发现了句子表达的实际上是"最高级"的意义。

步骤 2:讨论

学生被分成组来讨论这些句子在结构上的异同。通过讨论,学生自己发现规则,形成对于英语语法的认识。学生经讨论后得出:每个句子都含有 "negative ＋ comparative"结构,表示最高级的意思;a,b,c, d 句包含"noun/pronoun phrase negative ＋ comparative";e, f, g 句则含有"verb phrase negative ＋ comparative"。

步骤 3:练习要求学生用"negative ＋ comparative"结构重写一组句子。鼓励学生给出多种答案,促进知识从吸收到内化。

步骤 4:报告

学生在做这个练习时与同桌积极讨论,期待得到不同的答案。例如,对句子(That is the worst film I have ever seen.)的改写。可以有 5 种说法:

a. This film I have just seen couldn't be worse.

b. I have never seen a worse film than this one.

c. I have never seen a film worse than that one.

d. No film I have ever seen is worse than that one.

e. No film is worse than that one I have ever seen.

整个教学过程应围绕"以学生为中心"这个目标,教师应采取各种手段呈现知识,提供范例,及时提供反馈,使语法教学为语言应用能力服务。

3. 意识提升的其他方法

在任何语言的课堂里,语法特征方面的强调和交际能力方面的发展之间必须保持一种平衡。意识提升正是体现了这种平衡理念,因此,为培养学生的语言综合应用能力,教学内容既要强调语言形式,又要注意它的意义与功能,把语言的用法和用途融为一体。

在语法教学中应充分注意输入强化和积极的反馈;语法输出活动的重要性也不言而喻。比如,向学生提供含有特定语法结构的文章、段落或句子,然后用下划线,大写,斜体,或不同色彩标注的方式进行输入强化,以引起注意。或者通过改错,翻译,句子比较,分类总结等方式要求学生积极思考和总结归纳特定的语法结构。教师及时的补充和纠正理解不充分和不正确的语法点。或者进行造句,编故事,写作文等输出性活动,并且进行及时的反馈。同时进行小组讨论进行语法点总结和作摘要报告。

语法意识提升的其他教学方案主要有:

a. 向学习者提供包含有特定语言形式的材料,用输入强化的方式突出语法形式结构以引起学习者的注意。

b. 鼓励学习者积极思考和理解这些语言形式。

c. 通过输出活动进一步提升学习者对相关语言形式的意识。

(1)输入强化　有大量的研究在调查通过输入强化来吸引学习者注意语法结构的效果。Donghty &Varela(1998)称这种方法为显性度最低,干扰度也最低的形式教学法。主要手段是通过粗体、斜体、下划线、大写等方式使文本中正常情况下学习者不会留意的语言形式变得醒目,即通过有意识的控制来增强目的语结构的知觉显性度,从而提高学习者注意它们的机会。另外一种较为接近的模式是"输入信息泛滥"(input flood),它通过向学习者提供大量的目的语形式,促使学习者注意该形式。

(2)输出　Swain & Lapkin(1995)认为通过语言的输出活动可以让学习者意识到他们中介语中存在的问题,从而在随后的语言输入过程中更加注意相关的语言结构。即使输出没有得到反馈仍然能够引起学习者对所学语言形式的注意,从而有助于语言形式的习得。

(3)反馈　根据 Long(1996)的互动假设,反馈可以让学习者意识到自己的中介语和目的语之间的差异,从而有助于目的语语言形式的习得。Swain & Lapkin(1995)认为反馈可以让学习者注意到语言产出中的问题,引起他们的分析和思考,从而强化他们的意识。反馈的形式是多种多样的,有纠正性反馈(corrective feedback),否定反馈(negative feedback),互动反馈(inter active feedback)和同伴反馈(peer feedback)等。纠正性反馈是对学习者言语信息中的错误作出纠正。否定反馈就是直接指出学习者的语言输出中有错误,其方式可以是显性的明确的告知,也可以是隐性的重铸式反馈(recast)或是请求澄清(clarified action request)等。互动反馈指的是互动过程中的各种协商和修改策略,如重复、请求澄清、检查确认等。同伴反馈是指经过同伴之间的讨论或者是互相批改给同伴提供反馈意见,并接受同伴的反馈。不论是何种反馈方式,均有研究证明可以使学习者有意识的注意到语言形式或语用问题,促使他们有目的的矫正语言输出,从而促进语言的学习。

1.2.5　合作式听写在语法教学中的应用

合作式听写(dictogloss)又名语法听写(grammar dictation),是近年来流行于语言教学中的一种新方法。它源于传统的听写法,但与听写法在具体步骤和目的方面又截然不同。Dictogloss 是以篇章为基础(text-based)、以学生需要为基础、以任务为基础(task-based)、以学生为中心(learner-centered)的一种教学法,旨在帮助学生在篇章基础上学习、运用和掌握语法。

合作听写教学活动是以 Krashen 的可理解输入假设和 Swain 的输出假设为理论基础。Krashen(1981:4)认为,可理解输入(comprehensible input)是第二语言习得的必要途径,语言输入的难度要稍高于学习者现有水平"i","i+1"学习者为了懂得新输入的语言材料,会求助于以前的知识经验或利用语境、上下文等进行判断。Swain(1985:249)的输出假设认为输出不仅可以提高语言的流利性,而且还具有使学习者借助有意注意(noticing)进行假设验证(hypothesis testing)和自觉反思(conscious reflection)等调整自己的学习策略,从而提高语言使用的准确性。

Dictogloss 具体步骤分四步:准备(preparation)、听写(dictation)、重写(reconstruction)、分析及纠正(analysis and correction)。该活动的主要步骤是:教师以正常语速向学生朗读一篇短文,学生记下他们所熟悉的单词或短语,然后分组讨论,小组成员共同合作,利用所记下的零散的言语片段重建听过的短文。重建的短文应尽量接近原文，但并不是原文的简单重复。最后，全班同学集中起来分析并更正各小组重建的短文中的错误。

1.2.5.1 短文的选择和设计

整体听写活动是基于短文而进行的练习活动，所以在进行整体听写活动之前必须准备好活动所需要的短文。短文的作用不仅在于给学习者提供真实的语言材料，更重要的是，它有助于激活学习者的语言知识以完成任务，从某个程度上来说，短文中所选用的某个语言点（如某个句子结构等）是对学习者的一个挑战，也有助于扩展学习者这方面的知识，因此，整体听写活动采用的短文应该是为学生某一时期内的某个学习目的而精心设计的。整体听写活动采用的短文可以取材于真实材料（如报纸、杂志里的文章等），但不能照搬原文；文章必须短小精悍，以7句左右为宜，量太大不利于学生的短期记忆，学生容易失去信心，量太小则没有扩展的机会；语篇联结要紧凑、连贯；要包含少许生词，这些生词可以在听写前预教，或是让学生通过上下文推测意思；还要有可作为教学点的语法点，并且带有一两个可作为扩展的语言难点。短文中应该使用基本的、自然的和常见的语法结构，并且应尽量避免使用专有名词或专业术语。

现以《新编大学英语》第二册第四单元“以阅读为中心的语言活动”(reading-centered activities)中的课内阅读(in-class reading)文章“Study Habits”为例，编写下面一段内容梗概来进行整体听写活动：

短文1：Students can be divided into three distinct categories based on their study habits: the perpetual studier, the average studier, and the crammer. The perpetual studier studies all the time and usually misses out on social life. The average studier studies sufficiently but doesn't work more than necessary and he/she takes part in social activities. Most students fall into this category. As for the crammer, he/she studies only when the threat of taking a class over is very great. So when leaving college, the perpetual studier will graduate with excellent academic performances but little social skills. The average studier will have a solid education as well as adept social skills, while the third type will get neither education nor social skills.

此篇短文共有7句，第1句是总起句，其他的句子紧紧围绕第一句而展开，使用这篇短文进行整体听写活动可以使学生熟悉文章的主题（即作者根据学习习惯把学习者分成三大类），同时使学生熟悉分类的表达法 be divided into/fall into 以及原文的一些关键词（加粗部分），短文中“定冠词＋单数名词”和不带冠词的复数名词表示一类人的用法可作为短文的语法点，而第6句的分词结构(when leaving college)和第7句的 while 表示对比的用法则可作为扩展用的语言点。

另外，还可根据课文中出现的语法重点或学生在语法方面的某个薄弱点，有针对性地选择和设计短文进行整体听写活动。例如，学生经常在口头表达和书面作业中使用类似这样的句子：There are some teachers become impatient when students ask questions.（恰当的句子应为：There are some teachers who become impatient when students ask questions.）也就是说，学生没有掌握好定语从句的用法，因此，可选择以下这篇短文进行整体听写活动：

短文2：Many different kinds of students attend North Electric Power University. There are some who study, some who go to parties, some who play sports, and many who do all or most of these activities. There are students whose families pay their tuition and others who have been awarded scholarships. There are also a few who work and go to college at the same time. There are students who live on campus or who rent a room or apartment off campus. There are also some whose families live in the area, and many of them commute.

此例把定语从句融合于一篇有意义的短文中，主要是让学生练习由关系代词 who 和 whose 引导的定语从句，同时练习用于分类且常与关系代词连用的 there be 存在句和数量词 some, many, a few。

1.2.5.2　具体操作程序

准备好所需要的短文之后，合作式听写活动便可以分四个阶段按以下步骤进行：

第一阶段：听写前的准备（约 5 分钟）。学生以小组为单位坐好（以 3～4 人一组为宜），教师说明清楚这种活动的特点和目的，然后让学生就所选短文的主题稍作自由讨论。接着预教听写时学生难以推测且可能影响理解的词汇项目（如短文 1 和短文 2 中的画线部分）。

第二阶段：听写（约 5 分钟）。教师以正常语速向学生朗读短文两遍，但是句与句之间的停顿可稍微长一点，教师读第一遍时，学生只是听不写，读第二遍时，学生尽快记下他们所能听到的熟悉的词或短语，教师要鼓励学生记录短文中的实义词（content words）而不是功能词（function words），因为只有实义词才有助于学生在接下来的重建短文阶段中回忆起短文的内容并构建原文的意思。教师可增加朗读的次数（例如 3～4 次），放慢朗读的语速，或是在听写结束时留出几分钟时间给学生提问，以便降低接下来的重建短文任务的难度。

第三阶段：重建短文（10～15 分钟）。学生以小组为单位共同合作重建短文，完成时各小组把重建的短文抄写在纸上，有条件的学校还可以让学生直接使用电脑用字处理软件编辑好后上交给老师。为了鼓励学生使用英语进行讨论，教师可以在小组活动之前教给学生一些必要的交际策略，例如如何弄清事实、征求他人同意、获悉他人对问题的理解、重复等磋商策略，以及使交流不至于中断的策略和弥补语言表达水平不足或不流利的策略等等。在小组重建短文的过程中，注意以学生为中心，教师不参与讨论，只是扮演好组织者、指导者和协调者的角色。

在重构短文的小组讨论中，学生能注意到所重构短文的语法正确性，从而引导小组中关于语法结构的自我修正和他人修正。同时，教师应该非常清楚每次整体听写活动的教学重点，注意听学生的讨论，找出学生的主要难点，在必要时还要轻声跟学生磋商，帮助学生改正与教学重点不相关的错误。

第四阶段：分析与纠正错误（约 15 分钟）。教师从各组重建的短文中挑 2～3 篇逐一投影出来，由不同组的同学大声朗读，教师引导全班同学对短文在内容、语法、词汇以及朗读的语音语调等方面作修改和评估，此阶段中，学生仍然是活动的主体，教师只是指导者、协调者和评判者，而不是垄断者。最后教师将原文投影出来。

1.2.5.3　Dictogloss 活动注意事项

（1）Dictogloss 并不是与传统语法教学对立的一种教学活动，而是传统语法教学方法的有效补充。

(2)每次进行 Dictogloss 活动只能训练一个语言点或一个语言点的其中一个用法，因此要把语言点的训练和交际活动紧密地、有机地结合起来。

(3)要有效地组织交际活动，使交际活动达到目的性、可行性和趣味性的统一。如在 dictogloss 活动中，在听写短文之前，教师可使用图画、录像、多媒体电脑等多种方式调动学生的兴趣并激活与短文内容有关的图式，以帮助学生更好地理解所听写的短文；小组之间可适当进行竞赛，以提高学生的积极性；对学生在 Dictogloss 活动中与人合作的态度和表现进行发展性的评价，也是极为行之有效的一种调动学生积极性、活跃其思维的方法。

本章参考文献

Balcom, P. A. Minimalism and Beyond Second Language Acquisition for the Twenty-first Century[J]. Second Language Research, 2001(3):306-322.

Block, D. The Social Turn in Second Language Acquisition[M]. Washington, D. C:Georgetown University Press, 2003.

Donghty, C. &E. Varela. Communicative Focus on Form. [A]. In:Doughty, C., Williams, J. (eds.)Focus on Form in Classroom Second Language Acquisition[C]. Cambridge:Cambridge University Press. 1998:114-138.

Doughty, C., &J. Williams. Pedagogical Choices in Focus on Form[A]. In:Doughty, C., &Williams, J. (eds.), Focus on Form in Classroom Second Language Acquisition[C]. Cambridge: Cambridge University Press. 1998:197-262.

Ellis R. The Study of Second Language Acquisition [M]. 上海外语教育出版社, 1999.

Ellis, R. Task-Based Language Learning and Teaching[M]. Oxford: Oxford University Press,2003.

Ellis,R. and Hedge. Second Language Acquisition research: How does it Help Teachers? [M]. Elt Journal, 1993,47(1):3-11.

Ellis. Introduction: Investigating Form-Focused Instruction[J]. Language Learning, 2001, (51).

Hymes,D. H. On Communicative Competence[A]. In Brumfit,C. & Johnson,K. (eds). Communicative Approach to Language Teaching[C]. Oxford University Press,1979.

Johnstone T, & David R. Shanks. Abstractionist and Processing Accounts of Implicit Learning[J]. Cognitive Psychology, 2001,42:61-112.

Krashen,S. Second Language Acquisition and Second Language Learning[M]. Oxford University Press,1981.

Long, M. H. The role of the Linguistic Environment in Second Language Acquisition. [A] In W. C. Ritchie&T. K. Bhatia(eds.), Handbook of Second Language Acquisition[C]. New York:Academic Press,1996.

Mathews R C, Buss R R, Stanley W B. Role of Implicit and Explicit Processes in Learning from Examples:a Synergistic Effect [J]. Journal of Experimental Psychology:Learning,

Memory, and Cognition, 1989, 15:1083-1100.

Nunan,David. Language Teaching Methodology:a Textbook for Teachers[M]. New York: Prentice Hall, 1991.

Prabhu, N. S. Second Language Pedagogy[M]. Oxford:Oxford University Press,1987.

Reber A S. Implicit Learning and Tacit Knowledge[J]. Journal of Experimental Psychology: general, 1989, 118(3):219-235.

Reber A. S. Implict Learning of Artificial Grammars [J]. Journal of Verbal Learning and Verbal Behavior, 1967(5).

Richard,J. &Rodgers,T. Approaches and Methods in Language Teaching[M]. Cambridge University Press,1986.

Rod Ellis. The Study of Second Language Acquisition[M]. 上海外语教育出版社,1994:11-13.

Rutherford. W, Sharwood-Smith M. Consciousness-raising and Universal Grammar[J]. Applied Linguistics,1985,6(3).

Schneider W. Research on Memory Development: Historical Trends and Current Themes [J]. International Journal of Behavioral Development, 2000, 24:407-420.

Swain, M. &Lapkin, S. Problems in Output and the Cognitive Processes They Generate:a Step towards Second Language Learning [J]. Applied Linguistics ,1995(16):371-391.

Swain,M. Three Functions of Output in Second Language Learning[A]. Oxford University Press,1985.

崔刚.语法教学的理论与实践[J].外语教学研究,2007(3).

戴炜栋,陈莉萍.二语语法教学理论综述[J].外语教学与研究,2005(2):92-95.

邓天中.大学英语动态语法教学的理论与实践[J].山东外语教学,2003(1).

郭秀艳,黄佳,孙怡,杨治良.内隐学习抽象性研究的新进展[J].心理学探新,2003,23(2):15-19.

郭秀艳,杨治良.内隐与外显学习的关系[J].心理学报,2002(4).

郭秀艳.内隐学习对技能类教学的启示[J].心理发展与教育,2004(1):87-91.

郭秀艳.试析内隐学习的长时功效[J].应用心理学,2003,9(4):43-48.

何克抗.建构主义的教学模式、教学方法与教学设计[J].北京师范大学学报(社会科学版),1997(5):74-81.

李铮.高等师范心理学教程[M].中国科学技术大学出版社,1995:126.

林颖.内隐学习机制及其个体差异的研究——发展的视角[D].华东师范大学博士学位论文,2003.

玛·博登.发生认识论创始人——皮亚杰[M].胡刚译.长沙:湖南人民出版社,1988.

邵志芳,陆峥.复杂规则内隐学习机制的实验研究[J].心理科学,2002,25(3):365.

王慧.大学生内隐学习的实验研究及其启示[D].南京师范大学硕士学位论文,2003.

王勇.Consciousness Raising在语法教学中的作用与运用[J].国外外语教学,1997(3):8-12.

王勇. Consciousness-raising 在语法教学中的作用与运用[J]. 国外外语教学，1999(3)：8-16.
魏耀章. 中国英语学习者语法敏感性与阅读理解水平的相关研究[J]. 外语界，2005(1)：41.
吴国宏，李其维. 内隐学习的再解读[J]. 心理学，2001(11).
吴国宏，李其维. 内隐学习的再解读——从认识发展角度的剖析[J]. 华东师范大学学报(教育科学版)，2001(3)：2-10.
杨治良，叶阁蔚. 内因学习三高特征的实验研究[J]. 心理科学，1993(3).
杨治良. 记忆心理学[M]. 上海：华东师范大学出版社，1999.
张爱卿. 放射智慧之光——布鲁纳的认知与教育心理学[M]. 武汉：湖北教育出版社，2000.
张民选. 比较初等教育[M]. 中央广播电视大学出版社，2004.
张晓明，于莉莉. 脑外伤患者内隐记忆康复护理可行性研究[J]. 心理科学，1996(5).
张一中，王笃明. 内隐无意识加工及其在教学中的体现与应用[J]. 心理学，2003(1).
赵继政. 外显学习、内隐学习与激发意识——一项语法教学的实验研究[J].《四川外语学院学报》，2008(4).
钟平. 浅谈建构主义和建构主义教学[J]. 企业家天地，2007(7)：82.

第 2 章

词汇学习和教学理论与应用

2.1 词汇教学的现状

2.1.1 词汇教学的重要性

现代英语的词汇总量已达到 200 多万，是世界上词汇量最大的语言，并且随着社会的发展，科技的进步而不断地更新、扩大。词汇教学成了当今英语教学中令教师最为头痛的一个难题。英国著名语言学家 D. A. Wilkins(1972)曾这样肯定词汇学习的重要性："Without grammar very little can be conveyed; without vocabulary nothing can be conveyed."("没有语法，人们不能表达很多东西；而没有词汇，人们则无法表达任何东西。")。由此可见，词汇是语言表达意义的主要承担者。Murcia & Rosensweig(1979:242)曾提出这样的看法："掌握了最低量的结构，同时也拥有大量的词汇比掌握了几乎所有全部结构但只有少量词汇的人在阅读理解和最基本的语言交际中更为有利。"这一则说明了词汇量的重要性；再则也指出词汇是理解阅读与进行有效语言交际的材料。词汇量不足是影响学生语言交际能力的一个重要因素。不教会学生熟练掌握和正确使用相当数量的词汇，那么让学生真正掌握外语这门工具终将成为"无源之水"。词汇是语言的三大要素(语音、词汇、语法)之一，是语言的基本材料。不熟练掌握词汇，就不可能掌握一种语言。一个人掌握词汇的多少和牢固与否，直接影响他的语言表达能力，影响他思想表达的丰富与准确程度。从这个意义上讲，学生掌握词汇的多少，也是反映其英语水平的标志之一。许多学生在英语学习上落后，或干脆放弃了英语学习，就是由于他们从一开始就懒于记忆生词，没有大量使用过词汇。因此词汇在外语教学中起着非常重要的作用，词汇学习是第二语言习得的基础。

可见，词汇教学理应成为英语教学中的一个极其重要的环节。如何使学生有效地掌握更多的词汇乃是整个外语教学的中心议题之一。

2.1.2 词汇教学中的问题及原因分析

以 Lewis(1997)为代表的学者认为，语言教学的核心应该是词汇。但英语教学中一直存在着“重语法，轻词汇”的倾向，词汇的作用没有得到足够的重视，词汇学习基本上是自发学习，学习效果欠佳。词汇问题成为了培养语言输出能力的制约因素。

2.1.2.1 学生词汇学习中的问题及原因分析

学生的英语词汇学习存在不少问题，如词汇量远低于规定标准；词汇学习目标不明，记忆方法单一，效率低下；缺乏词汇学习策略的训练，词汇学习能力薄弱，兴趣欠缺；词汇运用的正确性和得体性差，学不致用，等等。究其原因，目前英语词汇教学得不到应有的重视，同时词汇教学方法也存在偏差和失误，如重交际能力训练，轻词汇教学，词汇教学面临边缘化的境况；缺乏对学生进行词汇学习观念、习惯、策略、技能和方法等的指导和训练；忽视学生主体作用的发挥，未能遵循记忆规律有效合理地教授词汇，等等。

而且，学生在词汇学习方面所投入的时间和精力与其对词汇掌握的数量和程度并不成正比。学生在词汇习得过程中，由于受到各种考试等功利性目的的影响，记忆单词的主要途径是靠背诵词汇表和查阅电子词典，主要方法是死记硬背。很多学生整日抱着词汇册，在完全脱离语境的情况下记单词。而且通常是按英语单词的汉语释义词条非常肤浅地、机械地背诵，把汉语的翻译看作其英语单词的完全对应词。实际上，两种语言中的完全对等是比较少的，而且两种语言中的对等词也只是相对的对等，不是绝对的。这种重应试、轻应用的结果导致学生没有掌握一些常见词的多种词义并对这些常用词灵活运用。由于方法不当，词汇学习占据了学生英语学习的大部分时间和精力。

最后的结果必然是导致学生对词汇学习信心不足。许多学生在词汇学习过程中花费了大量的时间和精力，但由于以上原因，学习效果不佳。词汇的学习直接影响到英语学习的各个方面，如写作时词汇贫乏，口头交际时“只能问候不能深入”，从而使他们在不同程度上缺乏学习兴趣，失去自信。

2.1.2.2 教师词汇教学中的问题及原因分析

如何进行词汇教学，不同的教师有不同的看法。有些人认为大学英语教学中，词汇学习固然重要，但词汇学习不是靠教，而是靠背，因此没有必要在课堂上讲解词汇。有些人则把讲解词汇作为课堂教学的重要内容，花费许多的精力和时间，但效果不佳。据词汇学习专项调查，教师在讲解生词时一般采用的方法是：先列出重点词汇，然后列出该词汇的常用词义和相应例句，最后提供一些相应词组。其中，有些教师也注重讲解词汇学习策略，如从词根、词缀方面下手等，但其根本还是以词义为主。究其原因，主要是由于受传统的结构主义语言学的影响，很多教师在词汇讲解中比较注重词汇结构和形式，只停留在对词的概念意义的解释上，而往往忽略了词的关联意义，对词所应用的语境讲解偏少。同时词汇教学方法比较单一，通常采用的是一套固定的教学模式：读写—解释和示范句—口头造句—书面练习。

另外，词汇输入目前主要来源于教师课堂上的讲解，学习者课外的自主性输入较少。即使有些学生在课前、课后查阅词典，但输入的词汇信息都不完备。

结果，这样的教法脱离语境，把词汇与语言及文化割裂开来，对学生掌握和运用词汇极为不利。由于教师只注重词汇教学，忽视对学生学习词汇方法的指导，结果是学生花了大量的时间，却没有明显的效果，这样不但会使学生失去英语词汇学习的信心和兴趣，甚至会对教师的整个教学方法产生怀疑心理，严重影响教学活动的进行。

2.2　词汇教学中的相关理论及其应用

2.2.1　预制语块/组块/词块与词汇学习和教学

2.2.1.1　预制语块/组块/词块理论

词汇不仅仅指传统意义上的单个的词与习语，还包括各种类型的多词结构，即语块。语块是指由连续或非连续的两个以上的词组成的，作为一个整体来储存与使用的结构。Becker(1975)把这种固定或半固定模式化了的块状结构叫预制语块(prefabricated chunks)。

语言输出时除使用语法规则生成句子外，很大程度上还要依赖语块。Michael Lewis(1993)曾将语块本身作为教学的基础而着重加以研究。他认为词块教学法的基本原理是：语言是具有语法意义的词汇(grammaticalized lexis)构成的，而不是由具有词汇意义的语法(lexicalized grammar)构成的。也就是说，对于语意的产生，词汇起着主导作用，而语法则起着从属作用。这些具有语法意义的词汇构成了众多的具备意义的语块(meaningful chunks)，当这些语块集合在一起时，能形成连续而连贯的篇章(continuous coherent text)。Peters(1983)的格式塔式(the gestalt approach)语言学习法强调学习的整体性，指学习适当语境中的完整预制语言，即以语块为单位来学习语言。Sinclair(1991)提出的熟语原则(the idiom principle)强调说话者构造语言时，拥有大量提前预制好的语块。Ellis(1994)也提出整体学习(item learning)的方式，要求语言学习者将语言结构语块内化为知识，强调板块性学习。

中国学者对这一语言现象的称谓也多种多样：词块、语块、惯用语、预制语块、程式化语言等。虽然称谓各异，但所讨论的基本属于同一现象。由此看来，所谓的预制语块，也就是在特定语境下使用的词汇组合，它通过后天习得，并使语言交流具有高效率。事实上，根据Nattinger & DeCarrico(1992)的分类法，预制语块按结构可分为四类，即：

(1)多元词语块(polywords)　指功能类似于单个词项的较短的固定的词级组合，这类短语不仅在理解上而且在书写时都作为单词一样的整体形式来看待。它们可以是规范类的(canonical)，如“at any rate”，“so long”，“beside the point”；也可以是不规范的(no-canonical)，如“once and for all”，“in part”，“in essence”。

(2)习俗语语块(institutionalized expressions)　指的是长度相当于一个句子、通常作为独立话语的短语。它们多数是规范类的，形式是不可改变的，多以谚语、警句和社交公式话语的形式出现的预制短语：如“a watched pot never boils”，“nice meeting you”，“once upon a time”，“long time no see”等。

(3)限制性结构短语架构语块(phrasal constraints)　这种结构通常是长度不一的、允许有词和词组范畴的变化，由某些固定结构形成的框架式短语，人们可根据需要填空。同样也可分为规范类和不规范类的，如“to ____ this up”，我们可在横线上填上适当的动词如“tie”“wrap”等。在“as I was ____”中，横线上可填入“saying”或“mentioning”等词，表示对前面所提到的内容的强调。在“the ____ er, the ____ er”中，横线上可补充适当的形容词，表示“越…越…”。

(4)句子构建型语块(sentence builders) 这是指为整个句子提供框架的词汇短语。可以根据所需表达的思想内容填入形式可变化的短语或从句，也可分为规范类和不规范类。例如，“not only X, but also Y”,X 和 Y 均为从句成分，如“Not only are most spiders harmless, but they are also beneficial”在“I'm a great believer in X”中，X 可以是名词短语或动名词短语，如“I'm a great believer in Marxism” or “I'm a great believer in putting money away for a rainy day.”以上这些例子均属于规范类的，不规范类的例子如，“the ____ er, the ____ er”。完整的句子如，“The greater the number of subjects you have, the better the results you will get.”

Lewis(1993)将词汇组块分成四类：

(1)多词词(polywords) 多词词指的是具有一定习语性质的词组，即由一个以上单词组成的固定词组，其中的单词不能任意替换，如 by the way 就不能用 by the road 来代替。如：in a word, for instance, back and forth 等，他们是学习者需熟记的基本词汇。

(2)高频搭配组合(high frequency collocations) 指的是在一起出现频率很高的词语，最典型的是动词—名词、形容词—名词搭配的词组，如 have a walk, keep animals, a heavy rain 等，顾名思义，这些词组中的搭配是可以改变的。比如，rancid 几乎毫无例外地修饰 butter，而 suicide 则经常与 commit 一起出现。它们是自然言语中频繁出现的词汇组合。操本族语者本能地知道哪些词可经常搭配在一块使用而哪些却不行。了解这些搭配是准确、自然的英语表达的基础。

(3)固定表达(fixed expressions) 指形式固定且具有固定语用功能的句子，一般为 2～7 个单词的长度，通常包括谚语、格言和客套语，主要指口头用语。如：It's nothing to do with me; How do you do; A watched pot never boils; make hay while the sun shines。它们既可以是完整的句子，如 What's up? 也可以是固定的句子开头(sentence head)，如 I'm afraid…等。

(4)半固定表达(semi-fixed expressions) 指形式半固定但具有固定语用功能的句子框架和引语，通常指书面语，允许有适当的改动。如：The problem is... Firstly,…Secondly,…Finally,…;on the one hand,on the other hand 等。

从以上详细的分类可以看出，词块既区别于习语，又不同于自由搭配。词汇组块形式从完全固定的表达到半固定表达构成一个连续统一体。习语的结构不容许任何变动，因而无创造的空间，自由搭配属临时的组合，缺少预测性，不利于掌握，而词块正好是介于二者之间的半固定搭配。

2.2.1.2 预制语块/组块/词块的理论依据

1. 心理学依据：记忆理论

根据心理学的记忆理论，记忆可分为瞬时记忆、短时记忆和长时记忆，其中短时记忆又叫工作记忆，它具有容量有限、储存时间短、对信息进行有意识加工等特点。

语块(chunk)的概念是米勒(G. A. Miller,1956)就信息如何在短时记忆中编码而提出的。简单地说，词汇语块就是以整体形式储存在大脑中的一串词，可整体或稍作改动后作为预制语块供学习者提取和使用。他的语块理论认为：短时记忆的信息容量为 7±2 个语块，并且这个数量是相对恒定的。不过，组块的大小、复杂性和熟悉性因人而异。要提高短时记忆水平，就要组织好每个记忆单位的信息，注意提高语块水平，优化语块方式。组块是记忆容量的测量单位，一方面它具有扩容性，可以通过加大每一组块的容量而得到扩充和提高；另一方面它具有差异性，即组块内部的组织水平不同或对信息再编码的方式不同，则相应的组块所包含的信息量也不同。（洪显利、张荣华、冉瑞兵，2003）

通过语块的方式可把较多的材料组织在一起，因而增加了记忆的容量。所以，我们在学习英语词汇时，需要根据自己的经验和使用分组的办法将所识记的词汇组块化，即把不熟悉的新词汇变成语块，形成较大的记忆单元，这样就能扩大短时记忆的容量，提高记忆的效率。

例如，有些以 f 或 fe 结尾的名词，其复数形式应是把 f 或 fe 变为 ves（例如，thief，wife，loaf，half，leaf，shelf，knife，wolf）。有经验的老师在讲授这种英语名词复数形式的特例时，会编一个有趣的小故事把这些互不相关的小块串联成一个更大的组块，以方便学生记忆：小偷（thief）的妻子（wife）用一块面包（loaf）做诱饵，半片（half）树叶（leaf）做掩护，从书架（shelf）上拿了一把刀子（knife），杀死了一只狼（wolf）。

因此，组块化实际上是一种信息的重组或再编码，是记忆活动中最重要的方法，它将较小的记忆材料结合成较大的记忆单元，扩大短时记忆的容量，提高记忆效果。在英语教学的实践中，我们发现不少学生虽然花了很多时间背诵单词，但在应用词汇时却束手无策。他们对独立单词的意思和拼写方面早已记得滚瓜烂熟，但真正让他们把单词串起来进行口语或写作表达时，却出现“大脑一片空白”或词汇误用、滥用等诸多问题。究其原因，就是这些学生在积累英语词汇的时候，没有对庞杂的英语单词进行“词块化”，割裂了词与词之间的有机关联，忽视了词块的整体连贯性。因此，在他们的记忆中，英语单词就像一盘散沙，“用起来怎么也弄不到一块儿”。从心理语言学的角度看，词块教学能帮助英语学习者把对词汇的理解和记忆与对词汇的搜索和使用有机地结合起来，极大缩短大脑对英语词汇的挑选和应用的时间，提高英语词汇的记忆效率和语言使用的流利程度。

2. 语言认知理论：普遍语法

根据 Chomsky 的普遍语法假设，儿童天生就有学会语言的能力，他们习得语言遵循着“输入—假设—验证—比较—内化—创造”的程序。儿童在还没有具备语法系统的情况下，会根据外界的语言输入不加分析地产出语言，然后不断地调整和验证自己的语言假设，最后获得语言的规则并能创造性地使用语言。（转引自吴静，2002）Chomsky 还提出了模块性假设，他认为语言机制具有模块性，语言模块是人类认知模块中的一个子模块。词汇组块习得中的语言是一个语义系统，一个创建意义的系统。这些词块正是儿童在语言习得中需要模仿的语料，因此词汇组块在语言习得的早期起着非常重要的作用。

成年人习得外语的过程就类似于儿童早期的语言学习，都是要把外界的语言输入不加分析地吸收，然后再不断地改正，直至建立正确的语法规则，并最终能够创造性地使用语言。以词块的形式习得语言符合事物的认知规律，即一切事物都是从简单到复杂，从模仿到创造，从广泛的吸收到最终的产出。

语块兼有语法和词汇的特征，是一种语言使用惯例，作为整体被学习、使用，并保留在记忆中，虽然像“I think(that) X”和“the er X, the er Y”也是按照一定的语法规则组合而成的，但这种组合不像“data shows”和“evidence suggests”那样是临时生成的，语块具有因循性和约定俗成的特点。对于词块中的半固定结构，由于这类词汇组块允许其中词及词组范畴的变化，所以只要根据其交际需要替换相应的词汇就可以产生出许许多多不同意思的词块。

在二语习得中,如果学习者根据语法规则生成规范的句子,需要交际者对所说或所写的句子提前计划,对其结构进行分析,这种规则型的编码方式不符合信息加工的经济节俭原则。而以语块为单位的编码方式可以帮助交际者在使用时从记忆库中及时提取现成的作为整体的词汇短语,最大限度地降低了编码成本。记忆库中调出这些预制的短语,把它们稍作加工,就可生成符合语法的流畅语言。Bolinger(1975)指出,语言交际更多地建立在长短不一的词汇成分上,语言使用者更多地使用大量储存在记忆系统里的语块。因此,预制语块在生成流畅、地道的语言中不可或缺。

3.语言学习理论:克拉申的输入假设和情感过滤假设

输入假设和情感过滤假设是 Krashen 第二语言习得理论的核心部分。这两种假设都可以作为以词汇组块习得词汇的强有力的理论依据。根据 Krashen 的输入假设,最佳的输入的特点之一是:可理解输入。换句话说,输入的信息应当是略高于学习者现有的语言技能水平的,不可理解的输入只是一种噪声。假设学习者目前的语言水平为"i",那么只有通过理解包含"i+1"的语言输入,才能过渡到"i+1"的水平的。(转引自 Ellis,1985:157)

词块输入正是符合这一要求的可理解性输入。首先,词块输入相对于单个词项的输入来说,是略高于学习者的语言水平,因为它多数是多词词汇。其次,词块是事先预制好的词汇组合,在特定的社会语境中具有特定的语篇衔接功能,是一种很好的可理解性输入。

克拉申的情感过滤假设认为,情感因素,如学习者的学习动机、自信心和焦虑状态等都影响到学习者的语言习得的效率。(转引自 Ellis, 1985:263)这是因为这些情感因素直接控制着学习者对输入的语料的吸收。学习动机强,自信心强,焦虑程度低的学习者情感过滤低,吸收的输入就多,反之,学习者的动机越弱,自信心越差,焦虑程度越高,情感过滤的作用就越强,吸收的输入就越少。

词汇组块的一些特点为学习者提供了许多有利的情感因素。一是词汇组块的形式多样化,它包含了聚合词、惯常的表达形式、限制性结构短语、句子构建型短语等多种语言形式,这在一定程度上激发了成年学习者在语言表达方面追求形式与意义相结合的强烈欲望,给学习者提供了较强的学习动力。二是词汇组块的社会功能,它是发生在特定的社会语境中,具有一定的交际功能,能够让学习者在不同的交际语境中自如地运用,实现其交际的功能,这一点将大大增强学习者的自信心,从而减少焦虑情绪,最终促进大量的输入被真正地吸收。

从上述理论看来,在教学中对学生加强词汇组块意识的培养,进行组块记忆能力的训练,都是切实可行的,对于改进学生的词汇学习将大有裨益。

2.2.1.3 预制语块/组块/词块在词汇学习中的作用

1.提高语言输出的质量

学生能够熟练掌握大量词块,在口语表达或写作时可高效、准确提取,减少逐词组织语言的难度,并且语言不是一个用词汇在语法框架内任意填充的替换表格,词汇的选择是受一定限制的。由于词块的构成成分之间受到语法结构和语义搭配的双重限制,如果学习者进行语言产出时所提取的是词块,比起全部由自己造句,犯错误的可能性就小得多,从而大大提高语言使用的准确性。词块是词在其线性组合中与其他词建立起的搭配即组合关系词块往往代表着某种意义范畴,所以,用词块进行词汇教学便于词的归类,掌握词的搭配。要求学生把出现过的词块当做一个整体来学习,学生以语块的形式组织语言,较容易建立顺畅的语流(stretches of language)，有助于提高语言输出的流利性，并可以很大程度上保证学生产出的语言的地道性。由于词块的概念已突破了传统上的单词、词汇的范围，它的作用已远远超过了词汇搭配等的范围，扩大到句子甚至语篇的领域。语言输出质量提高，交际能力自然而然也就得到了提高。

2. 预制语块/组块/词块是词汇记忆的理想单位

组块构建为学生提供了较好的英语词汇学习方法，并且引导学生对词汇学习方法本身的反思与运用，提高了学生的策略意识。组块构建记忆策略提高了学生的英语词汇记忆技能。

究其原因，这是由于组块构建记忆策略训练以被试已有知识经验为基础，使学生的记忆有了牢固的附着点；而且该训练以学生的积极构建为中心，引导学生充分发挥想象力构建单词音、形、义之间及单词之间的形象联系，进行多重编码，形成意义组块；此外该训练注重开发、利用被试储存的丰富的表象，为他们的单词学习与记忆提供了足够的认知资源支持。

如对“浓茶”一词，在英语中既不是 dense tea，也不是 heavy tea，而是 strong tea。通过学习预制语块，可以逐渐改变中国英语学生机械地、孤立地、盲目地记忆英语单词而导致词汇记忆效率不佳，语言输出能力不理想的现状，引导他们通过学习预制语块，把词汇知识向深度发展。

3. 提高学生的学习兴趣

其原因在于：组块构建记忆策略训练为学生提供了轻松愉快的学习环境；注重充分发挥学生的积极性、主动性，培养学生的主体意识；注重让学生体验词汇学习的具体过程及自身的感受，增强学习信心；注重通过多种方式及时向学生反馈学习结果，并对好的学习行为进行强化。

4. 提高词汇学习的效率

通过组块教学，学习者可以学习词的使用（包括修辞和习语、固定搭配、文体和语域），词的信息（包括词性、前缀和后缀以及拼写和发音），这个词的语法（包括名词可数和不可数等、及物或不及物动词、短语动词、形容词和副词位置等）（Harmer，1990）。这种教学法有利于拓展学生的思维空间，形成牢固的组块，能有效地促进记忆效果和英语使用的流利程度。

2.2.1.4　预制语块/组块/词块理论对词汇学习的启示

1. 要围绕词块概念进行课堂学习活动

首先，教师可以通过让学生分析课文并找出课文中的词块来提高他们的语块意识。比如教师可以让学生找出和课文主题相关的词块或搭配。或者教师可以先列出几个单词或短语，然后让学生找出相应的语块。教师还可以布置作业让学生课下收集与课上学过的单词或者短语相关的搭配。有语料库的可以让学生在语料库中查找，有网络资源的可以让学生在网上搜寻，还可以让学生在词语搭配词典中找。

其次，在学生找到语块并进行练习后，进入课文的讲解。让学生在上下文中体会、内化词汇及其组块的含义。掌握一个词的词义，不仅要了解它在辞典中的定义知识以及它与其他单词构成的语块，还要掌握语义学上或连接上所形成的关系网，它的联想关系和语用特征。

第三，让学生养成以多种方式记录词块的习惯。这有助于学生自主学习。如果做得好，还可以发展成为一个长期的学习单词的策略。这样词汇的学习不再随着学期的结束而结束，单单是为了课程考试而学。可以建议学生以不同的主题组织词块，这样可方便学生以后补充、复习并及时查阅。

最后，让学生复述课文。给学生几个关键词，让他们复述课文。这种练习可以突出词块的重要性，教师在学生复述时注意学生词块的使用情况并在适当的时候加以说明。也可以给学生提供一些篇章结构组织方面的语块，让他们根据这些线索来复述课文。

2.在语境中操练词块

词块作为一种兼具形式与功能性质的语言构件，是语法、语义、语境的结合体，对于词汇教学来说无疑是一种新的尝试。在语境中操练词块可以让学生在语言的真正使用中获得运用语言的能力，并逐步引导学生由孤立的单词记忆转换为词块法习得词汇，从根本上解决学生高投入低回报的问题。

教师要增加学习者语境中运用词汇的机会。首先，教师要改变词汇教学的关注点，尽可能地给学生创造、提供有意义的、能够理解的语言素材，让词汇生成在具体的语境中。其次，让学生更多地关注其语用功能，引导、鼓励学生留意词的搭配方式，把记忆中贮存的零碎分散的点滴信息形成较大的语块。最后，为学生提供相关语境从而让学生对这些"板块"结构进行大量的训练，让学生能从实践中感知语言中词汇的生成规律与作用。

3.按照组块规则分析词汇，通过联想进行组块记忆

组块记忆的关键是进行联想，因此，组块记忆在词汇教学中运用的具体步骤就是首先对词汇按照组块规则进行分析，然后通过联想进行记忆。

(1)音义联想　教育心理学研究表明：词的记忆必须首先以词的语音形象在大脑皮层建立的联系为基础，正确的语音形象的深刻与否决定了单词的音、义、形三者联系牢固与否。因此，在词汇教学中，教师应该先要求学生能根据发音判断出单词的基本意义，根据基本词义能熟练读出单词的正确发音，以便在大脑中建立单词音义之间的初步联系。这种联想特别适用于象声词。

第一种是英语谐音联想，是把具有部分发音相同的单词组成句子或短语，通过朗读的节奏感建立音义联想的方法。There is a louse on the house mouse(家鼠身上有只虱子)；one…sun(一个太阳)，two…shoe(两只鞋)，three…tree(三棵树)，four…door(四扇门)，five…hive(五只蜂箱)，six…sticks(六根棍儿)，seven…heaven(七层天)，eight…gate(八扇大门)，nine…vine(九根藤)，ten…hen(十只母鸡)。

第二种是汉语谐音联想，是把汉语的音与英语的义相结合的联想。"扶"(f)着栏杆 rail 的人显得脆弱 frail；一个 a"不生"(bortion)的人可以流产 abortion；"非"(fe)男 male 即女 female。

(2)追旧联想　从构词法上来看，英语词汇的组块可以派生词、合成词、转化词和缩略词。学习英语单词的构词法有助于扩大学生的词汇量。例如，看到 dis, un, im, less 等否定词缀就很容易能联想到这些词的基本意思，并加以记忆。像 happy-unhappy, like-unlike, possible-impossible, care-careless 等。比如"trans"为一个表示"跨越"的前缀，带有这个前缀的许多单词虽然较长，但相对来说却比较容易记忆，如"translation"、"transatlantic""transcontinental""transculture"等。一个人的积累的词根词缀越多，他就越容易记住新词，这是因为他能够把单词分解成词根、词缀来记新词。教师在平时的学习中注意归纳词缀及词根的信息，给学生多讲一点构词法，帮助他们掌握足够的前、后缀，单词的记忆就会得到更广泛的扩充。再如，space＋ship-spaceship, UN＝United Nation 以及 empty(adj. 空的)-empty(v. 倒空)。这样记忆单词会收到举一反三的效果。

(3)搭配联想　学习新词时，教师可以引导学生通过联系生词的搭配来记忆生词。如学习

单词 prevent 时，可以联想到 prevent/stop/keep…from…。由 possession 可以想到 take possession of 和 in the possession of 等等。

(4)同韵词联想　英语中有许多词具有相同的词尾，学习新词时，我们可以让学生通过联想将这些词组合起来，形成一个大的组块，既复习了旧词，又掌握了新词。如，lake-make-cake-bake-take. 我们还可以引导学生利用这些词去设想一些情景。如，在一个 lake（湖）边，有一群学生正在野餐，有的学生在 making a cake，有的在 taking baking. 这样更有利于记忆。

(5)形义联想　一是图式联想，有些单词用简笔画或一个简单的图形、图片就能使学生在大脑中想象出该词的具体形象，建立起一定的联系，从而扩大已有的词块。如，plane，horse，monkey，等。

二是首字母联想，把几个单词的首字母编成一个单词或字母组合的形式以强化记忆的联想，如五大连湖 Huron，Ontario，Michigan，Erie 和 Superior 的首字母可以组合成 homes（家），以作为记忆保持和提取的线索。

(6)语义联想　英语单词数量多，但很多单词之间是相互联系的，如同义词、反义词等，quick-fast；difficult-hard； empty-full； heavy-light 等。如 break，damage，smash，shatter，destroy（同义块），或是 round，geometric，square，triangle，rectangle，star（种属块）。因此，对于已进入长时记忆的单词，利用单词语义之间的联系，对所学单词进行归类记忆，丰富词汇，形成牢固的组块。应及时引导学生按照意义进行分类归纳，在头脑中建立有机的词汇语义网络，以便在词汇使用时作为词库提取。

总之，不能让词汇记忆完全停留在学生自发学习的阶段，不能把单词记忆的任务完全交给学生。要研引导学生掌握词汇记忆的规律，通过各种联想方式，进行组块记忆。

4. 采用多种训练方式吸引学生对词块的有意注意

Lewis(2000)认为，语言不是通过学习单个的音、结构及其组合而学会的，而是通过提高对整体进行分析的能力而学会的；语法的掌握是一个观察、假设和实验的过程 Schmitt(2000)同时指出："人的大脑储存着词汇块并能对每一个词汇块按一个完整的单位来处理。"从根本上说，教师要使学生有机会接触到词汇块并对它们加以有意注意（noticing），学会分析以获得内化这些词汇块所必需的体验。有意注意涉及词汇块的形式及意义的同时吸收，从接触一个词汇块到将其所包含的规则成功内化需要一定的时间。对词汇块的有意注意虽说可以由学习者自我引导，也可以是因其显性的特征而令人注意，但最重要的是教师的有意引导。有关研究表明，为培养学习者接受性信息处理能力的学习任务在效果上要优于为培养"过早的产出能力"（premature production）的学习任务（Lewis，1997）。

教师要指导学生识记并运用语块。在课堂上，教师讲解完课文及语块之后，可以用个人回答或集体回答的形式巩固刚学过的语块。教师可以给出中文意思或英语解释，要求学生回答对应的语块。如灭绝，难怪……，agree with，begin to happen 等，学生则口头用英语回答 die out，no wonder…，be in favor of，arise from 等。如果学生回答有误，教师应立即纠正。在学生识记语块的基础上，教师可以采取造句、填空、翻译句子、作文等形式帮助学生巩固运用语块。让学生造句时，可以是口头的，也可以是书面的。

以下的练习也是为促进有意注意而设计，学生通过有意注意了解词汇块的使用特点，树立词与词之间存在"紧密的"或是"可接受的"关系意识。

(1)确定以下搭配组合中哪个是不恰当的。

main/large/important/central/major THEME

LIGHT green/lunch/rain/entertainment/day/day/work/traffic

(2)从所给词中选择合适的与相应的动词构成紧密的同现关系。

bill presentation invoice discount debt deal calculation mistake service message

PAY+(　)(　)(　)(　)

MAKE+(　)(　)(　)(　)

GIVE+(　)(　)(　)(　)

(3)在下列句子的空格处填上合适的词。

The new teaching approach has had a strong ____ on me.

His colleagues ____ him to try out the new teaching approach.

2.2.2 心理词汇与词汇学习和教学

词是语音、意义和语法特点三者统一的整体,词又是语句的基本结构单位(陆国强,1986)。了解一个词就要学习它的意义(包括上下文意义和意义关系),词的使用(包括修辞和习语,固定搭配,文体和语域),词的信息(包括词性,前缀和后缀,以及拼写和发音),这个词的语法(包括名词可数和不可数等;动词互补,词组动词;形容词和副词位等)(Harmer,1990)。语言学习者在词汇学习过程中通过语音编码能力,语言分析能力和记忆把词汇知识转变成心理词汇知识(Skehan,2000)。

词汇教学是为了有效提高学习者的词汇运用效率。随着心理词汇研究的深入,有关词汇知识的组织、提取、表征和发展理论对词汇教学有很大的启示。心理词汇和一般的书本词典不同,具有容量大、提取速度快的特点。建立一个优质心理词库将有助于词汇的习得,语言能力的提高。为此,有必要了解心理词汇的有关内容。

2.2.2.1 心理词汇理论

"心理词汇"(mental lexicon)这一术语,也被称为"心理词库"、"大脑词库"或"心理词典"(王文斌,2002)。心理词汇研究包括三个主要部分:词汇知识、心理词汇的组织和词汇提取。词汇知识包括语音、句法、词法和语义知识几个方面。心理词汇组织也就是词汇知识如何储存于记忆之中,主要观察意义是怎样保存在人们的记忆里的。词汇提取是指激活词汇知识的过程,主要观察人们在言语和阅读中怎样提取和重组词语。后两者是心理词库研究的两个中心问题。

1.心理词汇的表征结构

Levelt(1989)指出,心理词汇中的每一个词条内包括词目和词位。其中词目包括语义和句法信息,如词的含义和词类信息;词位包含形态及语音、拼写等信息。关于心理词汇的表征结构模式目前还存在着一定的争议,有关内部词汇的组织结构问题仍是一个探索性课题,但语义网络(semantic network)目前被认为是这方面最理想的模型。在语义网络中,词用接点来表示,接点与接点之间通过词的语义关系而相互连接。

语义网络形式包括 Collins & Quillian(1969)的分级网络模型(hierarchical network model)和 Collins & Loftus(1975)的扩展激活模型(spreading activation model)。20 世纪 90 年

代，Bock & Levelt(1994)对激活扩散模型进行了补充，把词汇知识分为概念层、词目层(lemma)和词位层(lexeme)。概念层和激活扩散模型相似，词目层包含句法和语义知识，词位层包含形式(发音和拼写)和形态知识。

分级网络模型(hierarchical network model)主要体现词的范畴关系和属性关系，不同词的接点在网络中有高低之分，即在记忆中，词是分不同范畴分类储存的。网络中，大脑的存储中每个词都被视为一个"接点"，覆盖性最强的概念处于模型的顶部，同等级别的概念处于该网络的同一层面上，在模型的底部则为具体的下层的概念，而且每个接点之间通过语义关系相互连接并在大脑中构成一个整体的网络并相互激活。如"动物"和"鱼"，都表示为"节点"，储存在一个层面上。这些节点由一个表示概念之间的关系连接网络联系起来，不同的概念的节点在网络中有高低之分。如表示"动物"的节点比表示"鱼"的节点高。如最高节点为"动物"，其下层包含有"鸟"和"鱼"等；而"鸟"又包含有具体的鸟，如"金丝鸟"、"鸵鸟"等。

扩散的激活模型(spreading activation model)中概念表示为节点，而相关的概念联系在一起。两个概念之间的线条的长度代表着它们的联系程度：线越短，联系就越强。激活扩散是一种连接网络。它的结构并非严格分层，而是更为复杂。改模型摒弃了分级的概念，接点之间的距离既考虑了分类关系这样的结构特点，也考虑了典型性效应这样的现象，认为心理词汇的组织像一个相互连接着的网，网中的节点代表词的概念。激活是一个从某接点向周围接点扩散的过程。

Bock & Levelt(1994)认为在激活过程中既应该考虑词汇的概念，即语义联系，还应该包括词的语音知识和句法知识。词目(lemma)包括语义和句法信息，词义及词性；词位(lexeme)包括词法及形式信息，即一个词的各种不同变体、拼写和发音。因此，他们的新模型中，节点与节点之间的关系除了通过概念层面或语义关系连接起来外，还通过句法层面，如词性、搭配要求等，以及语音层面，如通过语音相似性进行连接。由于该模型的改进版既考虑了词的概念知识，又考虑了词的句法和语音知识，所以可以说是目前最能反映内部词汇本质的模型。

2. 影响心理词汇提取的因素

影响心理词汇提取的因素很多，包括有词频效应(frequency effect)、语义启动(semantic priming)、词汇歧义(lexical ambiguity)、词素结构(morphological complexity)和词汇性效应(lexicality effect)等。

(1) 词频效应(frequency effect)　指受试对高频词的反应快于对低频词的反应。Forster & Chambers 在 Brown 语料库中选了 30 个词，通过实验发现高频词的提取比低频词的提取平均快 71 毫秒。Rayner & Duffy 发现词频在正常阅读时也起重要作用，他们观察了受试在阅读时的眼睛固视，发现低频词的固视比高频词的固视要多 80 毫秒。因此，高频词的提取明显要快于低频词的提取。高频词具有意义概括、容易理解的特点，在此提取时较容易，因此，高频词也成为语言习得者基本或常用的词汇。例如，在下列三组同义词 purchase, buy; conjecture, guess; brawl, quarrel 中，右边的是常用词汇，出现频率极高，学习者一般都能掌握；左边的出现在大学英语里的生词，比较陌生。

(2) 语义启动(semantic priming)　也被称之为语义性效应(semantic effect)，研究表明辨认有语义联系的词比无联系的词要快，有语义关系的启动词或明确语义范畴就会能够缩小受试搜索目标词的范围，从而缩短反应时。辨认有语义联系的词(如 book(书)——pencil(铅笔))比无意义联系的词要快(如 book(书)——water(水))。从意义上看，词有抽象和具体之分。Bed(床)、pear(梨)、apple(苹果)、computer(电脑)等词就比较容易想象和提取。idea(主意)、knowledge(知识)、evil(罪恶)就较难想象和提取。

(3)词汇歧义(lexical ambiguity) 指一个词具有一个以上的意思,其意思往往不是同样重要的,不同意思的使用频率不同。语境可以促进词的辨认,解决词的歧义问题。结合上下文和词汇多个意思间频率的区别,我们可以得出这样的结论:当词汇的多个意思没有频率上的区别时,即便上下文明显偏向该词汇其中的某一个意思,该词汇的其他意思也被同时提取;但当词汇的多个意思存在频率上的区别时,如果上下文明显偏向词汇的主要意思,词汇的次要意思就没有明显被激活的证据。另外,同音异形词可能会同时被激活等待候选,只有在听到更多的语音材料后,听话人才能判定被选定的是哪个单词。如果听话者只知道同音词的一个,那么很可能会产生误解或者根本无法理解。比如 write 和 right, wait 和 weight, scent 和 sent, made 和 maid, aren't 和 aunt, past 和 passed 等。

(4)词素结构(morphological complexity) 指一个词可能由两个以上的词素组成。如 unlovely 由三个词素组成 un-, love, -ly,研究发现,受试对带有词缀的词的反应慢于对没有带词缀的词的反应,说明受试可能是先将带词缀的词进行分析后分别提取了词根和词缀,然后进行比较才做出的决定,而不带词缀的词是直接提取的。认为,在词汇判断的任务中,并不是所有带有词缀的词都经过了这样一个分解并分别提取的过程。因此,我们可以得出这样一个结论:即高频词一般是整词存储、整词提取的,而低频词可能以词根或词缀分别存储的。

(5)词汇性效应(lexicality effect) 又称为真词/非词效应(word/nonword effect),研究发现,由于英语是拼音文字,不管是合法性效应还是词汇性效应,英语的真词/非真词辨认都和发音有关,这涉及一种声音/字母的对应关系。由于人们已经将它们作为一个词汇条目建立起来,而人们在辨认它们时词汇条目的考虑优于声音/字母的对应关系,因此不会将其弄错,这说明语音是英语词汇提取过程中一个重要因素。

3.心理词汇的提取

心理词汇提取的方式有两种,一类是串行搜索模型(serial search models),一类是并行提取模型(parallel access models)。串行搜索认为词汇提取是按某个次序在此表中逐个词项地进行;并行提取认为词汇的知觉输入可以同时激活多个候补词,在处理信息时自上而下和自下而上的思维同时起作用。而词汇的组织网络特点,并行模型更适合词汇的提取。

2.2.2.2 二语心理词汇的表征模型

关于二语心理词汇的性质,学术界有以下三种不同观点(张淑静,2005)。第一种是语音说,即二语心理词汇是靠语音联系起来的。Meara 最早为这一观点提供了较为全面的证据。得出的结论是:①二语学习者心理词汇中词与词之间的联系不如母语者的那么紧密;②语音在二语心理词汇中的作用似乎要大于其在母语者心理词汇中的作用;③二语心理词汇中词与词之间的语义联系与母语者有系统的差异。Meara 由此认为,"有充分的理由相信(二语)和母语学习者的心理词汇有重大差异,语音在二语心理词汇中所起的组织作用比在母语心理词汇中的作用要明显得多"(Meara,1982)。第二种是语义说。持这一观点的学者们认为,二语心理词汇与母语心理词汇一样,语义起着主导作用。Marechal(1995)的研究结果表明,不管是在母语还是在二语的测试中,绝大多数的反应类型都是语义反应,只有一小部分是语音反应。此外,O'Gorman(1996)对 22 名说广东话的英语学习者进行了调查,她本想通过此实验证实 Meara 的语音说,但结果却推翻了他的观点,为语义说提供了证据。第三种是句法说,认为二语心理词汇本质上是组合型的，即词与词之间的关系主要是一种线性的修饰、搭配关系。Wolter(2001)认为，对于非常熟悉的词母语和二语心理词汇有着本质区别，句法联系对二语心理词汇起着更加重要的组织作用。

谢谜(2009)研究发现初级英语学习者与高级英语学习者心理词汇的性质有着显著差异。初级英语学习者的二语心理词汇是语音的，而高级英语学习者的二语心理词汇是语义的。从这个差异中可以看出二语心理词汇的发展模式：在初级阶段，二语学习者的心理词汇以语音联系为主；随着二语水平的提高，学习者的二语心理词汇逐渐发展为以语义关联为主导。

Jiang(2000)提出的二语词汇发展和表征心理模型把二语词汇习得的过程分为三个阶段。第一阶段叫做形式阶段(formal stage)。在这一阶段，词条中只包括形式信息(读音和拼写)，词条中的词目是空缺的。此外，也可能包括一个把注意力指向母语翻译对应词的指示器，它的作用在于把二语词汇与其母语对应词联系起来。第二阶段是母语词目中介阶段(L1 lemma mediation stage)。随着学习者二语学习经历的增加，二语单词与母语翻译之间的联系加强了。因此，二语单词的形式和母语翻译的词目信息总是同时被激活，这种重复的同时激活最终使二语单词的形式和母语翻译的词目之间建立起强大的直接联系。另一种说法是母语词目的内容被复制到了二语空缺的词目上。这样一来，二语词的词目空间被母语翻译对应词的词目信息所占据，导致二语词条中的形式部分是二语的，而词目部分却是母语的。第三阶段叫做二语整合阶段(L2 integration stage)。在这个阶段中，学习者将从高度语境化的语言输入中汲取的语义、句法、形态等信息整合入词条，二语词汇和概念之间建立起直接、强大的联系，二语学习者获得类似于使用母语的自动运用二语词汇的能力。最后 Jiang(2000)总结说二语习得者在开始学习二语时，其大脑中已经构建起了一个语义系统，在学习二语词汇时，二语习得者使用母语的语义系统进行信息存储和提取，这种已经建构起来的母语语义系统使二语习得者不能习得目标语的语义，阻碍了学习者的二语语义系统的构建，二语习得者不能再形成一个新的概念或一套新的语义规范。这就是说，二语习得者在达到第三个阶段之前，他们的语义系统就已经僵化了。

付玉萍等(2009)关于心理词汇发展模式的研究结论可概括为：①一语和二语心理词汇都会经历“组合-聚会”转变；②每个单词都有自己的发展历史，都会经历由非语义到语义的发展过程；③心理词汇处于不断发展变化中，而且与各人生活经验和知识积累有关。她们采用的是词汇联想测试。主要区分四类反应词：聚合反应、组合反应、语音反应，以及经验反应。聚合反应通常指那些与刺激词词性相同并能在一个句子里执行相同语法功能的词，如 DOG-cat，DOG-animal。组合反应与刺激词有一种修饰、搭配联系，一般不属于同一词性，比如 DOG-bite，DOG-bark，SCRAMBLE-egg，PREDICT-earthquake。语音反应则只在语音上与刺激词相似，没有任何语义联系，或者反应词与刺激词属于同一词族，如 DOG-bog，BEET-beat，BLARE-glare；PREDICT-prediction，THRIVING-thrive，SUPPOSITION-suppose 和 GRACE-graceful 等。有些反应词与个人经验相关。随着时间的推移，学习者会习得单词的起源、历史、背景和文化等，即学习者的百科知识。被试储存的每个词好像都与百科知识有某种联系，因此如果某个反应词与刺激词没有明显的聚合和组合关系，就看看它们是否与被试的百科知识相关。例如：BAPTIZE-bible，STRIPE-flag 和 SWAN-ballet。

李辉(2009)实验证明，一语和二语心理词汇的结构有很大的不同。虽然有关二语心理词汇的性质存在语音说和语义说的争议，但是，有一点是学者们公认的，那就是二语者的语音反应比例非常高。对于不熟悉的词,产生很多的语音反应是自然的事情。二语学习者对于非常熟悉的词和相当熟悉的词也会有大量的语音反应。事实上,其中纯粹的语音反应如:wealth-health 却很少,语音反应类型中的大部分反应词都是刺激词的同族成员,如 concentrate-concentration, truth-truthful, fool-foolish,等等。而母语者却很少会有这样的反应词。由此,把同族的成员作为反应词是二语心理词汇研究中出现的独特现象。如果把这些反应词都笼统地归纳到语音反应类型,不能反映二语心理词汇的结构特点。因此,应该把他们从语音反应类型中分离出来,单独归类,归为词形反应类型。通过分析二语者的词形反应类型,研究者可以发现同一词族的词是独立储存的。具体分析出现在这一类型的是一个词的基础形式、曲折词或派生词之后,可以发现学习者对于同族词的学习经历,这对于词汇教学也有一定的启发作用。一直以来,国内英语教师在词汇教学中特别注重词汇知识的扩展,比如补充同族词。而这种做法是否真正使学生的词汇量增加了,是否有利于学生构建合理的二语言心理词汇结构呢?同族词独立存储一方面多占用了宝贵的空间,造成资源浪费,使新信息很难进入;另一方面,表达同一概念的词分散储存不利于提取(张淑静,2004)。因此,应当引导学习者把分散存储的同族词整理归类使之能整体存储。同时在词汇教学中,应当增强词与词之间的语义联系,使学习者的二语心理词汇不断向母语者的心理词汇靠近。

Potter(1984)等人提出了双语者心理词典的两种可能的表征模型:词汇联结模式(lexical association model)和语义中介模式(semantic mediation model)。词汇联结模式认为两种语言的语义概念表征是共享的,而词汇表征层是独立的,两种语言的词汇表征层之间有着直接的联系,第二语言的词汇表征与共享的语义概念表征之间没有联系,它只能借助第一语言的词汇表征通达他们的概念表征;语义中介模式认为两种语言中的相应词汇没有直接的联系,而它们各自与概念表征有着直接的联系,两者要通过共同的语义来形成联系,第二语言的词汇能够直接通达语义概念表征。这两种模型得到一些实验的支持,但是也无法解释有些实验的结果,于是Kroll(2006)等人又提出了模型:非对称性模型,一个整合的层次模型。该模型认为,心理词典是多通路模式,词汇表征和概念表征之间都有联系,只是它们之间的强度不一样,第一语言到第二语言之间的词汇表征强度弱,而第二语言到第一语言之间的词汇表征强,这是因为在第二语言学习的过程中,学习者必须经过第一语言获得语义表征知识,随着第二语言熟练程度的提高,它的词汇表征层与其概念表征层之间的联系也会逐步建立起来,但是两种语言词汇表征层之间的联系并不会消失。

董燕萍(1998)吸收前人的经验和教训,建立了双语心理词汇的共享(分布式)非对称的模型(the shared distributed asymmetrical model)。认为对于翻译对等词所共有的概念元素来说,概念表征在大脑中是共享的,但一语词名和共享概念的联系要强于二语词名和共享概念的联系。对于翻译对等词所不共有的概念元素来说,这种不共有的差异一方面表现出一种被“调和”的趋势,另一方面又表现出一种“独立”的趋势。

2.2.2.3 心理词汇研究对词汇学习和教学的启示

1.减少母语干扰,了解文化差异

导致二语心理词汇中语义联系缺乏的主要原因是母语中介。因为有了母语翻译,学习者倾向于不再注意利用上下文线索获取词义,这就导致了不能在二语中建立词与词的联系,所拥有的只是二语-母语联系。张淑静(2005)更强调二语心理词汇后续学习过程中,要尽量避免母语中介,并不是从一开始就绝对排除母语介入。

尽管母语在二语学习中的积极作用是肯定的，但也无法否认其产生负面效应的客观实在。像那种完全利用二语-母语翻译的等值关系来学习二语词汇的观点，在某些时候是解释不通的（宋江录，2008）。比如，英语中的 thing 和汉语中的"东西"也不具有完全等值关系。由于中西文化差异所致，还有很多像 family（家，家庭），worker（工人），carder（干部）等英语词，其词义与所给出的汉语翻译词义并不具有等值关系。在中国，我们由"8"想到"发"，"白色"想到"纯洁"，这就是词汇的文化性的范例。澳洲的一种土著语言 Dyirbal 把"妇女、火和危险物"归在同一类别。英语中我们看到"dog"就想到"friend"，如 Love me，love my dog（爱屋及乌）。Big dog 比喻大人物而汉语都无此意。例如 red 一词，在中国红色往往代表幸福，而西方却有危险之意；再如 green-eyed monster，在英文中意为妒忌，而并非"绿眼睛怪物"。所以，由此可见，二语心理词汇重组过程中就必须减少母语介入，并且要意识到特定的二语词所特有的文化内涵。在教学中，我们可以向学生有意识地介绍有关词汇的一些相关的文化背景，提高对词汇的认知深度。

2. 建立二语心理词汇语义网络

词汇并非孤立地存储于记忆之中，而是通过各种关系把节点所表示的词汇知识有机地连接起来。形成一个多层面的，复杂而又系统的网络体系。概念地图（mind map）可以作为知识表征的工具，以简洁明了的图形形式表现复杂的知识结构，形象地呈现各知识点之间的联系，包括新旧知识间的关系，确定因果联系，区分概念的优先次序和组织概念，显示其他有意义的观点模式，产生有意义的学习，从而提高对概念的理解。在词汇教学中，需要以适当的方式对所教学的词汇进行归类，并通过对比、联想等手段使它们与已有词汇建立联系，即将词汇置于联想网络之中。一方面可以加速词汇寻得在储存网络中的位置，以便尽早进入长时记忆，另一方面又可以为以后激活、提取词汇知识提供便利条件。可以将概念地图运用到词汇教学中，模拟心理词汇的组织结构，使大脑内部的词汇表征部分形象直观地再现。这样每个节点就是每个词汇，词汇与词汇之间通过网络建立各种词汇表征联系，使新词与熟词建立有意义的联系，从而产生有意义的学习。比如将由一个熟词通过其词根内在的语义联系衍生出词族（word family）使心理词汇节点向纵深扩展。学习者通过概念地图的学习，从一个熟词的词根衍生出多个熟词，大脑中图式发生同化和顺应，进而扩展了二语心理词汇网络。

建立联想网络方式很多，可按构词法将词汇归入相应类别，也可根据复合词归类和根据词形、发音相同或相近而容易混淆的特征进行归类。此外，还有反义词联想，同义词联想，词汇专题归类等。运用这些方式，可以将孤立的词置于一个与其他词汇相互关联的位置，从而增强记忆效果。如当学习新词"peer"（凝视；眯着眼看）时，教师就应该就此单词展开，让学生列出与"look"（看）有关的单词：peek，gaze，glare，gape，scan，glimpse，教师不仅可以帮助学生复习所学知识，还可以就这些同义词在例句中进行比较。又或者教师根据课文内容或就某一话题对某一新词对学生进行发散性思维训练，形成一个激活扩散网络图。比如，在学习有关工作这一课时，教师可以提出就"job"一词让学生联系一些课文中所学到的词语，如 work，profession；pay，payment，wage；position，employer，employee；duty，responsibility，accomplishment，failure，enjoyment 等，然后再列出几个关键词作为文章主线，最后根据这些词语复述课文或进行口头作文训练。

根据语义关系归类的方法：同义关系、上下义关系、反义关系、部分与整体关系以及翻译对等关系等。如，water closet 与 toilet，bathroom，washroom，restroom，以及 lavatory 构成同义关系;living 与 plant, animal, bird, fish 以及 insect 等构成上下义关系;alive 与 dead 构成反义关系;eye 与 face 构成部分与整体关系;horse 与"马"构成翻译等值关系。值得注意的是,翻译对等关系也是相对而言的,许多翻译等值词仅是部分的同义。笔者曾读到过这么一个故事:一对中国青年的婚礼上,一位外国朋友问:When do you plan to start a family? 那对中国新人大惑不解:咦,我们这不就成家了吗?其实产生这样的概念,完全是因为中国人的"家"和英语里的"family"是不同的概念。中国人结婚就是成家了,而英语里的"family"指的是"a group of people that consist of parents and their children"。要有孩子才称其为家。由此可见,简单地把"family"理解成"家"就有偏差了。因此,简单的"英语词形+汉语意思"这种词汇教学法效果并不好,应该让学生理解一个英语词的英语定义。

根据语义关系,适当增加大纲规定以外的单词的输入。比如教 chair 的时候,可以同时输入如下单词:seat, stool ,cushion, rocking, sofa, couch, lounge, crooked, occupy, timber, wooden, comfort 等;教 flower 的时候,可以增加如下的单词:bloom, blossom, petal, bud, rose, rosebud, Chinese rose, peony, daffodil, carnation, lily, gild the lily; 比如,教 good 的时候,不要忘记提到 sound, well, skillful, thorough, up-right, ripe, safe, fine, practiced, bad, evil, wicked, ill 中的一部分词语;比如,教 bird 的时候,可以输入鸟的上义词,比如 animal, being,也可以输入鸟的下义词,比如典型的鸟的名称 egret, oriole, owl, hawk, eagle, vulture, sparrow, dove, pigeon, robin, bluebird, cuckoo, peacock,也可以输入家禽类的次典型的鸟的名称 rooster, duckling, drake, goose, gander, quail, turkey,还可以输入人们感觉不像鸟的鸟的名称 penguin, emu, ostrich,也可以顺便向学生的头脑中输入 ostrich policy 这个短语,等等。

在进行上述教学前,教师可以查阅《朗文分类词典》、《杜登英汉图解词典》、《英语图解大词典》(外研社,1999)等辞书进行备课。

张淑静(2004)建议说二语心理词汇重组是针对于二语学习者已经学过并且对其有一定记忆的词汇。因为 Tinkham(1993)在两次实验中发现这一现象:如果以语义向(semantic sets)为单位学习生词会产生很大的干扰作用。Waring(1997)也认为,若起初就把两个或更多相似的词放在一起教,实际可能会让学生学起来更困难。Schimitt(2000)把这种现象称其为相互联想(cross-association),它对于二语学习者学习生词时有一定的干扰性。因此,重组是一个循序渐进的过程,不可能一次完成。

3. 多媒体教学创设情境,激活学生心理词汇网络

随着英语教学改革的不断深入,多媒体教学越来越受到重视,受到广大师生的喜爱,从而被更多地运用于英语词汇教学中。杨天明(2002)指出多媒体教学是在教学过程中,根据教学目标和教学对象的特点,通过教学设计,合理选择和运用现代教学媒体,并与传统教学手段有机组合,共同参与教学全过程,以多种媒体信息作用于学生,形成合理的教学过程结构,达到最优化的教学效果。充分利用多媒体将声、像、图、文结合于一体的特点,也能够吸引更多学生的注意力。计算机多媒体技术的运用可提供许多诸如文化背景、人物特征等多方面的素材,而且图文并茂、视听结合,生动展现相关的英语文化背景知识。如此生动全面的信息为英语词汇教学提供生动、形象、逼真的表现效果,将极大地激起绝大多数学生的注意,为学生提供足够的学习语境,在其中构建自己的知识网络。

学生可以使用声音、图像、文字等手段的组合,建立词汇间的各种心理联系。这种心理词

汇的链接的建立需要学习者回忆已学单词和学习新的单词，用个人的各种心理联想甚至是个人经历扩展心理词汇网络。同时，学习者之间可以通过网络共享资源，访问相互的主页，了解相同词的各种心理联系，拓展自己的心理词汇网络。这种心理词汇拓展方法，在整个过程中激发学习者的自主学习，并且在多媒体教学设施普及后是很可行的。

多媒体教学可以与相关实物、图片材料配合进行词汇教学。外语学习者，尤其是低年龄的外语学习者，"无意注意"在词汇进入短时记忆过程中还占优势，他们对注意的对象表现出很大的情绪性。因此，教师要在课堂上善于运用新异的、生动的刺激物唤起学习者的无意注意。运用词汇相应的图片、事物可以把词汇所代表的事物、用法或现象直接作用于学生的视觉、听觉、动觉感受器，让学生在直观形象的支持下，使词汇和概念建立直接的联系，加大了该词汇的记忆强度。

4. 任务型语境教学

无论对英语本族语者还是高水平的二语学习者来说，词汇的意义相似都比形式相似造成的干扰多，即在二语词汇学习中意义的内化更为困难。所以，二语学习者都会有这样的经历，在运用二语时感觉没有表达出自己想要表达的意思，有一种奇怪的感觉，真正的自我好像躲在语言的背后。那是因为缺乏在真实的语境下运用二语词汇的经验，词汇只停留在形式语音阶段，加工的深度不够，导致其意义没有内化，并没有建立起语义连接的心理词汇网络。语言的使用离不开语境，语言是在一定的交际环境中使用的。我们需要做的是不仅在语境中呈现词汇，在语境中教授词汇，还要让学生学会在语境下学习词汇。让学生了解词汇的地道的搭配，也即组合句法关系，而且在课堂上多设置各种任务模拟语境让学生用英语去完成任务，如有关餐厅用餐单元，可以让学生通过角色扮演(customer and attendant)正确地运用相关食品词汇，以及词汇搭配和正确的句型结构。

Fletcher 和 Chrysler(1990)记忆再认测试研究认为情境记忆保持时间最长。这样在情境中所学的词汇知识会比单纯在书本上所学的在心理词汇中要保留更长时间。Swain 和 Lapkin (2005)认为，在输出的过程中学习者可能会比理解过程更多注意句法，输出也是语言习得的过程而不是结果。所以，通过在情境中输出练习也可加强二语与意义概念的联系，慢慢可以达到和母语同时的提取速度。当然学生仅仅在课堂上学习还不够，要鼓励他们多阅读，多在生活中练习英语。

5. 在词汇学习过程中运用词汇学习策略

罗生连(2008)在将心理词汇理论与发现策略、巩固策略、语意网络策略以及联想网络策略及其相应的类属分支策略逐一进行比较和分析后，发现学习者词汇学习策略的使用情况在一定程度上可预测其心理词汇组织模式和提取效果。学习者对于词汇学习策略的不同选择在很大程度上会影响习得词汇在大脑中的储存方式以及词与词间相互作用的方式。而已储存词汇间相互关系又对其提取模式有一定影响。反之，学习者的心理词汇知识，作为其语言水平的一个反映，也会在某种程度上影响其词汇学习过程中词汇学习策略的选择和运用。语言水平较高的学习者通常更倾向元认知策略，自主的对自己的学习过程进行规划、评定等。同时这一类学习者对于多种策略的综合运用也较为偏好。总之，心理词汇与词汇学习策略在一定程度上相互作用和影响。

因此，教师作为词汇教学和学习过程中的重要参与者之一或实施者，首先应对心理词汇理论和词汇学习策略，包括各具体词汇学习策略相应特征和适用范围，词汇发展模式等有清晰的认识,这样才能指导学生正确的认识以及在词汇学习过程中运用词汇学习策略。学生作为词汇学习的主体,应形成词汇学习策略运用的自主意识。教学材料,包括教材,大纲的设计都应与心理词汇理论以及学习者的认知能力相符,同时将词汇学习策略的教授系统的融入到课堂教学中也将是一个颇具意义的建议。对于词汇教学的评定,基于心理词汇以及二语词汇发展等相关理论,需要将学习者习得词汇的量和质结合。

2.2.3 词汇意义类型与词汇学习和教学

2.2.3.1 Leech 划分的七种词汇意义类型

Leech 划分了七种不同"意义"的类型(types of meaning)。它们分别是:概念意义、内涵意义、社会意义、情感意义、反映意义、搭配意义和主题意义。又将内涵、社会、情感、反映和搭配等 5 种意义统称为联想意义。

一般看来,概念意义是语言文字固有的属性,是文字本身内在的固定的、不受外界因素影响的意义。Leech(1974,1981:9)认为概念意义是语言交际的核心要素,离开了这种意义,任何交际语言就谈不上是什么真正的语言了。概念意义有时还成为"指示意义"或"认知意义"。以 woman 为例,它的所指意义可用 human,female,adult 来确定。语言中词语的概念意义比较稳定,变化不大。但值得注意的是,语言中也有一部分词语其概念意义会随着社会的发展,时间的推移而发生变化。例如,英语中的 wife 一词,其原有的概念意义是 woman not necessarily married(妇女),这种意义在 housewife, midwife 等词中还能找到它的痕迹。而 wife 现在的概念意义则专指 married woman(已婚的妇女即"妻子")。

内涵意义是凌驾于纯粹概念意义之上的交际价值,是人们在使用过程中将表达与现实世界联系起来而产生的(Leech 1974,1981:13)。Leech(ibid)举了"woman"这个例子,除了 human,female,adult ("人类"、"雌性"、"成年")这三个概念意义特征之外,它还有 frail(脆弱的),prone to tears(爱哭的),gentle(温柔的),compassionate(有同情心的)特性,这些是"女人"内涵意义。英语中的 wolf 和汉语中的"狼",它们的概念意义完全一样,但其内涵意义相差甚远。在中国的文化中,龙是一种象征吉利的动物,汉语中常说家长"望子成龙"。而在中国的神话中,凤凰是鸟中之王,也是吉祥的动物(邓炎昌、刘润清 1989:191)。再如,中西方对"狗"的内涵意义则有不同的理解,中国人大都认为狗低贱,而西方则把 dog 看做是自己的朋友。pig 一词的概念意义为 a kind of domestic animal,而它的内涵意义通常是 dirty, lazy 或 greed for food 等。看看下面几个例子:

(1)Peter is a pig.

(2)That fellow is a tiger.

(3)He is a faithful dog to her.

就应该考虑 Pig,tiger 和 dog 它们的内涵意义。因为英汉语中都有"脏、懒惰"和"凶残"的含义。因此,(1)彼得很脏或彼得很懒。(2)那家伙像老虎一样凶残。同样句(3)就不能理解为"他是她忠实的走狗"。而应该为"他是她忠实的朋友"。

社会意义是语言在其使用环境中所传达的社会环境的意义。Leech(1974,1981:14)引用了 Crystal 和 Davy 在《英语文本探讨》中用来阐释社会意义的六个变量:方言(某一地区或社会阶级的语言)、时间(如 18 世纪的语言)、使用域(如法律语言、科技语、广告语等)、等级(礼貌、俗语、俚语等)、语气(如玩笑、讲座等)以及风格特征(如狄更斯的语言或海明威的语言)。语言的实际运用可分为 formal, colloquial, familiar 和 slang 等不同的使用场合。例如英语的 daddy, father, male parent 这三个词语,它们的概念意义相同,指称的是同一个对象。但这三个词语的风格意义则不同:daddy 是非正式的口语词,是儿童在家庭内部的用语;male parent 是较正式的书面用语,常作为专门术语用于正式的文本中(如法律文件、档案材料等);而 father 一词在文体上则属中性。再如:

(1)They chucked a stone at the cops, and then did a bunk with the boot.(他们用石头扔向警察,拿着抢来的东西逃跑了。)

(2)After casting a stone at the police, they absconded with the money.(他们用石头袭击了警察之后,就带着钱潜逃了。)

以上两句描述的是发生的同一件事情,但相比之下,句子(1)中使用了"chuck, cop"等俚语,比较口语化。句子(2)中使用了与之同义的比较正式的词"cast, police ",句式更规范。

下面以表示"死"(cease to live)的概念为例,列举五种不同正式程度的语体。

(1)His beloved parent has just passed to his heavenly reward.(pretentious, literary, dignified)

(2)His dear father has just expired.(formal, unemotional)

(3)His dear father has just died.(neutral, factual)

(4)His dad has died.(informal, plain)

(5)His old man just kicked the bucket.(slangy, colloquial, lacking in respect)

从上述例子中可以看出,语体正式程度的不同主要是由于词汇的选择而形成的。从上述例子中可以看出,语体正式程度的不同主要是由于词汇的选择而形成的。

相对于社会意义,情感意义多关注语言是如何反映说话人情感和态度的。这种意义通常不能独立存在,通过概念意义、内涵意义等明显地传达出来。例如保洁公司的一系列商标"Cheer","Joy"和"Rejoice",让人觉得快乐和愉悦。语言中的感叹词如 Oh, Ah, Dear me, Goodness 等,它们没有概念意义,直接表达情感意义。语言中有些成对的含有褒贬意义的词语如 slender/skinny, statesman/politician, scholar/bookworm 等都带有较强的情感意义。如:The politician is concerned with the successful elections, whereas the statesman is interested in the future of his people. 句中的 politician 和 statesman 的概念意义相同,都指从政的人,但一个是贬义,一个是褒义,内涵意义不同。这里需要指出的是,在英语中有些词的意义是褒义词,而在汉语中可能是贬义词。如:individualism, ambitious 等。另外,英语中存在着大量的概念意义相同,但由于各种原因社会意义不同的词汇。如:domicile, residence, abode, home 的概念意义都是"家"、"住所",但使用的场合不同。domicile 是法律用语,用在法律文件中;residence 是正式用语,用于书面的通知、说明、文告等;abode 是文学用语,主要用在诗歌中;只有 home 是一般词汇,用于人们日常的口头或书面交际中。情感意义基本上是依附性的,也就是说,它不是一种独立的意义,而是要通过概念意义、内涵意义或风格意义等手段表现出来。例如:

(1)The old bitch had to do it herself.(通过 bitch 的概念意义)

(2)Tom is a pig.(通过 pig 的内涵意义)

当一个词语具有多种概念意义,使人易于联想出一种以上含义时,反映意义就产生了。

Leech(1974,1981:16)认为反映意义在双关的修辞手法中及表达情感的禁忌语和委婉语中有所体现。Owl(猫头鹰)在西方是智慧的象征,英语中有 as wise as an owl 的说法,但对中国人来说则是"灾难、晦气"的象征。同样,petrel (海燕)在英语国家有"预示灾难、纠纷、暴力行为即将出现的人或幸灾乐祸的人"之意,却为我国人民所喜欢。英语本族人不说 coffin 而说 casket;不说 die 而说 pass away;不说 underdeveloped 而说 developing。其原因就是因为前者会引起不好的联想。如:Comforter 和 Holy Ghost 都指"上帝",但它们的反映意义却不同。Comforter 让人联想到舒适和安逸,而 Holy Ghost 则让人产生敬畏之感。

搭配意义是由一个词语的各种联想意义搭配组合起来在使用语境中构成的。如"suspicious"一词,在 a suspicious woman 中表示"多疑的"意思;而在 a suspicious character 中则要理解为"可疑的"。语言中有些词(主要是一些同义词)尽管有相同的概念意义,但搭配不同,因而意义也有所不同,如"pretty"和"handsome"是一对同义词,但它们的搭配意义却不一样,和 girl, woman, flower, color 等词搭配时常常用前者;而和 man, car, overcoat, airline 等搭配时常常要用后者。当然,搭配的限制条件除了词概念意义上的相关性以外,还包括关联意义上的相关性和个别词语约定俗成的用法。如,addled eggs, sour milk, rancid bacon 搭配是恰当的,但却不用 rancid eggs 或 rancid milk;cow 通常不与 pass away 搭配,因为 pass away 作为 die 的委婉表达之一,在长期的搭配使用中已获得内涵意义,即是和人的搭配关系。

主题意义是指语篇组织中通过语序、强调以及信息焦点等手段体现出来的意义。例如,美国汽车词汇"Frontiersman","Pathfinder","Ranger","Tracer"等,体现的主题是开拓的精神。如世界著名香水品牌 Poison, Forget-me-not, Young Love 及胸罩品牌 Bestform, Maidenform, Keepfit, Romance 等,通过这些品牌,"优雅、高贵、浪漫、激情"等主题词不自觉就萦绕在你脑海中。

例如下列各组命题内容相同的句子,它们的主题意义是不一样的。

John kissed Mary.(约翰吻了谁)

Mary was kissed by John.(玛丽被谁吻了)

My brother owns the largest supermarket in London.(我兄弟拥有的是什么)

The largest supermarket in London belongs to my brother.(伦敦最大的超市是谁的)

I met your sister last week, and she is very intelligent.(两个命题处于同样的地位)

Your sister, who I met last week, is very intelligent.(突出"你妹妹很聪明"这一命题)

2.2.3.2 词汇意义类型对词汇学习和教学的启示

1.应注重区分多义词的不同意义细微差别,提高词汇应用的准确性

英语中不少单词(包括名词、动词、形容词和副词),尤其是多义词,它们的各个词义之间存在着密切的关系,我们首先要记住它们的概念意义,然后以此展开联想,去想象它们的内涵意义、情感意义、搭配意义和反映意义。这样,我们就可以把这些单词的所有词义牢记心中,然后根据需要选择合适的词义,而不至于在实际运用中不知所措。同时也需要指出,一个词汇,有时候并不能、也不需要把它的所有意义都分析出来,可根据需要加以选择。例如,brilliant 的核心词义为"非常明亮的,光辉夺目的"。很明显它的反映意义为"极聪明的,才华横溢的",内涵意义为"杰出的,非凡的"。

2.应注重英汉概念意义不对应词的教学

对应词(analogue)通常指的是不同语言中表示同一概念或相似概念的词,如英语中的

“water”,“horse”,与汉语中的“水”、“马”。在英语教学中,对于这类对应词的教学,我们惯常的做法是就英语的词给出汉语相对应的词。即借助于我们母语的词汇知识来认知和理解英语的词汇。这种传统的做法在英语教学的初级阶段或在教授某些英语词汇时也能收到事半功倍的教学效果。例如在教“laser”一词时,若采用英语释义或其他的方法,还不如给出汉语相对应的词,让学生省时省力些。

然而,不同的民族由于其生态环境、社会制度、宗教信仰、历史进程、思维方式和生活习惯等不尽相同,他们的语言中也存在着大量概念意义不对应的词语。如英语的“sofa”与汉语的“沙发”在概念意义上就不完全对应。英语的“sofa”仅指双人或三人用的沙发,不包括单人沙发;而汉语“沙发”的概念意义则将三者都包括在内。

从英语教学的角度来看,英语和汉语概念意义不对应的词大致有两种情况:

一种情况是英语中有的词,汉语中没有其概念意义相对应的词,即所谓的“词汇空缺”(lexical gaps)。英语中的 motel 一词(指高速公路边专为自驾汽车的旅客开设的旅馆,常附有停车场设施,价格比较低廉),在汉语中就没有其对应词。有的词典和教科书将它译成“汽车旅馆”,译词似乎没有完全反映出 motel 概念意义的特点,反而有点让人以为是停车场之类的地方,像 hot dog, pudding, hippy, brunch 等都属于汉语没有其对应词这类情况。

在英语教学中,对这类“词汇空缺”词的教学应引起我们高度重视。在具体的教学过程中,对这类词语可采取用英语释义的方法,详细地说明和解释它们在英语中所表达的意义和使用情况;使学生们对这类词语的概念意义有一个清楚的认识和全面的了解,为他们在语言交际中真正掌握和使用好这类词语打下基础。

另一种情况是目的语和母语中的某些词语,其概念意义表面上似乎对应,但它们在指称的范围、表达的程度和隐含的褒贬等方面有着这样和那样的差异。英语的“people”和汉语的“人民”在概念意义上就有差异。英语的“people”只是指人的数量的多少;而汉语的“人民”指以劳动群众为主体的社会基本成员,有浓厚的政治色彩。“Intellectual”和“知识分子”也不能做完全相同的理解,前者涵盖的人员范围远远不如后者广泛。诸如这类情况的词语,在英语和汉语中也大量存在,如 propaganda/宣传;carder/干部; peasant/农民;master/主人; landlord/地主;politics/政治;individualism/个人主义,等等。

在这类英汉不对应词语的教学中,应重视英汉对比方法的运用。通过对比,揭示出这类英汉不对应词语在概念意义上的异同,让学生们准确地了解它们之间的差异,从而使学生在英语学习和使用中,不会因受汉语的干扰,在理解和使用这类词语时出现偏差和失误。

3. 英语词汇教学应结合词语的社会文化背景知识来进行

严格地说,在不同的语言中,除了一些专业性比较强的术语外,概念意义完全相同的词语是不多的。不同语言中的有些词语虽然概念意义上相同或相近,但它们在联想意义方面却有很大的差异。英语的“blue”和汉语的“蓝色”在概念意义上就完全相同,都指称基本颜色的一种,但它们的联想意义却有很大的差异。英语的“blue”常带有“depressed, sad, melancholy”等联想意义,如 in a blue mood, a blue Monday。而汉语的“蓝色”则没有这类消极的联想意义。法国有一首动听的乐曲名为“Love is Blue”,其中的 blue 用的就是它的联想意义;有的人将它理解为“爱情是蓝色的”则是可笑的。

从本质上来说,词语的内涵意义、感情意义、反映意义和社会意义等都与文化有关,是文化因素在词汇意义体系中的反映。实际上,英语中有很多词语,如果我们在教学中不结合其文化背景因素来传授,就很难达到理想的教学效果。如"privacy","lover"等这一类承载着浓厚文化内涵的词,若我们仅从形态、句法和语义的角度来进行教学,就不可能使学生全面理解和正确使用好这些词。同样,不结合英美社会文化背景知识,仅从语言本身的角度我们恐怕也很难把"Bob Lomax ran the company like a cowboy."这类句子的真正含义传授给学生。因此,在英语词汇教学的过程中我们应树立一种"文化意识",即把对英美文化的了解和掌握贯穿于英语词汇教学的始终,在帮助学生学习和掌握词汇的概念意义的同时,引导他们自觉了解包含在词汇中的文化因素,逐渐培养他们在英语学习中的英美文化习得意识。

4. 活用词汇学习策略及学习词汇的五步模式

词汇的学习策略与学生的词汇量有明显的相关度。Cohen(1981)认为,运用任何形式的词的联想是学习词汇、增强记忆的有效而关键的一种学习策略。此外,Taylor(1989)的语义链理论(meaning chain)也是一种非常重要、有效的词汇学习方法,它不仅可以有效地提高词汇记忆效率,还可以拓展学生的联想能力。另外,词汇学习的深加工原则也可以有效地提高学生的词汇学习。词汇学习中几种方法并用比仅使用一种方法更有效,积极的心理参与有助于长期记忆。

若要巩固对词义的记忆并灵活运用词汇,最终离不开将其置于词组、句子中学习。可以采用学习词汇的五步模式,即接触生词、学会词形、学会词义、巩固对词形词义的记忆、词的运用。通常情况下,英语中的一词多义词汇只有按照语言规律组合成词组或是句子,置于上下文的特定情境之中,才富有活力。此外,单词意义和词组意义常常差别很大,有时仅仅是一个介词的改变,词组的意义就发生很大的变化。例如,on file 意为"存档", in file 意为"依次",而 bite a file 的意思则是"白费力气"。因此,在英语词汇教学,尤其是多义词的教学中,除解释词的基本意义外,可以适当地给出相关搭配,即使用的语境。置词汇于具体的使用语境中,在单词—词组—句子三个层面对词汇进行处理、加工。如英语中 heavy 是一个多义词,很难孤立地讨论它的意义,只有与其他词搭配使用时,其切实的意义才能得以具体展现。教学中教师可先强调 heavy 一词的中心意义(core meaning),再给出 heavy smoker(烟抽得很多的人), heavy schedule(排得很紧的日程), a heavy investor(巨额投资者), heavy news(令人忧愁的消息)等词组,要求学生通过讨论理解上述短语的中文意义,然后再给出相应中文,最后再要求学生造出相关句子。这样,学生对 heavy 一词的诸多语义及相关搭配不仅掌握扎实,而且运用自如。

2.2.4 词汇理据与词汇学习和教学

2.2.4.1 词的理据及其分类

英语词汇中词义与事物或现象的命名之间没有必然的联系,但大量词语的意义和形式、语音和语义之间确实存在着种种不同程度的关联。词汇学把这种现象称为词的语义理据(semantic motivation)。词的理据划分为语音理据、形态理据、语义理据和词源理据。

1. 语音理据

语音理据构成的词多拟声词,是英语中是通过模仿人或自然界动植物和事物的声音构成的有些词,这种构词法称为拟声构词。不同的语言有许多概念相似的拟声词。英汉语中都有模仿人的声音的词:Hey"嘿",Oh"哦";有模仿动物叫声的词:bow-wow(狗的"汪汪"声),mew(猫的"咪咪"声),grunt(猪的"呼噜"声);有模拟自然界草木流水、风雨雷电声的词:whisper

(微风的“沙沙”声),rustle(风吹草木的“飒飒”声),roll(雷声的“隆隆”响);还有模仿许多机械工具声音的词,如 tick(钟表“滴答”声),tinkling(铃子“叮铃”声),clack(开关的“啪嗒”声)。

英语词汇中这类词为数不多,但是英汉语有发音接近的词,其中汉字大多是英语的发音翻译借用来的“音译词”,这些词对中国学生来说同样具有语音理据。如:

(1)专有名词(人名和地名),如 Abby(阿比),Ann(安),Asia(亚洲),Paris(巴黎);

(2)普通名词,如 cartoon(卡通),coffee(咖啡),engine(引擎)。

此外,英语和汉语有些词的发音惊人地相似,英汉语词语之间音义相似的现象,在语言学上称为“偶合”。例如:back(背), bar(棒),carve(刻), cheat(欺骗), cough(咳嗽),give(给),kick(踢),magic(魔力),murder(谋杀),quick(快),route(路),rude(鲁莽),shy(羞),stone(石头)等。了解这些词的语音特征有助于阅读理解、听音训练和识记。

2.形态理据

从构词角度来看,如果 do, go, make, take, tree, way, west 等自由词根或者 quer, quest, quir, quis(“寻找,探问”)等粘着词根一旦与其他语素构成派生词或与其他词构成复合词,就变得有形态理据。例如,read 和 able 在构词上均无理据,当它们合并成 readable 时,该派生词的意思便有据可依,其理解过程是:read“读”+ able“可……的,能……的”,即“可读的,易读的”。一个派生词一般是由一个词根和一个或若干个前缀或后缀或前后缀构成。词缀的多义性和两个或两个以上词缀的同义性是分析词的形态理据必备的知识。一个复合词可以由两个或两个以上的相同或不同词性的独立的词按照一定的排列结合在一起构成的新词。以 headache 为例,是 head“头”+ ache“疼”,即“头疼”。从词义上看,并非所有复合词的语义都是原有成分词义的简单相加。例如,greenhouse 是培育绿色植物的温室;eggplant 是“茄子”;a blackboard 不一定是黑色的,也可能是绿色的,甚至还有白色的。

3.语义理据

词的语义理据是一种心理联想,指词义的引申和比喻。一般说来,词义产生之初,原本是比较具体和简单的。随着词义的不断引申和比喻,会产生许多新的词义。这是词从“字面意义”(literal meaning)到“比喻意义”(figurative meaning)的转移。如,coat 原义是外套,通过对其词义的引申,用来比喻其他事物, a coat of paint 意思是“一层漆”。

(1)隐喻(metaphor)　修辞学中,隐喻指一种事物暗喻另一种事物。比如:“They were allowed to leapfrog the long lines of traders and get immediate appointments with Chinese representatives.” leapfrog 原义是“跳蛙”,这里作“越过”解。“U. S. influence and prestige nosedived in Africa.” nosedive 原指“飞机垂直俯冲”,句子中转义为下降。

(2)借代(metonymy)　“The path to November was uphill all the way.” November 指十一月举行的美国总统选举。“The power of the crown is limited by Parliament ”(国王的权力受国会限制)。Crown 是君的专用物品,这里喻指 the king or queen。

(3)提喻(synecdoche)　如:Wall Street(华尔街)代表美国金融中心; the White House(白宫)往往指美国政府; No. 10 Downing Street(唐宁街 10 号)代表英国政府。

(4)类比(analogy)　类比构词的语义理据是仿照原有的同类词创造出对应词或近义词,在词义上进行联想类比。例如, workaholic(工作狂)、crediholic(信用卡迷)都是仿 alcoholic(饮酒过度者)而来的; telethon(马拉松式电视广播节目)talkathon(马拉松式座谈节目)均是从 marathon 类比而成的。从 environmental pollution(环境污染)类比出近似词 visual or eye pollution(视觉污染)、noise pollution(噪声污染)、cultural pollution(文化污染,指颓废文化)等。

4. 词源理据

词源理据是解释词的来源及其形态和意义的演变。有人说 news 是 north, east, west 和 south 四个词的首字母缩写而来。大量的外来词吸收为英语词汇后其读音和拼写被逐渐同化,成为被同化了的外来词,如 restaurant;有的借用词是未被完全同化的外来词,如 hotel,源于法语词 hostel,被借用后拼写略有变化,但仍保留法语的重音读法,重音落在倒数第一个音节。

2.2.4.2 词汇理据对词汇学习和教学的启示

"领会式掌握"是要学生能够根据不同的上下句理解一个词的诸多意思,并正确地用词造句;而"复用式掌握"指的是根据语法和构词法对这些词进行变化以及构成新词。学生对词汇的掌握必须准确,灵活,变通性强。"死记硬背"办法只适用于初学者。而词汇理据性策略以理据为方法,以理据为标尺,将拟声理据,语义理据,形态理据,词源理据贯彻到英语词汇的教学中,摒弃以往的"死记硬背"方式,帮助学生快速扩大词汇量,进而全方面地提高学生的英语应用能力。

如 snuff, snore, snort(表示呼吸声);snip, snap, snatch(表示动作的迅速分离或移动)这类词汇的教学可以通过声音的联想记忆。教师还应该贯彻形态理据策略,教学中通过讲解词根和词缀来帮助学生快速,准确记忆一些派生词和复合词。教师也必须能做到结合文化背景知识进行讲解词汇。例如,中国有句古话:朝霞不出门,晚霞行千里。在英语中有句与之对应的谚语:red at night, sailors delight; red at morning, sailors warning. 这两句谚语都是根据朝霞与晚霞来预知阴晴。但是关注天气的人却不同。汉语中有"出门"、"行千里"字样,是指要出门旅行的人;英语中是 sailors(海员,水手)。

还可以把词汇教学从课内延伸到课外,如用班刊、黑板报等形式介绍一些词语典故知识和词汇结构、词义演变规律;提供与所学知识难易相当的阅读材料,促进学生接触、消化和吸收词汇、获得自然输入。

2.2.5 词源教学

2.2.5.1 词源教学的内容

英语词源学就是研究每个单词的诞生和成长的历史。那么词源教学应该包括哪些内容呢? R. Ilson(1983)把广义的词源信息分为三种类型:

1. 原始词和同源词(包括借用词和音译外来词)

英语词汇按照来源地可大体分为两种:本土英语词汇和外来词汇。英语本族语词汇较少,约 80%为外来词,且据估计这些词来自 120 多个国家,其中 30%以上是法语词。同源词信息揭示不同语言中的同源词之间的联系与差异,如 apple(苹果)与德语的 apfel 不仅同源,而且意义相近;但 silly(傻的)与德语 selig(神圣的)同源却有着不同的意义。同源词的讲解,可以扩散词间联想的方式。如:arrive、river、rival 这三个词虽然词形相似,但意义却相差甚远。如果不讲解词源,学生很难把这三个词联系到一起。古时候出门旅行是很危险的事,而各种旅行最危险的莫过于海上旅行，因此一旦上了岸，就有了安全感，就可以顺利到达目的地了，因此 arrive 意为“到达”。rival：古时人通常临河而居，不同部落经常为争夺水源而发生斗争，因此 rival 有“对手”的意思。从中可以看出，arrive、river、rival 属于同源词，通过同源词的讲解可以扩大英语心理词汇的存储方式，激活学生不同的词间联想。

2. 词汇结构的形态分析

英语词汇的一个特点就是有很强的构词能力，据粗略统计，英语中有一半以上的词汇是通过词根、词缀构成的。因此一半以上的英语词汇可以分解为：(词缀)＋词根＋(词缀)。许多新词构建的方法主要还有融合词、缩短词、首字母拼凑词、复合词和析取词等。结构形态分析有助于学生在含有相同构词成分的词之间建立联系。例如，agriculture（农业）、horticulture（园艺）、sericulture（养蚕业）、apiculture（养蜂业）、floriculture（花卉栽培）等词共同的构词成分 culture 源自拉丁词 colere（耕作）。结构形态分析还能消除歧义，如 flammable 和 inflammable 都表示“易燃的”。学生熟知 in-作形容词前缀表示“非、不”，不禁要问：这岂不自相矛盾？词源信息显示：flammable 是动词 flame（点燃）加上后缀-able（可以的）而成；inflammable 是动词 inflame（着火）加上-able 的结果。这样一来，词义就清晰了。

3. 对词汇单位的形成和演变从认知过程方面（隐喻、典故）所作的分析

英语中的很多词汇和短语都源于古希腊罗马神话、圣经等，同时有影响力的文学作品和历史人物等也逐渐由专有名词成为普通名词填充到英语词汇的大军中来，我们从神话故事，文学作品和历史事件等方面来分析英语词的词源，追溯这些词的来源和出处，不仅可以更好地理解词汇和短语的意思，更能增强文化意识。相信会给英语学习带来一些兴趣。

如，现代英语中的许多词语都于希腊神话中的十二位主神的名字有关。主神宙斯（Zeus）与 jovial（愉快的、快活的、高兴的）；阿波罗（Apollo）与 a perfect Apollo（风度翩翩的男子）；墨丘利（Mercurius）与 Mercurial（轻松活泼，或者反复无常，或者雄辩狡诈）；缪斯（Muse）与 music（音乐），museum（博物馆或美术馆）；普赛克（Psyche）与 psycho（灵魂，心灵）；普罗米修斯（Prometheus）和 Pandora's box（潘多拉的盒子，比喻灾难、麻烦、祸害等的根源）。海格利斯的任务（Herculean Task）讲的就是希腊神话中海格利斯（Hercules）（宙斯的私生子）的故事。宙斯之妻赫拉（Hera）嫉妒这个私生子千方百计加害于他。海格利斯躺在摇篮中睡觉时，赫拉放出毒蛇去咬他不料婴儿力大无比用双手掐死了毒蛇。海格利斯长大后，赫拉施行法术，使他在盛怒中杀死了自己的妻儿。为了惩罚海格利斯，阿波罗命令他为欧利瑟斯国王服务十二年，其间，国王要他完成十二项极端艰难凶险的任务这就是著名的 a Herculean task（极为艰巨的工作），现代英语中比喻极其艰巨的任务。

再如，aboveboard 表示光明磊落、坦诚率直，但是当学习者知道该词的来源是“当打扑克出牌时把手放在桌子上，不像赌棍那样把手放在桌子下偷偷摸摸抽牌，唯恐对方猜中，借以比喻光明正大”的故事以后，就会把词义和故事结合起来，学习者必然会对类似的故事投入更多的注意同时加深了词义的记忆和加工。

还有一个有趣的例子就是夹心面包叫做三明治（sandwich）。这个名称来自于 18 世纪的英国贵族 John Montagn，the fourth Earl of Sandwich。此君是个声名狼藉、道德败坏的家伙，每天沉迷于赌博，终日不肯离台。饿了便叫人拿来烧牛肉加面包给他，于是他便成为了“三明

治"的发明者。不但有利于单词的记忆,而且还可以有效地了解西方文化。

2.2.5.2 词源教学的意义

1. 有助于多项词义的习得

英语词汇语义之纷繁复杂使得学习者真正掌握词语的多义和用法也变得困难重重。仅 home 一词就包含了 16 个义项,此类词汇在英语中比比皆是。如果我们能够从词语的词源理据出发,把词源意义与各项词义结合起来,就可以帮助我们有效地记忆词汇的多个意义。

2. 有助于习惯用法和搭配的掌握

由于多数情况下习惯用法和搭配被认为是约定俗成的,所以学习者通常是要么不假思索地死记硬背,要么常常张冠李戴,频频犯错。然而,并非所有的惯用法和搭配都是没有理据的,如果能够有意识地寻找其词源理据,很多词语的用法和搭配将得到合理的解释,必将大大减少词汇应用中的错误。如,搭配"derive sth from"中 derive 一词来源于拉丁语,由 de-(from)+rivus(a small river)构成,表示"将水引来",而要表示"从……将水引来"就必须与表示"来自"的介词"from"搭配,即 derive from,或者 derive sth from,现在意为"从……得到","来自"。

3. 有助于同义词的记忆和语体色彩辨析

光靠其词的英文解释或者词的汉语对应词本身的表现力和区分力无疑是不够的,如果我们能有的放矢地针对英语多源头的特点,提供同义词各自相应的深层的词源信息,其中的差异大多可以一目了然。有些概念意义相同的词,其情感意义可能相差甚远。如,small 和 little 表达的概念基本一样,但它们的情感意义却有差异,She is a small girl. 和 She is a little girl. 表达出说话人对所谈论的对象的两种不同的情感和态度。

2.2.5.3 词源教学的原则

1. 词源教学要与其他传统教学方法相结合

词源教学是其他词汇教学方法必要、有益的补充,并非每个单词都适用于引入词源知识,比较合适的是四、六级词汇中的10%,即大约 600 个。因此,在教学中应当根据不同词汇的特点和难度,选用不同的教学方法。

对于相对抽象的词汇,挖掘其词源是十分有帮助的,但有的单词词源信息不充分或者词义在发展过程中古义和今义相比变化较大,甚至单词起源时的词义已经消亡,这时再应用词源教学进行词源分析,明显是没有效果的。最臭名昭著的例子是:nice(美好的)的原始词形是拉丁语的 nescius(无知的);silly(傻的)来源于中古英语的 sely(快乐的)。nice 和 silly 现在的词义与它们各自原形词的含义相差太远,使得学生难以在它们的今义和古义之间建立起联系。

2. 词源教学法应以教师为主导

由于英语词源多来自于希腊语、拉丁语、法语、中古英语,要读懂词源信息需要借助于比较专业的词典,而且并非词源教学有助于识别、记忆所有词汇。因此,词源教学法的应用,应该以教师为主导,初期先向学生进行一些英语词源知识的介绍、说明,作为知识铺垫,然后在教学过程中,通过一些具体单词来展现词源在识别、记忆单词过程中的作用,使学生了解哪些词汇最适合进行词源分析。

另外,班级差异与学生个体差异必须牢记在教师的心中。有的班级英语程度稍低一些,可能用中文来讲解更合适;而有的班级程度更好些,可以用经过教师改写过的简易英文。逐步教学生如何读懂具体单词的词源信息,最终使学生学会查阅词源,读懂词源,使其服务于自己今后的英语学习。

2.2.6 语义成分分析与词汇学习和教学

2.2.6.1 语义成分分析理论(componential analysis)

最早提出语义成分分析法的是丹麦语言学家叶尔姆斯列夫(Hjelmslev),他是受到索绪尔(Saussure)结构主义思想的影响,认为和语音层面一样,语义表达也可以进行结构分析。语义成分分析是研究"概念上的"词汇——语义关系(conceptual-lexical relations)的。这种理论的基本观点是:词的"意义"都可以分解成一些"语义成分"(sense components)。语义成分分析就是把词的意义分解成一些基本的、最小的组成特征,从一类词的比较中发现词与词之间意义的细微差别即词的区别性语义特征(distinctive features),从而描写词义之间的相互关系。成分分析法就把每个词义分析成若干语义成分,可以帮助我们比较完整地了解词义以及词与词之间的关系。

莱昂斯(转引自符淮青,1996)认为语义成分理论可以说明同义关系、上下位关系、不相容关系和反义(互补)关系,它有简明和形式化的特点。在成分分析法里面,几乎所有的词都可以分解为一些最终的对立成分,或语义对立体,虽然这种对立不一定都是可以双分的(binary)。语言学家通常用"+"和"-"来表示是否具有某语义特征,其语义特征一般用大写字母表示,由此 man=HUMAN+ADULT+ANIMATE+MALE;girl=HUMAN-MALE+ANIMATE-ADULT;woman = + HUMAN + ADULT - MALE,或者 = - ANIMAL - CHILD - MALE。

2.2.6.2 成分分析法的作用

成分分析法揭示了语义的微观层次,提供了语义结构,从而说明了词与词之间的各种语义关系。因此,语义成分分析对语言教育研究具有很大的作用,主要表现在以下几个方面:

1. 精确地确定和区别词义

如,bachelor(单身男子)的语义特征为:[+Human(人)+Adult(成人)+Male(男性)+Unmarried(未婚的)];而 spinster(单身女子)的语义特征为:[+Human(人)+Adult(成人)-Male(男性)+Unmarried(未婚的)]。

2. 揭示词汇之间的对称关系,反映近义词、反义词之间的细微差别

两个词的语义特征完全相同,它们就是同义词(synonymy);两个词的语义特征中最后一个特征相互排斥,它们就是反义词,如,bachelor(单身男子)与 spinster(单身女子),boy(男孩)与 girl(女孩),husband(丈夫)与 wife(妻子),uncle(叔叔)与 aunt(婶婶)之间的对应关系实际上是[-FEMALE(-女性)]与[+FEMALE(+女性)]的对立,或者说是[+MALE(+男性)]与[-MALE(-男性)]的区别。从义素的角度来看,近义词和反义词没有本质的区别,近义词是"同中有异",反义词则是"异中有同"。当一个词的特征全部包括在另一个词的特征中时,前者是后者的上义词,后者是前者的下义词,如 man 是 bachelor 的上义词,bachelor 是 man 的下义词,再如 parent 是 father 的上义词,father 是 parent 的下义词。

今天我们辨析同义词已无须将每个词进行义素分析，我们可以依照下列典型情况去做：

(1)普通性不同：如 refuse—reject，beg—require

(2)强烈程度不同：如 repudiate—refuse，beg—ask

(3)感情色彩不同：如 reject—decline，love—like

(4)贬义、褒义或中性：如 thrifty—economical，resolute—obstinate—stubborn

(5)专业化不同：万 decease—death，perform—do

(6)文雅程度不同：如 passing away—death，laud—praise

(7)口语化不同：如 turn down—refuse

(8)词与词之间地域化不同：如 flesher—butcher

(9)儿童或成年人对词汇使用的不同：如 daddy—father

3. 语义特征可以用来定义自然事物类别，说明词语的搭配是否合理

词与词的搭配不是任意的，不仅要受语法规律的制约，而且受语义规则的制约。从语法上讲，要看词与词的搭配是否符合句法结构；从语用上讲，要看词与词的搭配是否适用；而从语义来看，要受语义限制，看是否合理。

例如，通过对 bachelor 一词的特征分析，我们可以断定“He is a married bachelor.”是个语义异常的句子，但可以说“He is a bearded bachelor.”或“He is a beardless bachelor.”，因为[BEARDED(BEARDLESS)]不是 bachelor 的限定特征。

再如，某一动词能够取什么样的名词作主语就可以通过语义选择限制规则来表示。如，“小孩吃糖”/“糖吃小孩”。从句法结构形式上看，它们的句型都是“名词(主语)＋动词(谓语)＋名词(宾语)”，但是我们认为“小孩吃糖”是合理的，例“糖吃小孩”则不合理。因为从语义成分分析的方法来看，动词“吃”要求主语必须是带有[＋有生命]语义特征的名词。

4. 成分分析为句法研究开辟了新的途径，可以解释部分句子之间的关系

如，a. The man is a bachelor.(那个男人是个单身男子。)；b. The bachelor is a man.(那个单身男子是男的。)；c. The bachelor is a girl.(那个单身男子是个女孩。)例句 a 是个合成句，传达了新的信息；例句 b 则是个分析句，其意义是由 bachelor(单身男子)这个词本身的特点所决定的，因此，这是一个没有意义的句子；而例句 c 则是个矛盾句。

5. 成分分析还可以解释句子之间的蕴涵、同一和矛盾关系等

如，John is a bachelor(约翰是个单身男子)蕴涵 John is a man(约翰是个男的)。John is a bachelor(约翰是个单身男子)与 John is a man who has never married(约翰是个未婚男子)同义。John is a bachelor(约翰是个单身男子)与 John is married(约翰已婚)矛盾。

6. 成分分析有利于机器翻译

成分分析能使语义描写形式化，它可以为机器提供一部语义形式化的词典，有利于机器翻译。近来，我国很多学者将语义成分分析法用在很多语义场的分析中，如丰富的烹调词语、军衔、坐具等方面，作出了十分有益的尝试。

2.2.6.3 语义成分二分法的局限

成分分析法具有两分特征，即把世界看成非此即彼，如＋FEMALE / －FEMALE，使用成分分析法只能解释语言中的一部分词，大部分语言学家谈语义成分举例时都是一些容易找

出对立成分的词，如 man 和 woman 等。而事物之间的差别并非总是那么泾渭分明，甲事物特征与乙事物特征之间呈现渐进式过渡，体现为一个连续统一体，对于不能用双分对立来处理的词，成分分析法则显得无能为力。成分分析法很难用于分析一些抽象的概念，如 truth、beauty、sincerity 等，对某些即使可以分解的词汇来说，其分解也是勉为其难的。由于语义成分在理论上具有语言中立的性质，因此这些成分很难包括词汇所特有的文化含义。比如，"狗"在英语和汉语中的文化含义大不相同，受地域、经济、宗教、社会形态和生活习惯等因素的影响，即使对 man，mother 和 bachelor 等成分分析经典案例来说也值得商榷。

如对 man 的分析[HUMAN＋ADULT＋ANIMATE＋MALE]，表面上看好像足够了，其实这只是从生物学观点去分析 man 这个词的语义成分，man 还有别的特征没有包括进去。例如，假如你问一个小孩 man 有什么特征，他可能首先指出外观特征，如"有胡须""说话声音较低沉""穿裤子而不穿裙子"等等。

比如"mother"一词，成分分析法将它描述为[＋PARENT][－MALE]，并将[PARENT]分析为向下的生育关系，这样"mother(母亲)"就被定义为对孩子而言生育了他/她的女人。这种分析看似简单清楚，但在实际生活中会遭遇挑战，"养母"和孩子并没有生育关系，仍被称为母亲。

再比如"bachelor"(单身汉)，它的语义成分分析是[＋成年][＋男性][＋未婚]，和尚、离婚男子、有同居女友的男子、与同性同居的同性恋男子等，这些人都符合这些特征，但是我们并不称他们为"bachelor"。这两个例子就是语义成分分析法经常会面对的窘境：纳入不符合特征的成员，排除符合特征的成员。

2.2.6.4 语义成分分析法的主要应用领域

1. 解释难词

在遇到很难用传统方法准确解释清楚的词汇时，我们可以运用语义成分分析法开列出这些词的语义特征，以帮助学生全面准确地掌握这些词的含义。语义成分分析理论有助于学生更容易理解词义、识记单词。在解释词义时，我们可以借助其他相关的词来表达，同时又可以增加学生的语言信息量。

比如 suspicious 一词，我们可直接用"not trusting"来解释，即 suspicious＝[not trusting]，因为学生对 trusting 这个词并不陌生，这比 causing or showing a feeling that sth. is wrong 更有效。因此，我们只需要把这些义素与语义场中学生最为熟悉的语义结合起来便可。

2. 区分词义

运用语义成分分析法展示词与词之间的上下义关系、同义关系和反义关系之间的联系，以帮助学生掌握词与词之间的区别和联系，包括区分上下义关系，区分同义词之间的词义差别和语义内涵和外延差别，以及语义程度和文体色彩的差别。

如我们在讲授自然灾害的课文时，可以给出上义词 disaster，然后引导学生联想它的下义词如 volcano，earthquake，flood，draught，famine，storm，plague，typhoon，tornado 等等，这样学生不仅对课文中的词汇有更深的印象，而且还扩大了词汇量。

看 empty，vacant，hollow 这三个词，它们都解释为"空的"，但其外延不同，即所指的对象或所强调的内容不同。如果我们采用语义成分分析法就可以很清楚地看出彼此的区别：

empty=[containing nothing]+[nobody living]+[no furniture]

vacant=[not used/lived]+[with furniture]

hollow=[empty space]+[inside]

再以 march,amble,stroll,tramp,stride 这几个词为例:它们全都具有+[move on foot]这个语义特征,都是 walk 的下义词。amble 和 stroll 这一对词共享包括+[slow and relaxed]在内的所有语义特征,所以是同义词。而对 stroll 和 march 这一对词来说,虽然都有+[move on foot]这个语义成分,但在另一方面有所不同:stroll 是+[slow and relaxed],而 march 是-[slow and relaxed],所以 stroll 是 march 的反义词。

3.判断搭配是否恰当

运用语义成分分析法来揭示词与词之间的组合搭配规则,举出例句或词组以帮助学生分析判断其中词与词的组合搭配关系是否可以接受。

在"The dog wears the blouse."这句话中,由于 dog 具有[+ANIMATE]的特征,因此它具备完成一些拥有[-ANIMATE]特征不具备完成的任务。然而,这句话极为晦涩:狗不可能具备人类行为的所有特征,所以狗不可能穿女士衬衫。为了解决这一问题,可以诉诸语义成分分析的方法:X wears the blouse. →X[+ANIMATE][+HUMAN]。上面的推导式可以解释为:如果"X 穿了女士衬衫",那么就说明 X 具备"有生命的"和"人类的"两个特征。显然,狗不具备这些特征。

再如:He killed the butcher, yet unsuccessfully. 这句话中,动词 kill 具备这样的语义成分分析表达式:kill=[CAUSE][DIE],即表达 cause to die 的含义。然而,句子后半部分表示转折的补语表达了与动词 kill 相反的结果,从而句子逻辑上非真。因此,可以将句子调整为:He tries to kill the butcher, yet unsuccessfully.

2.2.7 语义场与词汇学习和教学

2.2.7.1 语义场理论

语义场理论(the theory of semantic fields)最早是德国学者特里尔(J. Trie)提出来的。其基本语义场理论认为,词库中表达的意义是相互关联的,这些意义聚合在一起形成了许多语义"场",这些语义场又聚合为若干更大的语义场,直到地整个语言都包括在内。(何英玉,2004)该理论主要包含三层含义:其一,语言中的某些词,可以在一个共同的概念的支配下,结合在一起组成一个语义场。例如,由 triangle,square,rectangle,circle,oval,oblate,pentagon,hexagon 等词组成 shape 这个语义场。其二,属于同一语义场的词,不仅在语义上相关,而且在语义上是相互制约、相互规定的。其三,指这个完整的词汇系统是很不稳定的,处于不断变化之中。

综述各种语义场分类的方法,有以下七种语义场:

(1)分类义场(taxonomy) 颜色场、食物场、动物场、植物场等。分类义场可以是多层次的,大类之下有小类,小类之下又可以分出更小的类。例如以 matter 为义素的语义场可以分为 solid,liquid,gas 等三个分义场。

(2)整体与部分义场(meronomy) 当一个词所指的事物是另一个词所指事物的一部分时,两者之间便构成整体与部分义场。如表示数目、度量衡、季节、月份、学位、军衔等词。如

week 这个语义场中的 Sunday，Monday，Tuesday，Wednesday，Thursday，Friday，Saturday 即为组成词。

(3)关系义场(relationality) 换位义场中的词义反映某种关系，包括人与人的关系，人与物之间的关系或物物之间的关系。双方形成对立的统一体。成对的词如 lend-borrow；above-below；parent-child；host-guest 等。

(4)互补义场(complementarity) 互补义场通常包含两个词，它们的意义正好相反，互相排斥，非此即彼或非彼即此。如 boy/girl，male/female，single/married 等，这类义场没有中间状态，即无法插入表现层次性对立的词。

(5)两极义场(polarity) 即由语义相对，形成两极的词构成的语义场。如 bid，small；在两词中可以有，neither bid nor small 的状态存在，表现出语义的渐进性。再如 hot 和 cold 之间，可以插入 warm，tepid，lukewarm，cool 等词，体现其对立的层次性。

(6)同义语义场(synonymy) 同义词群中有一个起支配作用的词，体现了其他同义词所共有的特征，这种词叫做主导同义词，受其制约的语义场称为同义语义场。如表示 leave"离开"这个概念作为主导同义词，其同义词群 depart，quit，retire，withdraw 等词构成一个语义同义场。同义语义场又可以分为绝对同义语义场和相对同义语义场。英语中绝对同义语义场比较稀少，它是指语义上毫无差别，可在任何上下文中毫无区别地互相替换的词组成的语义场。如，fatherland-motherland(祖国)，word formation-word building(构词法)，mother tongue-native language(母语)等。但是，相对同义语义场中的词因为感情色彩上不同，语体风格上不同，搭配关系上不同，属于同一语义场的词意思也会有所不同。

(7)上下义义场(hyponymy) 上下义关系体现了词项之间存在着"包含于"(inclusion)关系。(汪榕培，2004)例如，在 animal 这个共同概念下，cow，pig，clog，tiger，lion，fox 等词共同构成一个语义场，animal 为上义词，cow，pig，dog 等称下义词。而 pig 又可作为上义词与其他一些下义词构成一个子语义场，有 sow，boar，piglet。

鉴于上述分析，我们在教授或学习词汇的过程中在了解和掌握了词汇的音、形和基本意义的基础上，如果能够运用语义场的理论有意识地发现其中的联系，进而建立起词与词之间的语义关系，并且最终能够利用上述各种语义关系来帮助记忆，那么我们的词汇教学一定会达到事半功倍的效果。

2.2.7.2 语义场理论在词汇教学中的应用

语义场理论为我们的词汇教学提供了理论依据。在词汇教学中，我们应将词放在相应的语义场中，引导学生在语义场中理解、消化、记忆词汇，帮助学生度过词汇难关，以取得事半功倍的教学效果。根据这一理论，我们不妨采用下面的方法进行词汇教学。

1.联想法

根据语义场具有多维性的特点，在教学中，引导学生展开联想的翅膀，把某一词放在不同的语义场内，使之与其他不同词位发生关系，从而帮助学生理解词汇，扩大词汇量。以 subject(学科)这个中心意思展开联想，与其有关联的词项汇集在一起，形成意念联想词群，包括 astronomy，biology，chemistry，economics，engineering，geography，mathematics，philosophy，psychology，psychiatry 等词。在讲解 impoverished 这个单词时，引导学生联想其他的同义义场的词汇：poor，needy，penniless，destitute，poverty-stricken，be badly off，pauperized等词，放在反义义场内联想到：rich，wealthy，abundant，plentiful，prosperous，affluent，well-off，well-to-do等词。

再以green为例。如果将它放在：①同义语义场内，它具有inexperienced（无经验的）之意；②两极语义场内，它与如ripe（成熟的）之意相反；③分类语义场内，它与red，white，yellow等词构成表示颜色的语义场。

2. 归类法

以某一个词位的义素为核心，将与这一核心相近、相同、相类似的词位组织在一起讲解、理解、记忆，温故知新，但应注意指出它们在风格及使用方式上的不同。在color这个共同概念下，red，orange，yellow，green，blue，purple，brown等词共同组成一个语义场；再如，由watching a movie，playing chess，listening to music，chatting等词或词组所组成的语义场，可由recreation这个语义特征加以概括。

再如：以die（死）为核心，其下义词分别为：

①expire——死亡（正式用语）；②sacrifice——牺牲（褒义）；③pass away——去世（委婉用语）；④kick the bucket——死蹬腿，跷辫子（俚语，口语）；⑤perish——毁灭（文雅）；⑥suicide——自杀（强调方式）。

在词汇教学中，教师可以充分发挥主导作用，帮助学生学会在必要时用上义词归纳同一类的事物，或是先提出一个上义词，举出一两个下义词的例子给以示范，然后提问学生，让他们分别说出自己想到的下义词，或通过词语接龙等游戏的方式抛砖引玉地列举下义词，这样既调动了学生主动思考的积极性，又活跃了课堂气氛，使单调乏味的词汇学习在轻松活泼的氛围中得以进行。

3. 锁链法

如果某一词位具有若干个义项，可用锁链法进行教学。某词的派生词位是由核心词位引申而来的，即由核心义引申出派生义，派生义再引申出派生义，依次引申。以incoherent一词为例：incoherent——无条理的（unorderly）——语无伦次的（inarticulate）——松散的（loose）——不团结的（disunited）——不协调的、不配合的（uncoordinated）——势不两立的（irreconcilable）。这种链式教词法引导学生根据某一信息步步深入，一环扣一环，达到一箭多雕的教学效果。

4. 组配法

组配即把语义基本相同或相对、相反的词汇配对组场，通过对比呈现差异，提高学生词汇认识的精确性。如fresh一词，它可以组成很多短语如fresh bread，fresh air，fresh flowers。fresh在每个短语中的语义都不同，如果给出它的相应反义短语stale bread，stuffy air，faded flowers，它的语义就会为学生所清楚理解。

5. 语境法

语境是指上下文，即词、短语、语句或篇章的前后关系。根据语义场理论，语境决定词语的表达意义。那么，通过语境学习词汇，既可扩大学生的词汇量，又可让学生了解有关目的语的文化背景知识。教师应提供丰富的语境信息，让学生猜测其中生词的含义。如，Chicken becomes rotten very quickly. It can go bad even in a refrigerator if left there more than a week. 假定上例中的 rotten 是个生词，但学生联系上下文则不难推断出它的词义是“腐烂的”。又如，The question was important to the child but it appeared trivial to the teacher. 如果学生知道 important 的词义和 but 表转折的用法，也就不难猜出 trivial 在上句中的含义了。

各种词汇练习在培养学生使用和记忆词汇的能力方面各有所长。对大部分学生来说，词汇除了应从培养学生学会理解和记忆词项的理解策略实现，还应该通过让学生贮存少许主动词汇，从记忆中检索已学词项并在适当上下文中使用他们的输出策略达到。学生的学习越是到了高级阶段越应该强调输出的重要性，也就越需要在语义联想的网络中教授词汇。词汇以语义网络联想的方式呈现后便更容易掌握记忆。教师的课堂教学活动应该帮助学生建立新的语义网络或者巩固、完善及扩大已有的语义网络。

2.2.8 增添理论与词汇学习和教学

增添理论(elaboration theory)是 20 世纪 70 年代末发展起来的一个理论课题，对该理论的丰富与发展做出重大贡献的首推 Charles Reigeluth，Merrill，Wilson 以及 Spiller 等人。增添理论最初主要应用于认知领域的教学设计，其主要观点是为了使学习者获得最佳学习效果，教学活动应该以由简到繁、从易到难、逐步增添内容信息的方式来组织。该理论在教学设计领域的运用，包含八个基本实施策略：有序组织的课程结构、由简到繁的顺序、课内操作顺序、内容小结、知识融合、类比、刺激联想、学习者控制。该理论的倡导者们认为，在教学中，首先以最简形式呈现学习任务，然后通过刺激联想、类比、内容小结、知识融合等增添活动，能够收到理想的学习效果。实际上，增添就是在基本内容信息的基础上，以各种方式增加新的信息特征，丰富与完备相关学习内容信息并加深理解的过程，这一过程的有效程度就取决于对学习内容信息的有效增添程度。

在心理语言学领域的研究中，学者们对增添理论也产生了浓厚的兴趣，特别是在知识的习得和提取方面，研究人员发现增添在建立信息与提取信息上都有积极的促进作用。实验研究表明，人们在学习新的知识信息时，都会产生一些增添，增添的内容可能是“逻辑推理，对信息的连续，也可能是增加例子或细节，或任何足以连接信息的东西。”增添对知识的习得与提取的促进作用表现为：一方面，经过增添的材料信息有助于记忆，增添越多，学习者对学习材料的意义处理程度越深，越容易记忆，记得越牢固；另一方面，增添为信息提取提供了更多通道，增加了提取时进行选择的可能性，同时也提供了更多信息，能在提取过程中尽快建立答案。

增添理论无论是在教学设计，还是在心理语言学领域的研究中，都有着重要的地位和作用。有必要把增添这一理论概念引入英语词汇教学领域，探讨该理论在英语词汇教学中的指导作用。

对于英语词汇教学，传授者不能把它完全交给学习者自己完成，而必须教授和使用相关策略，促使学习者学习词汇。增添理论对英语词汇教学中传授者“教”的指导作用主要体现在“呈现”这一环节。

首先，在把目标词汇呈现给学习者之前，传授者必须考虑呈现的内容。

词汇教学的内容丰富多彩，除了单词的音、形、义之外，还包括其语法特征、语体色彩、语域限制以及多义性和词汇文化特征等信息。显然，词汇教学不应仅仅局限于对英语词汇的形式和其汉语对应词的掌握。只注重词形和词义的直接后果是学习者所获得的词汇知识信息不完备而影响词汇的储存(记忆)和以后的提取(运用)。

词汇知识在长时记忆中的组织被称为心理词汇(mental lexicon)或内部词汇(internal lexicon)，词汇知识在记忆里储存的方式以及如何被提取是心理词汇研究的中心问题。众多的研究者通过相关研究，提出了一些模型来解释其研究成果，其中，普遍认为目前最能反映心理词汇本质和最具解释力的是激活扩散模型，该模型的提出者认为词汇知识有三个不同层面的内容：概念层面(词形、词义等)、句法层面(词性、基本搭配要求等)和语音层面(包含词汇的音位特征和读音等)。理想的词汇知识就是以这样三个层面内容的比较完备的形式储存在记忆中。所以，要获得目标词汇知识在记忆中良好的储存效果，就需要拥有以上三个层面的知识信息，使其以比较完备的形式进入心理词汇。人们在学习新的知识信息时，往往产生增添。通过增添，建立新信息与已有知识结构信息的关联，从而不断丰富与完备相关学习内容的信息特征，达到更深的信息处理程度，以利于记忆。传授者在呈现了目标词汇的概念层面、句法层面和语音层面的信息以后，学习者就能从多个渠道实现增添：从单词的语音信息方面，通过类比等增添过程建立音感记忆；在概念层面，学习词形、意义，运用已有知识和常识，通过比较、联想、归类等增添活动，以同化或调节的方式，实现与已有知识的融合；句法层面的信息主要靠例句来呈现，通过学习包含目标词汇的例句，学习者可以直观地获得词汇的使用规则以及与其习惯性共现(常用搭配)的其他词项信息。

其次，要考虑呈现目标词汇的方式。

增添理论启示我们：要想使学习者获得比较完备的词汇知识，加深记忆并能在必要的时候迅速提取，就要在词汇教学的呈现环节下工夫，要从多个方面呈现目标词汇，增加学习者对目标词汇进行增添的渠道。通过多个渠道的增添，目标词汇也就以包含多个渠道信息的方式进入语义网络(心理词汇)，因而提取这些词汇时就更为便捷(无论是语音，或者概念，还是句法层面的信息都可能将目标词汇激活，从而顺利提取)。

在传统词汇教学过程中，词汇呈现大多以词汇表的方式进行，即依次或一次性呈现词形、音标、词性、汉语对等词或英语同义词、有关搭配或例句等，这种方式主要是在书面文字系统内向学习者呈现目标词汇。研究显示，呈现词汇项目时，配以视觉、听觉和句子语境的方式，能有效促进词汇教学。Chun 和 Plass(1996)指出，将词汇项目与不同类型的媒介联系起来，能增加记忆的可能性和回忆的线索，较之单一的编码方式，对词汇信息进行双重编码可以提供更多的恢复路径，有助于学习者在记忆中建构书面文字系统和视觉图像系统之间的联系来帮助工作记忆中信息的组织与处理，从而建立信息与长时记忆中心理模式内构成要素之间的关联。

呈现方式多样化对于低龄的英语初学者(中小学生)尤其重要，他们的认知发展水平和认知的复杂程度有限，更需要从多个渠道和途径触发其联想、类比、推理等增添机制，实现对目标词汇知识信息的有效增添。其一，多样化的呈现方式能给学习者提供多种感官的刺激，从而增强词汇教学活动的趣味性，使学习者保持学习兴趣；其二，间接缓解了对词汇学习的畏难心理情绪。

增添理论对学习者“学”有重要的指导作用。英语词汇学习成败的关键因素不在于传授者，而在于学习者个人。传授者无论采用何种有效的方法、技巧或策略呈现词汇、组织词汇教学，都只能是外因，真正起决定作用的内因则是学习者。所有这一切都与增添息息相关，即：学习者获得的有效增添能有力地促进英语词汇学习。

增添是一种内部的心理过程，往往是无意识的，可以采取相关策略，帮助学习者进行增添，并且经过大量的训练，可以使其自动化，把有意识的训练变为无意识的增添行为，培养学习者的信息增添策略和能力。学习者在接触新呈现的目标词汇以后，可以基于词汇信息，有意识地通过联想、类比、推理等过程，一方面建立各种联系，另一方面获得更加丰富的词汇信息。

2.2.9 连通理论与词汇学习和教学

2.2.9.1 连通主义理论的主要思想

连通主义理论（connectionist theory）开始于 20 世纪 80 年代末，以计算机网络模拟人的神经网络，并认为二语习得者的词汇信息分布在节点（node-link）织成的网络之中。随着语言输入的增加，语言形式和意义关系便建立起来，网络的连接力度也相应加强。信息节点将其联结起来，形成网络结构，节点之间的联系因被激活而加强，或因不被激活而弱化。在学习某种行为时，行为样本逐渐改变网络联系中的权重（weights）。权重的改变会在网络结构中蔓延传播。已经学会的行为与网络联系中的某一权重分布形式相对应，而与网络结构本身固有的形式无关。学习的过程就是逐渐改变网络联系权重的过程，而不是建立抽象的规则。

根据这一理论，语言学习者会注意到语言输入中反复出现的现象（regularities），能够据此抽绎出概率形式（probabilistic patterns），即具有一定概括性的规律。这些概率形式因反复被激活而逐步得到强化，语言习得因此而发生。用于解释语言习得过程，连接论强调一般的学习原则，学习语言不需要专门的特殊学习能力，与其他技能的学习没有真正的区别。跟静态描述语言能力的普遍语法模式相比，连接论研究动态的语言习得过程，与现实中的语言习得和使用过程十分接近，更适于解释二语习得。这点充分解释了“语感”、“习得”（acquisition）与“学得”（learning）的区分，尤其合理地解释了二语习得过程中的知识迁移现象。

连接论能够解释我们通常所说的语感。语感实质上就是一种概率形式（即概括性大小不一的语言规律），是在接触大量语言素材（包括语言形式及其使用语境之间的联系）的过程中发展起来的。我们的语言知识多半以这种概率形式存在，使创造性的语言运用成为可能。外语教学中强调多听多读多说多写，配以情景，实际上就是通过语言接触量和频率去强化外语概率形式，不仅学会语言形式，而且不断储存语言形式以外的相关信息，提高语言使用的准确率和迅速判断语言正确使用的能力。

连接论在一定程度上支持 Krashen 对“习得”（acquisition）与“学得”（learning）的区分。“习得”是调动人脑中的语言学习能力，无意识地学会使用语言；“学得”指有意识地通过学习语言的规则和形式去获取语言知识。只有“习得”到的语言知识才导致语言的运用，“学得”的语言知识只能帮助人们有意识地监察说出来的话语是否正确。根据连接论，“学得”的规则若无足够的语言数据支持（即没有大量的语言接触），仅懂得一些语法“规则”，是难以建立起概率形式的，使用起来不会流利顺畅。“习得”语言因有语言数据和与之相关语境的支持，在大量接触和运用语言的基础上自然冒出概率形式，语言使用起来理应流利。但是，“学得”的知识只要是来自目的语，就应有助于建立语言概率形式，大量的这种输入应可转换成“习得”知识，而不应像Krashen所认为的那样，“学得”的知识不能向“习得”的知识转换。

连接论的最大长处是能够合理地解释二语习得中的母语迁移现象。连接论解释学习过程的一个基本出发点，是连接网络根据已经储存的先前经历，对新输入的信息进行类比，然后做出反应。母语习得跟二语习得的最大差异，是二语习得之前大脑中已经存在母语体系，已建立起一整套联想形式。它既是学习外语可利用的“语料库”，也是干扰二语学习的根源。学习者总是不可避免地要将当前的二语习得任务跟先前的语言学习经历进行类比，因而激活母语中的概率形式，在母语结构类别的基础上建立二语结构类别。以英语为本族语的儿童，在习得母语的某个阶段会出现comed，goed这类泛化错误，可视为儿童在掌握规则动词之后，由于规则动词的形式出现的频率高，范围广，产生群体效应，不断增强-ed动词在神经网络结构中的权重分布，造成儿童将不规则动词规则化。这种泛化现象发生在同一语言体系里。虽然二语学习者在掌握足够的二语之后也会采用类似于儿童习得母语的方式，但是，受母语强大体系和学习类比方式的影响，二语习得的主要学习方式跟母语习得的学习方式一开始就不同，前者倾向于采用在母语基础上进行扩展的方式，后者采用创新的方式，这可从连接论的语言习得观中得到印证。

2.2.9.2 PDP网络模型

现代连通主义理论领域取得的最重要的成果是Rumelhart和McClelland(1986)等人对并行分布加工系统(parallel distributed processing)或神经网络模型(neural network modeling)所做的研究。神经网络由许多分层排列且相互连接的单元(units)交织而成。网络中的单元通常划分为三种：输入单元(input)、输出单元(output)和隐含单元(hidden)。输入单元相当于感觉神经元，主要接受它将要处理的信息。输出单元相当于运动神经元，用来显示处理结果。隐含单元是介于输入和输出之间的其他神经元。每个输入单元都携带一个表示外部世界某种特征的激活值(activation value)。输入单元把该激活值传递给与之相连的隐含单元。每个隐含单元根据从输入单元接受到的激活值计算出自己的激活值。该信号传递给输出单元或另外一层隐含单元。这些隐含单元同样计算出它们的激活值，然后传递给它们的邻域。输入单元的信号一直通过网络进行传播，最终所有输出单元的激活值都得以确定。

例如，Rumelhart和McClelland开创性地运用了PDP网络模型，输入一个英语动词的原形(walk)，网络输出它的简单过去式(walked)。经过反复的匹配学习，网络可以记住这种匹配关系，当输入一个新动词时，能够可靠地生成动词的过去式。网络把每一次输入作为学习的经历储存起来，能跟后续的输入进行类比，影响后面的行为表现。在这样的网络模式里，同一表征既储存学习经历又加工新输入，网络加工过的每一次输入都对现存的权重分布形式起到一定的修改作用，影响对后来输入的反应。这意味着，只要有输入，学习就不会间断。

2.2.9.3 连通主义的词汇观

连通理论是通过计算机模拟人的神经网络，这个网络是由相互关联的命题构成的节点结构，从而可以相互影响整体词汇能力。不同于Chomsky的普遍语法模式，连通主义理论认为语言的规则以概率形式存在。“新知识与现有知识网络连接起来，旧知识对应到网络中的链接点，于是可以长时间的储存在大脑里，再次被激活的概率就相应变大了。”(王明初，2001)

1. 有关词汇错误

第二语言的词汇是理解和使用第二语言的基本单位，过去的许多调查研究都表明其重要性，并认为词汇错误造成了第二语言交际的主要障碍，产生大量的语言使用错误。因此长期以来，外语教师都把注意力集中在纠正学生单个词汇的拼写正误和语义理解上，甚至于不同语境下词语使用的正确性。结果，造成了学生不能顺利地进行词汇的交际功能，造成误解和沟通障碍。

但是从连通主义理论的网络结构来看，分布在网络中某个节点部分被损坏，不影响整个网络的发展。因为词汇的存在不是孤立的，在概念上是与其他相关的词汇紧密联系的，于是可以向我们展示出词汇知识的连接性，即一个语义节点可以激活相连的几个节点，于是人们可以把相关的许多单词联想出来。比如当听到"banana"时，学习者脑中会联想出相应的许多水果类词汇，但是与之毫无联系的人的衣着类词语就会被抑制。

2. 语言使用的流利性

词汇的存在不是单个孤立的，它的语义也不会脱离语境而存在的。连通理论认为，大脑在记忆单词的过程中，经过处理和辨认它与其他已知词语的联系，构成词语块进行储存。因此 Ellis(1999)认为，"如果要想准确流利地使用语言，说话人在使用语言时，就必须提取先前被人使用过或者被自己使用过的言语，句法规则反而成为次要部分。" Lewis(1993)认为一个词的使用受它的搭配围限制。所以教师应该加强学生词汇搭配能力的提高，构建词汇间的关系是一种深层次的处理词汇意义的过程，精确的定位词汇的语义，从而实现学生语言使用的流利性。

3. 隐性知识和显性知识

Ellis(1994)认为第二语言词汇的组织原则包括两类知识：隐性知识(implicit knowledge)和显性知识(explicit knowledge)。所谓"隐性知识"指的是难为人觉察的自动行为。学习者对词项进行编码(输出)和解码(输入)时依据的就是这种知识。"显性知识"则指有意识的大脑活动，其使用还需要其他多种知识。人们具有的各种经验(包括具体的和抽象的)借此得以编码。Ellis(1994：226-227)认为，词汇(包括母语和第二语言)的隐性知识是以局部独立的方式储存的，而词汇的显性知识则是局部连接的。总的来看，个体词项的语义结构信息是分布在两种知识之中的。

2.2.9.4　连通主义对词汇学习和教学的启示

从连通网络角度看，连接、意义和学习等概念是相互交织的。没有意义或连接，学习也无从谈起。学习过程实际就是记忆的过程，即通过连接关系的一系列改变来记住词汇信息加工激活的路径。所以我们根据节点的连接关系就可获得有关意义的信息。基于连通主义的这种思想，Henricksen(1999：303-318)对词汇的形成和发展过程进行了新的诠释。他认为，词汇的发展过程就是不断增加词的特征映射的过程。该过程分为"语义化"(semantization)和"打包"(packaging)两种形式。所谓"语义化"指的是意义向形式的映射，即"连接"(binding)过程。(Terrell，1986)通过这一过程某一连接可以得到加强或延伸。例如，学习者可先把两个词联系在一起，然后再拓展到第三个词；过度概括(overgeneralization)也能促成一个词与另外一些词的连接。"打包"则是指更深一层的映射方式，即增加一个词的语用、社会、语境和隐喻特征。

要做到这一点，教师一般可以采取以下几种措施。

1. 提供足够的语言输入

在学习的早期阶段就应给学生提供真实的语言材料，为学生接触丰富的语境化的自然语言创造机会。如果输入数量足够，“学得”的词汇知识就会向“习得”转化。“习得”利用的是人脑中的语言学习能力，在实际交际之中理解话语含义，无意识地学会使用语言。所以人在接受了大量语言输入及相关语境信息后就能把“习得”的语言知识自然而恰当地运用到交际中。

教师在一节课中所传授的大量的词汇不一定要求学生立时具有听、说、读、写、译全部能力。只要学生能做到部分认读单词，部分认知单词就可以。教师在接下来的教学中应不断增加已传授词汇的出现频率。使学生逐渐把认读词汇转化为认知词汇。一节课输入 50 个词汇要比输入 25 个词汇好。由于“学得”词汇在很多情况下运用起来缺乏自然语言应有的流畅性。但“学得”的知识如果来自目的语，大量的这类输入也可转成“习得”知识。（王初明，2001）

所以教师可以选些来自于目的语的杂志、报纸或改动较小的英文原文作为语言材料讲授。切记要想获得有效的词汇教学效果，教师应提供足量的语言输入。

2. 增加一个词的语用、社会、语境和隐喻特征

有些词汇一词多义，表义酷似相同，用法却大相径庭。每遇到这类词汇，教师就应帮助学生细细推敲，字字抠准。

如 sound 这个词，作为及物动词使用时有几种不同的释义，即有“宣扬”又有“试探”之意。They sounded him praises 和 They sounded him about a question，一个是“到处夸奖他”，另一个是“试探他对一个问题的看法”。The Birmingham Political Union deputed Collins to sound the opinions of the radical party and he made an extensive tour for that purpose.（伯明翰政治联合会指派柯林斯去探测激进派的意见，为此目的，他旅行了许多地方。）这里的 sound 是“探测”而非“宣扬”。再如，A Fleet Street cynic discounted the story（英国报界冷嘲热讽的手法使这篇报道大打折扣。）教师应向学生介绍伦敦的 Fleet Street 以报馆集中而著称，所以这个词汇可以延伸为伦敦报界，而非“舰队街”。以上例句说明教师在讲授词汇时还要对某些特定词汇的语用、隐喻特征加以解释。有些单词放在一个简单句子中去理解还是不够，必须把它（或它们）放在更大的语境中，才能更好地理解其意义。

3. 巧妙恰当的实现新旧知识的“连接”

一般说来，随着学习的不断深入，所学单词可以激活的节点就会相应增多，它自然就会嵌入到节点织成的网络中，从而形成了知识加工所需要的最佳神经网络。教师应根据学生的记忆特点，及时调整他们的记忆策略，使他们充分利用自己的经验和知识加速词汇的学习过程。教师指派学生完成的任务应促使学生对语言进行深度分析和加工，以把处理后的信息保留在长期记忆之中。教师应指导学生把新学的知识合并到已知旧信息中。教师可以从相关语境中选择外语单词，解释它们与学过的旧词之间的联系。除了展示新信息，教师应提供一切可能的机会将学过的词语恰当地运用到新的搭配中，加深学生新旧知识连接的练习包括：整理有关词表，对其进行重新分类；指导学生不断增加词汇的语义特征映射；给出一个词的派生词，词性变化，同义词和反义词来扩展学生的词汇知识。

4. 把接受词汇变成产出词汇

词汇知识包括两种可能，对词义的识别能力和使用词语的能力。教师应引导学生将所学

的词汇应用到交际之中。例如：学过 adjust（调节，改变……以适应）一词后，让学生学会说 I will adjust myself to the life of the college soon。学过 chart（图，图表），让学生造句 The chart shows that the prices have fallen。为了促进词与词的连接，教师甚至可以强迫学生使用略微超出其现有语言水平的语句。在这一阶段，要强化学生对词的理解程度，使之能对词的概念意义范围（如多义词、同义词、语体、语域、可能的搭配等）加以正确区分和使用。要获得自然语言所应有的流畅性，必须训练学生提取外语词的能力，使他们不断激活和强化自己的输入和输出渠道。

2.3　中西文化差异对词汇学习和教学的促进作用

词汇是文化的载体，它与文化之间有着密不可分的关系。美国杰出的语言学家 E. Sapir 认为："文化是社会所做的和所想的，语言是思想的具体形成。"（转引自胡文仲，1994：88-96）语言与文化是密不可分的。一方面，语言是文化的一个组成部分，又是文化的载体，是"反映民族文化的一面镜子"，语言不能超越文化而存在；另一方面，文化的传授和传播必须借助于语言。语言受文化的影响，反过来又对文化施加影响。而语言中的词汇同样与文化密切相关。民族文化最明显地表现在其语言的词汇平面上，因为一定的民族文化现象必须由一批词来表示。但是，长期以来，对词汇的文化因素更缺乏足够、普遍的重视，这就造成了许多学习者词汇理解及使用上的偏差，影响了跨文化交际能力的提高。为了提高教育对象的英语学科素养，每位英语教师都有责任和义务，在传授英语知识和培养英语技能的同时，发挥英语学科多方面的教育功能，特别是要对学生进行英语国家的文化教育。

2.3.1　文化词汇的意义比较

文化词汇是指特定文化范畴的词汇，它是民族文化在语言词汇中直接或间接的反映。文化词汇本身载有明确的民族文化信息，并且隐含着深层次的民族文化含义。它与民族文化，包括物质文化、制度文化和心理文化有各种关系，有的是该文化的直接反映，有的是间接反映，有的和各种文化存在着渊源关系。英语和汉语中，我们不难发现许多相同或相似的表达。另外，我们还应意识到英汉词汇丰富的文化内涵，使其在许多方面存在着不对应现象。

1. 词语的文化内涵不同导致词汇空缺现象

在不同民族的文化中，词汇空缺的现象十分普遍，在翻译、阅读中常会碰到这类词——即只在一种文化中存在，在另一种文化中并不存在的词。这些词语有的源于对客观世界的认识的不同，有的源于社会生活的不同。

汉语中的"高见、大作及愚见、拙作、鄙人"等在英语中也很难找到等同的表达方式。再比如：蚕（silkworm）产于中国，吐出的丝很早就被人们织成了丝织品，深受外国人的喜爱，"丝绸之路"早就闻名于世。中国的蚕文化源远流长。"春蚕到死丝方尽，蜡炬成灰泪始干"，这句诗高度颂扬了蚕的奉献精神。蚕的这一特定的文化内涵深深地刻印在中国人的心里，打上了不可磨灭的文化烙印。可 silkworm 在英国人的眼里充其量只不过是一只小虫，人们的言语里也很难见到有关蚕的词汇。汉语中的“干部”一词与英语中的 carder，official，administrator 等存在一些语义差异,不能完全对应。又如,汉语中的“笔”在英语中是找不到一个对等词的,它是钢笔、毛笔、铅笔、圆珠笔、蜡笔等的概括词,大致相当于英语中的 writing instrument;若译为 pen 则是不确切的。

英语中有些词汇在汉语中也找不到完全对应的词汇。例如:英语中的 American house(美国梦),指美国标榜的立国精神,人人自由和机会均等;halfway house(中途的房子),指康复医院;Pink Lady(红粉佳人),指一种鸡尾酒名等等。服务员热情招待外宾,外宾说“Thank you”后,有人会说:“这是我应该做的”。如果把这句话表达为“It's my duty”,就会含有下列意思:服务员本人并不想这么做,但这是她的职责,所以不得不做。这与汉语所表达的原意有很大出入。适当的回答是“I'm glad to help you”或“It's a pleasure”表示“我很乐意为您效劳”之类的客套话。再如,英语“The lady went up the aisle with one man and came back with another.”一句,意为“这位女士同一个男人走上了礼坛,却同另一个男人走了回来。”它蕴涵着西方文化中的婚礼习俗,即新娘由父亲带着走上婚礼的神坛,然后交给新郎。如若不懂西方这种婚礼习俗,就无法理解,还真以为这位新娘片刻换了郎君呢!同样,cowboy 这个词是美国西部文化特有的产物,在美国人心目中的文化形象是:无拘无束、独来独往、我行我素的浪漫性格。在汉语中把 cowboy 译为“牧童”或“牛仔”,反映不出这种意义。Hippie 按译音为“希比士”或“嬉皮士”反映不出六七十年代那些行为古怪的美国青年的特点。他们并不是嬉皮笑脸的人,当中不少人对待社会问题还很严肃,只是生活与众不同,要反映其真正意义只能加解释说明了。

2. 词语的联想和文化意象差异导致语义不同

词义的联想和文化意象差异实际上属于“文化信息”差异(cultural information gap)。具体反映在词汇的比喻与联想意义(reflective meaning)和社会文化意义(social meaning)的不对应上。尤以表达动物、数字和颜色的词最有代表性。

Owl 在英语中没有不好的内涵意义,相反可以说 as wise as an owl,但在汉语中“猫头鹰”常表示不吉利,具有了另一种文化内涵。再譬如,汉语中人们常说“宁为鸡首,勿为牛后”;英语则用了不同的动物词汇来表达相同的意思:Better be the head of a donkey than the tail of a horse。再譬如“非驴非马”(Neither fish nor fowl),“狗改不了吃屎”(You cannot make a crab walk straight),“害群之马”(black sheep),“瓮中之鳖”(a rat in a bole)等。

再看数字词。13 在西方语言中普遍认为是不吉祥的数字,以为这个数字与犹大出卖耶稣,耶稣受难相联系。人们通常避开 13 这个数字,在旅行时有其避开 13 号星期五,订婚结婚也避开 13 号,有的写字楼、酒店不设 13 层,避开 13 号作为房间号码。由于受西方文化的影响,在日本《铁臂阿童木》中,世纪末日定在 13 日 13 点 3 分 3 秒。而在中国文化中,由于 8 和“发”在粤语里谐音,因此不少香港人认为 8 是一个吉祥的数字。经 20 世纪 80 年代以后影视媒体的渲染,加上在普通话和绝大多数汉语方言里都有这种谐音,因此,现在在广东地区以外的许多华人也有相似的联想:8 表示“发”。对于英语国家人来说,eight 只是一个数字而已,并没有特殊的内涵。

英语中的颜色词也颇具特色。汉文化中的红色喜庆吉祥,而美国历史上却出现过“red scare”;汉语说“眼红,嫉妒”,对应的英语表达是“be green with envy,green-eyed”;blue(蓝色)英语里面常用来喻指忧愁、苦闷的,还喻指“黄色的”、“下流的”,如“a blue film”指“黄色电影”,“a blue joke”指“一个下流的玩笑”。类似的词还有:blue 蓝,blue-mood(美)沮丧的、忧郁的;red 红,red-faced(美)不好意思、难为情、困窘,in the red(美)亏损、负债、赤字;white 白,a white lie(美)不怀恶意的谎言;black 黑,in a black(美)经营一项企业盈利;yellow 黄,yellow journalism(美)不择手段地夸张沉浸以招揽或影响读者的黄色新闻编辑作风,a yellow-dog(美)可鄙的人,卑鄙的人,a yellow livered(美)胆小鬼。

3.词汇的语义和文化内涵的不等值

(1)概念意义不同 概念意义是词的基本意义,它是抽象的,与客观事物不发生直接的联系。概念意义是交际的核心因素,不正确理解词的概念意义,就会引起交际冲突。如英语中 uncle 一词对应汉语中的“伯父”、“叔父”、“姑父”、“舅父”和“姨父”,aunt 一词对应汉语中的“伯母”、“婶母”、“姑母”、“舅母”和“姨母”等。如 family,通常是指父母和子女组成两代人的家庭,而汉语对应词“家庭”则包括祖父母或外祖父母在内的三代人,甚至四代人的家庭,如此等等。

四面濒海的英国自古以来重视航海事业,形成了航海文明,在航海中产生的比喻极多,例如:Tell that to the marines(那事可讲给鱼儿听,意为“哪有那样的事”)、odd fish(奇怪的鱼,意为“怪物”)、big fish(大鱼,意为“大人物”)、shy fish(害羞的鱼,意为“腼腆的人”)、cold fish(冷酷的人),dull fish(呆笨的人),fish wife(渔妇,意为“骂街的泼妇”)之说。另外,sharks 在英国随处可见,其对人的威胁程度难以言表,由此产生 a shark(狡猾的商人),to shark for living(以诈骗为生)等习语。而对于华夏文化来说这些都显得难以理解。

(2)内涵意义不同 内涵意义是超出概念意义以外的意义,往往与客观事物的本性和特点有联系。比如,由于受“征服自然”的宇宙观的影响,西方的价值取向是以个体主义为主,提倡“独立自主”,尊重个人权力、个性自由、崇尚平等和民主。在这种文化背景下,产生了对诸如 individualism(个人主义)一词的不同理解。按照中国人的观念,所谓的个人主义就是“selfish”(自私自利),“self-centered”(以自我为中心),是个彻头彻尾的贬义词,而在英语中的“individualism”,则意味着“in-dependence”(独立),“self-reliance”(自立),“originality”(创新)。汉语的“宣传”为中性,而 propaganda 是贬义,有“造谣惑众”之义;“自由主义”、“经验主义”在中国是反对之列的东西,而在英语中 liberalism,empiricism 却无贬义色彩。

同一个词在两种文化中的内涵可以说是南辕北辙,大相径庭。如 daffodil,汉语里是“黄水仙”,仅仅是一种花,但在英语里它是春天、欢乐的象征。一些文学家、诗人都以 daffodil 来描写春天以及春天所带来的欢愉的心情。再如玫瑰(rose),在中西文化中都象征爱情,但在英语成语 under the rose 却表示保守秘密和保持沉默的意思,这反映了在会议桌上方悬挂玫瑰花意味着所有与会人员必须保守秘密的古老习惯。英语中的 mushroom,常被学生用来表达“雨后春笋”之意。殊不知尽管 mushroom 和“春笋”都表示数量多,生长迅速,但 mushroom 往往同时含有灭亡、消失也迅速之意。英语中有 mushroom fame(突然而来的名誉,一夜之间形成的名声),a mushroom millionaire(暴发户)等说法。

不探究文化内涵,只求表面相似,往往会导致文化误解的情况。譬如,英语中有 to eat one's words,而中文也有“自食其言”的说法。从字面意思来看,两者简直毫无二致。然而事实上,to eat one's words 指的是“收回前言,道歉认错”的意思。又如,Tom was an apple polisher. 不了解 apple polisher 文化背景的人很有可能将其理解为“擦苹果的人”。事实上,apple polisher 一词源于美国校园文化。以前,小学生上学的时候,都不忘给老师带去一个苹果。功课不好的学生,总是把苹果擦得亮亮的,期望老师看到苹果,高抬贵手,放他一马。故此,该短语意指刻意讨好上司的人，同汉语的“马屁精”意思相近。类似的例子还有很多，如 pull my leg，很多学生会把它理解成“拖后腿”，而它的实际意义却是“开玩笑”，相当于 kidding me。再如，a big idea，学生会理解为“一个伟大的想法”，可事实概念却刚好相反，指的是“不切实际的想法或计划”。

(3)搭配意义不同　搭配意义主要是指词与词之间的横向组合关系，搭配往往也是约定俗成的，不能用母语的搭配规律套用到英语中。如：汉语中的“红茶”在英语中应用“black tea”；英语中的“black coffee”在汉语则是“浓咖啡”；汉语中的“浓茶”在英语中则是“strong tea”。汉语中的“自由恋爱”意为不受父母包办干涉的自由式恋爱，而英语中的“free love”则是“泛爱、滥爱”之意，指未经合法结婚的自由同居。

2.3.2 词汇文化导入的策略

外语词汇的教学方法，可以根据不同的教学目的、不同的教学层次，采取不同的方法，但所有的方法都必须遵循文化教学原则。只有在教授概念的同时，执意文化的导入，使文化与词汇教学同步、互补，才能提高学生的语言交际能力。

2.3.2.1 同步阐释法

要善于挖掘教材中的文化因素。具体到词汇教学层面，注重词汇比喻意义，注重词汇搭配结构，注重词汇习语和谚语，注重词汇的情感意义，注重词汇的演变意义和新词的产生机制，都是拓宽和深化课堂教学的途径和内容。但在使用这一方法时，对教师本身的语言知识和文化造诣提出了较高的要求，需要教师具有广博的文化知识、扎实的语言知识和敏锐的跨文化意识。

2.3.2.2 情景交融法

让学生积极融入到教师的教学活动中来。结合教学内容让学生改编对话进行表演，使学生身临其境的感受语言和文化，同时注意其中有意义的文化细节，提高对文化的敏感性和意识，以提高学生的文化意识和文化修养为主，了解西方人的价值观以及他们思考问题的方式等。

2.3.2.3 对比法

教师在教学中应当把英汉两种语言进行适当的比较，只有通过对比，才能发现学生母语语言结构与文化之间的异同，从而获得跨文化交际的文化敏感性。中西文化差异的比较的途径之一就是让学生利用多种渠道、多种手段，吸收和体验异国文化。其次，教师也可以收集一些英语国家的物品和图片，让学生了解外国艺术、历史和风土人情；运用英语电影、电视、幻灯、录像等资料给学生直观的感受，使学生对英语的实际使用耳濡目染。

2.3.2.4 网络自主学习法

网络教学环境下，学生必须学会自主治学。立体的教材体系，丰富的网络教学资源，多媒体的输入渠道等都给文化学习提供了便利。学生从虚拟的网络世界里很容易获取视觉、听觉、感官上的信号刺激。课堂教学也因此得以拓展和延伸。都师应鼓励学生上网查询英语词汇所包含的文化信息，督促学生上网观看英语视频素材，反复聆听英语音频素材，认真阅读英语文化以及词汇文化的文字资料，引导学生通过电子邮件、语音聊天、视频聊天、英文笔友等形式主动调查研究英语词汇教学中的文化因素，从而达到促教学、促学习的目的。

2.4　语料库在词汇教学中的应用实践探索

2.4.1　语料库应用的理论基础

1. 建构主义

建构主义者 Cunningham(1999)认为,"学习是建构内在的心理表征的过程,学习者并不是把知识从外界搬到记忆中,而是以已有的经验为基础,通过与外界的相互作用来建构新的理解"。学习要建构关于事物及其过程的表征,但它并不是外界的直接翻版,而是通过已有的认知结构(包括原有知识经验和认知策略)对新信息进行加工而建构成的。词汇学习需要所学新词汇在各种不同的语篇上下文中反复出现,词汇以高频率且富于变化的强度在不同的上下文中呈现则可以导致大量的词汇再认知。解决这一问题的关键就是有目的、有指导、有计划地将学习者刚接触的词汇在丰富的上下文语境中集中出现,即通过精心设计的听力或阅读任务来拓展学习者的词汇,使词汇认知变成一种有意义的学习,从而完成词汇意义的建构。

在基于语料库的词汇学习中,学习者不是被动地接受来自教师和课本的信息,而是通过自己对大量真实语料的观察、分析、归纳和领悟来构建语言知识。把语料库引入课堂,便给学生提供了从自身的经验背景出发,主动建构知识的机会,使学生成为教学过程中的主体。照主题分类、意义中心和形式多样的原则尽可能为学习者提供全方位、多层次、多渠道、多形式的词块语料输入,增加学习者接触和运用目标词汇的机会。根据学习者心里词汇的存储、组织与激活的特点和规律,遵循频数效应、近现效应、复现效应和同现效应等原则设计和呈现真实语料,可以确保词汇习得成功的最低词汇复现率。(黄若妤,2006)同时,无论是视觉材料(如图像、视频录像、图表图形等)、声音材料还是文本材料的呈现只要符合学习者认知学习规律,在时间上使图文、音像和动画同步呈现,使学习材料的呈现呈时空相连、内容反复循环的递进上升趋势,以保证目的语材料在量和度上适当的重复,就能够促进有意义的词汇学习。

2. 认知图式

认知语言学认为,图式是人脑中一种抽象的、结构化和系统化的知识表征,图式可以被看做是语义记忆的一种结构,是"人们用已有的结构来记住新资料的一种方法"。(桂诗春,2003)词汇习得过程也就是词汇知识图式的不断建构和重构过程。因此教师要充分利用图式知识和图式认知模式帮助学习者提高词汇习得效果。譬如,教师可以引导学习者根据目标词汇所属的不同类型图式如自然范畴、事件、文本结构、专门领域知识以及计划和策略等图式进行优化输入和储存。事实上,教师即使有意在词汇教学中贯彻图式知识策略,或引导学习者对所学词汇进行分类组织整理,建构新词汇与旧知识结构之间的意义联系,以优化词汇的输入、储存和提取,也往往由于实践操作中使用传统方式进行词汇分类组织和整理费时低效,而导致最终无法真正实施。而语料库特有的语境共现功能能够在相对同质的大量语料中反复呈现不同语境里的同一种语言现象,从而帮助学习者构建对该语言的认知图式。

3. 人本主义

利用语料库设计的语境共现卡片、多媒体课件等教学工具和丰富多彩的教学活动,可以激发学生的学习兴趣,鼓励学生积极地参与课堂活动,有利于培养学生的学习能力、认知策略和积极的情感因素,符合人本主义的思想。掌握了语料库这一强大的工具和方法,学生不必过分依赖教师和教材,可以随时随地进行自主学习。

2.4.2 国内外语料库介绍

最早(1964 年创建)的美国布朗大学的布朗语料库(Brown Corpus),容量为 100 万词。Lob Corpus 则汇集 100 万词次的英国书面英语。20 世纪 90 年代集有 1 亿词次的英国国家语料库(BNC,含 9 千万书面语和 1 千万口语)已经问世。这三大经典语料库为现代语料库语言学奠定了基础,因为它们有目的、有系统地收集大量现实生活中使用的书面语和口语,并使用先进的电脑科技手段进行储存和检索,从此将语言研究建立在一个博大、真实可靠的语料基础上。

20 世纪 80 年代到 90 年代是语料库语言学发展的第二阶段,各国纷纷建立起自己的语料库并且开始建立国际性的语料库。Greenbaum 主持建立了国际英语语料库 International Corpus of English。它汇集了全球 20 多个国家和地区的英语语料。20 世纪 80 年代上海交大以杨惠中教授为首组建的我国第一个语料库——JDEST 语料库(科技英语语料库),容量为 300 万词。同一时期还有 50 万词次的广州石油大学石油英语语料。上海交通大学建立的 CLEC 语料库(大学英语学习者语料库)收集了约 110 万词次的学生作文,为研究学生英语的特点和问题提供了真实可靠的信息。

20 世纪 90 年代中期以来是语料库语言学发展的第三阶段。在该阶段,语料库的规模不断增大,且语种不断增加,对语料库进行了更深入的研究,并且语料库被广泛应用到与语言相关的各个领域。21 世纪初已通过因特网检索的在线语料库(WEBCORP)达到了 10 亿～15 亿词次。

下面推荐几个比较适合学生英语词汇学习的免费在线语料库资源和工具。如:

BNC ViewSearch(http://corpus. byu. edu/BNC/)

Sketch Engine(http://www. sketchengine. co uk/auth/)

British National Corpus(http://www. natcorp. ox. ac. uk/)

MICASE(http://www. hti. umich. edu/m/micase/)

Just the Word(http://193. 133. 140. 102/JustThe word)

2.4.3 具体应用类型

语料库的语例虽然一行行"没头没尾",但凸显了词语的使用语境。学生一旦适应了这种语例的阅读,就很容易从语境共现中推测词语的基本意思,以及词语的语法特征,常见搭配,多种含义,相关习语,比喻用法,文体特征以及隐含意义等。下面从几个方面分析语料库对英语词汇教学的作用。

1. 总结词的语法形式,建立类连接

学者对类连接的表述各有不同。Mitchell 认为,类连接指的是语法范畴的结合,是关于句法结构的表述。卫乃兴(2002)则指出,类连接是指词语搭配发生于其间的句法结构或框架。濮建忠(2003)对该术语的讨论是"与词的使用直接相关的语法范畴或语法词(特别是介词)建立起来的语法形式”;“类连接是用来表示一个或一类词所处的语法特征的”,用它来描述词的语法形式(grammatical patterns),并为英语教学研究服务。如,以 need 为节点词,跨距为－5/＋5,在 Brown 语料库中查找该词出现的例句并讨论该词的语法形式。该词在 Brown 语料库中共出现 356 次,因为该词的词义较为单一,而词性有三种:noun,verb,modal verb。need 作为动词的使用频率最高,接近总例句的一半(169 个例句),其中 V＋N/PRON 结构有 118 句,V＋to-v 结构有 49 句,V＋to-ing 结构有 2 句。可以看出,need 作为动词时,后跟名词使用的频率较高,其次是动词不定式。

2. 了解词的语义特征,构建语义韵(Semantic prosody)

语义韵是指关键词项的典型搭配词在其语境中营造的语义氛围(Sinclair,1991)。当节点词习惯性地吸引某一类具有相同或相似语义特点的词项,频繁地与之共现时,就可能形成语义韵。Stubbs(1996)把语义韵分为消极语义韵,积极语义韵和中性语义韵。语义韵往往是不能靠直觉准确判断出来的,它只能从以现代信息技术为支持的语料库语言学研究中得以定性和定量的分析中总结出来。Richard Xiao,Tony McEnery 的研究发现,在 287 例 cause 用作动词的句子中,223 例具有消极语义韵,56 例是中性的,只有 8 例是积极的。和它搭配的名词主要是 damage,problems,pain,disease,distress,trouble,concern,degradation,pollution,suffering,anxiety,death 之类的词语。

3. 掌握词的语域特征

语域是人们在实际的语言活动中,出于交际的需要,或因其所从事的职业和兴趣相异,或因其话语发生的情景、说话的对象、地点和话题的不同而产生的一种言语变体,体现为语言中的不同语体风格、用语格调等。词在不同的语域中往往会呈现出不同的分布特征,所以统计它们不同语域中的频率差异,有助于在文体层面上学习词汇。

4. 掌握词汇搭配

词语搭配是基于语料库的词汇研究中最为活跃的领域,处于语料库语言学的中心地位。搭配(collocation)是词语经常一起使用的方式。在这里,“经常”(regularly)的含义是词汇项目在文本里反复共现(同时出现),体现出一定的典型性,而不是一种可能性。通过词语搭配研究,我们可以获得限制词语如何同时使用的一些规则。Halliday(1976)指出,语言学习中发生的许多错误最好从搭配角度加以解释;可以通过介绍词项及其习惯性语境学习词语搭配。从某种意义上来说,掌握一个词的搭配词比掌握它的词典释义更为重要。学习者通过了解搭配,可以产生更合乎本族语习惯的语言。Bahns(1993)主张用对比方法进行词语搭配学习。他认为,对外语学习者搭配能力发展造成主要障碍的并不是英语中存在着的大量词语搭配,而是第一语言和英语之间的搭配区别。

人们实际使用语言的过程中,词项并非随意组合出现,例如:哪些前置词与特定动词同时出现,哪些动词与有关名词同时出现等等。如我们通常用 a high probability,a good chance;do 与 damage,duty 以及 wrong 等搭配而不与 trouble,noise 和 excuse 搭配。因此我们说 do a lot of damage,do one's duty,do wrong,以及 make trouble,make a lot of noise,make an excuse。

从语料库中发现的大量实例表明,学习者往往按母语的规则来组合单词,而这些组合却是不合本族语习惯的。以 knowledge 一词为例,在 CLEC 中,学生常用的搭配词是 learn,study。但在 BROWN 中,这两个词一次也没有出现,本族语者常用的搭配词是 acquire,gain。

2.4.4 KWIC(关键词检索)在课堂中的应用

目前通过KWIC检索语料库我们主要可以通过“课堂词语索引”(classroom concordance)和“关键词屏蔽猜测”两种方式来进行词汇教学。

课堂词语索引就是在课堂上通过语料库检索软件给出所学词语的语境共现索引,然后根据该词的前后搭配,让学生来分析、归纳单词的意义和用法,包括上文所提到的固定搭配、半固定搭配、词块、语义韵等等。例如,我们可以通过KWIC检索“question”作为动词的共现语境,然后让学生来归纳其意义和用法:

rushed from place to place, questioned, insulted, shouted at, given

Both also were questioned about past actions that could

if rabid anti-Semites questioned the rights of Jews

My mother never questioned what I was doing, as long

“关键词屏蔽猜测”教学法,就是隐去位于索引中间的关键词语,让学生猜测并填充。这种方法可以训练学生的根据上下文猜词的能力,也可以培养学生的分析归纳能力,学生通过这种练习无疑可以培养一种搭配意识和语境意识,提高辨别固定词组、半固定词组以及词块的识别能力。如要考查学生对一组同义词 specially 和 especially 的区分,就可以是一次性地检索这两个(多个)目标词,使其语境共现出现语例混合的界面,或者是将检索结果分类并有意打乱、编序,然后删除用不上的语例,最后再隐藏目标词便可以制成一份语境填空的测试题。

例如:通过观察上下文的意思在空格里填入 specially 或者 especially.

(1)They are all very thoughtful and considerate; __ if I give them a hint.

(2)This table is always very attractive, you know, __ to gentlemen.

(3)I was __ impressed by the gentlemen.

本章参考文献

Bahns, J. Lexical Collocations: A Contrastive View[J]. ELT Journal, 1993(1): 56-63.

Becker, J. The Phrasal Lexicon[A]. In Nash-webber, B. &R. Schank(eds). Cambridge Mass Theoretical Issues in Natural Language Processing[C]. Bolt, Beranek, and Newman, 1975.

Bock, K. & Levelt, W. Language Production: Grammatical Encoding[A]. M. A. Gernsbacher. Handbook of Psycholinguistics[C]. San Diego: Academic Press, 1994: 945-984.

Bolinger, D. Meaning and Memory [J]. Forum Linguisticum, 1975(1): 2-14.

Chun, D. M. & Plass, J. L.. Reading Comprehension in a Multimedia Environment for Second Language Acquisition[J]. System, 1996(24): 503-519.

Cohen, C. E. Person Categories And Social Perception: Testing Some Boundary Conditions of The Processing Effects of Prior Knowledge[J]. Journal of Personality and Social Psychology, 1981(40): 441-452.

Collins, A. M. & Loftus, E. F. A Spreading Activation Theory of Semantic Processing[J].

Psychological Review,1975(82):407-428.

Cunningham,D. J. Assessing Constructions and Constructing Assessments[J]. Educational Technology,1999(5).

D. A. Wilkins. Linguistics in Language Teaching[M]. London:Edward Arnold,1972.

Ellis N. Vocabulary acquisition:The Implicit Ins And Outs of Explicit Cognitive Mediation [A]. Ellis N. Implicit and Explicit Learning of Languages[C]. New York:Academic Press,1994:211-282.

Ellis,N. Congnitive Approaches to SLA[J]. Annual Review of Applied Linguistics,1999 (19).

Ellis,R. Understanding Second Language Acquisition.[M]. Oxford University Press,1985.

Fletcher,C. R.,&Chrysler,S. T. Surface Forms,Text Bases,and Situation Models:Recognition Memory for Three Types of Textual Information[J]. Discourse Processes,1990 (13):175-190.

Halliday,M. A. K. Lexical Relations[M]. Oxford:Oxford University Press,1976.

Harmer,Jeremy. The Practice of English Language Teaching [M]. London:Longman,1990.

Henriksen B. Three Dimensions of Vocabulary Development[J]. Studies in Second Language Acquisition,1999(21):303-318.

Jiang,Nan Lexical Representation and Development in a Second Language[J]. Applied Linguistics,2000(1),47-77.

Leech,G. Semantics [M]. Harmondsworth:Penguin,1981,85-86.

Leech,G. Semantics[M]. Harmomdsworth:Penguin,1974.

Levelt,W. J. M. Speaking:From Intention to Articulation[M]. Cambridge MA:Bradford, 1989.

Lewis,M. The Lexical Approach:The State of ELT and the Way Forward[M]. Hove,England:Language Teaching Publications,1993.

Lewis,M. Implementing the Lexical Approach:Putting Theory into Practice[M]. London: Language Teaching Publications,1997.

Lewis,M. The Lexical Approach[M]. Hove:Language Teaching Publications,1993.

Mart;chal,C. The Bilingual Lexicon:Study of French and English Word Association Responses of Advanced Learners of French. Doctoral thesis; University of Dublin. 1995.

Meara,P. Word Association in a Foreign Language:a Report on the Birkbeck Vocabulary Project[J]. Nottinghare Linguistic Circular 1982(11),29-37.

Murcia,M. & Rosensweig,F. Teaching Vocabulary in the ESL Classroom[M]. New York: Newbury House,1979.

Nation,P. Teaching and Learning Vocabulary[M]. New York:Newbury House,1990.

Nattainger,J&Decarrico,J. Lexical Phrases and Language Teaching[J].上海:上海教育出版社,2000.

Nattinger,J. &J. DeCarrico. Lexical Phrases and Language Teaching[M]. Oxford University Press,1992.

O'Gorman,E. An Investigation of the Mental Lexicon of Second Language Learners[J]. Irish Yearbook of Applied Linguistics,1996(16),12-31.

Peters,A. The Units of Language Acquisition[M]. Cambridge:Cambridge University Press,1983.

Potter,M. C. et al Lexical and Conceptual Representation in Beginning and Proficient Bilinguals[J]. Journal of Verbal Learning& Verbal Behavior,1984(23).

Robert Ilson. Etymological Information:Can It Help Our Students? [J]. ELT Journal,1983(1):76-82.

Rumelhart,D. E. ,McClelland,J. L. ,& the PDP research group. Parallel Distributed Processing: Explorations in the Microstructure of Cognition[M]. Cambridge, MA: MIT Press,1986.

Rundell,M. The Word on The Street [J]. English Today,1995:31-43.

Schimitt,N. Vocabulary in Language Teaching [M]. Cambridge: Cambridge University Press,2000:147.

Sinclair,J. M. Corpus,Concordance,Collocation[M]. Oxford University Press,1991.

Skehan,Peter. A Cognitive Approach to Language Learning[M]. Shanghai Shanghai Foreign Language and Education Publishing House,2000.

Stubbs,M. Text and Corpus Analysis [M]. Oxford:Blackwell Publishers,1996.

Sunderman,G. &Kroll J. First Language Activation During Second Language Lexical Processing[J]. Studies in Second Language Acquisition,2006(28).

Swain,M. and Lapkin,S. The Evolving Socio-Political Context of Immersion Education in Canada:Some Implications for Program Development[J]. International Journal of Applied Linguistics,2005(15):169-186.

Taylor,J. R. Linguistic Categorization: Prototypes in Linguistic Theory[M]. Oxford University Press,1989.

Terrell T. Acquisition in the Natural Approach:The Binding/Access Framework[J]. Modern Language Journal,1986(70):3:213-27.

Waring,R. The Negative Effects of Learning Words in Semantic Sets:A Replication[J]. System,1997(2),261.

Wolter,B. Comparing the L1 and L2 Mental Lexicon[J]. SSLa,2001(23),41-69.

戴炜栋,王宇红. 双语心理词汇研究评述[J]. 外语与外语教学,2008(2):16-20.

邓炎昌,刘润青. 语言与文化[M]. 北京:北京外国语出版社,1989.

董燕萍. 心理语言学与外语教学[M]. 北京:外语教学与研究出版社,2005.

符淮青. 词义的分析和描写[M]. 北京:语文出版社,1996:59-60.

付玉萍,崔艳嫣,陈慧. 二语心理词汇发展模式的历时研究[J]. 外国语言文学,2009(1).

桂诗春. 记忆与英语学习[J]. 外语界,2003(3).

桂诗春. 我国外语教学的新思考[J]. 外国语,2004(4).

桂诗春. 新编心理语言学[M]. 上海:上海外语教育出版社,2000. 274-283.

何英玉. 语义学[M]. 上海:上海外语教育出版社,2004.

黄若妤.剑桥雅思听力精讲[M].北京:外语教学与研究出版社,2006.
李辉.二语心理词汇研究中存在的问题及对策[J].哈尔滨学院学报,2009(5).
陆国强.现代英语词汇学[M].上海:上海外语教育出版社,2002.
陆国强.现代英语词汇学[M].上海:上海外语教育出版社,1986.
罗生连.心理词汇与外语词汇学习策略研究[D].四川师范大学硕士学位论文,2008.
骆小所.现代修辞学[M].昆明:云南人民出版社,2000.
濮建忠,卫乃兴.词汇和语法[J].解放军外国语学院学报,2000(2).
濮建忠.英语词汇教学中的类联结、搭配及词块[J].外语教学与研究,2003(6).
宋江录.初探链式"金字塔"形二语心理词汇重组模式[J].疯狂英语教师版,2009(1):85.
宋江录.二语心理词汇重组策略探析[J].牡丹江大学学报,2008(10):92-93.
宋江录.略论动态语境的语用功效[J].牡丹江教育学院学报,2008(5):42.
王今铮.简明语言学词典[M].呼和浩特:内蒙古人民出版社,1985.
王明初.解释二语习得.连接论优于普遍语法[J].外国语,2001(5).
王文斌.词及词义心理研究——对心理词典的考察[J].现代外语,2002(4).
王文斌.英语词法概论[M].上海:上海外语教育出版社,2005.
卫乃兴.词语搭配的界定与研究体系[M].上海:上海交通大学出版社,2002.
卫乃兴.语义韵研究的一般方法[J].外语教学与研究,2002(7).
吴静,王瑞东.词块——英语教学有待于开发的资源[J].山东外语教学,2002(3).
谢谜.二语心理词汇的性质与发展[J].语言教学与研究,2009(4).
杨天明.浅谈多媒体计算机辅助英语教学的优点[J].外语与外语教学,2002(4).
张京鱼.外语与语言学文集[M].香港:香港社会科学出版社,2006.
张淑静.从联想测试看二语心理词汇之间的联系[J].解放军外国语学院学报,2005(2):56.
张淑静.中国英语学习者心理词汇:性质与发展模式[M].洛阳:河南大学出版社,2004.
张淑静.重组二语心理词汇[J].四川外语学院学报,2004(2).
张维友.英语词汇学[M].北京:外语教学与研究出版社,1998.
张韵斐.现代英语词汇学概论[M].北京:北京师范大学出版社,2003.

第3章

听力学习和教学理论与可选策略

3.1 影响听力学习和教学效果的因素分析

1. 听力课的特点

听力课是一门重要的基础实践课。它不同于综合英语语法、阅读等课程。它是在语言实验室这一环境内进行的一种通过听的方式来学习英语，帮助学生进行听力技能训练，有计划地提高学生听力理解能力与其他智能提高的一门课程。

(1)实时性强　听力课要求听者必须在一定时间内对所听到的内容做出迅速反应、正确的理解和有效的记忆，也就是说听的过程包括了听、理解、记忆三个部分。能否听懂不仅与听者的听力技巧和熟练程度等语言能力有关，而且还与他的文化层次和思维能力有密切关系。因此学生要在有限的时间内准确地掌握说话人的意思需要一定扎实的基本功。在听的过程中任何一个小的环节出现障碍，比如生词不懂、语言背景弄不清、注意力稍不集中就会影响听者对整句整段甚至整篇文章的理解。学生一个地方听不懂，就越听越不懂，越听越产生厌倦情绪，这正是听力课既让学生感兴趣，又让学生紧张不安的原因。

(2)教师参与少　在语音室上课，教师高坐在控制台上，学生坐在一排排的隔音座位上。教师选带按键或者控制多媒体课件的播放进程，学生埋头写写画画。唯一联系就是通过耳机传话，教师问学生答一个问题就过去了。由于听力课课时较少，一周一次，每次两节课共100分钟，为了让学生接触更多的听力教材，教师一篇接一篇地放音，学生毫无选择地听下去，精神倦怠叫苦连天，而教师不再是课堂上的组织者而是成了一个地地道道的按键人。

2. 影响听力理解的因素

听力教学是英语教学的重要组成部分。听力教学效果的好坏，直接关系到学生的交际和语言能力。并且听力是为语言学习者提供语言输入的主要途径，因此是至关重要的。然而，听力却是很多外语学习者都感到头痛的问题，始终是他们的弱项，制约着他们外语水平的整体提高。那么，究竟是什么原因导致他们听力较差呢？影响学生听力的因素是多种多样的，有主观因素也有客观因素。但归结起来主要有以下几个：词汇量、语音语调、语速、语法、教材、情感、母语和母语文化干扰等。

(1)单词不熟练或词汇量太少　有时候我们听音非常清晰，但要么不能很快辨别出单词的意思，要么根本就不知道所说的是什么意思。这原因就是单词不熟练或词汇量太少。如果我们对单词的读音都熟悉到像“good-bye”、“how do you do?”、“ thank you!”一样，那听力肯定会大为提高。

(2)发音不准确　假设我们的发音能做到和外国人的发音完全一样，你能听懂自己的发音，就一定能够听懂外国人的声音。English speaker 一般是用“底气”发音，而多数中国人只用口腔发音，说出来的话味道差别很大。如：长期读不准单词的发音，特别是发音相近的词。如：bad—bed，sheep—ship，beat—bit，等。

(3)英语有不同的口音与方言　首先是说英语的国家众多，比如美国、英国、澳大利亚、加拿大等等，它们的口音有一定差别；其次是同一国家的不同地区也存在不同的方言。

(4)对连音和略音缺乏了解　有些单个的单词在句子中由于受到其他单词发音的影响，和它的单个单词的发音并不完全相同，以至于造成了在听音时出现困难。需要了解有关发音知识与规律，而且多进行含有连音和略音句子的操练。例如：This is an apple. 中就两处连音；Father and mother are both teachers. 中 and 就只读/n/音，属于略读。

(5)语速　语速较慢，听力材料与学生的语言水平相当，学生的听力一般不会出现问题。一旦语速趋于正常，即使所听语言材料低于学生的语言水平，相当的学生也会感到吃力。为什么？这里面存在着连读、失去爆破、重读、重弱音的问题。这些现象同时出现在语速较快的听力材料中，使学生感到与自己的读音或想象中的发音很不相同，因此可能误认是遇到了生词。

(6)语法　听力材料里面的一些句式可以造成学生的听力障碍。听力课本一般都安排了大量针对精读课句法的练习，但是因为没有语境，所以学生不能很准确的理解。

(7)情感因素　学生学习的动机、态度、兴趣以及情绪状态是影响听力理解的重要因素。有关资料表明，心理状态不同的情况下，即使两个学生的听力水平相当，考试的结果要相差30%左右。学生是否具有极高的参与意识，是否能积极主动地听，对听力理解也有很大的作用。信心不够往往会在辨音时产生紧张情绪，结果本来能听懂的内容也没有听懂；另外信心不够还会产生沮丧情绪，导致注意力不能集中到听力材料本身上去。

(8)教材　教材选用的是否合适对听力的提高有关键的作用。教材如果编排合理有序，可以循序渐进地提高学生听的能力。反之，如果教材过难或过易，则会影响学生听的兴趣，使他们产生厌烦情绪，从而失去信心，无法达到听力教学的要求和效果。听力教材老化快的问题一直困扰着外语听力的教学。目前听力教材随着时间的推移大部分内容会很快就陈旧过时，新出版使用的教材也质量良莠不齐。

(9)母语干扰　母语国家的文化因素势必会与目的语国家的文化因素有所冲突，从而间接地影响到听者的听力理解水平。另外，许多学生在听到一段语言信息后，习惯用中文逐字逐句翻译出来，而不能直接将语言信息转化成一个情景或一幅图画，因而影响了反应速度、理解程度和记忆效果。

(10)学生的知识水平和接受知识的能力　学生的知识水平和接受知识的能力与他们听力

理解的水平成正比。比如,大学知识水平的学生的听力理解程度要明显高于高中知识水平的学生。

3.2 语用学理论和听力教学

3.2.1 会话含意理论与听力理解

英语听力教学的目标之一是培养学生的听力理解能力,领会讲话者的观点和态度,并能进行分析、推理、判断和综合概括。但多数情况下,说话人的真实含意并非是组成话语的词语表面意思之和,而是存在于字里行间的某种弦外之音。这种情况,从语用学的角度看,是字面意义与语用意义之间的背离。

3.2.1.1 古典格赖斯会话含意理论

在目前的会话规则研究领域,美国语言哲学家格赖斯(Grice)提出的会话含意理论(theory of conversational implicature)中的合作原则(cooperative principles)影响最大。格赖斯(1975)提出,合作原则是制约人类交际的一条根本原则,它具体包括四条准则。数量准则(quantity maxim):提供的信息要为交谈所需要,避免交谈所不需要的信息。质量准则(quality maxim):提供的信息要真实,避免不真实的信息。关联准则(relevance maxim):提供的信息要与话题相关,避免不切题的信息。方式准则(manner maxim):提供信息要简洁明了,避免晦涩、歧义。这些准则的意义在于它们提供了一个解释会话中说话者意图的基础。

根据 Grice 的理论,会话含意分为两大类:一般含意和特殊含意。一般含意是遵守合作原则时带有的含义,是常规推导而得的含义;而特殊含意则是有意违反合作原则,在言语交际的具体情境中推导出来的含义。因为人们普遍认为大家在交谈中是遵守这些准则的。而在现实交际中,为了交际的某种需要,人们为了合作又会使用一些语言策略和技巧故意违反合作原则中的一个或几个准则,从而使自己的真实意图隐含地表达出来。格莱斯把这种在言语交际中推导出来的隐含意义称为"会话含意"。格莱斯认为要理解说话者的有意的暗示,需要的是语用推理,而不是语言解码。

1. 数量准则与听力理解

对量的准则的违反具有语内表现力,使得说话者话中有话,充满了言外之意。例如:

W:Did you go shopping?

M:Yes,but all I got was a sore foot.

Q:What does the man mean?

A)He got some medicine for his foot.

B)He was sick and couldn't shop.

C)He didn't buy anything.

D)He bought everything except the football.(CET6,1994.1)

女士问男士是否去购物了,男士只要回答 yes 或 no 即可。但在本对话中,他又补充说"but all I got was a sore foot",逛街走的时间长了,脚当然会疼,女士的问题是想问男士买了什么,从他的回答中可以推导出他什么也没买到,答案为 C。

M:I wonder if you find my experience relevant to the job.

W:Yes,certainly,but if only you have sent in your application letter a week earlier.

Q:What does the woman imply?

A)The application arrived a week earlier than expected.

B)The job has been given to someone else.

C)The man is not suitable for the position.

D)She had received only one application letter.(CET6,2004.6)

在此例中,作为对男士的回答,一般情况下"yes,certainly"已经基本够了。然而女士却加了后面一句,提供了似乎毫无必要的信息,有意地违反了数量准则,其会话含意可以推导为:女士告诉男士,如果在一个星期前提交申请的话,有可能就得到这份工作,你的申请现在有点晚了,不能得到这份工作。答案为选项 B。

2.质量准则与听力理解

违反质量准则是对话中一方故意说一些不符合事实的话让听话人推导出语用含意,或者是说一些没有诚意、不负责的话。对话中常常采用修辞手段,如反语、隐喻、夸张法和弱言法都是说话人有意违反会话的质量准则产生的效果。例如:

M:I bought a few books at the new book store. Would you like to have a look at them?

W:A few? It looks like you bought out the bookstore!

Q:What does the woman mean?

A)She didn't like the books the man bought.

B)There wasn't a large selection at the bookstore.

C)The man bought a lot of books.

D)She wanted to see what the man bought.(CET4,2000.1)

对话中的女士违背了合作原则中的质量的原则,用疑问和夸张的修辞手段来表明她的评价。其原因是想遵守礼貌原则中的一致准则,尽量减少她和另一说话人在观点上的不一致。其隐含意思是那位男士买了很多的书。所以答案为选项 C。

W:At the rate it is being used,the printer is not going to make it through the rest of the year.

M:The year? It is supposed to be good for four.

Q:The man sounds____.

A)surprised　　B)ignorant　　C)humorous　　D)disappointed(TEM4,2003)

女士说照着打印机使用的这个频率,可能撑不到年底。男士的回答"The year?"是通过疑问和夸张的修辞手法违反了质量原则,来表明他的态度是十分惊讶。

3.关联准则与听力理解

说话人之间的对话,如果遵守合作原则,就应该是相互关联的。一旦出现答非所问,顾左右而言他,必定会有违反某项准则产生会话含义的情况发生。例如:

W:I need to find a dentist; you said you know Dr. Smith well,do you recommend her?

M:Well,I had to see her a few times,but what impressed me most were the magazines in her waiting room.

Q:What does the woman imply?

A)Dr. Smith's waiting room isn't tidy.

B)Dr. Smith enjoys reading magazines.

C)Dr. Smith has left a good impression on her.

D)Dr. Smith may not be a good choice. (CET6,2006.12)

女士想去看牙医,征求男士关于史密斯医生的意见。男士只是提到自己去看过几次史密斯医生,给他印象最深的是候诊室里的杂志。此处,男士“顾左右而言他”显然违反了关联准则的要求——要有关联,要切题。在这则对话里,正是男士看似无关的信息,在话语间建立了一种隐性关联,包含了更深层的含义:候诊室摆放众多杂志的原因表明医生可能会让病人等太久。因此,男士实际上是采取了较为委婉和含蓄的方式暗示了自己的否定看法。答案是D。

W:I need to talk to someone who knows Baltimore well. I'm told you lived there.

M:Oh, but I was really young at the time.

Q:What does the man mean?

A)He moved to Baltimore when he was young.

B)He can provide little useful information.

C)He will show the woman around Baltimore.

D)He will ask someone else to help the woman. (CET4,2009.12)

女士说:“我想了解巴尔的摩这个城市的人谈谈,有人告诉我你在那里住过。”男士本来只需要回答同意或者不同意帮忙就足够了。但是他却说:“我那时还小。”看似没有回答女士的问题,顾左右而言他,其实可以推断出男士真实的意思是对于居住在巴尔的摩这个城市的经历印象不深,委婉地拒绝了女士提供帮忙的要求。答案是B。

4.方式准则与听力理解

方式准则要求说话要清楚明白,避免模糊和歧义。而在实际交谈中,由于某些原因,人们常常会违反该准则,使输出的信息模糊化,做出富有弹性的回答。怪异必有其故,用语隐晦表示情况特殊而不便直言,有时候是一种讲话的策略,有时候用语繁冗则有戏谑之意。

M:How is John now? Is he feeling any better?

W:Not yet. It still seems impossible to make him smile. Talking to him is really difficult and he gets upset easily over little things.

Q:What do we learn about John from the conversation?

A)He has a strange personality.

B)He's got emotional problems.

C)His illness is beyond cure.

D)His behavior is hard to explain. (CET4,2006.12)

在此对话中,男士问的是“约翰现在如何,有没有感觉好点”,而女士在回答完“没有”之后,还补充了很多内容,她违反了合作原则中的数量准则和方式准则,她要表达的会话含义就是约翰现在有情绪方面的问题。答案是B。

W:Bill, have you heard of the latest news? It appears we two won't be laid off after all.

M:Oh, I'm somewhat tired of working here. I've been wondering whether I should resign. Anyway, the news seems to be good for you.

Q:How does the man feel about the news?

A)Indifferent B)Doubtful C)Pleased D)Surprised(CET4,2009.12)

女士说:"比尔,你听到最新的消息了么?好像我们两个根本不会被辞退。"男士本来只需回答听到了或者没有听到即可。但是男士却说:"我已经厌烦了在这里的工作。我正在考虑要不要辞职。不管怎么样,这个消息对你来说还是个好消息。"实际上男士这么说是要表达自己对这个消息漠不关心的态度,被辞退或者不被辞退对自己都无所谓。答案是A。

3.2.1.2　新格赖斯会话含意理论

合作原则也有其自身的局限性。Cutting(2002)以为,合作原则的不足之处主要在于以下三个方面:第一,合作原则不能解释其准则在不同文化背景和国家的语言环境中实际运用的差异;第二,准则之间界限不清,存在重叠;第三,未能解释使用合作原则的原因。此后,Leech,Levinson和Horn等语用学家对会话含意不断总结和完善,形成了新格赖斯会话含意理论(Neo-Gricean theory of conversational implicature)。如Leech(1983)提出了礼貌原则及六条准则;Levinson(1987)提出了会话含意的三原则。牛保义(2002)认为与Grice的合作原则一样,新格莱斯原则也突出了交际的双向性,交际双方以"合作"为基础,以共知信息为前提,从而使交际顺利进行。我国自20世纪90年代起,也开始了对新格赖斯会话含意理论的研究,有数位学者如徐盛桓(1996)、何兆熊(1999)和熊学亮(1997)等撰文从各个侧面剖析会话含意理论,其观点也颇有见地。

列文森在(Levinson,1983)详细阐述了可从两个方面重构量准则:以量准则的第1次则为指引,进行等级含意和分句含意的推导;以第2次则为指引,从较少的信息得来(invite)较多的信息,并说这可以称为"信息原则"。这其实就是下文说到的列文森三原则头两个原则的实际内容。Levinson(1987)提出了他的会话含意三原则:

(1)量原则　说话人准则,要让你的陈述在信息上弱于你的认识允许的程度,除非较强的陈述同信息原则抵触;受话人推论准则,相信说话人提供的已是他所知的最强的信息。

(2)信息原则　说话人最小极限化准则,"说得尽量少",即只提供最小极限的语言信息,只要能达到交际目的就够了;受话人推论扩展准则,通过找出至为特定的理解来扩展说话人话语的信息内容,直至认定为说话人的语义意图为止。

(3)方式原则　说话人准则,不要无故用冗长的、隐晦的或有标记的表达形式;受话人推论准则,说话人用了冗长的有标记的表达形式,他的意思就同他本来可以用无标记形式所表示的意思不一样,尤其是他要尽力避免常规的联想或用信息原则推导出无标记表达形式的含义时。

英国著名学者利奇(Leech,1983)从社会学和心理学的角度分析了人们违反合作原则的原因,认为人们这样说话是出于礼貌的需要。于是,他提出了礼貌原则,根据"礼貌原则",人们在言语交际中,用最直接表达的话语是最欠礼貌的;用最间接的方式表达的话语则是最讲究礼貌的。语言手段愈间接,话语就愈显得礼貌。礼貌原则包括六项准则:得体准则,应当减少表达有损于他人的观点;慷慨准则,减少表达利己的观点;赞誉准则,减少表达对他人的贬低;谦逊准则,减少对自己的表扬;一致准则,减少自己与别人在观点上的不一致;同情准则,减少自己与他人在感情上的对立。礼貌原则完善了"会话含意"学说,比较充分地解释了人们违反合作原则而采用委婉的表达方法的原因,可以"援救"合作原则。礼貌原则与合作原则两者之间的关系密切,礼貌原则和合作原则之间是相互益补的关系。日常对话中,对话双方通常遵守礼貌原则和合作原则。暗含的意思通常就隐藏在字面意思底下,会话双方要会听话外之音。有的对话中说话人为了恪守礼貌原则里面的某条或者几条准则,决心违反合作原则;有的对话中不涉及表达观点、发出请求或命令等可能需要顾及谈话对方面子的问题,因而不必用礼貌原则解释说话人违反合作原则的原因。

3.2.1.3 会话含义理论对英语听力教学的启示

在实际教学和课堂训练中,教师利用合作原则和会话含意理论指导学生正确理解听力对话中的"言外之意",注重理解会话含意的训练,使学生透过话语表面上的不统一看到其中蕴涵的丰富内容,进而把握住会话者的真正意图。可以帮助学生增强对含蓄语言的理解,学会用合作原则推断话语的真正含义。久而久之,学生的头脑里会逐渐形成一个语用推理机制,使其一听到类似话语,就能有意识地朝某个特定方向联想,将零散的语言知识、背景知识、社会常识等信号关联起来,达到完整清晰的理解。

首先,进行会话含义的推导。教师先讲授会话含义理论的知识,让学生了解相关理论和原则,并结合例子讲解,让学生深刻理解。

其次,教师可以根据"平衡活动法"(the balanced activity approach)(Hammer,1983),将听说训练相结合,以达到语言输入、练习和交际输出之间的平衡。在老师的指导下让学生多进行情境会话练习,可以巩固和提高他们理解会话含义的能力,让他们学会在现实的听说交流过程中合理运用会话含义理论的合作原则。

最后,让学生适当地了解英美文化,增强学生的文化敏感性。产生和掌握会话含义的基础是对话双方有着共有的文化知识,作为对话的第三方,只有在了解此文化知识的基础上才能去把握对话的会话含义。

3.2.2 言语行为、间接言语行为与听力理解

1. Austin 的言语行为理论

1962 年人们把 Austin 多年来对语言的独到见解整理为 12 讲内容,书名为《以言行事》(How to Do Things with Words)。在书中的第 8 章里把人们说话时实施的言语行为分为三类,即"以言指事或言内行为"(locution)、"以言行事或言外行为"(illocution)、"以言成事或言后行为"(perlocution)。按照奥斯丁的这种思想,可以把人们使用语言时说出的话语,区分为各种不同的表示言外之力的类型,即言语行为的类型(命令、建议、要求、致歉、邀请、询问、期望、声明等)。而在对话中说话者往往是借助于各种语言形式来表达这些言语行为的,如:

(1)借助于 wh-句型:如,why…,why don't you…,what about…,how about…,why not…,why bother…,what if…等等。

M:Hurry,there is a bus coming.

W:Why run? There will be another one in two or three minutes.

Q:What does the woman mean?

A)The next bus is coming soon.

B)The bus will wait a few minutes at the stop.

C)There are only two or three passengers waiting for the bus.

D)They can catch this bus without running. (CET4,2003.1)

女士问:"为什么跑啊?"不是真的要问男士原因,真实的意思是"两三分钟后下一辆车就来了,所以不用跑。"答案是 A。

W:Mr Long's briefing seemed to go on forever. I was barely able to stay awake.

M:How could you sleep through that? It was very important to the mission we are going to carry on.

Q:What does the man imply?

A)Mr. Long's briefing was unnecessarily long.

B)The woman should have been more attentive.

C)Mr. Long's briefing was not relevant to the mission.

D)The woman needn't have attended the briefing. (CET4,2002.1)

男士问:"你怎么在情况简介会上睡觉啊。"不是问女士在情况简介会上怎么样才能睡得着,而是一种责备,意思是"会议对我们的工作很重要啊,你不能在情况简介会上睡觉。"

(2)反问句或反义疑问句或者祈使句,couldn't/ could you…,shouldn't /should…,Let's …,Just…等等。

W:I hear that the Edwards are thinking of buying another house.

M:Should they be doing that with all the other expenses they have to pay? Anyhow, they are over 70 now,their present house is not too bad.

Q:What does the man imply?

A)The Edwards are quite well-off.

B)The Edwards should cut down on their living expenses.

C)It'll be unwise for the Edwards to buy another house.

D)It's too expensive for Edwards to live in their present house. (CET4,2006.6)

从男士的回答中可以推测出他对爱德华一家买房持否定态度,认为他们这种情况下买房是不明智的。虽然也提到了他们现在的房子还不错,也提到了他们的年龄,这些实际是隐含的原因,进一步提供了男士不支持爱德华一家买房的证据。答案是 C。

W:I ran into Sally the other day. I could hardly recognize her. Do you remember her from high school?

M:Yeah,she was a little out of shape back then. Well,has she lost a lot of weight?

A)She used to be in poor health.

B)She was popular among boys.

C)She was somewhat overweight.

D)She did not do well at high school. (CET4,2007.12)

男士问:"她现在体重减轻了许多么?"他这么问并不是真的关心 Sally 是否减肥了,而是表达和前一句"她那是身材有点走形"同样的意思,即她那是体重超标。答案是 C。

(3)表达虚拟的句型,如 if only…,I wish…,if I were you…,should have done…, shouldn't have done…,could have done…,must be…,must have done…,It's about/high/ just time…,might as well…,had better…等等。

M:I think the hostess really went out of her way to make the party a success.

W:Yes,the food and drinks were great,but if only we had known a few of the other guests.

Q:What did the two speakers say about the party?

A) They enjoyed the party better that then other guests.

B) They knew none of the other guests at the party.

C) They did not think much of the food and drinks.

D) They went a long way to attend the party. (CET4, 2006. 6 旧题型)

"If only"句型的意思是"若是/假如…那该多好啊",其实表达的是否定含义,即他们并不认识其他的宾客。

W: Having visited so many countries, you must be able to speak several different languages.

M: I wish I could. But Japanese and, of course English are the only languages I can speak.

Q: What do we learn from the conversation?

A) The man can speak a foreign language.

B) The woman hopes to improve her English.

C) The woman knows many different languages.

D) The man wishes to visit many more countries. (CET4, 2006. 12)

"Wish"引导的宾语从句是虚拟语气,表达的是否定的含义,意思是他并不能说多种外语。男士真正能说的外语是日语。答案是 A。

2. Searle 的间接言语行为理论

言语行为理论后来由 Austin 的学生 John R. Searle 进一步拓宽和发展。首先,他整理了Austin 关于言语行为的分类,根据适合条件总结出五种基本言语行为句(Saeed, 2000):(1)表述句(representative):说话者保证所表述的命题是真的(如做出断言,做出结论);(2)指令句(directive):说话者企图让听话人做某事(如提出要求,提出疑问);(3)受约句(commissive):说话者保证将来采取某些行为(如提出保证、提供帮助、发出威胁);(4)表情句(expressive):表达说话者一种心理状态(如表示感谢、歉意、欢迎、祝贺);(5)宣布句(declarative):说话者的话将引起规约事态的变化,但一般要依赖语言以外的各种规约(如开除学籍,宣布战争,命名,解雇)。其次,Searle(1975)还发现,人们以言行事时,会以间接的言语手段来实现某种言语行为,称为间接言语行为理论(indirect speech act theory)。Searle 将间接言语行为分成规约性间接言语行为和非规约性间接言语行为。规约性言外之意,在对话中说话者往往是借助于一定的句法形式,根据习惯可立即推断出来的。非规约性言外之意更多地取决于互知的背景知识和语境。非规约性言外之意也可根据 Grice 会话含意理论中的合作四原则,以及 Leech 提出的礼貌六原则加以推断(前文已经详细阐释,此处不再赘述)。以下采用四级考试中的试题解释语境在表达间接言语行为中的作用:

W: My headache is killing me. I thought it was going away. But now it is getting worse and worse.

M: I told you yesterday to make an appointment.

Q: what does the man mean? (CET, 2004. 1)

对话中的男子说:"I told you yesterday to make an appointment"(说话行为),他绝不是在陈述一个事实,而是在责怪(行事行为),意思相当于"早不听话吧,受苦了吧"。

W: Bill, have you heard the latest news? It appears we two won't be laid off after all.

M:Oh,I am somewhat tired of working here. I have been wondering whether I should resign. Anyway,the news seems to be good for you.

Q:How does the man feel about the news?

A)Indifferent.

B)Doubtful.

C)Pleased.

D)Surprised. (CET4,2009.12)

从男士的回答中,得知道他厌倦在这里工作了,还想着要辞职。其实这些并不是在抱怨什么,而是表明自己对“没有被辞退”这个消息的态度,即“漠不关心,无所谓”。答案 A。

3. 语境在理解言外之意中的应用

Searle(1975)指出,要理解间接言语行为,首先要了解“字面用意”(literal force),然后从“字面用意”再推断出其间接用意,即句子间接表达的“言外之力”。在间接言语行为中,听话人要明白话语中的言外之意,就需要依赖他们彼此分享的语言的和非语言的背景信息来进行分析推理。

所谓语境(context),从字面上理解,就是语言使用的环境。(Thibault,1997)根据索绪尔(Saussure)的语言理论说,语境既指言语交际时言语活动所存在的场合,即周围的自然和社会环境等,又指言语活动得以发生的前提和条件。前者称为外显性语境,后者称为内隐性语境。外显性语境对言语活动的作用比较明显,直接。内隐性语境则比较隐蔽、间接,它多指言语交际的时代、历史、社会背景、交际双方的社会身份、相互关系、地位、知识、文化素养、交际者未用话语交待具体的交际目的。“内外”型语境理论认为:语言现象要以语言之外的因素来说明和解释。马林诺夫斯基 Malinowsk(1923)早就提出了“情景语境”(context of situation)与“文化语境”(context of culture),这样,那些与语言有关的外部因素便进入了“语境”。在弗斯(Firth,1951)提出的语境理论中,情景因素和上下文具有一样的重要性。海姆斯(D. Hymes,1974)认为:“理解语境中的语言,关键不是从语言入手,而是要从语境入手。”我国语言学家胡壮麟(1994)指出,“语境”可以指语篇内部的语境,即“上下文”(linguistic context)或称语言语境;可以指语篇产生时的周围情况,事件的性质,参与者的关系、时间、地点、方式等,可称之为“情景语境”;它可以指说话人所在的言语社团的历史文化和风俗人情,属于该言语社团的人一般都能理解其在语篇中的意义,可称之为“文化语境”。这三种语境都有助于理解语篇的意义和交际意图。下面结合文化语境、情景语境和上下文语境这三种语境来说明如何正确理解听力材料的“言外行为”,即言外之意。

听一个单词或一句话,要把它同上下文联系起来,才能同时明白词汇或句子的字面含义和深层含义。事实上,任何词语或语句只有在特定的语境下才具有确切的含义。语言语境对于我们理解听力材料中的多义词或生僻词是很有帮助的。如:

M:Excuse me,do you have change for a ten-dollar note? I need to pay the parking meter.

W:I'm sorry,but I think you can get it through the money changer in the shopping center across the street.

Q:What is the man trying to do?

A)Get some small change.

B) Find a shopping center.

C) Cash a check at a bank.

D) Find a parking meter. (CET4,2009.12)

对话中"money changer"这个表达的意思就需要上下文来判断。如果能够听得前面提到"change for a ten-dollar note"(换一张十元面额的纸币),以及"pay the parking meter"(支付停车费),不难理解在这里"money changer"的意思是"货币兑换处"。答案是 A。

特定的话语总是出现在特定的情景语境中。比如说,家庭成员之间的对话是绝对不同于学生和老师之间的对话的。事实上,听力考试的短对话中,有很大数量的问题与情景语境有关,如谈话双方身份和关系、对话发生场所、谈话者的态度观点、对话的主旨大意等。情景语境因素的差异通常会在语篇中使用的具体词汇、语气、主述位结构等方面体现出来。如:

M: Can you recommend something that a school boy of 7 or 8 will really like?

W: I'd suggest this toy train, sir. It's an excellent brand, very popular all over the world these days.

Q: What is the man doing?

A) Shopping with his son.

B) Buying a gift for a child.

C) Promoting a new product.

D) Bargaining with a salesgirl. (CET4,2009.12)

对话中的词汇"toy train","brand",以及男士说让女士推荐孩子喜欢的东西,这些都是典型的购物场所的词汇。因此可以帮助听力理解时不偏离主题。答案是 B。

文化语境是交际者的背景信息,包括有关文化、风俗、习惯、交际惯例和规则等。语言是文化的载体,文化是语言的基础。语言交流是在交际双方拥有共同背景的基础上进行的,也就是说只有听话者的背景知识与说话者相一致,双方的正常交流才能得以进行。如:

W: Have you seen the movie "*The Departed*"? The plot was so complicated that I really got lost.

M: Yeah, I felt the same. But after I saw it a second time, I could put all the pieces together.

Q: How did the two speakers find the movie?

A) Extremely tedious.

B) Hard to understand.

C) Lacking a good plot.

D) Not worth seeing twice. (CET4,2008.6)

这个对话中"The Departed"是个电影的名称。如果能够知道这个电影的一些背景知识,对听力理解时候非常有帮助。实际上这个电影是美国版的《无间道》。此电影的香港版本就以情节的跌宕起伏,人物关系错综复杂著称。答案是 B。

教师在听力教学当中要采取措施培养学生的语境能力,以提高学生理解言外之意的能力。首先,教师应引导学生要从宏观上去理解整个语篇,借助上下文语境线索来猜测单词或短语的意思。其次,教师应选择适宜的教学材料,让学生熟悉不同场景的对话,如校园、办公室、医院、餐厅等,引导学生分析总结不同场景下谈话者说话方式、语气、语音语调等的不同。此外,教师还应当尽量介绍与话题相关的背景知识、风俗习惯等，增强学生的文化语境意识。

3.2.3 关联理论和大学英语听力教学

3.2.3.1 关联理论的听力模式

听力可分为传达式听力(transactional listening)和交互式听力(interactional listening)。传达式听力是指听者在传达式语篇(transactional discourse)，即在非合作语篇(non-collaborative discourse)的情况下进行的听力理解过程。交互式听力是指听者在交互式语篇(interactional discourse)，即合作语篇(collaborative discourse)中进行的听力理解过程(Rost,1990)。本章节所指听力理解仅限于测试型的传达式听力理解过程。

关联理论(relevance theory)是 Sperber 和 Wilson 在其合作编著的 *Relevance: Cognition and Communication*(《关联性：认知与交际》)一书中提出的一种有关言语交际的认知语用学理论。关联理论用来解释明示推理交际(ostensive-inferential model)(Sperber & Wilson, 1986:50-54)。关联理论认为：交际模式有两种，一种是代码模式(code model)，另一种是推理模式(inferential model)。事实上，语言交际会同时涉及这两种模式，只是在交际过程中，认知—推理过程是基本的，编码—译码则附属于认知—推理过程。言语交际要传递两种意图：信息意图(informative intention)和交际意图(communicative intention)。明示推理模式涉及两个方面，即说话人的明示和听话人的推理。明示与说话人有关，推理主要与听话人有关。明示和推理是交际过程的两个方面。从说话者的角度看，交际是明示过程，说话者表明说话意图。对听者而言，交际是一种推理，即从说话人的话语行为中推导出其意图。例如，Helen and Jack were in the classroom. Helen told Jack:"The teacher is coming." Helen 提供信息改变了 Jack 的认知环境，也实现了信息意图。同时 Helen 向 Jack 传递这个意图，使他做好上课的准备，这是更高层次的交际意图。

后来 Sperber & Wilson(1995)概述出一条总原则是：关联原则(the principle of relevance)——认知原则和交际原则。认知原则解释了最佳关联在话语理解时付出尽可能小的努力而获得最佳的语境效果；交际原则解释了最佳关联在话语理解时付出有效的努力之后所获得的足够的语境效果。关联理论解释了如何在会话理解过程中根据事物的关联性组织语境，把新信息和已有信息联系起来，得出符合逻辑的结论。

Rost 是最早提出以关联理论为基础的听力理解模式的学者之一。根据 Rost(1990)，语言理解既是译码过程，又是推理。一般而言，听话人只用一个单一的、普通的标准去理解话语，这个标准足以使听话人认定一种唯一可行的理解，这个标准就是关联性。话语的理解就是为了再现话语的关联性。Rost 的关联理论听力理解模式的中心思想如下：

(1)听者激活理解话语所需要的可能的知识；

(2)听者有选择地听话语，同时通过语音、句法和词汇分析揭开话题的命题意义；

(3)听者给话语提供一个可能的语用含义(即特定语境下说话者的可能意图)；

(4)听者把已释义的命题按一定顺序排成层级表征并把它们存在长时记忆里。

Rost 认为，以上各个理解阶段并非直线排列，而是具有重叠性和相互依赖性的，最终目的是寻找关键链，揭开话语的语用含义。从 Rost 的模式可看出，听力理解的最终目的就是寻找关联链，揭开话语的语用含义(黄子东,1998)。在语言实践中，人们为了获得特定的交际效果，往往故意把信息隐藏在字里行间，这时就会出现语言符号和符号实际所承载或传递的信息之间的差异。听话者为了补足信息空缺，必须介入心理干预或推理来意会其语境隐含。语境隐含(contextual implicature)，是说话人意义的间接表达，它往往在明说的基础上经过推理而获得。一般而言，分析的关联性越大，要求依据的推理就越小，理解话语的正确率就越高。因此，要想正确理解话语，就应在语言材料中努力寻求其中的关联性。举个例子说明：

W：will you be joining us this evening?

M：I'll be meeting my girlfriend at the airport.

句中的女士的交际意图是邀请男士，那么男士要么拒绝要么接受。要理解男士给出的信息需要我们依赖认知语境进行推理，确定这一新信息获得的语境含义。男士所给出的新信息与从我们认知环境中选取的以下假设相关：

It will take him long to meet his girlfriend.(去接他的女朋友要花较长的时间)

He has no time to join them.(没有时间和他们相聚)

那男士所说的话与我们的认知语境相结合产生的语境含义是：男士不和他们相聚。因此确定说话者的语境含义在很大程度上依赖于我们的认知语境。

3.2.3.2 关联理论的最佳关联原则

交际是一种明示推理过程。说话人必须引起听话人的主意，让听话人明白自己的意图，而听话人则理应认为引起自己注意的明示行为具有关联性。双方希望的就是说话人话语和听话人的认知语境的最佳关联(何自然，2002：241)。Sperber & Wilson 提出的最佳关联原则：每个交际行为都应该设想它具有最佳的关联性。关联性取决于两个因素：语境效果和处理话语所付出的努力(contextual effects and processing effort)。关联理论认为，关联是一个相对的概念。因为它相对于语境、依赖于语境；也因为它依赖于交际主体的认知能力和认知环境，所以关联有强弱之分。在同等条件下，语境效果越大，关联性越强；在同等条件下，处理努力越小，关联性越强。它可以看做是一个由最大关联到最小关联或无关联的连续体，包括最大关联(maximally relevant)，强关联(very relevant)，弱关联(weakly relevant)和完全不关联(irrelevant)等。

言语交际中，如何选择最佳关联(optimal relevance)是话语理解的关键。最佳关联性原则，即要求受试者在规定的时间内选择最相关的语境要素组成语境，对一段录音内容作出最恰当的释义，完成对话语的解释。换句话说，要想提高听力理解能力就必须提高寻找最佳关联的能力。要寻找最佳关联就要找到关联链(relevant link)，也可称为关联亮点(relevant light spot)。关联亮点寻找的成功与否取决于听者的语言水平、记忆能力、背景知识、逻辑推理能力。但要使刺激信号获得最佳关联，必须具备两个条件：第一，话语的语境效果必须足以引起听话人的注意；第二，听话人为获得语境效果必须付出努力。事实上，语境效果并非随意可得，人们只有在思辨和推理方面付出了一定的努力才可能获得。寻求话语之间的最佳关联，就是推理过程。例如：

M：Will you come to the party tomorrow?

W：I'd like to，but I have to prepare for tomorrow's math exam.

上面的对话"but"信号词表示语义转折，后面内容所给出的是最大关联性的话语，我们无须付出什么努力就能推理出，女士拒绝参加晚会。

再例如下面这个对话是 2010 年 6 月英语四级真题：

W:You're taking a course with Professor Johnson. What's your impression so far?

M:Well,many students can hardly stay awake in his class without first drinking a cup of coffee.

Q:What does the man imply?

A)Few students understand Prof. Johnson's lecture.

B)Few students meet Prof. Johnson's requirement.

C)Many students find Prof. Johnson's lectures boring.

D)Many students have dropped Prof. Johnson's class.(CET4,2010.6)

根据关联理论,相同的认知心理是话语理解的前提,在话语理解过程中,说话人要提供相关度最大的信息,而受话人要选择相关度最大的假定推导说话人的意图。对话中两个人在讨论老师的课。女士问男士对老师的课有什么印象。男士的回答竟然扯到喝咖啡上了。看似没有跟问题什么关联,其实言外之意是上这位老师的课时必须喝咖啡才能保持清醒。男士的话是双重否定表示反语,意思是老师的课平淡乏味。答案是C。

3.2.3.3　认知语境在推理过程中的补足作用

关联理论认为"语境是心理产物,是听话者对世界的一系列假定中的一组",并且指出,"正是这些假定,而非实际的客观世界,制约着对话语的理解"。关联理论将语境看做是在互动过程中为了正确理解话语而存在于人们大脑中的一系列假设。在关联理论的框架中,语境由一系列命题组成,它不仅包括交际时话语的上文、即时的物质环境等具体的语境因素,也包括一个人的知识因素。个人的知识因素包括逻辑知识(logical information),百科知识(encyclopedic information),以及词汇知识(lexical information)。其中最重要的是一些心理状态,例如说话人和听话人的意向、愿望、信念以及一个人的认知能力等。

Sperber & Wilson(2001)从内在角度和外在角度对语境进行了界定:一方面是社会文化环境,诸如物质环境,说话者间的关系等等,另一方面是认知环境,诸如对世界的知识,假设,信仰,经验等等。根据关联的认知原则,关联是从语境效果(contextual effect)和处理效果来定义的。语境效果主要是通过新信息和现有语境假设(旧信息)之间的三种关系产生的:第一,新信息加强了现时的语境效果;第二,新信息与现实的语境假设出现矛盾或者抵触;第三,新信息与现实的语境假设相结合,产生语境隐含。关联理论认为:语境与话语的关联越密切,推理就越容易,理解话语也越容易;语境与话语的关联越疏远,推理就越费力,理解话语也就越难。

关联理论认为认知语境不是在话语理解之前预先确定的,是选定的,而不是给定的。赵艳芳(2001)认为,对话语的理解是将其语境化(contextualization)的过程,是将话语信息与在此基础上建构的相关语境相互作用的结果。认知语境不是静态的,而是随着信息的处理动态地发生变化。苗兴伟(1997)认为认知语境是听者根据给定的信息对语境进行选择、延伸、调整与顺应等,直到所选取的语境与说者给定的信息达到最佳关联,完成对话语的理解。交际者对认知语境的再造也有三种情况:听话人在现有的认知语境中加入所需的百科知识来扩展自己的认知语境;从短期记忆中调用相关的信息来扩展自己的认知语境;从周围的有关情景中调用信息来扩展自己认知语境。理解话语的过程实际上是寻找话语和认知语境假设的最佳关联。

在听力理解过程中,听者为理解话语所作的语境假设是一个语境假设集合(a set of contextual assumptions)。其中有的语境假设的关联性较强,有的较弱。人类认知以关联为基础,每个明示的交际行为一开始就要求对方加以注意,在正常情况下听话人只会注意那些有关联的信息，即那些不需要付出太大努力就会丰富自己的语境假设的信息(何自然，冉永平，2002)。关联性较强的语境假设比之关联性较弱的语境假设来更有可能被调用来处理说话人提供的新信息从而获得对说话人真正意图的正确理解。当听到某个句子时，听者需要激活最相关的语境信息，语言意义与激活的信息相互作用，产生进一步的新信息，即会话含意。会话含意对已有的认知产生语境效果，从而获得新的认知环境，为下一次的认知活动做准备。

比如有一篇形容伦敦的大雾的听力篇章，有这样一句话：The fog was as thick as pea soup。在中国，提到饭菜中的汤，人们往往会想到清汤，不浓的汤，这样，我们就进行推理"这种雾不浓"。但这一推理假设却与语篇中的信息"You could hardly see your hand in front of your face."相矛盾。我们因为缺乏必要的背景知识，推理假设出现了错误。我们根据文中的示意会进行另一个推理假设，即：伦敦的雾很浓，几乎到了"伸手不见五指"的地步。这一推理恰恰是文中所示意给听者并企图使听者做出的推理。这一新的信息假设浓雾可以否定我们由清汤推出的轻雾这一推理。所以 as thick as pea soup 中，这种 pea soup 在西方国家里可能是一种很浓的汤，也许会相当于中国食文化中的"粥"。这样从语境中作出的两种假设根据上下文运用关联理论得到了正确的选择推断。

再来看一个根据关联理论，结合语境假设进行判断推理的例子：

W：Were you able to pay the tuition fee，Tom?

M：I forget it was a holiday.

女士问男士：有没有去交学费。其前提语境是说话双方都知道要交学费这件事情，而且由男士去办理。回答有两种可能性：交了或者没有交学费。但从男士的回答看，"那天是假日"。此处需要一个背景知识来帮助理解，即"节假日学校是不上班的"。由此，推断出对话的言外之意：男士没有交成学费。

3.2.3.4 关联理论对听力理解教学的启示

关联理论解释了如何在会话理解过程中根据事物的关联性组织语境，把新信息和已有信息联系起来，得出符合逻辑的结论。学习者在听力过程中运用关联理论，敏锐地捕捉关联因素，利用相关的语境因素把意思理解清楚，在听力过程中充分利用关联信息，能极大地提高听力效率。

1. 提高学生语用推理能力

言语的理解就是一个明示推理(ostensive-inferential)的交际过程，所以听力理解的第一件事情就是试着推理。首先，是帮助学生寻找话语关联，捕获语料言外之意。根据关联理论，推断话语含意的过程就是一个"认知-推理"的心理过程。也是一个寻找最佳关联的过程。只要明了语料中几个对象之间的内在关联，才可能超越对文字表层意义的理解，从而把握理解语料的深层含义。其次，结合语境假设，消除歧义现象。语言存在着大量的歧义现象。英语中有许多一词多义的词，它们的具体意义，只能靠语境才能来确定。要训练学生听之前进行预测，从问题中去猜测信息。再次，注意说话人语气和语调，判别反语现象。关联理论认为，反语往往涉及修辞格的表面意义和深层意义之间的矛盾，从而迫使听者去推断说话人的深层意义。因此教师可以通过提问、复述、讨论等，分析追踪学生听力理解的认知过程，训练学生在短时间内获取有效听力信息，对获取的语码和语境信息进行快速调整和筛选，进而推导并证实唯一正确关联点的能力。

2. 加强对语言形式和结构以及词汇的掌握

快速理解说话人的语言结构和词汇的意义是正确推理的前提条件。首先,在语音、语调方面,特别是在近似音、连读、略读、缩略语、重读、爆破、节奏、同化、语调等语言形式方面的要有坚实的基本功,以提高辨音能力。再者,语言结构和词汇是基础,如果学生没有足够的语言基本知识,对常用词汇、专业名词、词组、俚语等难以理解就势必造成听力困难。为此必须提高学生的词汇、语法和句型的掌握。另外,还要训练学生听辨文中的各种信息词,包括关键词,场景词汇,表达强调的句型,表建议的词汇和句型,特殊语气和修辞手段等。关联词也非常重要,如:表达递进、转折、列举次序、总结和因果关系的词与短语等等。在听的过程中,如果对这些信息词很敏感,学生便能很快把握重点内容,以及上下句、上下段之间的关系,跟上说话人的思路,更好地理解全文。

3. 利用"最佳关联"与"认知语境"理解听力对话

最佳关联原则告诉我们,一个人平时经常激活的某条认知通路,当再次听到相关信息时,这条认知通路就会首先被判定,成为话语的最佳关联。所以在听力教学中,教师应充分利用人类大脑的这一认知特点,鼓励学生课下多听,使学生对各种信息形成惯势,当遇到某一信息时就迅速从大脑中调出常被激活的那条认知元,从而能快速、准确地理解话语的意义,提高听力水平。同时,教师在课堂上通过听后提问、复述、讨论等,训练学生在短时间内获取有效听力信息,并对获取的语码和语境信息进行快速调整和筛选,进而推导并证实唯一正确关联点的能力。

认知语境不同于传统的语境,是动态的语境,认知语境与推理是密不可分的。(何兆熊,2002:208—209)可以通过以下三种方式引导学生扩大认知语境:首先,丰富学生各方面的知识,鼓励学生多读书。听话者在现有的认知语境中加入所需的百科知识来扩展自己的认知语境。其次,培养学生在听力过程中短期记忆的技能。听话者可以从短期记忆中调用相关信息来扩展自己的认知语境,从而正确理解话语。最后,课堂上所选的听力材料要尽量真实。听话者还必须从周围的有关情景中调用知识来扩展自己的认知语境。

3.3 认知理论和听力教学

3.3.1 图式理论框架下的英语听力教学

3.3.1.1 图式理论框架下的听力理解过程

英国心理学家 F. C. Bartlett(1932:201)在(*Remembering*《记忆》)一书中指出,"图式是对过去经验的反映或对过去经验的积极组织",它是学习者记忆中的已有信息对新信息发生作用的过程,即如何把新信息充实进学习者知识库中的过程。Carrel & Eisterhold(1983:553-573)把图式定义为学习者习得的知识构架(structure)。以上表述虽各不相同,但基本观点是一致的,即图式是输入并存储在头脑中所有对世界的一般认识。张必隐(1992:240-248)这样表述"可以这样认为,我们所具有的图式就是我们所具有的知识"。Robin(1995)研究发现:新信息内容正好与图式匹配,那么回忆时,无论在顺序还是在内容上都要比不匹配时删节和变化得少;回忆某个特定部分内容时,该部分无论在顺序上还是在内容上更近似于与之相关的图式，其中包括从该图式衍生而来的替代品或者一个更为常见的细节；图式可以让听者推断出省略部分；图式的中心或重点会比次要方面回忆得更好，反映得更及时（转引自常宗林，2002：30）。总之，图式是陈述性知识的更为高级的单位，因为它是人对自己熟悉的范畴、事件、文本或其他各种实体中的命题、次序及知觉信息所做的综合（吴庆麟等，2005：79）。图式含有这些实体中关键的或典型的特征信息。

听力理解和阅读都是人们获取信息的过程。图式论目前已被广泛应用于阅读的教学和研究方面，而且已取得了很大成就。读和听都是人们获取信息的重要途径，都是作者所创作的内容与读（听）者的先验（prior background knowledge）或记忆图式（memory schemata）相互作用的过程，其差异仅在于一个是通过眼睛，一个是通过耳朵获取信息。因此，图式理论同样可以指导英语听力教学，图式理论对听力教学有着积极的指导意义。

基于图式理论的英语听力教学模式旨在合理、有效地提高大学英语听力教学效果和学生的听力理解能力。众所周知，听是一种积极主动的交际过程，在听的过程中，听者要达到的目的是理解说话者所表达的内容。这就需要听者利用已有知识和依靠许多听力认知策略，积极的听者善于利用背景知识，带着目的去理解说话人的意思。图式理论认为，过去的经验会在人的头脑中形成一种框架，这种框架有利于人们对新事物的理解，即听者的背景知识对他理解新的听觉信息起着关键作用，也就是说，只有在充分利用先前所获得的知识的情况下听者才会更容易理解新的信息内容。听者先前所获得的知识就是听者的背景知识，它包括听者以前所学的各种语言知识、社会知识、文化背景、生活常识等等。这些储存在大脑中的背景知识结构被称作“信息图式”。刘绍龙（1996）指出对输入信息的编码和解码都依赖于人脑中已存在的信息图式，输入信息必须与这些图式相匹配，才能完成信息处理的一系列过程，即从信息的接收、解码、重组到储存。听力理解过程就是听者的已有图式与输入信息相互作用的过程。听者对新信息的理解在很大程度上取决于是否激活了相关的背景知识。因此，英语教师在教学过程中不仅要传授新知识，更重要的是“激活”（actuating）学生头脑中已储存的知识结构，使新信息更容易被理解和吸收并融合到已有的图式中，产生新图式，丰富头脑中图式的内容，从而能正确理解和记忆所听的内容。

听力理解过程是一个十分复杂的心理语言活动过程。听力理解过程首先是“自下而上”的信息处理过程（bottom-up），也叫“数据支配型”（data-driven）。它是一个从具体到抽象的过程，输入信息从最基本的具体图式开始，以高层次或较抽象的图式的形成而结束（Adams & Collins，1979）。这种处理方式使听者容易注意到新信息，注意到那些与他们所设想的话语内容和结构不相符的信息。它同时也是一个“自上而下”的过程，即宏观信息处理过程（macro-processing），又称“概念支配型”（concept-driven）。它是一个从抽象到具体的过程，即从高层次的图式或背景知识开始，以它们来预测、推断、筛选、吸收、同化输入信息，即较多利用大脑中已有的抽象概念和知识来分析、处理输入的新信息，以抽象化的结果结束。该过程的顺利完成依赖于学习者的语言水平、背景知识、听力策略等因素的协调配合（黄子东，1998；刘绍龙，1996）。实证研究证实了“自下而上”和“自上而下”两种信息处理模式在听力理解中交互起作用。一般来说，在听的开始阶段，多采用“自下而上”的方式来接收和处理信息。随着听力语篇的展开，学生开始将语篇中的信息与头脑中的相关图式进行连接，继而对新输入的信息进行编码、解码和认知推理，从而提取出有关的信息——“自上而下”的听辨模式。可见，这两种信息处理方式是相依相存、互为补充的。

3.3.1.2　图式对听力理解的作用

Rumelhart(1980)认为图式可分为语言图式(linguistic schemata)、内容图式(content schemata)和形式图式(formal schemata)。其实,听力理解的图式也包含语言图式、内容图式和形式图式。语言图式是指听者或读者所掌握的语音、词汇及语法等方面的基本知识(其中包括语音、语调、单词发音在句中的变化,如连读、同化、弱化、失去爆破,还有重音、语调以及口语习惯表达方法、语法结构等);内容图式指听者或读者对世界的认识(比如风土人情、历史、地理、社会常识、思维方式、社交礼仪、价值观念、禁忌幽默、文化习俗等等)和对相关材料的话题即题材的熟悉程度,即相关的背景知识;形式图式则指听者或读者在篇章、修辞等方面所具备的知识,对文章体裁的了解程度,即听者的篇章知识(包括在听科技方面的文章时,要注意概念和表达方式;听论说文要抓住论点和论据;记叙文则要抓住时间、地点、人物、事件;听新闻要抓住导语、段首语;听对话,要注意对话双方的身份,观点及对话的场景等)。在这三种图式中,语言图式是理解文章文字的基础,内容图式是理解文章内容的依据,而形式图式则是调用内容的能力。三者相辅相成,缺一不可。

图式对于听力理解力的加强主要表现在三个方面:图式有助于信息的纳取,并为理解篇章的内容提供参照和向导;图式有助于听者考虑语境、排除歧义,从而准确推理;图式有助于听者对上下文的预测。因为相关图式为吸收录音篇章信息提供了心理框架,即为人们理解事物提供了一种积极的准备状态,使人们对某事物的发展过程、环节和语言材料及其涉及的内容有了一个预期。所以,在听具体的对话或短文时,所听材料可以激活听者大脑中相关的知识图式,而这种图式一旦被激活,就有助于听者预测所听材料下一步可能出现的情景。也就是,图式不仅可以用来理解文章所给出的信息,也可以用来预测文章将会提供什么新信息。如果新信息与听者头脑中的已有图式有冲突或者听者头脑中不存在相关的图式,听者现有的图式必须被重新构建,要么顺应新图式,要么同化新图式,否则听者就会觉得信息难以理解,或者信息难以得到正确的理解。

1. 指导作用

“自上而下”和“自下而上”两种信息处理方式都离不开大量图式的参与。在听力理解过程中,当相关图式被成功激活后,听者就可以主动地把注意力集中到输入信息的内容上来;否则只能盲目地接受信息,这样就会造成对听力材料的错误理解或根本无法理解。因此图式可以为理解所输入的信息提供一种参照和向导,使输入的信息内容与听者头脑中的图式交汇融合构成新的更具体的图式,从而完成听力理解的过程。例如:

W:Hello,Cartson College,may I help you?

M:Yes. I'm looking for information on courses in computer programming. I would need it for the fall semester.

W:Do you want a day or evening course?

M:Well,it would have to be an evening course since I work during the day.

W:Aha. Have you taken any courses in data processing?

M:No.

W:Oh! Well,data processing is a course you have to take before you can take computer programming.

M:Oh,I see. Well,when is it given? I hope it is not on Thursdays.

W:Well,there's a class that meets on Monday evenings at 7.

M:Just once a week?

W:Yes. But that's almost 3 hours from 7 to 9:45.

M:Oh! Well,that's all right,I could manage that. How many weeks does the course last?

W:Mm,let me see. 12 weeks. You start the first weekends September and finish… Oh… just before Christmas,December 21st.

M:And how much is the course?

W:That's 300 dollars including the necessary computer time.

M:Ah-hum. Okay,Eh,where do I go to register?

W:Registration is on the second and third of September between 6 and 9 in Frost Hall.

M:Is that the round building behind the parking lot?

W:Yes,that's the one.

M:Oh,I know how to get there. Is there anything that I should bring with me?

W:No,just your check book.

M:Well,thank you so much.

W:You're very welcome. Bye!

M:Bye!

上面对话来自大学英语四级考试 2009 年 12 月真题第一个长对话。对话的开始就提到了一些词,如"college","courses","semester",对于这些信号词的正确辨认能够很好地进行内容和体裁定位。对话肯定是学校场景,而且是和下学期的选课有关。如果对"may I help you?",以及西方见面问候的礼仪比较熟悉,就可以知道此两人之间的关系为服务人员和顾客。所以在语言图式和内容图式的综合帮助下,听者就比较容易把握下面所讲的内容了。比如此对话的第一个题目:

A)He prefers the smaller evening classes.

B)He has signed up for a day course.

C)He has to work during the day.

D)He finds the evening course cheaper.

Q:Why does the man choose to take an evening course?

一般情况下,选课的时候要么选到白天或者晚上课,男士直接说选晚上的课。原因很简单,就是因为他白天要工作,答案是 C。

2. 预测作用

图式集合了关于某一特定事物的具体知识,为听者理解话语做好积极的准备工作。在听的过程中,听者所获得的信息一旦与其头脑中储存的某个图式相匹配,这一图式将被激活。被激活的图式将再激活其他相关图式,这时听者就可以对材料内容进行分析,并对后续信息进行预测,形成自己的假设。如果听者的预测被证实,图式便可以促进听者对听力内容的理解。预测能够帮助听者准确地把握所听内容的主导信息而把非关键信息的干扰减少到最低限度,使听者更能有效地理解听力材料。

还是用来自大学英语四级考试 2009 年 12 月真题第一个长对话作为例子分析。比如此对话的第二个题目：

A) Learn a computer language.

B) Learn data processing.

C) Buy some computer software.

D) Buy a few course books.

Q: What does the man have to do before taking the course of computer programming?

问的是"男士在上计算机编程课之前需要做什么"。有过大学教育背景的人就应该知道，一般在上一门课程之前，此课程总是需要选修者有学习相关课程作为基础，要想学很难的计算机编程，没有点相关知识积累是绝对不行的。如果听者有这样的内容图式作为背景知识，心里就会有这样的假设，即下面肯定得提到一门基础课程的名称，也就是"data processing is a course you have to take before you can take computer programming."句子里面提到的"数据处理课"，答案是 B。

3. 准确推理

背景知识越丰富，理解效果就越好，即使文章语言偏难，也不会造成太大麻烦，因为内容图式在一定程度上能够弥补听者语言知识的缺陷。听者在获取听力材料中隐含信息的时候，靠的不是语言的解码，而是推理。推理能使听者准确判断话语含义。

还是用大学英语四级考试 2009 年 12 月真题第一个长对话作为例子分析。比如此对话的第四个题目：

A) What to bring for registration.

B) Where to attend the class.

C) How he can get to Frost Hall.

D) Whether he can use a check.

Q: What does the man want to know at the end of the conversation?

如果听者对选课此类对话比较熟悉，就应该知道按照西方的教育培训体制下，学生选课后要先登记注册才能上课。此处的内容图式是关于"非全日制的在职函授生"的选课制度。当然，听者在听到女服务人员说"just your check book"，就应该知道让男士带支票是为了让他先去登记付费。男士最想知道也是等级付费是否需要带很多的材料，因为他问"Is there anything I should bring with me?"。答案是 A。

3.3.1.3　图式对听力教学的启示

Anderson 认为，在人们接受信息时，"每一次理解都需要一个已有知识的参与"(引自王晓红，2004：58)。听者如果没有听懂听力材料，可能是因为：听者尚未拥有与听力材料相匹配的图式，所以根本无法理解文章所表达的意思；听者虽然具备了相应的图式，但不能根据材料所提供的线索来激活这些图式，所以依然听不懂文章；由于两种文化背景、价值观、风俗习惯的差异，听者不具备作者所预期的内容图式，从而造成"误读"。为此，如果能够有意识地训练学生在听力理解过程中自觉应用图式理论能有效地提高听力理解水平。

首先，增加学生的相关背景知识，相关的背景知识了解得越多，听力理解水平就越高。熟知目的语(即所学语言)国家的政治、文化、历史、地理及风土人情，民俗习惯等，有助于有关内容的理解。所以，要鼓励并有选择地指导学生课后大量阅读各种英语报刊杂志，收听英语广播，看英语的电影电视，上英语网站等通过这些方式积累各国的风土人情、社会、政治、文化、科普等各种知识，储存起来以便在听力理解过程中快速调取使用。在听材料之前，教师有选择地介绍文化信息或给予提示，使学生尽快进入状态，在头脑中建立新图式，为听力过程中信息的激活与补充做好充分的准备。在课堂听力教学过程中，当听力材料所需的背景知识与我们的文化有相似又有不同之处时，则可引导学生运用对比法，激活学生已有的图式或帮助其建立新的图式。

其次，让视觉与听觉充分合作，通过多媒体视听材料激活学生图式。传统的听力教学模式只能刺激听者的听觉，没有让听者接触到一种真实或接近真实的生活语境，最终的结果无疑是只能听懂，但无以作答。为了避免听力课上学生只听不说的局面，有条件的教师可借助于多媒体设备，通过声音、图像、文字、动画等界面加大对学生的视觉刺激，把深奥的信息和知识简单化、直观化和生动化，尽量缩短客观事物与学生之间的距离。

最后，听后进行综合练习，巩固和丰富图式。可将听与说结合起来，组织学生讨论分析材料中的观点、听后的感想，或对材料进行复述，或就文化背景知识进行问答，或采用写内容摘要等形式让学生进行产出性练习等后续活动，进行总体上的总结与回顾，使其扩大的图式或新构建的图式得以优化并长时间储存在记忆中，巩固并丰富图式。总之，听者掌握的背景知识越多，就越有利于图式的优化和丰富，形成良性循环，从而真正提高学生的听说能力。

3.3.2 记忆与英语听力教学

"听"是一个集生理、语言和心理等诸多方面为一体的复杂过程，仅仅依靠增加输入的强度和频率来提高听力是不够的，其中记忆因素在整个听的过程中起了非常重要的作用。近年来，工作记忆与语言教学各个层面(如词汇、阅读、写作)之间的关系问题已经受到越来越多的关注。根据工作记忆的特点，探讨英语作为第二外语的中国学生的听力理解，对提高其听力水平具有必要性和现实教学意义。

3.3.2.1 记忆的概念和基本理论模型

从事信息处理研究的心理学家们按先后顺序将记忆分为瞬时记忆(感觉记忆)、短时记忆(工作记忆)和长时记忆 3 个阶段。记忆的 3 个阶段既相对独立，又紧密相连，既分工又合作，共同完成理解的任务。

听者首先通过注意用耳朵接收外界的刺激。感觉记忆包括了视觉模态(visual)和听觉模态(auditory)的成分，它把我们日常碰到的各种颜色、声音、图像、文字、气味以原始的、未经分析的形式储存在记忆里。注意(noticing)是记忆的第一个阶段，没有注意也就形成不了感觉记忆。对这些注意到的信息进行初步辨认，叫做"形式辨认"(pattern recognition)，随后经过选择和过滤的后信息进入短时记忆。心理语言学家通过实验得出这样的结论："瞬时记忆的特点是，有鲜明的形象性，保持时间很短，在视觉范围内最多不超过一分钟，在听觉范围内估计在 0.25～2 秒之间"。针对感觉记忆具有选择性的特点，听者在进行听力理解时，必须集中注意力，排除其他干扰，以便获得深刻的"痕迹"，否则就会出现"听而不闻"的现象。

短时记忆对信息进行短暂的存储并进行分析和理解，具有储存信息和心理运作两大功能。短时记忆对信息以组块(chunk)为单位处理，对组块的意义进行预测、选择、判断和推导，输入长期记忆。在此阶段，人们主要依靠听觉实现解码，但有时也通过视觉和语义解码。它属一种尚未经过深层加工(实际上也不可能)的浅层次印象。短时记忆的存储功能和运作功能相互竞争有限的容量(平均值只有 7±2 个语言组块或单元)。Sperling(1960)关于听觉实验的结果显示,在听觉记忆中,短时记忆的成分最大,因而听觉记忆的容量是所有记忆形式中容量最小的。对外语的信息加工存在一个语码转换过程,如语素分析、语音分辨、音位、词汇层次顺序及语义合成等。这个过程无疑对短时记忆有更大的阻隔。所以要加大组块长度,拓宽记忆的广度,以减轻存储负担。Tulving(1967)曾做过实验,证明模仿或重复对短期记忆有作用,而且可提高从记忆中提取词义的效率。此外,词义的理解对短时记忆至关重要。经验知识是长时记忆(long-term memory)的表现,它对短时记忆具有熟悉效应(familiarity effect,Collins & Quillian 1969)和激活扩散(spreading activation,Collins & Lofftus 1975)的作用,有助于信息联结和记忆扩展,使短时记忆在这些"效应"的基础上得到良好的保持。

早已储存在长期记忆中的语言知识和非语言知识为感觉记忆和工作记忆的运行提供了基础。经过感觉记忆和工作记忆的处理,话语中的信息一旦被理解就进入了长期记忆。长时记忆中的语言知识和非语言知识,为听力理解提供了厚实的基础和广泛的线索,是听力理解必不可少的因素。Kintsch & Keenan(1973)研究认为长时记忆与短时记忆保持原话不同,长期记忆保存的是信息的意义或称命题主项,由(arguments)和谓词(predicates)构成。McKoon & Ratcliff(1980)进一步的研究指出命题是以网络结构层级结构或者网络激活结构储存,命题在网中彼此相连。即长期记忆中的信息是经过组织分类后形成,也需经过组织分类后才会在需要时从记忆中提取。

3.3.2.2 记忆在听力理解的过程中的作用

Anderson(1985)对听力理解过程的划分包括三个相互联系而又循环往复的过程:感知处理(perceptual processing)、切分(parsing)和运用(utilization)。O'Melley(1989)对第二语言学习者所做的"有声思维"研究证实了学生在听力理解过程中大脑的活动过程与 Anderson 提出的理解过程的三个阶段。在感知处理阶段,听话者的注意力集中在听力材料本身,并将所听到的声音暂时储存在短时记忆中。在这一阶段,人脑会有选择地注意那些与当前任务有关的或重要的信息。在切分阶段,听话者将短时记忆中的语音串切分成从句、短语、单词或其他语言单位,并在大脑中以心理表征的方式建构意义。通过切分,相对简单的命题可以被筛选出来,而原始的单词序列会因此形成一个以意义为基础的表象,并被留存在短时记忆中。短时记忆也叫工作记忆。在运用阶段,听话者借助背景知识和语言知识将大脑中听到的信息的心理表征与已有知识联系起来从而对听力材料作出正确的理解。背景知识和语言知识以命题而并非以原话的形式储存于长时记忆和图式中,新的意义通过激活长时记忆中的这些命题并与已有知识建立联系。听者使用背景知识和语言知识两种信息来辨别命题的意义。

Gagne 等人(1993)指出,听力理解过程是一个信息加工过程。听力理解过程的信息加工模式由一个结构系统(即认知系统)和一个功能系统(即元认知系统)组成,前者包括感觉记忆、工作记忆和长时记忆;后者指控制过程,包括选择性感知过程(即选择策略)、储存过程(即理解策略和记忆、储存策略)、提取过程(即提取策略)和反应组织(如心理—生理机制)(转引自曹慧芳,2007;苏连远,2002,2003)。英语听力理解过程中的每个认知活动均受包括元记忆在内的元认知过程(即控制过程)控制和调节。元记忆即人对自己记忆系统的认知,包括对记忆系统的内容、功能的认识和评价,以及对记忆过程的监控。杨治良(1999)研究表明,元记忆水平可影响个体的认知活动特别是记忆活动的顺利开展,而英语听力理解又与认知活动特别是记忆活动密不可分。

认知心理学家通常认为听力理解的信息加工分为自下而上和自上而下两种信息加工模式。(Wolff,1987;黄子东,1998)自下而上的模式注重细节特征,是一系列由低级到高级,即由字词解码而最终获取信息的过程;自上而下的模式突出整体结构的识别,强调长时记忆中存留的背景知识经验在理解中的作用,是一个预测、检验和证实的过程。日常交际是一个连贯的话语过程,而非线性输送,听者其实听到的是成段的语流,因此听力理解是一个连续过程,既有"自下而上"的资料驱动加工模式,注重细节特征,又有"自上而下"的概念驱动加工模式,侧重对整体的识别。两种信息加工模式相互作用,同时加工,在词、句、篇不同层面上共同促进听力理解。

3.3.2.3 记忆理论对听力教学的指导意义

1. 增加记忆中"经验成分"的储存

在理解的基础上记忆,可以提高记忆的效果,而大脑中记忆储存的"经验成分"信息愈多,愈能加快理解的速度,增强理解的深度和广度。倘若人脑中目的语的"经验成分"等于零,那么他就无法解码,更谈不是理解。所谓"经验成分"包括:①可感应性词汇,即活的词语;②根据交际的背景记忆可使用的语法规则,判断何时使用或不使用某种句式;③与人进行交际的社会文化背景知识。因此,记忆储存尽量多的"经验成分"是听力教学中的一个重点。

2. 加强第二语言思维能力的锻炼

在交际中,从记忆中提取言语信息并对听觉信号反应的活动主要是依靠思维系统来完成的。第二语言思维能力,即①快速组织言语内容;②正确组词造句;③选取得体的表达方式,是一种综合的思维能力。这种思维能力的锻炼和培养是提高听力的关键。在听力训练中,要想"听",就要"接受"信息,"接受"信息的过程,就是大脑思维的过程,大脑思维还必须依赖于大脑的记忆储存库。听、记忆和思维相互依赖、相互依存、缺一不可,具有辩证统一的关系。在听力教学中,应该紧紧围绕这三个重点,提高语言学习者迅速、正确、恰当地进行言语存储和编码的能力。

3. 提高联想能力,加强听力记忆

(1)接近联想 是指由一种经验或事件而想到在空间上或时间上与其接近的另一种经验或事件的思维规律。听力中即由熟悉的词或词组联想到与之接近的词、词组或事件。接近联想通常包括种属联想、因果联想等。例如,由"wanted ads","sports section","local news"联想到说话人在读报纸;通过关键词"ticket","balcony","seat"联想到说话人在剧院看演出;通过上句"I fell off a step and twisted my ankle"联想到说话人可能受伤后需要休息而不能自由活动了,等等。

(2)对比(相反)联想 是指由一种经验或事件想到特点或性质与其相反的另一种经验或事件的思维规律,在听力中即由熟悉的词或词组联想到与之相反的词、词组或事件。例如听到"There is, however, responsibility associated with bird feeding, including a disease hazard."(但是,喂食鸟类同样有责任在其中,包括导致疾病的危险),就会联想到前面肯定也同时说过类似"喂食鸟类是一项娱乐性很强的活动"(Attracting and feeding wild birds are entertaining activities that have long been enjoyed by people all over the world.)。

(3)相似联想 是指由一种经验或事件想到特点或性质与其相似的另一种经验或事件的思维规律。在听力中即由熟悉的词或词组联想到与之相似的词、词组或事件。例如在听到篇章主题句"My friend Leo makes up weak and poor excuses whenever there is something he doesn't want to do."(我的朋友里欧老爱说谎，总是为自己不想干什么编造牵强、糟糕的借口)，让我们联想到一个爱说谎的，说谎还说不全的，以至于不受人欢迎的，让人嘲笑、讨厌的一个人。

(4)形象联想法　形象联想法即通过想象把语言文字所表述的事物特征在脑海中和具体的实物形象联系起来，使之活灵活现地浮现在脑海里，增加可感度。例如对于人物描述，或者跟场景、事件等有关的听力材料就可以转化为活生生的图片形象进行形象记忆。在课堂上，教师可以增加将图画、动作、文字、声音和影像结合在一起的听力材料的输入，可以充分调动学习者的视觉、听觉、思维和想象力，强化记忆效果。

总之，提高联想能力有助于加强听力记忆。联想能力和听者的知识结构、生活经验、思维能力等密不可分。联想能力的提高要求听者平时要广泛阅读，扩充知识面，不断开发思维能力，善于总结联想方法，并在听力实践中有意识地加以运用。大量的朗读可以帮助学生在听到相关内容时更快地建立联系。中国学生受传统文化的影响，比较内敛、含蓄，常常喜欢默读的方式，这并非对于学习无所助益，但其效果却远不如口诵耳听与联想记忆相结合的大声朗读方式。

4. 加强学生注意力的训练

注意和记忆密切相关，注意是对信息的选择，进入感觉记忆的信息是很多的，但是如果不加注意，它们很快就会消失，注意在选择信息以提供进一步处理中起了很大的作用。很多学生可能有这样的感觉：明明觉得听材料时全懂了，可就是回忆不起来具体的内容。听力课上，教师应该加强对学生"注意力"的训练，特别是听较长的听力材料时，因为听觉记忆容量有限，有些信息如果不及时提示会很容易忘记，或未加注意。试验心理学研究表明，听力记忆容量有限，如果受试者马上得到提示，要求他们再现其中的某一部分，他们就会很好地在这些内容消失之前注意它们，但是如果提示延缓发出，他们就只能报告那些已经注意到的、并已经保存为更永久项目的内容。

教师在听前明确听的任务，并做听前话题讨论活动，听力课进行中经常向学生提问，对于唤醒学生对信息的注意力是很有帮助的。学生自己也应该加强自身注意力的训练：第一，要明确要听的预定目的和任务，增强有意注意的意识；第二，要培养对听力理解的兴趣；第三，情绪要适度紧张，保持注意的相对稳定性；第四，注意的分配要合理，听、思、记三结合，注意识别关键词、句、听音的重点，并记录关键词、重要信息、数字、人名、地名等，以便帮助听后回忆和思考；第五，碰到听不懂的地方不要冥思苦想，注意的转移要主动、迅速、及时；第六，过度疲劳容易造成注意力的分散，要劳逸结合。

5. 进行听前、听中和听后预测，减轻记忆负荷

预测是一种听力理解的辅助技能，它是指听者利用自己对该语言的知识、所给的信息(如标题、话题范围)以及自己的常识和经验对将要听到的文章内容进行预测并不断证实、修改预测内容，以获得更有效、清楚的理解。预测的成功运用可以大大减轻记忆的负荷，为其他认知活动腾出更多的记忆空间。

(1)听前预测　在听力教学课堂中，可以采取以下方法。一是通过标题、副标题及话题范围预测所听内容。这种有效的预测不仅激活了他们对文章内容的相关知识，而且使他们带着一定的目的性去听。二是通过所给的问题备选答案进行预测。例如答案中往往会反复多次提及同一词汇或概念，这些通常都是有用的信息，对于把握和理解整篇文章大意非常有帮助。

(2)听中预测　在听的过程中,可以通过一些语义转折处、时间指示词、数字、语气词、强调结构、虚拟语气的句子、带修辞的句子(如反语和夸张等)、反问句、语气、语调、建议句型、隐含(或者明示)的表原因的句子以及连接词等进行预测,因为对于这些关键点内容的把握有助于预测谈话关注的主要内容。当听到这些关键内容的时候,听者的注意力需要特别集中,而对于其他辅助信息,即使错过一点也不必太担心会影响整体的理解。

(3)听后猜测　在听完文章回答问题时,同样存在一个校对、修改的过程。凭借自己对听力材料的理解,结合所给问题的答案纠正或排除原来的错误预测,作出正确的选择。

6.进行速记训练,以辅助记忆

短时记忆的容量非常有限已是大家公认的事实。速记策略可起到短时记忆的功效。边听边记笔记这一听力策略可促使短时记忆的信息内容转化为书面材料,弥补短时记忆的不足;笔记甚至可帮助听者回忆出确切的所听到的字眼。速记策略不但可起到保持短时记忆部分内容,它还可为学习者为长时记忆内有意义信息的构建提供更多的机会与时间。速记是一种用简单的笔画把音节记下来的技术。速记训练就是要把要点记下来,但关键仍在于把意义先弄清楚,不能听到一个词就记下一个词。另外,在短时记忆中,有前摄抑止(proactive inhibition)和倒摄抑止(retroactive inhibition)的作用,所以中间部分与最易受到干扰的部分,是需要速记的重点。为了不使短时记忆超载,我们在教学中注意减少记忆单位,扩大记忆的广度,教会学生通过语篇标记词(discourse markers)、中心句(topic sentence)以及关键词(key words)、上下文(context)等手段抓住词、句、文之间的联系,把它们作为一个组块进行记忆,并通过速记,记下关键词句。

3.3.3 认知负荷理论及其在英语多媒体听力教学中的应用

目前,在我国多媒体教学已深入到了各个层次,并作为现代化教育技术的重要手段,已在我国得到了广泛的推广和应用。特别是在听力教学中,不少老师利用多媒体教学时已经脱离了粉笔和黑板,老师成为了播放操作者。有些多媒体教学用的课件与教学内容没有丝毫关系,学生看得眼花缭乱,听得心里厌烦。这样不但没有起到呈现知识点的作用,反而使得学生的认知资源没有得到有效利用。

教学内容中过多的冗余信息产生了"冗余效应"(redundancy effect);学生上课受到过多主题无关教学刺激的影响,以至于注意力分散,产生了分散注意效应(split attention effect)。(吴先强,韦斯林,2009)这些都要求在进行教学预设时,应该充分考虑学生的认知负荷,而不能脱离学生去作一些"理想化"的设计。如何解决这一问题,新近发展起来的认知负荷理论为我们深入研究有效教学问题开辟了新的道路。正如 Alexander(1997)所论证,认知负荷被当做是教学活动设计的一个重要因素,教学活动是否有效取决于(或部分取决于)它能否减少不必要的认知负荷。

3.3.3.1 多媒体教学方式的优缺点

多媒体的出现引导教学者去开发研究新的教学手段,提高了教学的直观性。多媒体教学内容形声化、表现方法多样化,对学生的感官进行多路刺激,开展情境教学,从而创设一种喜闻乐见的、生动活泼的教学氛围。多媒体教学增加了教师课堂时间,提高了教师授课内容,增强了学生对教学内容的理解和知识面。多媒体教学提高了授课范围和面积。多媒体教学有利于实行双向教学，提高教学效率。

与常规教学媒体相比，使用多媒体教学展示的应该是教学内容的重点、难点。一味地追求使用多媒体，会导致多媒体计算机成为教学的干扰因素。如果所采取的图片和音频资料过多，画面上的信息过于丰富，反而会分散学生注意力，降低教学效果，把多媒体形声化的优点变成缺点。多媒体计算在丰富表象、补充文字教材不足方面具有很大作用。但是表象不能代替经验，不能忽视语言逻辑的作用，要注意发展学生思维能力、想象力。另外，课件信息含量很大，很容易形成无重点现象。

3.3.3.2　影响多媒体有效教学的因素

认知心理学的研究表明，学习者的认知效率在很大程度上受制于"工作记忆"对信息的有限加工和"注意"的选择性，即复杂的学习内容会降低他们的学习效率。这就是有效教学无法实现的根本原因。

教师因素也是一个主要的原因。有些教师意识到多媒体教学是一种先进的教学手段，便不肯割爱，无论于什么样的教学内容都使用多媒体进行教学，以为只要使用多媒体辅助教学，效果就一定会好，媒体使用得越多，效果就越会好。事实证明并非如此，如果每节课一味追求多媒体，忽略其必要性，或者一味追求课堂上教学过程的"奢华"，讲究声音、录像、动画和投影，追求知识传授上的"大容量"，最终刺激了学生的无意注意，分散了学生的注意力，把学生搞得顾此失彼，反面降低了课堂效率。

另外，学生的主体因素也不可忽视。传统课堂中，学生处于被灌输的状态。多媒体课堂中，学生作为教学过程的主体，在教学过程中应主动地接受外来影响。但是很多学生主观能动性低下，缺少学习自主性。当学生接触到多媒体教学时，总觉得节奏太快，信息量太大，很不适应。结果导致其对多媒体教学产生了抵触情绪甚至厌烦心理，学习成绩自然得不到明显的提高，相反可能会下降。如果再加上老师使用多媒体技术不适当，使得教学重点不突出，不能很好地降低知识抽象性，不能引起学习者的注意，那么更加谈不上激发并强化学生其他有利于学习的各种认知活动了。

3.3.3.3　认知负荷理论的启示

认知负荷理论(cognitive load theory)由澳大利亚心理学家约翰·斯威勒(John Sweller)1988 年首次提出。近年来，该理论对教学的指导作用也越来越受到人们的关注。所谓的认知负荷是指同时被要求施加在工作记忆上的智力活动的全部数量，即工作记忆必须注意和处理的内容总和。

首先，从认知负荷的构成来看，有三种基本类型的认知负荷：内部认知负荷、外部认知负荷和相关认知负荷(Paul,2002)。内部认知负荷(intrinsic cognitive load)，它取决于所要学习材料的本质与学习者的专业知识之间的交互程度。外部认知负荷(extraneous cognitive load)是超越内部认知负荷的额外负荷，它主要是由设计不当的教学引起。相关认知负荷(germane cognitive load)是指与促进图式构建和图式自动化过程相关的认知负荷。外部认知负荷和相关认知负荷都直接受控于教学设计者。为了促进有效学习的发生，在教学过程中应尽可能减少外部认知负荷，增加相关认知负荷，并且使总的认知负荷不超出学习者能承受的认知负荷，否则，就会产生较低的认知效率。

其次，从学习者知觉的加工模式角度分析认知负荷的启示。因为人的工作记忆容量是有限的，认知负荷的减少降低了总的认知负荷，因此可释放出一定的工作记忆容量。认知心理学的自上而下和自下而上的知觉加工模式认为,只有自下而上的加工模式时,对信息的接受和处理速度,以及对复杂刺激的处理能力都是有限的,必须让自上而下的加工参与和支持下,自下而上加工的水平才可以得到一定程度的提高。两种加工在工作记忆中结合,如果留有足够多的认知空间,便于学习以及学习者获得较多自上而下加工的支持,就会有利于其对材料的学习,这使得教育者可在有限的时间内传授更多的知识,或者使学习者有更有效的学习。由此,学习者便可以获得更高级的知识和学习能力。

另外,从学习材料的编码方式看认知负荷的启示。Paivio(1991)的双重编码理论认为视觉和听觉材料在不同的处理系统被处理。视觉通道处理最初来自视觉的信息并最终形成图像表征。听觉通道处理最初来自听觉的信息并最终形成听觉表征。如果需处理的材料只用一个处理系统进行处理,那就可能造成负荷超载而使得一些信息无法处理,如果把材料分开来用视觉通道和听觉通道分别进行加工和处理,将有利于材料的理解和学习。

最后,学习者在学习与问题解决过程中,认知负荷与获得大量的陈述性知识(比如图式、脚本等),获得程序性知识并转化为认知技能有密切联系。长时记忆系统中储存有大量的图式,这些图式被提取到工作记忆系统中,并可以作为单个元素进行处理。当某种知识(或图式)含有多种相互作用的元素时,这些知识将加重认知负荷。

3.3.3.4 改进多媒体教学的方法

1.教学材料设计

根据通道效应,可以提出多通道教学材料设计原则,即利用视觉和听觉呈现信息的不同部分。这一原则适应于多数的包括图片与文本两部分内容的教学过程。如,教师可以采用视觉呈现背景知识和听力材料,采用听觉呈现文本信息,这样可以提高学习者的听课效果。

根据冗余效应,可以提出避免内容重复教学材料设计原则,即在呈现新知识时,不要以不同的形式重现相同的内容。因为学习者在阅读或者听冗余信息时会消耗他们的认知资源,从而影响学习效果。

根据分散注意效应,可以提出信息整合教学材料设计原则,即将各种信息源的信息整合到一起。如,教师也可以进行逐步标记讲解,这样能更清楚地表明一个问题解决的步骤和问题解决的子目标与总目标之间的关系,从而提高学习效果。

2.媒体与信息的双向选择

利用多媒体呈现信息时,既要充分考虑学生的认知特征,也要考虑媒体的适合性。信息加工论者把知识分成两种:一是陈述性知识,这是属于感觉、知觉、记忆等方面的;一是程序性知识,这是属于思维方面的(林众等,1996)。一般来说,陈述性知识适宜用抽象形态的媒体呈现,如文本、声音、图表等。程序性知识(如技能、技巧和事实等)适宜用具体形态的媒体加以呈现。因此,在编制与运用各类媒体时,需要了解每个教学媒体的教学功能和特性,根据需要取长补短、综合运用。

在利用媒体呈现信息时,要根据教学内容和学习者的特征来确定媒体。需要注意的是:图形、词汇和数字显示都会引起心理上的言语和表象。图形一般需要配有一定的言语内容或采用有选择性的简化形式,如用线条画出。图像一般用于重复显示文字所陈述的信息。通常情况下,学员短时间内就能接受一个口头语言,但却需要相当长的一段时间才能接受印刷文字。与口述相比,文字材料和图像更适合呈现需要较长时间注意的复杂任务。言语信息可以通过任何一种媒体形态进行感知,既可以从阅读印刷文字感知,也可以从听取口头语言感知;而图

像一般只能通过视觉接受。这些感觉上的不同在一定程度上影响着教学。(崔继馨等,2003)

3. 媒体运用要把握教学内容的本质

国内课件多是再现书本知识的呈现式学习,从多个方面对知识进行审视,而是附加了大量的冗余信息。设计出的界面虽然很精美,但课堂内容很多,还是"满堂灌"的教学模式,学习者仍然处于被动的学习环境之中,而没有发挥其积极主动性。在这样的学习环境中,学习者的注意力很容易被吸引到画面和音乐上去,而不是把认知资源很好地投入到意义建构上。以至于,学习者对于学习的内容本质以及所体现的内涵和思想知之甚少,知识的同化和顺应很少发生,这样也就偏离了教学设计的主要目的。

媒体运用的关键不在于技术,而是对于内容本质的把握。因此,媒体运用应始终坚持为内容本质服务的原则。

4. 在多媒体课件中使用标记技术

在课堂学习环境下,制作出严格的简洁呈现材料几乎是不可能的,设计者可以将重点内容标记出来,比如:①将重点语句用加重字体、颜色或加框标记出来;②将图片中的重要信息用箭头指出;③使用联系图将相关内容连接起来,帮助学习者在认知的因果链中建立关系;④通过重读解说词中的关键词帮助学生选择言语。通过标注符号的方法帮助学生选择和组织信息,这样学生能更好地理解加工内容,从而减轻认知负荷。

本章参考文献

Adams, M. J. & Collins. A Schema-Theoretic View of Reading[A]. R. O. Freedle. in New Directions in Discourse Processing[C]. New Jersey: Ablex Publishing Composition, 1979.

Alexander Seeshing Yeung. at el. Cognitive Load and Learner Expertise: Split-Attention and Redundancy Effects in Reading with Explanatory Notes[J]. Contemporary Educational Psychology, 1999(23): 1-21.

Anderson, J. R. Cognitive Psychology and its Implications[M]. New York: W. H. Freeman, 1985.

Anderson, A. & Lynch T. Listening[M]. Oxford: Oxford University Press, 1988.

Austin, J. L. How to Do Things with Words [M]. Oxford University Press, 1962.

Bartlett, F. C. Remembering: A Study in Experimental and Social Psychology[M]. Cambridge: Cambridge University Press, 1932.

Carrel, P L & J C Eisterhold. Schema Theory and ESL Reading Pedagogy [J]. TESOL Quarterly, 1983(17).

Carrell, P. L. Three Components of Background Knowledge in Reading Comprehension [J]. Language Learning, 1983(33).

Carrell, P. L. & Eisterhold, J. C. Schema Theory and ESL Reading Pedagogy[J]. TESOL Quarterly, 1983(12).

Collins and Loftus. A Spreading Activation Theory of Semantic Memory. Psychological Review, 1975(82): 407-428.

Collins and Quillian. Retrieval Time from Semantic Memory[J]. Journal of verbal learning and verbal memory,1969(8):240-247.

Cutting,J.,Pragmatics and Discourse[M]. London and New York:Routledge,2002.

Firth,J. R. Papers in Linguistics[C]. 1934—1951. London:Oxford University Press,1951.

Grice,H. P.,Logic and Conversation[A]. in 何兆熊. 语用学文献选读[C]. 上海:上海外语教育出版社,2003. 365-388.

Grice,H. P. Logic and Conversation[A]. in P. Cole & J. Morgan(eds.). Syntax and Semantics[C],1975(3). 41-58.

Hammer,J. The Practice of English Language Teaching[M]. London:Longman,1983.

Hymes,D. Foundations in Sociolinguistics:An Ethnographic Approach[M]. Philadelphia:University of Pennsylvania Press,1974.

John,I. Saeed. Semantics[M]. Foreign Language Teaching and Research Press & Blackwell Publishers Ltd,2000:203-224.

Kintsch,Walter A.,and Keenan,J. Reading Rate and Retention as a Function of the Number of Propositions in the Base Structure of Sentences[J]. Cognitive Psychology,1973(5):257-274.

Leech,G. Principles of Pragmatics [M]. London:Longman,1983.

Levinson,Pragmatics and the Grammar of Anaphora[J]. Journal of Linguistics,1987,27(2).

Levinson,S. C. Pragmatics[M],Cambridge:CUP,1983.

Levinson. Pragmatic Reductionof the Binding Conditions[J]. Journal of Linguistics,1991,27(1).

Malinowsk,I. B. The problem of meaning in primitive languages[A]. Supplement to C. K. Ogden& I. A. Richards. The Meaning of Meaning[C]. Routledge & Kegan Paul,1923.

McKoon,G.,& Ratcliff,R.. Priming in Item Recognition:The Organization of Propositions in Memory for Text[J]. Journal of Verbal Learning and Verbal Behavior,1980(19):369-386.

O'Malley,J. M.,A. U. Chamot& L. Kupper. Listening Comprehension Strategies in Second Language Acquisition[J]. Applied Linguistics,1989(10):419-437.

Paivio,A. Duel Coding Theory:Retrospect and Current Status [J]. Canadian Journal of Psychology,1991(45):255-287.

Paul A,Kirschner. Cognitive Load Theory:Implication of Cognitive Load Theory on the Design of Learning[M],2002,12(1):1-10.

Robin,D. C. Memory in Oral Traditions[M]. Oxford:Oxford University Press,1995.

Rost,M. Listening in Language Learning[M]. Longman,1990.

Rumelhart,D. E. Schemata:the Building Blocks of Cognition[A]. R. J. Spiro,B. C. Bruce, and W. F. Brewer(Eds.)in Theoretical Issues in Reading Comprehension[C]. Hillsdale, N. J.:Erlbaum,1980. 33-35.

Searle,J. R. Indirect Speech Acts [A]. In P. Cole &Morgan. (ed.) Syntax and Semantics

[C]. New York:Academic Press,1975:59-82.

Searle,J. R. Speech Acts:an essay in the philosophy of language [M]. Cambridge University Press,1969.

Sperber D. & D. Wilson. Relevance:Communication and Cognition(2nd edition)[M]. Beijing:Foreign Language Teaching and Research Press,2001.

Sperber,D. &Wilson,D. Relevance:Communication and cognition[M]. Oxford:Blackwell, 1986/1995.

Sperling,G. The Information Available in Brief Visual Presentations[J]. Psychological Monographs,1960(74):1-29.

Thibault,P. Re-reading Saussure:The dynamics of Signs in Social Life[M]. London:Routledge,1997.

Tulving E. The Effects of Presentation and Recall of Material in Free-Recall Learning[J]. Journal of Verbal Learning and Verbal Behavior,1967,6(2):175-184.

Wolff,D. Some Assumptions about Second Language Text Comprehension[J]. Studies in Second Language Acquisition,1987(9):307-326.

曹慧芳. 听力学习策略在高职高专英语听力教学中的应用研究[D]. 华东师范大学硕士论文, 2007:3.

常宗林. 图式及其功能[J]. 山东外语教学,2002(5):30-33.

崔继馨,李丽,白梅. 网络课程内容的媒体呈现形式设计[J]. 天津电大学报,2003(2).

杜诗春. 新编心理语言学[M]. 上海:上海外语教育出版社,2002. 445.

封宗信. 格莱斯原则四十年[J]. 外语教学,2008(5).

何兆熊,蒋艳梅. 语境的动态研究[J]. 外国语,1997(6):16-22.

何兆熊. 新编语用学概要[M]. 上海:上海外语教育出版社,1999.

何兆熊. 新编语用学概要[M]. 上海:上海外语教育出版社,2000.

何自然,冉永平. 关联理论——认知语用学基础[J]. 现代外语,1998(3).

何自然,冉永平. 语用学概论(修订本)[M]. 长沙:湖南教育出版社,2002.

胡壮麟. 语境研究多元化[J]. 外语教学与研究,2002(3):161-166.

胡壮麟. 语篇的衔接与连贯[M]. 上海:上海外语教育出版社,1994.

黄子东. 话题熟悉程度、语言水平和问题类型对 EFL 听力理解的影响[J]. 现代外语,1998(4): 21-42.

黄子东. 一项基于图示理论和关联理论的实验研究[J]. 现代外语,1998(4):18-43.

江涛. 大学英语四级考试全真试卷[M]. 北京:石油工业出版社,2010.

姜望琪. 当代语用学[M]. 北京:北京大学出版社,2005:3.

李冬梅. 近十年来国内英语听力理解研究评述[J]. 外语界,2002.

林众,冯瑞琴. 计算机与智力心理学[M]. 杭州:浙江人民出版社,1996:148.

刘绍龙. 背景知识与听力策略——图式理论实例报告[J]. 现代外语,1996(2).

苗兴伟. 关联理论与认知语境[J]. 外语学刊,1997(4).

牛保义. 会话含意理论研究回顾与展望[J]. 外语研究,2002(1):6-13.

苏连远. 论听力学习策略的可教性——一项基于中国外语初学者的实验研究[J]. 现代外语,

2003(1).
苏连远.如何实施听力学习策略训练[J].外语电化教学,2002(85).
王初明.应用心理语言学[M].长沙:湖南教育出版社,1990.
王晓红.图式理论与二语听力教学研究[J].兰州交通大学学报,2004(2).
吴庆麟,等.认知教学心理学[M].上海:上海科学技术出版社,2005:79.
吴先强,韦斯林,国外认知负荷理论与有效教学的研究进展及启示[J].全球教育展望,2009(2).
星火英语.大学英语四级考试全真试卷[M].青岛:中国海洋大学出版社,2006.
熊学亮.含义分类标准评析[J].外语教学与研究,1997(2).
徐盛桓.常规关系和文化教学[J].外语与外语教学,1996(1).
徐盛桓.常规推理与“格赖斯循环”的消解[J].2006(3).
杨治良,郭力平,王沛,陈宁.记忆心理学(第二版)[M].上海:华东师范大学出版社,1999:155.
张必隐.阅读心理学[M].北京:北京师范大学出版社,1992.
张琼.语境与英语听力教学[J].西南民族大学学报(人文社科版),2004(3):443-446.
张希永,李志伟.在听力教学中培养常规关系意识[J].长春师范学院学报,2007.
赵艳芳.认知语用学概论[M].上海:上海外语教育出版社,2001.
周相利.图式理论在听力理解中的应用[J].外语与外语教学,2002(10):2.

第 4 章
阅读学习和教学理论与应用

4.1　阅读教学中的教与学

4.1.1　学生阅读中的常见阅读问题

英语阅读是英语教学的一项重要内容。作为语言学习的主要输入方式,阅读在听、说、读、写四项技能中占有很重要的地位。它是人们获取信息,进行学习的最基本途径。在国内外各种语言测试中,阅读所占的比例很大。多年来,中外学者对阅读的本质、阅读的心理机制、阅读的策略与方法、阅读教学的理论、阅读课教学的模式等也作了大量的研究与探索,认识到:影响中学生英语阅读能力的提高有若干因素,英语阅读的习惯是其中之一。

阅读是接触语言、获取知识的主要途径,习惯则是人们在长期实践中逐步养成的行为倾向。学生必须养成默读、跳读、寻读、略读等良好的英语阅读习惯,在阅读过程中实现行为控制,保持智力活动的恒常性,提高阅读速度及理解的准确率,增加理解的深度。然而,不少学生却养成了不良的阅读习惯。

目前学生在阅读中一些常见的阅读习惯定势表现在以下几个方面。

1. 不恰当的生词策略

有的学生遇生词时直接去查电子词典,不能采取积极的态度,以合理的策略处理之,使阅读于良好状态中继续进行。在阅读时过分地依赖词典或其他工具书。这一习惯势必影响阅读的良性进展,估计与其词汇障碍有关。有的同学则不管理解与否,只管读下去,这也影响阅读质量,使阅读理解呈现粗糙的特征。这与词汇障碍、句法障碍及个人性格有关。不管从哪个角度考虑,很难说这两种习惯是好习惯。

2. 不恰当的难句策略

这可能与句法障碍有关系。有的同学遇难句不理解时继续阅读，这必然影响阅读质量。有些学生遇到长难句型或词汇量大、句中伴有插入成分的语句时则不会正确识别和处理，造成理解失误，从而影响了阅读理解的正确性。有的同学先啃懂难句而后继续阅读，这种习惯过于循序化，影响阅读的流畅性，不是好习惯。

3. 缺乏篇章阅读技巧策略

有的同学没有养成整体阅读的习惯。通过段落主题句及全文主题句来理解段落及全文，这是英语阅读的重要技巧，它在很大程度上决定着阅读的质量和理解的正确度与深度。多数学生一开始总是习惯于逐字逐句地进行阅读或仅停留在句子的水平上，借用语法知识去分析、去理解，而不是按段落来进行阅读、分析以及寻找中心思想，缺少对文章段落内部和段落之间的逻辑关系的了解，对所读的内容不能进行正确归纳、分析、推断。于是发现有同学读过文章之后，对每个词的意思都基本了解，但对全句意思并不是很清楚。

在英语阅读时习惯于“心译”。其特征是：一边阅读，一边在心里翻译，如有同学用直尺比着逐行阅读，有同学拿笔指着逐字阅读，有同学边阅读嘴唇在不自觉地动。他们和“用英语进行思维”还没有沾上边。这就对英语阅读形成了障碍，影响了阅读的流畅性。其原因之一可能与英语词汇的词义、句式等不熟悉有关。

回读（regressive eye movements）这一习惯减慢了阅读的速度，影响阅读的流畅性，严重者可能挫伤阅读兴趣。其原因可能有：读时注意力不集中，无法统领语篇要旨及重要细节；因词汇及句法障碍没能读懂或一知半解，等读到后面有所悟时便回视以核对自己的理解。这是一种不良的阅读习惯，它影响阅读速度和质量。

4. 从事低层次阅读

阅读理解是作者的书面信息与读者的积极心智活动有机结合、相互作用、不断推进的动态过程。阅读理解大致有以下4种层次：

表层理解：通过对词汇、句子的解码，理解语篇的字面意义及其传达的客观信息。

深层理解：既理解句子及语篇的字面意义，也理解某些句子或段落，通过使用特定的词汇、句式在特定的语境中所隐含的真实意义，包括作者的态度倾向、意图目的及感情倾向等。既理解某句某段的客观信息，也能据此客观信息推断出符合逻辑的没有明述的另一结论。

评价性理解：读者在阅读过程中对作者于文中所表达的思想、观点的正确性或描述的事件的真实性作出自己的判断，按自己的价值标准来评估或衡量作者的价值观念。

欣赏性理解：读者在阅读过程中以自己的文学艺术标准对文章的语言运用及写作技巧等进行感受、体验、鉴别和欣赏，表示赞美并享受其语言美。这实际上是阅读理解中认识活动与情感活动交融一体的心理过程。这是阅读理解的高级境界。

但在我国，对大多数学生来说，阅读从开始学外语以来就是任务，阅读的任务是完成阅读理解题（大多为标准化客观题）。日积月累，学生们形成了一种十分功利的习惯：阅读就是做题，做完题就交差完事，什么是自己所需要的、自己学到什么就无所谓了，没有真正对阅读材料融会贯通，同时也对阅读无兴趣可言。这是一种典型的“低层次”表层阅读理解，这不利于学生自主性学习习惯的形成，需要加以纠正，不断培养其高层次阅读习惯，以便他们成为真正的自主学习者。

4.1.2 阅读教学中的问题

从目前英语阅读教学的状况来看，传统的阅读教学方法仍占有绝对的统治地位，它所存在的问题不容忽视，表现在以下几个方面：

1. 片面强调语言的符号性分析，忽视文化背景知识的介绍

所谓文化背景知识是指词语中储存所学语言国家的地理、历史、经济、艺术、生活习俗、社会结构和民族心理等特点的信息。对于一个阅读外语文章和作品的读者来说，如果不知道其中所涉及的客观事物，特别是一些特有的事物，历史背景，典故或者专门术语，那么这种理解只能是肤浅的，甚至根本不能理解。如：John can be relied on. He eats no fish and plays the game. 这样一句简单的句子似乎不难理解，但 to eat no fish 和 to play the game 分别是典故和成语。To eat no fish 出自一个典故，指英国伊丽莎白女王时代，耶稣教徒为了表示对政府的忠诚，拒绝遵守反政府的罗马天主教徒在星期五吃鱼的习俗。因此，to eat no fish 是表示忠诚的意思。To play the game 是成语，其意思与 to play fair（规规矩矩地比赛）同义，因此转义为"公平对待"，"为人正直"等。因此要正确理解英语文章，或者作品，除了要有较高的语言基础外，还要有较宽的知识面。

2. 重语言表层结构，轻篇章整体意义

英语教师在对阅读课文进行教学时，受传统的语法翻译法和直接法，及自身客观因素的影响，往往偏重对材料的分析，偏重语法教学，把阅读当精读，教学过程就是拼读生词，讲解单词，补充词组，罗列搭配，逐句逐段分析句子结构、语法等。将一篇完整的语言材料肢解成一些短语、句式、语言知识点。以教师为中心，不停的向学生灌输这些割裂的内容，缺乏从语篇高度思考问题的能力，学生对阅读材料的理解是只见树木，不见森林。更重要的是教师进行阅读的时候缺乏对学生正确的阅读方法的技能的训练，学生无法独立而准确的进行独立阅读，缺乏课外阅读能力。

3. 以教师为中心的讲授式教学，忽视学生在教学中的主体地位

这是说教师在整个教学活动中包揽一切，成为教学的主体。从词汇语法的意义功用的解释说明到文章的主题、思路、结构、体裁的分析总结，无一不是由教师主动告知学生，几乎替学生免去了一切动脑思考的机会。这使学生不仅在学习中越发被动，而且始终没有机会依靠现有知识对文章剖析推理的技巧性锻炼。

4. 教学目标与教学方法的脱节，由此导致教学与考试的脱节

英语阅读的学习目标不仅仅是获得词汇语法知识，更是为了提高英语交际的综合能力。对于学生而言，他们将参加的各种阶段考试和水平测试也需要较强的阅读理解能力。而传统的、以精读为主的阅读教学主要以解释理论为基础。这种理论认为，阅读是一个"自下而上"(bottom-up)的模式，是一个从左到右对字、单词、拼写模式和更大的语言单位的详细而精确的辨认过程。传统的教学模式从发音、拼写与语义、语法，从形态特征到功能范围都详加研究、分析，往往使学生知其然而不知其所以然；课堂上也是以教师单向的灌输为主，缺少师生之间的交流与对话，主要是教师"填鸭式"的满堂灌，学生则完全处于被动的机械记忆状态。虽然此法对学生在有限时间内获得更多的语言形态知识（formal knowledge）是有益的，但对学生总体的阅读理解能力的培养并没有显著成效。学生在阅读课上获得的是关于某几篇文章的词汇、

句型、内容的相关知识，而考试则要求在有限的时间内读完几篇短文并正确回答提出的问题，学生必须具备较强的阅读理解能力，才能在考场上“随机应变”。显然，以语言分析为主的阅读教学不能对提高学生的阅读速度和理解的准确性有大的帮助。往往是学生费了很大力气，成绩却并不理想，导致学生自信心下降，学生积极性受挫。

5. 阅读教学没有拓展到写作的层面

许多英语教师在进行处理阅读材料时，往往只局限与英语阅读材料本身，没有对英语阅读材料进行结构上的分析，所以学生在进行仿写练习时，往往不得要领，无从下手，这实际上是对阅读材料作为一个极好的写作范文的浪费。

4.2 英语阅读教学改革及其相关理论依据

4.2.1 图式理论与阅读学习和教学

图式阅读理论(schema theory)是近年来比较新的一种阅读理论。它是认知心理学家、语言学家和人工智能专家共同努力的结果。它融合了传统的观点和心理学的观点，将阅读的过程解释为读者在语篇水平各个层次上的自上而下和自下而上两种信息处理方式相互作用的过程。这些层次包括字、词、句、篇章、语义和结构。近年来图式理论被用于外语教学领域，它对人们理解阅读的心理过程和探索新的阅读教学方法有着重要的意义。

4.2.1.1 图式理论概述

在图式理论阅读模式诞生之前，由高夫(Gough)提出的“自下而上”模式(the bottom-up model)和古德曼(Goodman)提出的“自上而下”模式(the top-down model)曾经深深地影响英语阅读教学。“从下至上”模式认为：阅读是一个解码的过程，首先从下层最小语言单位字母开始逐步识别单词、短语，然后按语法规则理解分句、句子，最后把每个句子的意思联系起来构成在语篇层次上的理解。在这个过程中，上层信息的处理过程不影响下层信息的处理，读者是信息的单向被动接受者。在这一理论的指导之下，词汇、语法这类基本要素的掌握被看做是进行有效阅读、提高阅读能力的关键。“自上而下”模式则强调读者在阅读过程中的主动作用：阅读者不是逐字逐句地去理解，而是在文本中选取某些信息，结合自己的经验或有关知识作出预测，然后在下文中找到相关信息来验证自己的预测。于是就有了著名的“阅读是心理语言学的猜字游戏”的论断。然而，教学实践经验告诉我们，词汇、语法知识的丰富程度与阅读准确度的高低往往不成正比。而预测也并非可靠的途径。

现代图式理论的产生一般认为与心理学家巴特利特(F. C. Bartlett)的早期著作品 *Remembering：A Study in Experimental and Social Psychology*(1932)有关。Bartlett 认为图式是指对过去的反应或经验的积极的组合。他据此提出了用于研究阅读心理的图式概念。通过一系列的实验，他提出了图式用于语言理解的基本原则。心理学家 Jean Piaget 进一步把图式看做包含动作结构和构思结构在内的从经验到概念的介物，他主张“图式是认知或智能结构，人们借助这些结构来适应和组织环境。”

随着心理语言学的进一步发展，高夫和古德曼的理论被鲁姆哈特(Rumelhart)进一步丰富，提出了互相作用式阅读模式，即“图式理论”模式。在大脑对某一信息范畴的表征中，存在一种综合性特征，往往是命题、表象及线形顺序的组合，即图式(schema)。图式是记忆结构，包括语言知识，社会、文化知识和其他知识，也包括已形成的神经反应模式。图式在语言学习中不仅具有储存信息的作用，而且有助于对新知识的理解和问题的解决。Rumelhart(1980a)指出：将读者已有的背景知识(background knowledge)(图式)看做正确理解篇章内容的关键所在，读者在阅读时，先前存入的知识会与文章中的符号产生联系，这对于读者了解文中信息内容至关重要。后来，Rumelhart(1980b)提出了依据图式是表征储存在记忆中的概念资料结构(data structure)这一论断，读者之所以能够很好地理解所读内容，一个重要因素就是这一结构所起的作用。

现代图式理论的主要论点是，人们在理解新事物的时候，需要将新事物与已知事物的概念、过去的经历，即背景知识联系起来。对新事物的理解和解释取决于头脑中已存在的图式(schema)，输入的信息必须与这些图式相吻合。理解的过程是图式具体实现的过程。根据这一理论，对于任何语篇来说，只有在当读者将自己已有的背景知识和该语篇所负载的文字信息联系起来的情况下，它才能产生意义，从而被理解。而理解的正确性取决于阅读者背景知识的质量(Anderson，1984)。

图式理论表明文章最有效的理解过程是一种相互作用的过程，即"自上而下"和"自下而上"的处理方式相互结合的过程。"自上而下"的方式是读者根据先前的经历和背景知识预测输入的信息，并对这种预测予以肯定或否定。"自下而上"的方式是对单个的语言单位进行解码的过程(如：字母、单词、短语)。输入头脑中的信息起始于最基本的具体图式，这些具体图式聚合成较大的高层次图式，从而激发头脑中较大的图式发生作用。"自下而上"的方式使读者容易注意到新信息，注意到那些与他们所设想的话语内容和结构不相符的信息。"自上而下"的方式加速信息的吸收或同化，有助于读者消除歧义。这两种方式通常在阅读理解过程的各个层次同时发生。有经验的读者在阅读中总是不断交替使用这两种方式。

图式理论将阅读过程理解为"读者所具备的背景知识与阅读材料互相作用的过程"，是一个自下而上和自上而下的不断交差的双向过程。来自书面的视觉符号及它们所承载的信息与人们头脑中知识库所储存的信息相互作用。人们在阅读时，不断地对印刷视觉符号进行扫描，经过发音、词法、句法、语义最终达到阅读理解；与此同时，信息处理也由高级阶段的处理向低级阶段的处理发展。读者利用包括语言知识在内的已知储存信息对应扫描到的视觉符号，对其进行信息假设。这种假设是一种选择的过程，一种对假设进行肯定或否定，验证或修改的过程。二者如果相吻合，就产生了正确的理解。

4.2.1.2　图式在阅读理解中的作用

根据图式阅读理论，读者的阅读能力由三种图式决定：语言图式(linguistic schema)、内容图式(content schema)和形式图式(formal schema)(柏玉和，2007)。语言图式是指读者对构成阅读材料的语言的掌握程度，它包括词汇、语法和习惯用法等方面的语言知识，语言图式在阅读理解中起着最基本的作用；内容图式是指读者对文章所讨论的主题的熟悉程度，它包括影响语言意义理解的文化背景知识；形式图式是指读者对文章体裁的了解程度，它包括阅读材料的体裁和篇章结构。

在阅读过程中，这三种图式是相互作用且不可分割的，它们与文章的语言、内容和形式相互作用，从而决定了读者对文章的理解程度。这三种图式中，语言图式是内容图式和形式图式的基础。不具备相应的语言图式，读者就没有识别篇章中的字、词、句的能力，不能利用文章提供的信息进行内容和形式的加工无法理解篇章。但是,如果读者理解篇章中的字、词、句,却没有相应的内容图式,或虽具有相应的图式却不会调用,同样会出现无法理解篇章的现象。形式图式的掌握有利于按不同篇章的体裁和结构去理解篇章,有利于记忆其主要内容。相互作用模式在很大程度上克服了"自下而上"或"自上而下"两种模式存在的缺陷,因此受到人们的广泛关注。图式对于阅读理解的重要作用主要体现在以下几个方面:

1.促进编码

图式是认知的基础,对新输入的信息的解码、编码都依赖于人脑中已有的信息图式、框架或网络。人们理解文章时常依赖阅读材料所激活的图式,如:先前的经验、阅读过的书本或看过的电视节目等。当阅读英语文章时,学生运用图式,把文章内容与自己已有的背景知识结合起来,找出适当的"结合点",并把它们融入头脑中已有的图式中,使之精致起来,从而形成易于理解的编码。

2.帮助记忆

图式作为一种心理组织,集合了关于事物的具体构成知识,这些结构的内部联系是非常紧密的,有很强的整体性,这对于理解和记忆知识具有重要的作用。我们知道,当人们回忆学过的知识时,总是要按照一定的线索从记忆中提取有关信息。而图式就是用这种框架结构把课文按线索进行组合,因而易于记忆或提取信息。

3.形成推论

学习或使用英语的过程实际上是一个信息储存和处理的过程,输入的信息激活内在相关的图式,使大脑能对信息进行正确的判断和推论。推论就是把阅读材料所给予的信息,编织到已有的知识结构中去,使之成为有意义的整体。推论的正确与否正是检测阅读理解能力的重要指标(杨晓燕,2000)。所以,我们要让学生利用和建立自己的图式知识,对文章内容进行预测、证实,引导他们注意理顺语篇的逻辑关系,培养他们对文章篇章结构的分析、推断、归纳和总结的能力。

4.2.1.3 图式理论对英语阅读教学的启示

王晓青(2009)根据图式理论进行的课堂实证研究表明:语言图式的缺乏还是学生阅读的第一大障碍。另外,当学生在完成细节的阅读时,内容图式的作用要远大于结构图式;而当他们要进行整体篇章语义的构建时,结构图式的作用就大了许多,不熟悉的结构图式会导致学生无法完全理解整篇文章的内容。因此,教师在平常的阅读教学中有必要根据图式在阅读理解中的作用进行一些相应的教学改革和探索。

1.提供阅读前导以丰富学生的形式图式

赵艳芳(2001)通过实验证明,提高阅读理解可靠的方法之一是提供阅读前导(advance organizers),即为读者提供图式框架,特别是当阅读材料内容生疏,语言晦涩时。阅读前导为读者提供或使读者构建一个新的图式,以便组织文章信息;或提供连接信息,以激活读者已有的有关图式。据此,教师可以根据不同的题材和体裁将教材中的课文进行分类,如传记类、环保类、科普类、地理知识和风俗文化类等等。根据文章的类型提供不同的图式框架,要求学生在阅读的同时以笔记的形式填充图式框架中的信息槽。学生对材料中的有效信息进行选择、加工、补充、判断和推理。当读者头脑中的某种图式被激活以后,就会成为吸收、加工文章中文字符号信息的框架,与该图式有关联的信息就会被纳入框架之内。

在教学实践中,教师应注重培养学生的语篇意识,向学生介绍常见的语篇模式,引导学生注意句子与句子之间、段落与段落之间的衔接和过渡，使学生了解语篇分析的方法，掌握语篇建构的内在规律。与英语阅读教学相关的主要有六种语篇模式：问题-解决模式（problem-solution pattern），主张-反主张模式（claim-counter-claim pattern），叙事模式（narrative pattern），提问-回答模式（question-answer pattern），概括-具体模式（general-specific pattern），预览-细节模式（preview-detailed pattern）。每一种模式都有其鲜明的特色，反映了英语文化中的修辞规约。学生可以有意识地针对不同的语篇模式选择不同的阅读方法。

2.进行猜测词义的技能培训以加强学生的语言图式

英语的词汇浩若烟海，一个人要掌握所有的词汇是不可能的，也是没有必要的，因此，要让学生掌握猜测生词词义的方法。猜测词义的方法有两大类：利用上下文线索和利用构词法线索。利用构词法线索猜测词义包括两种方法：根据合成词的成分猜测词义、根据派生词的词根和词缀去分析新词的词义。利用上下文线索猜测词义的方法很多，但其核心是寻找与该生僻词相关的上下文意义线索，这些线索主要可归纳为以下几种：

(1)同义定义　为了便于读者理解作者本义，作者有时会对文中的生僻词或专业性较强的词直接给出定义。在下定义时，作者常使用一些信号词，如：is/are(called)，means，can be defined as，refer to，is/are known as，signify 等，或标点符号，如破折号、小括号等，例：

Food *fallacies* refer to beliefs about food that are not true.

Multiplexing——transmitting independent signals at the same time in the same channel——increases the efficiency of radio channels.

有时，作者用同位语形式或连词 or 给出定义，例：

Nerve cells evidently first appeared in *coelenterates*, "hollow-gutted" organisms like hydra and the sea anemone.

Intelligent behavior remained impossible until the appearance of relatively big, complex types of brain——the types we find among the *vertebrates*, or backboned animals.

(2)近义复述　同一短文中上下毗邻的句子通常有互释作用，我们可以从上下文的复述中获取与某一单词相关的信息来猜度词义。例：

Mr. and Mrs. Firth had a long *courtship*. They dated for nine years before they got married.

Although he often had the opportunity, Mr. Tritt never stole money from a customer. This would have endangered his position at the bank, and he did not want to *jeopardize* his future.

(3)反义对照　在表示对照的上下文中，常包含有意义相反的词语或概念，这些意义相反的概念可以互为线索，帮助我们猜度词义。常有以下一些信号词：although，but，however，though，whereas，while，yet，on the contrary，on the other hand 等。例：

Chimpanzees(猩猩)in the wild use simple objects as tools, but in laboratory situations they can use more *sophisticated* items.

Most dentists-offices are *drab* places, while Emilio's new office is a bright, cheerful place.

(4)搭配集合　利用词与词的搭配或该词所出现的语境，我们也能推知词义的大概轮廓。例：

People gathered to look. Three fine streams of hot water *sprouted* from holes in the jacket(套,壳)of the radiator.

A man is watering his lawn just as an attractive,well dressed girl walked by. As he *ogles* her,he accidentally turns the hose on his ugly,dowdy wife.

(5)比较举例 上下文中的比较和举例,能揭示比较物或列举物之间的共性,我们可根据这些共性来推知有关词语的意思。例:

The consequences of *epochal* events such as wars and great scientific discoveries are not confined to a small geographical area.

Doctors believe that smoking cigarettes is *detrimental* to your health. They also regard drinking as harmful.

(6)因果时间 因与果、时间的先与后都是事物发展变化过程中的必然关系,在利用上下文推测词义时,这些关系也至关重要。例:

Robert is considered *peremptory* administrator because he makes decisions without seeking the opinions of others.

When Mark was in *pedantic* mood,he assumed the manner of a famous professor and gave long lectures on boring,insignificant topics.

(7)常识 包括我们的生活经历、经验常识以及自己专业方面的知识,在阅读到与自己专业相近的文章时,我们都会感到相对容易,这正是我们的专业知识在帮我们理解。例:

An apple falls down instead of up because of *gravity*.

An atomic clock is so precise that it can be used to check the accuracy of predictions based on Einstein's *relativity* theories.

3.丰富学生背景知识以扩展内容图式

阅读教学研究表明,阅读课教师不仅是阅读技能的讲解者,而且还应是新知识的传授者。语言是文化的一部分,同时又是文化的载体和媒介,学习外语必须要注重文化的差异。不同国家和民族都有其不同的宗教信仰、行为准则和风俗习惯,文化的差异直接影响着阅读理解的过程。阅读课教师在进行一篇文章的教学时应注意对文章背景、关键人物和主要事件的介绍和相关知识的传授。

另外,也要认识到,教师仅在教学中传授新知识是不够的,还要利用一切教学手段扩大学生的阅读范围,使其接触各个领域的知识,扩大知识面。引导他们利用多种渠道去查找他们原来不知道的背景知识和与文章有关的其他知识,或直接推荐一些书籍、网站等,让他们课后阅读,之后通过课上提问或小考等监督他们真正地去丰富自己的背景知识。也可以把文化背景教育结合到词汇和短语教学中。此外,在历史的沉淀下,英文也积累了许多颇具文化特色的俗语、典故、委婉语等。只有掌握上述这些中西方语言蕴含的文化差异,才能对文章有正确的理解。还要引导学生比较同一体裁文章在中西方的谋篇布局差异,领会作者的思维方式。中西方文化差异孕育了不同的思维类型,这就注定了英汉语篇结构的差异。如东方人注重综合思维能力,篇章布局往往一波三折,文章开头与主题关系往往不大。西方人则一般注重分析思维能力,篇章布局呈直线型,即直截了当,主题一般在文章开头提出。同时要求学生总结并且掌握不同体裁文章的语篇结构特点。这有助于学生在阅读时迅速把握语篇的整体意义,理顺文章句子之间与段落之间的逻辑关系,抓住文章重点,深入地理解语篇深层次的含义。

4. 图式理论指导阅读教学三部曲

首先,图式激活阶段:在一个已有的图示的语境中记住新信息,这是不改变那个已有的图式,即图式的启动:阅读前调动和提供学生背景知识;激活必要的图式,学会利用已有知识去获取新信息。根据课文的具体内容教师可以有的放矢地利用与阅读材料配套使用的图片、光盘、实物、影片等向学生介绍背景知识,引入课文的话题,激活学生已有的、与课文相关的背景知识,使学生头脑中的背景知识和阅读材料相互联系起来,使其产生阅读课文以了解更多信息的愿望(例如通过讨论主题,略读问题,背景知识,关键词汇,体裁,插图)。教师还可以利用课文的标题,引导学生从分析标题入手,根据自己对以往类似文章的阅读经验,对文章的内容作出判断。或者利用课文的篇章结构进行相关内容预测。

其次,图式调整阶段:新的信息或经验不会完全适应一个已有的图式,因此,图式就要发生一些变化,以便与经验更加一致和协调。教师根据课文内容提出问题,使学生带着问题听课文录音,并回答有关课文内容的问题,使学生激活已有图式,成为当前阅读活动的工作记忆。教师还可以指导学生采用不同的阅读策略,逐步加深对文章的理解。引导学生运用略读(skimming)方法,旨在了解文章大意,设法从文章中获得总体印象,在阅读的过程中记下要点。运用跳读(scanning)方法,非常快速地扫描阅读材料,旨在从文章中找到某一特定的信息,或为某一目的寻找相关信息。这样,学生带着问题整体粗读课文,构建内容图式,然后根据内容图式和语言图式回答问题。

最后,图式增长阶段:当不能仅仅通过调整已有图式来容纳新的信息时,就会导致新图式的产生。即图式的巩固:阅读后检查学生的理解程度,并帮助学生巩固和积累所学的知识。例如,画语义图:将课文按结构和意义进行语义图设计,使学生深入理解文章的整体框架;角色扮演:学生在教师的指导下根据图式框架和课文内容将刚刚学习到的图式知识真正同化到学生的知识结构中去;组织拓展讨论:理清思路,加深记忆,并与已有的图式建立新的图式,为下一步的学习提供相关背景知识。

4.2.2 交互式英语阅读教学

4.2.2.1 交互式教学模式的含义

交互式教学(reciprocal teaching)是建构主义和认知学习理论推崇的一种教学模式,它是美国教育心理学家布朗和帕林萨 A. L. Brown,A. S. Palincsar 提出的一种旨在改善学生阅读理解和自我学习能力的教学方法。Palincsar(1984)在其所做的优、差生阅读策略的对比试验与研究中发现,优秀学生在预测、提问、澄清和总结等阅读策略的掌握和应用上明显优于学习困难生,且采用交互式教学方法的试验组学生在回忆和元认知测验中的表现均优于未采用此教学方法的对照组学生。

交互式教学重点训练学生以下四项阅读策略:a. 预测(predicting):要求学生根据已有的背景知识,梳理阅读的"线索",推测文章的内容。b. 提问(questioning):要求学生就阅读材料中出现的重要概念提出问题,自我检测能否掌握材料的内容重点。c. 澄清(clarifying):要求学生解决阅读时所遇到的问题或困难,确保他们能够正确理解材料想要表达的观点。d. 总结(summarizing):要求学生用自己的语言概括材料的主旨或要义,并在此过程中反思自己是否把握了材料的要点。

Rivers(2000)指出当学生的注意力集中于传递和接收真实的信息(即在对于听话者和说话者都重要的情境中所传递的双方都感兴趣的信息)时,能够获取运用语言的能力,这一过程就是交互。在英语阅读教学中,语言的交互就是师生围绕某一语言材料进行理解、交流思想并传递信息,从而使学生在参与合作中,运用英语进行交流和学习,完成有效的语言学习的过程。交互可以是课堂上师生之间、生生之间进行的口头的交流互动。课堂交互给学生提供了增加语言输入、进行语言输出、加深对语言材料的理解、提高其阅读能力的机会。交互也可以是师生之间就某一话题进行的笔头的交流互动。书面的交互给学生提供了独立思考、用英语进行写作的机会,有利于提高其人文素养。

使用这一方法时,教师为学生树立榜样,通过搭建支架向学生提供支持,就学生的表现进行反馈,并在必要时做出解释以澄清知识。通过观察模仿教师和其他同学的教学和学习行为,可以帮助学生有效地掌握预测、提问、阐释和总结等学习策略,目的是使学习者运用元认知策略调节阅读理解能力,提高学习者的阅读水平和自我学习、自我监控的能力。并通过使用大量合作性对话来实现这一目的。

4.2.2.2 交互式教学模式的理论基础

1. 维果茨基的社会建构理论

认知的社会建构理论(social constructivism)主张文化背景是影响儿童个体发展的主要因素,这里指的文化背景是广义的,包括家庭和学校的背景。维果茨基的社会建构理论包括以下的要点:

(1)文化背景从两个方面影响儿童的发展,一是学习的内容,即我们通常所说的知识;二是思维的过程或是方法,维果茨基称其为智力的自适应的工具。

(2)儿童认知发展需要一个辩论或讨论的过程(dialectical process)。儿童学习过程需要具有解决问题的经验。而且需要在这个过程中和别人分享,例如和父母、教师、兄妹和同伴分享。

(3)儿童开始学习解决问题的时候,需要成人的引导,逐渐地,这种引导的主动权会转移到儿童自身。

(4)成人将在一定文化背景下存在的知识转移给儿童,他们之间相互交往的主要形式是语言。

(5)在学习过程中,儿童自己的语言是他们智力适应的主要工具。最后,儿童可以用内部语言(internal language)来指导自己的行为。

(6)内化是一种学习过程,因而内化就是增加知识和获得思维工具,这些知识和工具最初存在于儿童的外部,主要通过语言来实现内化。

(7)在儿童自己能做什么,和儿童在帮助之下能够做什么,这两者之间存在差异,维果茨基把这种差异称为最邻近发展区(the zone of proximal development)。其定义为"实际的发展水平与潜在的发展水平之间的差距。前者由独立解决问题的能力而定;后者则是指在成人的指导下或是与更有能力的同伴使用时,能够解决问题的能力。"在最近发展区,教师和学习者同时完成一个任务,这个任务的难度使学习者无法独立完成。最近发展区不是静止、固定的状态,它是在学习过程中不断向前发展变化的。这样,学习才能真正带来发展。

(8)由于儿童学习受到文化背景的很大影响,而且儿童解决问题需要通过成人的帮助,所以只是孤立的考虑儿童自身是不正确的,这样的研究并不能说明儿童获得新能力的过程。

(9)儿童周围的文化环境和他们进行社会交往的对象,如父母和比其更有能力的同伴,对儿童智力的发展是有重要意义的。

按照维果茨基的社会建构理论在教学中的应用如：

(1)由于学习主要通过交互来实现，因而课程设计应该强调学习者和学习任务之间的交互过程。

(2)借助于适当的成人的帮助，儿童常常能完成原来他们自己单独无法完成的任务，因而教师应该为儿童提供“脚手架(scaffolding)”。脚手架是成人根据儿童成绩水平的变化而不断调整的帮助。脚手架不仅能产生直接的效果，而且有助于培养儿童逐渐具有独立解决问题的能力。

(3)评测方法必须要考虑儿童的最邻近发展区。儿童自己能独立做什么，表示了儿童实际发展的水平；而儿童在成人帮助下能够完成什么，代表了他们具有潜力发展的水平。两个孩子也许会具有同样的实际发展水平，但是他们在成人的适当帮助下，一个可能解决的问题比另一个要多，或者要好。在设计评价方法时，应该同时考虑儿童的实际发展水平和他们具有的潜力发展水平。

总之，维果茨基主张的社会建构理论更加接近教学实际和符合科学发展研究的新成果，所以目前国际上在探究式科学教育中，普遍接受了维果茨基的社会建构理论。维果茨基理论的不足之处在于没有考虑儿童先天遗传基因的差异，以及人类和其他动物不同，生而具有某些学习能力倾向。

2. 班杜拉的社会学习理论

所谓社会学习理论(social learning)，班杜拉认为是探讨个人的认知、行为与环境因素三者及其交互作用对人类行为的影响。班杜拉认为儿童通过观察生活中重要人物的行为而学得社会行为，这些观察以心理表象或其他符号表征的形式储存在大脑中，来帮助他们模仿行为。社会学习理论重视榜样的作用，强调个人对行为的自我调节，主张建立较高的自信心。

3. 情境认知理论

情境认知理论(situated learning)强调：学习的设计要以学习者为主体，内容与活动的安排要与人类社会的具体实践相联通，最好在真实的情景中，通过类似人类真实实践的方式来组织教学，同时把知识和获得与学习者的发展、身份建构等统合在一起。

4.2.2.3　交互式教学模式的特点

1. 交互式教学能使学生更加专注于学习

在交互式教学的课堂上，英语学习的气氛更浓厚，学生更加专注并能就英语学习提出疑问，对所学内容的理解也更加透彻。另一方面，教师也更有针对性和有效地利用教材中所提供的各种语言材料，对学生进行语言综合技能的训练，体现了英语课堂教学所倡导的“快节奏、大容量”的理念，以及以学生为主体，尊重其个体差异，培养学生自主学习和综合语言运用能力等特点。

2. 交互式教学有助于形成积极的阅读动机

教学实践表明，交互式教学中阅读策略的学习和运用使学生阅读的习惯和方式发生了改变。交互式教学方法能使学生端正阅读态度，发现并设法去解决阅读中的困难；能让学生亲身体验阅读策略在阅读理解中的作用和意义，能使其学习和掌握正确的阅读方法。正确的阅读态度一旦形成，便可产生积极的阅读动机，阅读动机能激发和维持阅读过程中认知策略的进一步学习和运用，这些都直接影响了学生的阅读过程和阅读效果。

3. 交互式教学倡导小组合作学习

交互式教学方法倡导学生之间相互学习和彼此交流。交互式教学中的小组合作学习将传统教学的师生之间单向或双向交流改变为师生和生生之间的多向交流。这不仅提高了学生学习的主动性和对阅读学习策略的掌握以及自我控制能力,提高了学习效率,也促进了学生之间建立良好的人际合作关系。

4. 交互式教学强调学生的主体地位

随着交互式教学的不断深入,"教学引领者"的角色逐渐转移到学生身上。学生在小组中轮流担当"教学引领者",最终完全自主地进行阅读和对话。交互式教学鼓励学生主动参与、积极探索、勇于质疑,唤醒了学生的主体意识,培养了学生的自主精神。

5. 交互式教学重视教师的主导作用

交互式教学在强调学生自主、探究和合作的新教学理念的同时。也非常注重教师主导作用的发挥。在交互式教学的不同阶段,学生通过小组讨论解决了绝大多数问题。但由于语言基础知识和综合运用语言能力的局限,个别问题学生无法解决,这时教师的主导地位就得以充分的发挥和体现。随着学生阅读水平的提高,教师可对学生逐渐提高要求,直到他们能独立运用这些策略,这体现了教学控制由教师向学生的动态转移。只有教师在课堂教学中发挥好主导作用,学生的主体作用才能得以充分的体现。

4.2.2.4 交互式任务型英语阅读教学模式的构建

构建交互式任务型阅读教学模式要从教与学两方面着手,在两者之间找到最佳结合点。从教的角度出发,教师应考虑教学方法和教学内容两个方面。从学的角度出发,教师应考虑如何满足学生的学习兴趣和情感需求两个方面。

1. 教学方法

(1)阅读教学的任务设定。教师在进行课堂教学设计,设定阅读教学任务时,最重要的一点是要切实针对学生的实际,除了考虑学生的兴趣,情景的真实性,还要考虑任务的难度,要因材施教。

(2)阅读策略的选择。针对不同的阅读目的,应采取相应的阅读策略,灵活运用分析、综合、归纳、判断、推理等思维方法以达到有效的阅读。要了解文章的大意,应研究文章标题,采用略读策略,如要及时把握文章细节,需运用寻读策略,如寻找具体问题的答案,宜采用主题句定位策略。此外,根据不同需要,可以通过辨认课文结构、预测文章内容、运用背景知识、利用上下文线索、借助于构词法知识来正确理解所学文章。

(3)教学手段的选择。在具体的教学实践中可以综合运用网络、多媒体等高科技手段,结合课堂讲解和学生的自主学习,开展阅读教学。一切学习行为都是由动机引起的,学生的学习既受外部动机的影响,又受内在动机的驱使,而自主学习的动力主要来自内部动机。因此,教师在教学过程中要注意激发学生的内在动机,使自主学习有一个长久的动力。学生内在动机的激发应因人而异,没有固定的模式。

2. 教学内容

教学内容主要是阅读材料的选择。英语阅读课使用的材料能反映当代生活及最新社会发展的内容偏少,而课本材料的选编又要经历一定周期,不可能保持与时代同步。阅读内容的相对滞后不易激发学生的阅读兴趣及动机,这就需要教师在让学生阅读经典语言材料的同时,补充大量真实的语言材料,如新闻报道、报刊文章、网络信息、文艺作品、商务文件、广告、产品说明书等，以保持教学内容静态与动态的统一。此外，阅读的任务也应该尽量真实，向学生提供一些与现有知识有“信息沟”的材料，使学生不仅能接触课文中的一些经典篇章，又能通过英语阅读获得新知识、新信息、新语言，弥补自身某些知识的不足，这样才能不断激发学生的阅读动能、兴趣，获得英语阅读的乐趣。正如 Cook(1996:99)所说，“教学材料及内容的选择应符合学习者的学习动机”。

3. 学习兴趣和情感需求

从学的角度出发，教师应考虑如何满足学生的学习兴趣和情感需求两个方面，要充分考虑学生的个体差异性和情感需求。当学生的需求得到满足时，他往往会有一种成就感，这样又可以进一步激发他的学习兴趣和动机。著名的捷克教育家夸美纽斯认为，激发学生兴趣是创造一种欢乐和光明的教学环境的重要途径之一，也是教学得以成功的重要条件。一旦激发了学生的学习兴趣，就能唤起他们的探索精神和求知欲望。教师要努力激发学生的智力和非智力因素，使其出现最佳活动状态——表现出勇于探索、大胆求异的精神状态；出现观察敏锐、思维活跃、想象丰富、产生灵感的智力状态。正如前苏联学者雅各德钦所说，重要的是创造一种生动活泼的课堂气氛，使学生感到没有思想负担，大胆地无拘无束地讨论问题，论证自己的观点，学会证明和反驳。

4.2.3　情感、情绪因素与阅读教学

4.2.3.1　情感、情绪的内涵

情绪和情感(mood and affection)是指人根据客观事物是否符合自己的需要而产生的态度体验及相应的行为反应。情绪和情感既是一种主观感受或体验，又是对客观现实的一种特殊反映。

情绪情感既有区别也有联系。情绪具有生理性，而情感具有社会性。就人类个体而言，情绪发展在先，情感体验产生于后。与情感相比，情绪较不稳定。情绪表现具有外显性，而情感表现具有内在性。情绪是情感的基础，情感离不开情绪。情感在情绪的基础上发展并通过情绪表现出来。情绪的不同变化，一般都受个人已经形成的社会情感的影响。

一般认为，快乐、愤怒、恐惧和悲哀是最基本的、最原始的 4 种情绪。依据情绪发生的强度、持续性和紧张性，可分为：心境，是一种使人的整个精神活动都染上某种色彩的、微弱而持久的情绪状态，突出特点是具有感染性；激情，是一种暴风雨般的、强烈而短暂的情绪状态；应激，是出乎意料的紧急情况所引起的高速而高度紧张的情绪状态。情感的类型：道德感，由道德生活的需要与道德观点是否得到满足与实现而产生的情感体验，具有社会性和阶级性；美感，人根据自己的审美标准对客观事物、人的行为以及艺术作品予以评价产生的情感体验，既有共同性又有差异性；理智感，与人的求知欲望、认识兴趣、解决问题的需要、对真理的追求相联系的情感体验。

情绪和情感的作用表现在以下几个方面。情绪和情感可以让学习者更好地适应环境和进行学习活动。情绪和情感具有动机作用，它们伴随动机性行动产生，积极的情绪对行为有促进作用；消极的情绪对行为有抑制作用。情绪和情感具有组织作用，情绪和情感促成知觉选择，监视信息的移动，影响工作记忆，影响思维活动。情绪和情感具有信号作用，情绪和情感是人际交流的重要手段，尤其是情绪情感的外显形式——表情。情绪和情感具有感染作用，某个人

情绪情感的表现具有对他人情绪情感的影响功能。情绪和情感具有迁移作用，一个人对他人的情感会迁移到与他人有关的对象上。

4.2.3.2 情感与阅读教学

情感系指人对客观事物的一种心理反应，它具有独特的主观体验形式和明显的外部表现形式。而阅读教学是师生心理、思维、情感共同参与的复杂活动，其情感的体验与表现是思维参与的心理过程。因此情感是教学成败的重要因素。情感因素强调知情合一，促进认知的发展。

1.情感的认知心理学研究

(1)情感在认知中的地位　在二语习得研究中，人们常常认为语言习得过程中认知比情感更为重要。然而，认知活动总是在一定的情感状态下进行，同时也产生或引起某种感情，并受其干扰，故认知与情感密不可分。Schumann(1999)认为，在人的大脑里存在着一个评价系统。大脑参照五方面对刺激进行评价：①刺激的新奇程度和熟悉程度；②刺激带来的愉快感；③刺激与目的和需要的关系；④对刺激的应付能力；⑤刺激带来的自我及社会形象。评价系统主要是鉴定刺激的情感关联和动机意义，也就是判断刺激是否符合学习者的学习情感和学习动机。如果神经系统认为刺激符合学习者的学习情感和动机，就对刺激作出肯定的评价，否则作出否定的评价。在阅读过程中，随着语言信息输入的认知活动开启，语言信息同时输入到评价系统中去，从而引起某种情感。这些情感又反馈到认知系统并对认知产生影响。

(2)情感阅读的认知心理学依据　根据现代认知科学的研究成果，人脑在提取阅读信息过程中需要经过多层次信息处理。首先语言信息输入进入人的感觉记录器，或称感觉记忆之中。与此同时感觉记录器要从长时记忆中提取相匹配的信息并对言语信息进行选择性的识别，从而辨别文字符号的发音、词性和词形。它将一直保存需要进一步处理的阅读信息，直到短时记忆(或称工作记忆)来处理信息。短时记忆利用长时记忆储存的既存阅读信息和背景知识，对单词、短语的知觉信息进行短时保持和有意识的加工，形成语句，并通过语法、句法分析理解其表层语义，然后把处理的信息输送到长时记忆中进行深层次的处理。在长时记忆系统里，大脑利用长时记忆储存的既存阅读信息和背景知识，对语词或句子的表层语义信息进行精细的语义重新编码，建立上下文的语义内在联系，并理解其深层语义。然而，要反映大脑在整个阅读过程中的活动状态，还必须把大脑的评价系统考虑在此过程之中。阅读的过程同时也是引起和产生情感的过程。而且，评价系统和情感之间的关系也是双向的：产生的情感一方面反馈给评价系统，另一方面输入到长时记忆中，与其他各种认知信息一并储存在大脑之中。新的情感信息在长时记忆中和其他认知信息建立联系，并且修正原有情感信息以及原有情感信息和其他信息的联系。这样，不管是积极的情感还是消极的情感，都会与当时的阅读过程建立联系。

根据 Arnold(1999)中枢能量理论，人的中枢能量是有限的，对信息选择处理的多少取决于可得到的资源与唤醒程度，其数量可因情绪等因素的作用而发生变化。消极情感与阅读建立联系时，就会给工作记忆造成混乱，导致工作记忆中的可利用信息空间减少，从而影响阅读效果。当语言信息输入到感觉记录器时，感觉记录通过提取长时记忆中保留的信息对输入信息进行初步加工，识别字词等。而消极的情感会使初步加工出现障碍，或加工不完整，这时会造成读者“视而不见”或视觉“失误”。短时记忆主要是通过对句子的语法分析把握句子的表层结构，再根据词义和语义理解句子。消极的情感会造成短时记忆的处理空间减少，影响对输入信息的处理，在阅读上就会表现为读懂单个词汇，却不理解整句话的意义的现象。在长时记忆里，主要是对文章的深层处理，以达到对篇章的理解。消极的情感修正了和原有知识之间的联系，进而影响整个篇章的意义的构建，在阅读上表现为好读书不求甚解的现象。

(3)情感研究对英语阅读教学的启示　首先，提高对英语词汇的视觉熟悉程度能够提高阅读尤其是快速阅读的水平。心理语言学认为，辨认书面符号是阅读的第一步。书面语言辨认的 3 个层次即特征层、字母层和词汇层可同时被视觉刺激激活，一个层次的激活可对其他层次的单元发生作用。事实上，许多语言理解上的困难都是由于词汇能力的缺乏引起的。因而，我们认为词汇训练非常关键。词汇辨认是阅读理解必须经过的第一步，是语言学习的中心。如果“低层次”的处理还不够自动化，大脑又忙于处理加工视觉信息，评价系统在此种情况下易于产生消极的情感，这样就占据了太多的大脑中枢能量或称注意资源，“高层次”的信息加工所需的注意资源不足，无法形成对篇章的理解。而且，词汇能力的提高还可以弥补阅读理解中的工作记忆的不足。因此，在教材选编上要注意循序渐进，避免语篇中的生词过多，篇幅过长，引起疲劳并产生过强的消极情绪，进而干扰阅读。

其次，语言的学习和文化习得密不可分。在学习英语时，因为在母语文化环境中学习英语，不仅存在语言的错位，而且存在文化的错位。因此，在教材选编上，要注意文化背景知识的介绍。在阅读教学过程中，需要指导学生课下多读有关英美文化、社会、政治、经济、历史、地理、科技等方面的文章，以增加学生们在阅读时所需的背景知识，使学生在学习语言的同时熟悉目的语文化背景，进而在阅读过程中产生积极的阅读情绪，促进英语学习。

最后，教师在英语教学过程中应通过多种教学手段和方法组织教学，激发学生学习英语的热情，积极鼓励学生参与课堂的各种活动，创造轻松愉快的气氛，建立民主、宽容、合作的教学氛围，以真诚、接受、理解的态度对待学生，以合作者的身份平等地与学生进行思想交流。这样，学生在阅读英语的同时和教师在情感上得到交流，做到知情合一，外语课堂教学就可避免缺乏情感交流与沟通、机械传授语言知识的沉闷课堂气氛。

2.二语习得研究中的情感过滤

20 世纪 70 年代末，对二语习得颇有研究的克拉申(S. D. Krashen)提出了语言监控模式(the monitor model)。该模式由五大假设组成，即习得/学习假设(the acquisition/learning hypothesis)、自然顺序假设(the natural order hypothesis)、监控假设(the monitor hypothesis)、输入假设(the input hypothesis)和情感过滤假设(the affective filter hypothesis)。其中，情感过滤假设认为，学习者的情感因素介入了语言的习得过程，起着对语言输入进行过滤的作用，直接影响语言学习者的输入量和输出量。积极的情感可有效地促进语言学习，提高学习效率；消极的情感则阻碍语言学习，使理解和记忆等认知机能受到压抑，影响学习效率。

(1)克拉申的情感过滤假设理论　Krashen 认为影响二语习得的情感因素主要有以下几类：学习者的动机、自信心和焦虑感。这些情感因素被看做是可调节的过滤器，它可以使语言输入自由通过或阻碍通过，而语言输入只有通过过滤器才能达到语言习得机制并被大脑吸收，情感过滤因素越小就越有利于语言的摄入。学习者动机强烈，拥有自信心，焦虑感弱，其情感过滤的作用就很弱；相反学习者动机不足，缺乏自信心，焦虑感强就会对语言输入产生很强的过滤作用，并使其难以进入语言习得机制(language acquisition device)，影响语言的学习。

①动机(motivation)　是直接引起学习活动的一种内在动力，能维持、推动学习。Gardner 和 Lambert(Cook，2000：96-98)影响二语习得的动机分为工具型动机(instructional)和综合型

动机(integrative)。有工具型动机的学习者是把英语学习作为一种工具从而达到某种特殊目的,如为了考学或找到理想的工作,为了获得职称或资格等。具有综合型动机的学习者对目的语社团真正感兴趣,愿意接触目的语文化,学好英语是为了更好地与目的语社团的人进行交流。Arnold(1999:13)将动机划分为:外在动机(extrinsic)和内在动机(intrinsic)。外在学习动机是在学习过程中希望获得奖赏、避免惩罚的外在学习力量;内在动机是指在学习过程中会获得乐趣,是内在学习力量。两种学习动机对语言学习都有利,但后者的作用更大。

②自信心或自尊心(self-esteem) 自信心或自尊心是对自己的评价,对自己能力和知识水平的看法的总和。英语学习自信心是学习者对自己英语水平和英语总的能力的自我评价,是影响个人学习知识、掌握技巧以及处理各种问题的一个重要的情感因素。自尊心强的学习者能促进认知能力的发挥,因此能更好地学习英语。

③焦虑感(anxiety) 焦虑感是指学习者在学习和使用外语时出现的紧张、担忧、害怕等情绪体验和忧虑状态。语言学家们把焦虑分为促进型焦虑(facilitative anxiety)和削减型焦虑(debilitating anxiety)。促进型焦虑能激发学生克服困难,挑战新的学习任务,努力克服焦虑感觉,而消减型焦虑导致学生用逃避学习任务的方式来回避焦虑感觉(Ellis,1994:479)。

(2)阅读教学中降低情感过滤的策略和途径

①激发学生的学习动机,降低焦虑感,增强自信心 作为教师应根据学生的特点设立平时阅读学习档案袋,让学生设立英语阅读的近期和远期目标,激励他们积极完成阅读任务,定期记录他们的学习结果并监督检查他们阅读目标实现情况,多给予学生鼓励和表扬,特别是对基础差、自信心不足的学生,更要帮助他们降低情感焦虑,使他们能在轻松、愉悦的课堂环境中学习,增强获得知识的信心。

②选择阅读材料的原则 阅读材料的难易会影响到学生的情感因素,所以应注意难易适中原则。阅读材料太难,生词太多,学生读不懂,达不到阅读培训的目的,还会对阅读产生畏惧感、挫折和自卑感,进而对阅读失去兴趣,对自己失去信心,增强了情感过滤;阅读材料太容易,一看就懂,没有挑战性,同样会使学生失去阅读的兴趣。根据克拉申的可理解性输入假设(i+1)理论,即输入的语言材料的难度要稍高于学生目前的语言能力,使学生在阅读中能够克服困难,接受挑战,完成阅读任务后可以享受到成功的喜悦。其次,还要注意真实、适用性原则,阅读材料的语言要规范、地道,多采用原汁原味的英语国家的书刊、杂志等真实的材料;阅读材料的内容应适合学生的兴趣和需要,是学生所关心的、感兴趣的、对他们有用的。再次,要注意多样性和多多益善原则,在形式和内容上尽量做到多样性,使学生大量接触丰富的语言材料。这样,学生才能积累扎实的语言知识,获得语言技能,形成地道的语感,提高英语阅读的能力和水平,增强英语学习的自信心。

③培养学生的阅读习惯和阅读策略 帮助学生养成良好的阅读习惯,克服指读、心读、回视等影响速度和理解的不良阅读习惯,使学生具备根据不同阅读目的和阅读材料调整阅读策略的能力。在阅读中做到朗读与默读相结合、精读与泛读相结合、课内读与课外读相结合,使学生对阅读活动和任务保持浓厚的兴趣。教师可采用任务型语言教学法对阅读材料进行设计,分为阅读前、阅读中和阅读后三个阶段来完成。在阅读前充分调动学生的积极性,给学生布置阅读任务;在阅读中阶段,将学生分成若干小组,让学生通过合作、讨论、互动的方式进行阅读并完成阅读任务;在阅读后可结合所读材料写读后感和书评。同时,给学生分配大量的课后阅读任务,如英美等国的社会、政治、文化、历史、英文名著等,使学生了解英美国家的文化背

景知识，阅读名著后要分析主要人物性格特点，欣赏名著的精彩片断，总结全书的中心思想，讨论著作的结局，在鉴赏名著的过程中提高阅读理解力，享受阅读的乐趣。另外，让学生了解段落展开方法对于提高阅读理解力也是很有益的，如总分法（general and specific）、因果法（cause and effect）等。掌握了这些策略并养成良好的阅读习惯后就能自主地运用互动阅读模式，积极地利用大脑中已有的图式进行有效地阅读，阅读中焦虑感自然就会降低。

4.2.3.3　情绪与阅读教学

情绪是指从事某种活动时产生的兴奋心理状态，它对教学活动有着极其重要的影响。行为对动机的满足程度是情绪产生的主要原因。人们的原始性阅读动机归纳为 4 种类型，即“为了完成学业和应对考试”、“为了广益知识和启迪智力”、“为了科学研究和技术攻关”、“为了休闲娱乐和消遣时光”。但是，由于各人的知识基础、阅读方法、文献选择、理解能力等主、客观因素的差异，对这一同样动机的满足程度是不尽一致的，从而导致在阅读过程中产生程度不同甚至截然相反的阅读情绪。人类各种情绪的产生，除了行为对动机的满足程度这一主要原因外，往往还存在着某些诱因。就阅读情绪而言，文献内容（有时也包括文献的形式）对读者心灵的冲击和感染便常常成为其产生的重要诱因。

1. 阅读中的心境变化

（1）初期的专注或焦虑　在阅读选码阶段，富于经验的读者其注意力集中于阅读对象的目录、提要、前言、导论、序和跋等方面。选码一经确定，读者就有了投入阅读的迫切愿望。在这一时期，读者可表现出专注或焦虑的情绪。专注是良好的心理品质。有了专注的精神或行为才可能在阅读初期获得有效的选码结果。

另外，在这一过程中，读者专注于对读物有明确指向性的选定，其紧张的智力活动表现为心无旁以骛、聚精会神。对于一切局外的、无关的活动，干扰或刺激，能主动地加以排除，表现出很明显的注意集中性，从而引导读者进入良好的阅读状态。过分的专注有时会产生焦虑。焦虑是一种情感变量，是一种紧张情绪。焦虑状态中的读者会表现出困惑不安，烦躁郁闷，注意力无法集中等心态。在这种情况下，焦虑会成为阅读的阻力，变成超越兴趣的心智活动，以致无法处理问题和完成任务。

（2）阅读中的共鸣或狂迷　阅读活动不是信息专向传递过程，也不是文本在读者心灵中的直接“内化”（internalization），而是读者借助文本与作者在心灵上沟通并产生共鸣，作者编码（encoding）而读者解码（decoding），两者共同参与创作的过程。共鸣是阅读中一种积极的心理活动。读者的情感在共鸣中得到愉悦的净化。共鸣离不开感性形象，却比感性形象更强烈、更深刻。在阅读中借助联想和想象，读者在头脑中再现文本中的人物、景色、事件、情感，产生鲜明的感情活动。对那些与自己的经历和情感相近似的人物和事件，往往乐其所乐、悲其所悲、爱其所爱、恨其所恨。有时这种情感达到非常强烈的程度，往往使读者身不由己，忘乎所以。无论是开心地笑还是伤感的哭，都有强烈的愉悦快感，是一种由共鸣产生的崇高美感。但读者应懂得保持审美距离的重要性和必要性，如果读者完全沉浸于文本，受情感激荡而不能自持，也会产生一种狂迷的心境，甚至难以自拔。

（3）疲劳和倦怠　阅读多数情况下是伏案静坐，而又冥思苦想，在心理和生理上的消耗都很大。爽适的疲劳是读者在紧张专注的阅读活动中感受到愉悦的美感之后的心境，但阅读中过分的疲劳，过度的紧张，严重的焦虑等都可能使读者产生某种倦怠的心境。在这种情况下，读者的阅读兴趣锐减，在阅读中情绪反应淡漠，阅读思维运转缓慢，疲劳心境和倦怠心境都可能对阅读产生一定的副作用。

2. 情绪研究对英语阅读教学的启示

(1)动机与阅读教学　从外语学习的动机类型来看，在我国仅有极小部分的学习者由于其特殊的家庭背景或长期出国需要而具有融合型动机(integrative motivation)；还有一小部分学者可归纳到典型的工具型动机(instrumental motivation)，绝大多数外语学习者学习外语只是想通过考试获得证书或者找到个好工作。这种与短期成功相联系的动机只是一种外在动机，在某种程度上会破坏内在动机。如果学习者对目的语社团的文化、风俗、媒介感兴趣，如果教育环境提供了一个富有挑战性、刺激性和自主性的氛围时，学生的积极性就会提高，就会产生内在动机。现代科技发展一日千里，社会、政治、经济、军事、科技等各个领域的新概念、新词汇、新的表达法层出不穷。相比之下，教材(包括词典)的滞后性总是存在的。在这种情况下，引导学生将英语学习与实用阅读结合起来无疑是一条出路，同时也会强化学习者的阅读动机。

(2)阅读心境与阅读教学　语言教师了解学习主体在阅读活动中的外在情绪以及这些情绪所反映出的心理或生理波动，就能够了解主体情绪与阅读活动之间的内在联系，从而把教学的重点放在激励学习主体的情绪调节上。努力营造一个轻松自如、融洽友好的语言教学环境，轻松愉快的阅读教学环境可以帮助主体摆脱语言焦虑，摄入更多的理解输入，强化他们的学习活动，加强语言知识的内化速度，而且还可以提高语言学习质量，促进学生在语言创造力方面的发展。

4.2.4　篇章/语篇分析及其在英语阅读教学中的应用

4.2.4.1　篇章/语篇分析理论

篇章研究有多种其他名称，如“篇章分析”(text analysis)、“语篇分析”(discourse analysis)、“篇章语言学”(text linguistics)；胡壮麟称之为“语篇研究”。尽管名称不同，学者们却在研究的内容上达成共识，认为篇章分析的研究对象是比句子更大的语言单位，包括书面和口头语言，内容包括：语句衔接(cohesion)、语义连贯(coherence)、信息结构(information structure)、篇章结构(text structure)、语境(context)、批评性话语分析(critical discourse analysis)等。

系统功能语言学派的创始人韩礼德指出“语篇这个词在语言学中用来指称任何能构成一个统一整体的语言段落，无论口语还是书面语，也无论其长短”(“The word text is used in linguistics to refer to any passage, spoken or written, of whatever length, that does form a unified whole.”)。(Halliday, 1994)

从交际功能上看，篇章是一个语义单位。篇章实际上是交际功能上相对完整和独立的语言片段，它不只是一连串句子和段落的简单集合，而是一个结构完整、功能明确的语义统一体。不论何种形式的篇章“都必须合乎语法，并且语义连贯，包括与外界在语义上和语用上(semantically and pragmatically)的连贯，也包括篇章内部在语言上的连贯”，都必须满足衔接、连贯、目的性、可接受性、信息性、情境性和互文性等构成篇章的七大条件。(de Beaugrande & Dressler, 1981)

黄国文(2002)认为篇章分析一般可分为宏观结构研究和微观结构研究两大类。前者以研究篇章的生成层次及组织结构为主；后者以研究句子之间的关系、句群的连贯以及句子间的衔接手段和辨认符号为主。篇章分析通常是对句子或语段更大的语言单位所做的语言分析，使读者科学系统地分析语言材料在文章中的相对位置是如何产生意义的，并识别篇章中的结构模式以及规定这些模式标记的语言手段，篇章分析的目的就是发现这些规则。这种理论的信息处理方式是自上而下，即读者以头脑中的高层次图式预测输入信息，仅从文章中提取必要的信息以证实或否定其预测，从大的篇章到单词的理解，对文章进行整体解码。

篇章教学通常是指从篇章的形式和内容方面入手，结合语言运用的语境来理解和掌握篇章，分析不同体裁布局谋篇的特点，描述篇章结构和类型，并结合篇章的语言传授与目的语相关联的社会文化知识和其他各种知识。

4.2.4.2　英汉篇章结构模式(textual pattern)

说英语和汉语的民族都具有各自独特的历史背景和文化传统，因而也形成了各自的语言和不同的思维模式。思维模式的差异，反映了说某一种语言的民族群体千百年以来形成的语言心理倾向；思维模式上的差异，也表现于语言形式之中。(连淑能，1993)不同思维模式的差异反映了语言表现形式中的篇章结构的差异。

1. 英语篇章结构

英语篇章的组织和发展呈“直线型”，它通常以一个主题句(topic sentence)开头，直截了当地点明篇章的中心思想，然后在以后各句中发展这一中心思想。(刘辰诞，1999)常见的篇章结构模式主要有以下几种类型：

(1)问题-解决模式(problem-solution pattern)　这种模式在不同的篇章类型，如论辩，说明类型以及不同的主题领域和语境中常出现。通常结构由情景(situation)、问题(problem)、反应(response)和评介(evaluation)或结果(result)组成。

(2)主张-反主张模式(claim-counterclaim pattern)　主张-反主张模式也即首先提出一种普遍认可的主张或观点，然后进行澄清，说明自己的主张或者说提出反主张或真实情况，是论辩类篇章的典型模式，包括一系列与给定问题相关的主张-反主张。如 Holland and Lewis (1997:23)提出的两种可能的该模式结构为：主张 1—反主张 1—主张 2—反主张 2—主张 3—反主张 3 或主张 1—主张 2—主张 3—反主张 1—反主张 2—反主张 3。

(3)提问-回答模式(question-answer pattern)　提问-回答模式与问题-解决模式有相似之处，但该模式一般总是在篇章开头设置一个明显的、用提问方式表达的问题。篇章的发展主要是寻求对这一问题的令人满意的答案，也通常遵循情景—问题—反应—评价/结果的序列关系。这种模式也多用于论辩和说明类篇章。

(4)概括-具体模式(general-specific pattern)　又称一般-特殊模式(general-particular pattern)，这是作者根据表现主题的需要对题材所作的组织安排。文章的结构形式大体可分为顺连式、平列式和交错式。顺连式指按照时空的变化、事情的发展、事理的联系来安排文章的结构层次。平列式指把和表达中心有关的事物、思想观点等平列起来，共同表现中心。交错式就是指顺连式、平列式两种形式的交错配合。该模式的特点是文章按照一条直线展开，首先是概括陈述，点明题意，再展开分点具体陈述，最后是总结陈述，归纳中心。

(5)预览-细节模式(preview-detailed pattern)　综合-例证模式(general-example pattern)。这种结构，段落中句子之间的关系是先总叙再分述，后者先分叙再总叙，或者先总，后分，再总。概括——具体指文章的表达手段，这是作者根据内容需要作出的详略安排。

(6)叙事模式(narrative pattern)　根据 Labov(1972)的观点，如果一篇文章包含摘要(abstraction)，定位(orientation)，叠合事件(complicating events)，评价(evaluation)，解决(resolution),结尾(coda)这六个层面的话,这篇文章就是典型的叙事型篇章(参见黄国文 1991:147-150)。Schiffrin(1981)在 Labov 的模式基础上采用了"orientation(确定时间、地点、人物)—— complicating actions(构成故事的事件)——evaluation(对事件的评论)——resolution(对故事的定论)"这一模式。

2. 汉语篇章结构

美国学者 Robert Kaplan 认为:东方人的思维模式是间接式(indirect)、螺旋形(circular, spiral),即说话时往往绕着主题外围转而不从主题直接入手展开,在外围"兜圈子"或"旁敲侧击",最后进入主题。(转引自鲁忠义,2003)中国人这种迂回曲折的思维模式是中国社会历史文化的产物,反映出中国人含蓄委婉的特点。其在语言上的表现则是汉语语言表现形式受意念引导,推理、判断表面看来并不严密,而是重意合(parataxis),以意念流(stream of notion)为主要手段,即依靠意义,依靠内在的逻辑关系组织语篇。同时,在汉语语言中,句子与句子之间没有明显的标记,而分段也有很大的随意性。因此,其反映在语篇模式和结构上则是不直接论证段落主题(篇章一般缺乏主题句),而是"转弯抹角"地从各种外围间接论证主题,即以反复而又发展的螺旋形式展开主题思想,把大量的笔墨用在铺垫、陈述上,最后摆出自己的观点语篇多数以起、承、转、合为基本框架,文章构建曲折起伏,并不开门见山直抒题意,而是在做足了外围工夫之后,最后点题。例如:

(1)The village of Marlott lay amid the northeastern undulations of the beautiful Vale of Blackemore or Blackmore aforesaid, an engirdled and secluded region, for the most part untrodden as yet by tourists or landscape-painter, though within a few hours' journey from London.

(2)前面说过的那个美丽的布雷谷或布莱谷,是一处群山环抱、幽静偏僻的地方,虽然离伦敦不过 4 个钟头的路程,但是它的大部分都不曾有过游历家和风景画家的足迹。马勒村就在它东北部那块起伏地带的中间。

译文(2)是张谷若的佳作。它与原文(1)的根本区别是:英语直截了当以主题"马勒村"为主位和重心,由里向外扩展,直到远涉伦敦;中文则以一个已知信息为主位,先远涉伦敦,再迂回到近旁的、作为主题的"马勒村"。又如:

(3)Three passions, simple but overwhelmingly strong, have governed my life: longing for love, the search for knowledge, and unbearable pity for the suffering of mankind.

(4)渴望爱,寻求知识和对人类苦难的深切同情,这是支配我的生活的三种简单而无比强烈的情感。

(3)英语句子十分简单地道,可自成一个完整的叙述语篇,典型表现了英语思维先总述后展开的所谓直线型模式。其译文句(4)应算是相当切合于原文、地道的中文。但却由于表述顺序的颠倒,主位与述位的部分变换,体现了大不相同的思维方式,即先分述后总结的所谓中文螺旋式。

教师在平时的英语篇章阅读教学当中,须多给学生阐述英汉思维模式的差异及其对篇章构建的影响,指出英语文章的篇章模式特点,培养在阅读理解时按照英美人的思维习惯和谋篇布局解构语篇的习惯,排除母语思维习惯对英语阅读的影响,提高语篇阅读能力。

4.2.4.3　篇章衔接和连贯

1. 衔接和连贯的关系

Halliday(1976)将英语的衔接手段归纳为参照(reference)、替代(substitution)、省略(ellipsis)、连接词(conjunction)和词汇衔接(lexical cohesion)5 种。体现在篇章的表层结构上,句子之间的衔接(cohesion)要通过这 5 种手段的使用来达到结构上的黏着性。连贯指的是篇章中各成分之间意义上的一种相互协调关系。一个好的篇章,不但要有表层结构的衔接(cohesion)即篇章中各话语的交际值之间的联系,更重要的是要有内部逻辑上的连贯(coherence)指篇章深层结构之间的联系。

Halliday 认为,衔接不能完全保证篇章连贯,衔接只对篇章连贯起重要作用:对篇章连贯的一个重要贡献来自于衔接:它们是每个语言都具有的(作为谋篇元功能的一部分),把篇章的这一部分与那一部分联系起来的语言资源。(Halliday & Hasan 1985:48)如果一个篇章仅仅局限于所指、提代、省略、连接和词汇衔接五个方面,那还不能保证构成一个连贯的篇章。如果衔接没有其内部逻辑上的连贯,其衔接对构成篇章也就没有实在意义了。例如:

(1)Once upon a time, there was a beautiful girl. She slept very early and looked at the picture-book very carefully. She had a bath every morning…

显然,上例不能算一个篇章。原因是它只有主位(a girl, she, she)的衔接,而没有述位的逻辑上的连贯。所以,篇章内容的连贯性,是联句成篇所应遵循的一个基本原则:衔接只是连贯在形式上的体现(或者称之为外衔接),连贯(或称之为内衔接)是篇章的决定因素。需要注意的是,篇章的连贯,不仅要有深层结构之间的联系,而且在内容上一定要有发展,要有新的信息出现,不能反复重复已知信息(指已经提及、间接提及或不言而喻的内容)。例如:

(2)I bought a book yesterday. I like the book. The book was bought by me yesterday. It was yesterday that I bought the book. …

这样的文章既有衔接又有连贯,但内容上没有发展,总是同一个信息的重复出现,读起来很单调无味、无趣。所以,一个好的篇章,在内容上一定要有发展,要有新信息出现。而且,即使有了衔接、连贯和发展,还不能算完整的篇章,篇章还要有结局。一般情况下,一个篇章、特别是整篇的文章,如果没有结局,读者往往会产生不完整的感觉,好像缺少点什么似的,没有语义上的完整性。例如:

(3)Miss Green was very fat. She weighed 100 kilos, and she was getting heavier every month.

当读者读到这里,自然会为她忧虑,会提出疑问,体重每天都在增加,结局会怎样呢?因此,一个完整的篇章,不但要有衔接、连贯和发展,而且要有结局,这样才是一个完整篇章。篇章在意义上最后形成一个整体是篇章衔接和连贯要达到的主要目标。在篇章内部,具体成分之间的衔接和连贯是要使某个部分形成一个整体,而各部分之间的衔接和连贯是要使整个篇章形成一个整体。这就要求整个篇章要前后一致,相互呼应,才能达到篇章的衔接、连贯的基本要求,达到篇章完整的目标。

2. 衔接手段

(1)指称衔接关系　指称衔接指用代词等语法关系表示语义关系。它分为三类:人称关系(personal reference)、指称关系(demonstration reference)和比较指称关系(comparative reference)。人称指称关系的指称词一般为第三人称代词,如 it, he, his, everybody, they, them 等。

指示指称词包括 this,that,these,those 之类的词,也包括 there,now,then 等地点指示词和时间指示词。比较指称关系是不限于小句之内的比较,指称对象存在于篇章的上文,因此具有衔接作用。作者通常通过一些具有比较意义的词语表示指称关系:the same,as,equal(ly),such,similar(ly),different(ly),other,otherwise,else 等等。例如:Gerald Middletown was a man of mildly but persistently depressive temperament. Such men are not at their best at breakfast. 句中的"such"的指称对象是前一句的"of mildly but persistently depressive temperament",因此,是上指关系,把两个小句衔接并使它具有连贯意义。读者如果只是就一个单句进行理解,便无法解读"such a man"。

再举一例说明正确理解人称指示代词对理解篇章的作用。这里我们用 McCarthy(1994)的一个例子对个这问题进行讨论。这个例子是美国滑稽电影《飞机》中的一段对话:

Stewardess:Excuse me,sir,there's been a little problem in the cockpit.

Passenger:The cockpit! What is it?

Stewardess:It's a little room at the front of the plane where the pilot sits,but that's not important right now.

这组对话之所以引人发笑,正是因为乘客对人称指称词 it 和指示指称词 that 的选择上违反了语言常规。如果乘客真的不知道飞机座舱为何物,他应该说:"The cockpit? What is that?"而不是:"What's it?"或"What's this?"那么空中小姐回答是飞机前部飞行员乘坐的小室也就不显得那么滑稽可笑了。

(2)省略与替代 Halliday 和 Hasan 曾把省略和替代作为两种衔接手段处理,但同时指出,省略实际上是零位替代形式。后来 Halliday(1985)把两者合并为一类。省略指篇章中句子或小句中一些基本结构成分的缺省,这些成分从语法上讲是需要的,但作者和说话人假定它们在语境中已经明了,不必再提出。这些被省略的成分只能借助于上下文才能发现,这样,一个句子给另一个句子提供了理解的依据,就使它们之间形成了衔接关系。

(3)逻辑联结 逻辑联结衔接语篇的方式不引导读者联想到上下文中去寻找被指称、替代或省略和语言实体,也不使读者联想到词汇的同现和搭配,它标示着一种只能通过参照篇章句子联结标记才能完全理解的语篇关系。Maccrimmon(1985)把逻辑联结看做是传递句与句之间关系的过渡词(transitional word);Adams(1989)视逻辑联结为标志作者思维方向即将转变的信号词(signal word);Halliday 和 Hasan(1976)认为逻辑联结是表示语篇中各组成部分之间逻辑语义关系的连词(conjunction);而 Quirk(1973)则称语篇句子与句子之间逻辑联结为逻辑联系语(logical connector)。尽管语言学家对逻辑联结的定义不尽相同,对充当逻辑联结的标记词汇列举也非详尽无遗,但有一点却是肯定的,即逻辑联结在篇章中所表示的逻辑语义关系是多种多样的。其在衔接语篇的形式上表现为单词、短语和分句,包括限定性分句和非限定性分句。常用的逻辑联结词分为五类:

列举法常用在议论文中,当作者提出一个论点后,可通过列举出一系列事实对其进行说明或论证。列举类联结词有:first(ly),second(ly),finally; for one thing,for another; on the one hand,on the other hand; moreover; furthermore; what's more; in addition; besides; first of all; in the first place,in the second place;(at)last; then; next; the last but not the least.

举例法是用事例或数据对中心观点进行说明论证的方法,举例类联结词有:for example; for instance; such as; like; take…for example; a case in point; namely; in other words; that is; especially; in particular

比较是把两种或两种以上的事物进行比较,以辨别出它们的相似之处;对比是将这些事物进行对照,辨别其差异而指出各自的特征和本质。对比类联结词有:but; however; yet; otherwise; while; in contrast; by contrast; on the contrary; similarly; likewise; like; conversely; rather than; instead; on the other hand; equally; nevertheless; nonetheless; unlike; still; in the same way; compared with

因果类联结词有:as a result; since; because(of); thanks to; due to; owing to; for this reason; hence; thus; therefore; on this/that account; on account of; consequently

总结法是指在表达了一个观点或举了一个例子后,进行总结、给出概括。总结类联结词有:in this case; according to; in a word; in brief; in short; to sum up

(4)词汇衔接手段　词汇衔接中的词汇关系有两种:同现关系(包括反义和搭配),复现关系(包括原词重复,同义词及近义词复现,上义词、下义词复现和语义联想)。例如,

It also is important to note that social networks influence a wide range of condition and diseases,not just one or two. Thus,higher rates have been seen among lonely people for *heart* disease,cancer,arthritis,mental illness,childhood infections,complications of pregnancy and delivery,and low self-esteem and depression. 这里 condition 和 disease 为近义词,它们又与下文的各种疾病构成上下义关系。读者可以利用这种关系理解大意。

The shape had grown small. Now it looked like nothing recognizable. He did not know how long it was before he saw the blackness thin and bits of white showed through,shining in the sun…It might have been lying there years,except that on the white bone,there were pink fragments of flesh. About the bones ants were ebbing away,their pincers full of meat. (节选自李观仪,2000:117-118)

这篇文章记述了一只受伤的雄鹿的肉被蚂蚁吃完时的经过。作者用了 blackness,bits of white,pink fragments of flesh,the white bone 这些词来描写了被蚂蚁攻击时,这只鹿血肉迷糊的悲惨一幕。显然作者通过"color"这个语义中心是在渲染雄鹿死亡时的痛苦,对这只鹿给予同情心,同时唤起读者对自然界弱肉强食这条动物生存规则的思考。

4.2.4.4　篇章信息主述位结构和推进模式

系统功能语言学派创始人 M. A. K. Halliday 受布拉格学派启发,在语言学理论框架中引入主位、述位的概念。主位、述位理论(thematic progressing)描述的是句子或语段中作者或说话人意欲突出的不同信息或赋予重要性时的一种信息安排。主位(theme)通常传递交际双方已熟悉的内容,即已知信息(given information);述位(rheme)则通常传达受话者未知的内容,即新信息(new information)。Halliday 在主位的划分方面提出了全面的看法,他认为主位不仅是一个句子的话题,主位这一概念应大于话题,既包含话题,又可以包含不表话题的其他位于句首的成分。Halliday 从语言的 3 大元功能的角度出发,把主位分为语篇主位、人际主位和概念主位或话题主位。同时,Halliday 还区分了单项主位和复项主位。在复项主位中,话题主位可能与语篇主位同现,也可能与人际主位同现。当三种主位同时并存时,它们排列的顺序是:语篇主位—人际主位—话题主位。请看下面实例:

(1)Frankly(人际主位),the movie(话题主位)was a waste of money.

(2)However(语篇主位),you(话题主位)should see it and make up your mind.

(3) And(语篇主位), of course(人际主位), he(话题主位) loved her.

Halliday 把主位进一步分为非标记主位和标记主位。根据 Halliday 的观点，概念主位是否同时作为小句的主语是区分标记主位和非标记主位的关键。如果小句的概念主位同时又是小句的主语，它就是一个非标记主位结构。例如：

(4) He lost is wife in the war. (unmarked theme)

(5) His wife he lost in the war. (marked theme)

分析主位结构的目的是发现语篇的发展模式，语篇主位能够表达语篇的组织形式和逻辑结构，而人际主位能够表达讲话者的态度和判断。在句子组合中各句主位、述位彼此相互联系、照应、衔接和过渡。主述位的反复衔接是实现语篇衔接和连贯的重要手段之一。朱永生(1995)将主位推进模式分为了四种：

1. 主位延续模式(亦称平行型，主位同一，或具有派生关系；述位不同)

例如：Rockets(T1) come in all sizes. Any rocket(T2) is interesting and often exciting, but there is one that also promises to be wonderful fun for the pilot. These rockets(T3) designed to carry one person through the air for short distances.

2. 述位延续模式(亦称集中型。主位不同，述位相同或具有派生关系)

例如：My wife and I are English(R1). As a matter of fact, many of my ancestors were English(R2): I was born in England and was originally of British nationality(R3).

3. 直线延续模式(前一句的述位或述位的一部分成为每一句的主位)

例如：The burning fuel(T1) creates hot gases(R1). The hot gases(T2) then expand and push against the inside of the engine.

4. 交叉接应模式(前一句的主位是后一句的述位)

例如：We Americans of today, together with our allies, are passing through a period of supreme test(R). It(T) is a test of our courage, of our resolve, of our wisdom, of our essential democracy.

篇章主位结构对语篇的分析是有帮助的。它可以让学习者把握作者思路，了解文章结构和语篇体裁，可以引导学生把握作者的目的、思路，为阅读者快速获取信息提供了一个具体可行而又容易把握的操作方法。

4.2.4.5 语境与篇章阅读

众所周知，语言的使用都有语境，也就是说，有语篇就有语境。因此，语篇理解离不开语境。英语中有两句名言："You know a word by the company it keeps."(理解一个词要看它的结伴关系)；"No context, no text."(脱离上下文，就不能正确理解含义)。这里的"company"和"context"即指"结伴关系"和"上下文"，有包含"具体情境"和"语境"的含义。

根据我国语言学家胡壮麟(1994)的研究，语境被归纳为三类：语言语境、情景语境和文化语境。语言语境(linguistic context)，指篇章内的上下文(the accompanying context within a text)。情景语境(situational context)，指与目标篇章有关的篇章之外的因素。这些因素包括篇章产生时的氛围、事件的性质、参与说话者之间的关系、交际媒体和交际意图等。文化语境(cultural context)，指说话人所在的言语社团(speech community)的历史文化、风土人情、价值观等。对篇章进行解读的过程中，我们必须正确理解篇章赖以生存的语境，否则就难能对篇章做出合理的解读。

（1）语境可以消除歧义　歧义(ambiguity)有词汇歧义和句法歧义。词汇歧义是一词多义的原因造成的，这种现象在英语中尤为普遍。例如：She was driving on the right side of the road. 句中的 right 是作“正确”解，还是当“右边”解？当句子提供的上下文线索不够清晰时，就会使词语产生多种解释，从而出现歧义。再如：The oil is running out. 句中的 oil 可指食用油、润肤油、润滑油甚至可指汽油，一时难以分辨。句法歧义主要由形态或结构的含混而引起。例如：They are flying planes. 这个句子既可理解为“他们正在驾驶飞机”，也可理解为“它们是正在飞行的飞机”。但如果把它置于一定的语境中，它的意思就没有歧义性了。如该句用来回答“What are the pilots doing?”句子表达的意思就一目了然。

（2）语境有助于确定照应的所指对象　英语篇章中可以通过内外两种照应(reference)来表示语义关系，而内照应(endophora)就是上下文中各语言项目之间的相互照应，有着篇章衔接的功能，包括人称、指示和比较三个方面的照应。所有照应的所指对象，只有通过上下文才能确定。例如：Jim receives ten dollars a week for pocket money. Bob gets a similar amount. 在这个例子中，我们必须到第一句寻找与 similar 照应的词语(ten dollars)，才能理解第二句的意义。

（3）语境帮助理解省略意义　省略是一种常见的语言现象，上下文提供的信息可以帮助我们准确理解其完整的意义。例如：—Have you ever read this book? —No, I haven't. Tom hasn't either. —But you should have. 在该例中，除了第一句以外，其他三句都是省略句，但通过上文提供的线索，我们仍能理解其完整的意义。

（4）语境有助于理解语言的言外之意　人们在进行交际时，并不总是直截了当地表达自己的交际意图，而往往是间接地表达自己的交际意图，这样就产生了言外之意。请看下面一段对话：A: There's the phone. B: I'm in the bathroom. A: OK. 单从字面上看，我们不知道这两个人在说些什么。但如果我们知道 A 为丈夫，B 为妻子，我们便能推断出其意义：起初，丈夫言外之意是要妻子去接电话，妻子回答言外之意是要丈夫替她去接，丈夫明白了妻子的意思后表示同意。

（5）语境有助于理解篇章的深层意义　实际的篇章中，对于那些不言自明的历史文化背景内容，往往予以省略，如果不了解相关的历史文化背景知识，也就无法弄清其真正的含义。例如：丘吉尔在二战初期曾说过一句名言：Some chicken, some neck! 此句产生的时代背景是当时希特勒不可一世，公然叫嚣“In three weeks, England will have her neck wrung like a chicken”。丘吉尔义愤填膺，针锋相对地做出响亮的回答：“Some chicken, some neck!”(难对付的小鸡，难对付的脖子!)以鼓舞民心。又如，A: Do you like rugby? B: I am a New Zealander. 新西兰人都是橄榄球爱好者。具备了这个文化语境，再来看这个对话，就会发现它在语义上是连贯的，而且很容易推知 B 实际上是对 A 的问题做出了肯定回答。

可见，语言语境、情景语境和文化语境在篇章解读中能起到制约和限定语义，解释交际参与者的言外之意，理解篇章的深层意义等作用。语境是篇章产生的基础，篇章解读也同样要借助语境才能准确、有效。

4.2.5　体裁/语类分析与阅读教学

4.2.5.1　体裁/语类分析的主要思想

体裁原本是一个文学用语，指文学作品的类型，现用于指所有语体的语篇的类型。对体裁的分析可分为两个主要学派:以 Swales 和 Bhatia 为代表的 Swalesian School 和以 Martin 为代表的 Australian School。

美国学者 John M. Swales 在其名著 *Genre Analysis* 中认为:①体裁是交际行为的形式,有其交际功能;②交际目的是确定体裁的重要因素;③交际目的、话题制约着语篇形式、内容及语言难度。同一体裁的语篇具有大体相同的图式结构,而这种结构影响着语篇的内容和语言风格的选择。按照 Swales 的体裁观点,英语中大致有 literary narrative, non-literary narrative, expository essay, science report, introductory survey, argumentive essay 等多种体裁。

新加坡的 Bhatia 在 Swales 的体裁理论基础上做了进一步的完善,他认为:①体裁是一种可辨认的交际事件;②体裁不是一般的交际事件,而是一种内部结构特征鲜明,高度约定俗成的交际事件;③在建构语篇时,必须遵循某种特定体裁所要求的惯例;④尽管体裁有其惯例和制约性,内行人仍可在体裁规定内传达个人意图和交际目的。

Martin(1992)认为体裁属于更高层次的符号系统,不仅包括语言活动本身,也包括社会行为和行动,提供了一个确定体裁地位的框架:即观念形态由体裁体现,体裁由语域体现,语域由意义体现,意义由语法体现,语法由音系体现。篇章体裁是通过纲要式结构(schematic structure)和体现样式(realizational pattern)来体现的。Martin 的体裁分析框架与北美许多学者把体裁看作社会活动的观点是基本一致的。

不难看出,两个学派对体裁的界定在本质上一致。两者都认为交际目的决定体裁的存在,使得某类篇章具有大体上相同的图式结构,而这种图式结构影响着篇章的内容和语言风格的选择(Kay, H. & T. Dudley-Evans 1998);他们都强调体裁的常规性和制约性,认为体裁是语言使用者共同遵守的、程式化的社会交往工具,具有重复性和习惯性,其基本原则不能被随意更改。同时两个学派都认为,体裁的常规性并不意味着体裁是一成不变的,相反,由于文化因素或篇章变量(text parameter)的不同,属于同一体裁的篇章之间仍然存在某些差异,人们可以在不破坏体裁基本结构的原则下发挥自己的创造性。

在分析篇章时,两者着重点有所不同。"Swalesian School"通常以语步(move)和步骤(step)作为语篇分析的出发点,他们多以学术和职业语篇(academic and professional writings)作为分析对象。Australian School 则把体裁划分为与牙医约会、讲故事、求职、请人吃饭等交际事件,重点分析这些交际事件的图式结构(schematic structure);在教学领域,他们围绕报告(report)、阐释(explanation)、讨论(discussion)和说明(exposition)等交际事件开展教学活动。

体裁分析既涉及文体分析、又涉及篇章分析,其根本宗旨是研究篇章的交际目的和语言使用策略。对篇章进行解析,我们可以采取不同的途径和方法。比如,我们可以对篇章进行文体分析(stylistic analysis),它主要包括两方面:一是语言描写(linguistic description),即从语音、词汇、句式及篇章内在结构等角度分析特定篇章的内部组织机制,借以回答"What does the text mean ?"的问题;二是对特定篇章所选择语言成分的得体性进行分析,回答"How(or by what means)does the text mean what it means ?"的问题,从而达到对篇章进行鉴赏的目的。前者是后者分析的基础,后者则是对篇章特有语义的深层挖掘。

同时我们也可对篇章进行语域分析,即从影响和制约篇章产生的社会情景因素(如话语范围、话语方式、话语基调等)出发,探讨语言形式和情景语境之间的关系。语域分析不仅可以帮助我们认识特定篇章产生的背景,有利于对篇章的深层意义进行合理的而不是主观的推理,而且可以帮助我们从社会情景角度分析篇章建构的得体性。然而，不论是文体分析还是语域分析，都没能回答这样一个问题，即人们在建构某种类型的篇章时，为什么都倾向于是这样而不是那样地遣词造句和谋篇布局，而体裁分析的目的恰恰就是为了回答这一问题。它超越了对篇章语言特征的简单描述，力求解释篇章建构的理据，探讨篇章结构背后的社会文化因素和心理认知因素，揭示实现交际目的的特殊方式和篇章建构的规范性。

体裁分析并不单纯采用语言学分析方法，而是将语言学分析方法与社会学和心理学方法紧密结合起来。语言学分析方法主要用来描述篇章的语言特点；社会学方法则是把篇章作为社会现象和社会行为来研究，探讨篇章的社会性和规范性，从而揭示特定体裁结构之所以形成并得以沿用的社会文化因素；心理学的分析方法则研究篇章的认知结构和建构策略，探讨特定的交际目的如何在特定篇章中予以实现。(Bhatia 1993:16-22)"体裁教学法"就是在上述理论框架下逐步形成并正在不断完善的一种教学方法。

4.2.5.2　体裁/语类分析法对英语阅读教学的推动作用

篇章分析在语域分析、语法修辞分析、交往分析和体裁分析上已经取得了很大发展(Bhatia,1993)，但前三种分析模式是从表层分析逐步向深层分析发展，基本上是对篇章进行表层描写的阶段，只有体裁分析超越了它，既涉及文体分析，又涉及篇章分析，力求解释篇章建构的依据，探讨篇章结构背后的社会文化因素和心理认知因素，揭示实现交际目的的特殊方式和篇章建构的规范性。

运用"体裁教学法"进行阅读课教学，能使学生(尤其是具有初级或中级水平的第二语言学习者)掌握相对稳定的、可以借鉴和依赖的语篇模式，从而增强其理解语篇和创作语篇的信心。体裁分析注重宏观结构和认知模式，交际目的和社会功能，会有利于学生把握篇章的宏观结构，达到对语篇全面、深刻的理解，提高学生的阅读速度、分析理解和欣赏能力。在阅读中，对某一特定体裁的熟悉程度无疑能大大促进阅读速度的提高，加快加深对篇章理解。体裁分析不仅停留在词汇语法特征分析上，还能揭示篇章的交际目的及为此而运用的语言策略，对篇章的结构进行解释。所以，体裁分析是对篇章深层语义结构的解释，把篇章分析从描述扩展到解释，不仅重视社会文化因素，而且考虑心理语言因素，把篇章分析扩展到语用层，展开跨文化篇章差异的对比，如英汉篇章差异。

体裁多层面的分析是相辅相成的。对篇章分析而言，体裁分析提供了自上而下对篇章描述的理论框架，从不同语言层次阐释特定篇章的内部组织机制，并在理解篇章这一认知过程起到指导性作用。从系统的角度去看待篇章体裁分析，它可以帮助学生发现不同篇章体裁的相同点与不同点，找出不同类型之间的有机联系，并用系统网络中的动态选择流程来描述相关类型的篇章体裁的构建过程。从社会符号学的观点来看，篇章体裁的形成必然有其特定的社会文化背景，对这种文化背景的分析有助于人们从社会情景的角度分析篇章构建的得体性。

体裁分析能帮助我们解析语篇的组织模式，从而挖掘特定语篇所具有的特定的宏观认知结构。在阅读过程中，从篇章体裁的角度出发，借助篇章模式，有助于宏观上把握篇章。体裁分析对篇章全方位深层次的剖析，帮助学生了解体裁的社会功能和交际目的，使得他们更好地理解结合特定体裁惯例的书面语言，将一改以往阅读教学中只见树木，不见森林的传统弊端。而代之以全面深刻的体裁分析，真正提高学生篇章阅读能力和语言交际能力。教师在英语阅读教学中运用篇章体裁分析法，让学生从整体上把握文章，掌握其内在的规律性，再着手于语言内容，就能更好地提高学生的阅读能力。读者要是掌握了与篇章结构一致的图式，就能在阅读过程中有效地激活并应用此图式。学习者对所学阅读材料不仅可以知其然，而且还可以知其所以然。在此基础上，学习者就对所学语篇的篇章构建过程和社会交际功能就有了深刻体会。

4.2.5.3 体裁/语类分析法的方法

把体裁和体裁分析理论自觉地运用到课堂教学中去，并围绕篇章的图式结构开展教学活动。其宗旨可归纳为：(1)培养学生认知不同的篇章具有不同的交际目的和篇章结构。(2)培养学生认知篇章不仅是一种语言建构(linguistic construct)，而且是一种社会的意义建构(social meaningful construct)。(3)培养学生即掌握篇章的图式结构(schematic structure)，又理解篇章的建构过程，以帮助他们理解或创作属于某一体裁的篇章。(Kay,H. & Dudley Evans,1998)

常用的篇章类型有：叙事类、说明类、论辩类。文章绝不是互不相干的句子杂乱无章的堆砌，阅读时，读者直接面对的是语篇，其组成以及规律对阅读起着至关重要的作用。篇章类型确定的一般方法：以时间为线索的篇章——叙事类；以主题为线索的篇章——说明类、论辩类。另外，学生自己也可以迁移所具备的汉语篇章知识来确定课文体裁类型。

1.叙述文

记叙文一般以记叙个人生活经历为主，多以时间为序，常伴随着作者思想感情的流露和表达，因此议论和抒情往往夹杂其中。在引出话题，讲完一件事情以后，作者往往会表达个人的感悟或提出建议等。记叙文章分为单纯记叙类文章和夹叙夹议类两类。单纯的叙述文比较简单、易懂。对于夹叙夹议的文章，既要理解文章的词句和文章的大意，又要理解作者的写作目的和态度等。前者是理解的基石，后者是理解的目的。这类文章的基本结构模式是：

(1)用一段概括性的话引入要叙述的经历(话题)；

(2)叙述先前的经历(举例1)及其感悟或发现；

(3)叙述接下来的经历(举例2)及其感悟或发现；

(4)做出总结或结论。

2.说明文(描述文)

篇章阅读理解材料中，说明文的一般结构模式为：提出问题(或以一个事例引出问题)——(专家)发现直接原因——分析深层原因——得出结论或找到解决办法。说明文的目的是“告知”，即告诉人们某事并对其加以解释，以便读者了解。它与议论文的根本区别在于客观、真实，重细节描述，而轻抽象评论。其语言多采用客观性词语，较少使用主观性判断词语，如表示个人喜恶的形容词、副词等。

3.议论文

议论文的目的是“说服”，即作者力图使读者同意并支持其观点。一篇典型的议论文必须具备以下三个基本结构特征：①提出一个有争议的观点；②对观点进行论证；③得出结论。最容易辨认出来的议论文模式是主张——反主张模式。在这一模式中，作者首先提出一种或某些人认可的主张或观点，然后进行澄清，说明自己的主张或观点，或者说提出反主张或真实情况。议论文的论证方式主要有两种：演绎法和归纳法。演绎法是指从一般陈述开始，最后得出具体、特殊的结论，是一种从一般到个别的推理方法；归纳法是指从个别实例出发，最后得出一般性结论，是一种从个别到一般的推理方法。阅读理解材料中纯粹的议论文出现得并不多，多与叙述和说明两种方式相结合，特别是以夹叙夹议的形式出现较多。

4.2.5.4 体裁/语类分析法的不足和改进方法

秦秀白(2001)认为“体裁教学法”的不足表现在：

首先，体裁的规约性可能会导致教学活动具有“规定主义”(prescriptivism)色彩。教师本人如果缺乏想象力和创造力，可能会使学生感到这种教学方法呆板和枯燥。

其次，“体裁教学法”可能会使课堂教学出现以篇章为中心的倾向，教师容易偏重对篇章的描述和复制，而忽视创造性的语言操练活动。

最后，由于体裁的种类十分繁杂，课堂教学难以穷尽学生将来生活中可能遇到的所有体裁，故“体裁教学法”在阅读课教学中存在一定的局限。

针对上述问题，国外学者提出了一些旨在改进这种教学方法的对策，他们所做的种种尝试主要体现在以下方面：

(1)教师应引导学生在社会文化背景中考察、描述、分析和运用各种体裁。这有助于学生理解篇章产生的社会文化背景和特定篇章所具有的深层理据。

(2)在把握篇章原型(prototype)的基础上，教师应引导学生掌握能影响篇章形成和理解的各种变量(如“话语范围”、“话语方式”、“话语基调”等)，这些变量能影响篇章的体裁结构和语言风格，使得同一体裁的篇章在谋篇布局方面具有一定的灵活性。

(3)教师应尽可能多地向学生介绍属于同一体裁的真实篇章(authentic texts)，而不应仅用一两个篇章来代表某一体裁。

(4)“体裁教学法”应与其他教学方法相结合，如把描述交际行为类型的体裁与描述篇章修辞结构的篇章模式结合起来。

(5)Flowerdew(1993)在实施“体裁教学法”时采用了两种途径：一种是采用既有的体裁分析理论和方法去训练学生，目的是让学生掌握教师所讲授的体裁，他把这种途径称作 training/ product approach；另一种是通过分析具体篇章的体裁和影响体裁的篇章变量来研究篇章的图式结构和语言成分的选择，使学生直接参与分析过程，目的是使学生不仅能掌握学过的体裁，而且能自行分析新的体裁，并能很快掌握它。他把这种途径称作 educational/ process approach。Flowerdew 认为，在教学过程中我们应采用后一种方法，为此，他就课堂活动提出了一些建议。(详见 Flowerdew，1993：309-314)

4.3 快速阅读的可选策略

所谓快速阅读是指以较快的速度在有限的时间内有目的、有方法、有效果地读完一定量的文字材料，并从中获得所需要的信息。对大学生来讲，英语快速阅读能力的提高既是语言学习的需要，也是高效获取信息的需要。

教育部 2004 年初颁布了《大学英语课程教学要求(试行)》，规定，在一般要求层次，“在快速阅读篇幅较长、难度略低的材料时，阅读速度达到每分钟 100 词，能基本读懂国内英文报刊，掌握中心意思，理解主要事实和有关细节，能读懂工作、生活中常见的应用文件的材料。能在阅读中使用有效的阅读方法。”为全面实现大学英语教学大纲设立的教学目标，真正发挥英语的工具作用，提高大学生英语应用能力，英语快速阅读能力培养重要且必要。研究如何帮助大学生有效地提高英语快速阅读能力有着积极的现实意义，应是大学英语教师普遍思考的问题。

4.3.1 无声阅读法

在快速阅读中存在诸多阻碍学生速度提高的现象，从其外部看来，目前常见的不良阅读习惯有默读（silent reading）、指读法（finger reading）、唇读法（lip reading）、点词（pointing at words）、画线（underlining）、重读（reading back）、头部移动（moving heads）、转笔（spinning pens）、逐词读（reading word by word）、口译或心译（mental translation）。有声读是快速阅读的最大障碍。不少学生喜欢采用指读法或唇读法来读英文，一边看一边小声地读出声。默读（内发音或者心读）也不可取，因为它是快速阅读的大忌。研究表明，这种有声读减慢了学生的目读速度，并且因为速度慢妨碍了理解和记忆。前苏联专门研究内语言性质的A·索科洛夫教授的实验得知，在语言运动肌不发挥作用的情况下，仅仅通过视觉因素是可以理解文章的，即一个快速高效的读者只要能看到印刷符号就能直接获得意思而不经过声音阶段。奥·库兹涅佐夫(1983)以此为基础，无声阅读法应运而生。无声阅读法指没有外发音和内发音的阅读方法，不仅仅指嘴巴不发声。控制有声读，进行无声阅读的方法可分为机械地、强制地控制发音和语言中枢障碍法或叫做节奏敲打法两种。

机械地、强制地控制发音。舌头抵在唇间，或者用手指按住嘴唇，或者嘴里含泡泡糖之类的东西，比如在嘴唇之间叼一支铅笔，嘴唇动作时，铅笔就会掉下来，保持铅笔不掉。还有一方法是用手指触摸颈部声带部位，如果觉察不到声带的振动，就是克服了出声阅读的习惯。这些都不能从根本上控制阅读时的发音量。因为学生仍然可以在心里默读文章，即内发音。

语言中枢障碍法或叫做节奏敲打法是前苏联的任金教授提出来的（奥·库兹涅佐夫，1983）。可用2/4拍，第一小节敲打四次，第二小节敲打两次。每一小节的第一拍打得较响。当用手打着拍子的时候，大脑皮层就会出现诱导性抑制区，使阅读时的发音现象得到制止。初开始练习时，有一定难度。可分阶段进行。从只阅读或者只打拍，到阅读打拍同时进行，从阅读打拍后瞬息遗忘量很大，到阅读打拍后依然能够回忆大部分的内容，从阅读打拍后不能理解文章到能够理解文章。

4.3.2 略读和寻读

根据O'Malley & Chamot(2000)关于学习策略的理论框架，学习策略包括元认知策略、认知策略和交际情感策略。快速阅读策略主要为略读和寻读（skimming and scanning），属于认知策略（金艳，2006）。略读是快速阅读文章以获得文章的大意或中心。略读过程中，学生有策略性地忽略部分细节，阅读关键部分。寻读能力是指学生利用各种提示，如数字，大写单词，段首句或句首词等，快速特定的信息等能力。需要注意的几个问题：

（1）注意首尾句的出现　如果短文包括几个自然段，则应注意第一、二段和最后一段，力求抓住文章的主旨大意。注意了解文章的主题句及结论句。

（2）注意标点符号的使用　可以运用标点符号（破折号、小括号、冒号）了解抽象的词汇或句子的含义。因为这些标点符号的出现就是为了更进一步地解释其前的信息。可以将这些标点符号后面的信息删除，从而更加快速地把握文章，提高阅读效率。

（3）注意逻辑关系的运用　逻辑关系分布在文章的句子内部、句句之间以及段落之间。最基本的逻辑关系有以下几种：因果关系：as a result，therefore，hence，consequently，because，for，due to，hence，consequently 等等；并列、递进关系：and，or，then，in addition，besides，in other words，moreover，furthermore 等等；转折关系：however，but，yet，in fact 等等。

这些我们其实已经很熟悉的逻辑提示词在文章中起的效果，并非仅仅是衔接文章的句子，从阅读的角度来看，它们同时在给我们某种提示，告诉我们哪些句子是有效信息，相对重要的信息，哪些信息是相对不重要的信息，因为我们在处理文章的时候，要有一条清晰的思路，你不是为了完整翻译文章而进行阅读，而是为了获取某些信息而进行阅读，所以，要利用逻辑关系简化阅读。

例如：You have just finished your meal at a fast food restaurant and you throw your uneaten food，food wrappers，drink cups，utensils and napkins into the trash can. You don't think about that waste again. On trash pickup day in your neighborhood，you push your can out to the curb，and workers dump the contents into a big truck and haul it away. You don't have to think about that waste again，either. But maybe you have wondered，as you watch the trash truck pull away，just where that garbage ends up.

我们注意到，在该段尾部出现了"But"。这里的"But"，说明作者陈述的内容的逻辑主旨发生了变化，因此，转折逻辑词之前的信息就变得不重要了，简单的处理方法是可以仅保留阅读转折词之后的信息。

相应地，并列、递进关系词，意味着它们前后衔接的信息从主旨的体现上没有发生变化，而更多地表现为前后句子主旨的相似性，所以我们选择其中的一半进行阅读。这样，在保证了阅读质量的基础上，也极大地提高了阅读速度。

(4)注意特殊标记的使用　用最快的速度通读文章，找到自己需要的细节描述部分，并在有关的句子下做出各种记忆符号。文章浏览完毕，再将画线部分(或其他符号)重新详读一次，并进行适当的判断。

例：The interstate system has been an essential element of the nation's economic growth in terms of shipping and job creation：more than 75 percent of the nation's freight deliveries arrive by truck；and most products that arrive by rail or air use interstates for last leg of the journey by vehicle.

以上这段文字中，"creation"之后出现一个冒号，它说明后面内容是对前面内容的解释，后面的信息可以考虑放弃阅读，但是，之后有"75"这样一个数字，可以仅将数字做特殊标记，其他部分忽略。

(5)特殊信息点的运用　所谓"特殊信息点"是指那些很容易在文章中识别的词汇，诸如，时间、数字、斜体字母、带连字符的单词、专有名词、人名等形式的语言点。这些形式的表达一方面很容易识别出来，另一方面，这些信息点的表现的一般都是文章的琐碎信息，对于主旨的理解和把握而言，不过是更进一步论证而已。因此，可以忽略这些信息的阅读。如果后面阅读理解的问题中确实涉及了，再回来细读也无妨，毕竟它们的表现形式非常利于查找和定位判断。

4.3.3 眼动分析与快速阅读

读速慢问题需要眼睛的配合才能解决。1908 年，休伊出版了《阅读的心理学与教学法》，书中介绍了用眼动分析(eye-movement analysis)研究阅读的方法；介绍了阅读时的眼动形式：注视与眼跳、前进式眼跳和回视眼动。对眼动的研究主要集中在阅读方面。阎国利(2000)等人认为眼动法在中国眼动分析法为提供了被试连续的眼动数据，运用这些数据，可以对阅读中的认知加工过程进行比较深入的探讨，并揭示出阅读过程中个体信息加工的特点和规律。为分析快速阅读训练的有效性提供了客观依据。

对阅读的眼动研究，隋雪(2004)比较了学困生与正常生、学优生的眼动模式，结果发现与其他两组相比，学困生的注视点持续时间长、眼跳距离小、注视次数多、回视次数多，并且差异显著。

张仙峰(2006)发现对单词的初始加工能力高的人，第一次注视时间也就是词汇接通的时间也短，对单词的早期识别过程以及对单词加工难度的敏感性也强。即无论是阅读母语还是阅读外语，好的阅读者往往表现为比差的阅读者更短的注视时间。

凝视时间即代表了眼跳到第二个单词或兴趣区间之前，对第一个单词或区间的注视时间总和。徐四华(2005)认为凝视时间反应的可能是对词汇通达和对语句整合的过程，是加工时间的最好测量指标。在某个兴趣区间内的第一次凝视时间实际上就是第一遍的阅读时间，所以其反映的也是对信息进行早期加工的过程。在与干扰选项有关的语句区间低分者对此干扰语句的早期加工时间更长。然而这种更长时间的停留，并没有帮助其更好的加工。这表明低分者加工效率偏低，也说明其信息加工的结果不理想。这种易受干扰的特性可能是因为低分者在阅读过程中眼动模式的混乱造成加工效率低下，也可能是因为理解力本身的限制导致其即使花更多的时间去加工编码也无法顺利完成加工过程，从而导致对语句的错误理解。

眼跳距离可以反映阅读的知觉广度，眼跳距离大，说明被试一次注视所获得的信息量大，眼跳距离小，则可能对材料的阅读有一定困难。在涉及问题答案的关键性语句内，高分者比低分者眼跳速度显著更小，也就是说单位时间内高分者的眼跳距离要比低分者小。这显然并不表示高分者比低分者在这个关键于语句阅读上有更大的困难，而说明了高分者在阅读到与问题答案有关的内容时，并未采用增大眼跳距离来提高阅读速度，而是灵活的采取了减小眼跳距离的谨慎策略来应对自己觉得比较关键的地方。阎国利(2004)觉得高分者是以较低的眼跳速度、更多的眼跳次数这样一个眼跳策略，来应对难度偏高且时间有限的特殊阅读情境的。但是由于眼跳时间占注视时间的比例很小，并且高分者注视时间显著的低于低分者，所以这样的时间分配从成绩来看，是合理且有效的。

阎国利(2000)通过试验研究发现注视频率(指单位时间内的注视次数)可以反应信息提取的速度。注视频率高，说明信息提取的速度快；注视频率低，说明信息提取的速度慢。高分者比低分者的注视频率明显高。在阅读中，回视出现的次数也是衡量学生阅读效率的一个重要指标。回视是指读者又返回到刚才注视过的内容上进行注视的眼动形式。阎国利(2000)发现过多的回视是影响阅读效率的一个重要因素。高分者比低分者的回视次数明显少。

以上综述表明在进行阅读教学时，应该提高注视的频率，不要在每个字词上停留较长的时间。同样，在阅读过程中要尽量避免不必要的回视。在阅读过程中，有些回视是需要的，它可以使被试对有关的内容重新进行加工。如对一些没有理解的部分和理解错误的内容进行回视。但是,有些没有经过速度训练的学生出现了频繁回视。而过多的回视会影响阅读效率。阅读要培养一气呵成的习惯。不要因为有生词和难句而中断阅读,习惯于再回头把已读过的内容再重读一遍。这样不但影响阅读速度而且也影响对通篇文章的整体理解和中心的把握。

而且要想提高阅读速度,就应有计划地扩展阅读的知觉广度。训练每次注视点的转移和定位及从注视点两侧扩展等距离或相等字数,逐步加宽。如最初一眼看了3个单词,慢慢增加到5个单词,7个单词。完成第一次注视后,第二个注视点不应定位在第一视距随后的那个词上,而应根据你的视距长短隔上数词定位第二个注视点。

若阅读的知觉广度相同,谁的停顿时间短,谁就读得快,这就要求读者注意力高度集中,大脑快速反应,目光快速移动。要想达到此目的,关键是眼机能训练,使眼机能灵活自如,达到视幅、视停、视移等视觉最佳状态。可用跳读法来训练这一技能,即眼光从一个"字群"跳到另一个"字群"的连续运动。训练时头不要跟着摆动。培训大脑在阅读注视点(fixation)跳跃之间对前一视距所覆盖文字进行加工处理最终完成文字码到信息码的转换,即反映理解的能力,训练加速注视点跳跃和大脑翻译的速度。即提高我们常说的"看一眼"的效率。

4.3.4 计时阅读

提高阅读速度要进行有意识的训练,即要有意识地不断对自己的阅读速度提出更高要求。随着阅读速度的加快,所限定的时间要缩短,阅读时要有计时手段,不断提出更高的要求。只有经过有意识的训练才能逐渐养成速读的习惯。用计时阅读(timed reading)训练激发学生的紧迫感和效率意识。计时训练还可以提高人们阅读时的眼球正确运动能力,校正不良用眼习惯,克服音读和默读的阅读障碍,逐渐扩大阅读视幅和瞬间"识别间距",提高对读物文字的整体感知能力,最终达到"眼脑直映"以获得快速阅读能力的目的。

计时训练的"量"和"质"的两个方面。美国的Edward Fry在1981年提出计算阅读效率的公式,即阅读效率(ew/m)=阅读速度×阅读理解率。上述公式中ew/m意为efficient words per minute,即每分钟的有效阅读字数。自我衡量的检测标准就是:个人计时阅读训练时,一般要在计时单位的条件下加快阅读速度的基础上逐步提高整体理解记忆正确率。两个要点一是快速,二是理解。这就需要辩证地处理好两者之间的关系:既不能只追求速度而忽视理解,也不能为了理解而不顾及速度。简言之在计时速度训练是保持一个正常的阅读速度和理解记忆正确率的关系。一般要求对所阅读的材料的理解只要求达到70%左右的正确率即可。衡量的标准是如当你的理解正确率高于90%以上时,说明你的阅读速度需要提高或阅读量需要加量了;如果你的阅读理解正确率低于60%以下时,说明你的阅读速度过快了,需要减速来提高阅读时的理解正确率。它们之间是一个辩证的关系,必须保持有效的平衡才能使你的速读训练正常提高。具体办法是:

(1)有一个可以计时的闹钟和计时表,在开始读和结束时都用表来计算自己的读书的起始时间,并用记录;

(2)每次训练时间不超过半个小时,不低于15分钟。每次训练计时以1～3分钟为一个自我训练单元时间;

(3)训练选择文章为通俗易懂的叙事、记人或说明、议论性文章,文章长度为500～

2 000 字；

(4)每次训练结束后即进行对该文章的复述和回忆，以对文章总体的理解性记忆率为自我检测标准。

4.4 多媒体网络英语阅读教学模式

21世纪是信息社会，信息的获取、传递、加工、存储和应用将成为现代人最基本的能力和文化水平的标志。世界各国都在积极探索利用现代信息技术革新教育，以适应未来社会发展的需要。获取信息的最大来源是因特网，计算机多媒体网络技术所提供的各项强大功能，对传统教学方法产生了补充、发展和优化作用。如何将网络引入英语教学课堂，如何充分利用网上信息资源不断增加阅读量，扩大学生的阅读视野以弥补课堂教学的不足，如何更快、更有效地提高学生获取和处理信息的能力，以迅速适应时代发展的要求，已成为教育工作者乃至全社会密切关注的问题。

4.4.1 多媒体网络英语阅读课程设计的理论基础

1. 语言输入、输出理论

Krashen(1985)提出了可理解性输入假说(comprehensible input hypothesis)，此假说认为决定外语习得的关键是接触大量可理解的、有意义又关联的目的语。Krashen 把学习者当前的语言知识状态定义为"i"，把语言发展的下一个阶段定义为"i+1"。学习者当前的语言知识状态 i 与下一个发展阶段 i+1 之间的"缺口"，或者说"距离"是靠语言环境所提供的相关信息以及学习者以往的经验来弥补的。Swain(1985)又进一步发展了该假说，她提出的可理解性输出假说(comprehensible output hypothesis)认为，给第二语言学习者提供大量实践的机会，也就是促进可理解性，不仅能使他们将现有的知识得以很好地应用，而且能使他们在语言使用中不断地进行假设验证，从而丰富语言知识，提高交际能力。

在非英语环境中学习英语，阅读是主要的，有时甚至是唯一的语言输入方式。相对课本阅读，计算机阅读给学生提供的信息更加多样化，如，声音、文字、符号、动画信息。在计算机上，学生不仅可以读，还可以听到被阅读的文章，甚至看到相应的影像，而且可以通过观察影像人物的表情、体态、图像来理解和交流信息和感情。这突出的是学生自主学习和以学生为中心的教学特色。

2. 人本主义学习理论

人本主义学习理论则把学习分成了两种类型：即无意义音节学习和有意义的学习。后者指一种使个体的行为，态度，个性以及在未来选择行动方向时发生重大变化的学习，而非仅涉及事实(知识)积累式的学习。人本主义心理学家强调学习过程中自我观念和情感因素的重要性，侧重学习个体的主观行为，态度以及个性对学习效果的影响。当学生们在课堂上以书本的形式阅读的时候，有些学生在很多情形下会焦虑不安，从而使阅读过程受到很大的影响。这些情形诸如发现自己读的比别人慢，老师站在身边，担心自己的答案错误时会受到批评等。因此，人本主义学者认为教育的一切活动都必须以调动学生的主体性、独立性为出发点，使学生具有充分的动力,主动学习,善于学习。网络自主阅读教学模式能体现出这一点。

3. 建构主义理论

认知学派认为学生在学习过程中的四大要素为"情境"、"协作"、"会话"和"意义建构"。这种认识在20世纪90年代中后期形成了所谓建构主义理论:学习者根据自身的经验理解客观存在的外部世界,并赋予其意义。建构主义强调对学习环境(而非教学环境)的设计,而非教学环境的设计。建构主义强调利用各种信息资源来支持学生的自主学习和协作式探索。建构主义强调学习过程的最终目的是完成和深化对所学知识的意义建构。建构主义强调了学习过程中的主观因素,强化并完善了早期认知理论对学习过程的描述,成为认知理论的最新代表。(胡隆,2001:6)建构主义理论的核心是以学生为中心,强调学生对知识的主动探索、主动发现和对所学知识意义的主动建构,提倡体验式学习(learn to experience and experience to learn)。建构主义认为教学中教师应唤起学生学习的好奇心,引导学生分析、处理信息,激励学生探索发现和建构知识,从而获得解决问题和批判性思维的能力。网络课程的设计正是基于这样的学习理念。

4. 最近发展区理论

前苏联著名心理学家维果茨基的最近发展区(ZPD,zone of proximal development)理论(Vygotsky,1978),即"现有发展水平"和"可能发展水平"之间的差距:前者指学生凭借已有知识,通过独立自学所能达到的水平;后者指在现有教育资源和现有发展水平基础上,通过教师的教学和辅导,可能达到的发展水平。基于以上理论,人们提出了支架教学。其实质是利用概念框架作为学习过程中的脚手架(scaffold),并按照学生智力的"最近发展区",不停地把学生的智力提升到新的更高水平。教师应在最佳教学区内给予学生合理的铺垫,搭建过渡脚手架,引导学生掌握并建构知识技能,把管理学习的任务逐渐由教师转移给学生,最后撤去支架。英语阅读教学不应该消极地适应大学生英语语言发展的现有水平,应走在发展的前列,促进学生变被动学习为自主、独立的探索学习,不断把学生对英语的理解和认识从一个水平引导到另一个更高的水平。支架建构式教学模式体现了教学中学生的主体地位和教师的主导地位,及学生在学习中社会的相互作用,结合网络多媒体的教学环境,对当前的英语阅读教学具有重大的意义。

4.4.2 多媒体网络英语阅读课程的实施

1. 网络环境下英语阅读教学的优越性

(1)网络阅读学习的主动性　网络英语阅读课教学重视的是学生怎样学,而不是教师怎样教。教师的主要作用是指导学生主动思考、主动探索、主动发现。学生以自主学习为主,由被动学习变为独立的主动学习。学生自主选择学习内容、学习顺序,自己就相关话题展开想象,选择交流对象,参与在线讨论等,真正体现了由"要我学"变为"我要学"。

(2)网络阅读资源的多样化　有着丰富的教学资源的互联网是个开放的网络系统,是个取之不尽的信息资源库,若能充分利用联网上的教学资源,那对教学将会是个巨大的促进。网络上的语料具有海量特征和实时性,有时代气息,学习材料鲜活生动,而且题材、风格多样。在内容上有文化、体育、娱乐、历史、地理、科技等;在形式上有新闻报道、报刊杂志、原版读物等。网络阅读资源可以集文字、图像、动画于一身,图文并茂的情景能提供与课文有关的信息,激发学生的想象力；

(3)网络学习的开放性 学生可以在课件范围内，自主选择学习内容、学习顺序，自行控制学习速度，自己决定对所学内容采取何种阅读策略，自由就相关话题展开想象、选择交流对象，参与在线讨论等。在线讨论能创造一个开放宽松、范围更广的交流环境，使每一个学生都有机会了解别人的思想，参与校内或校际同学间的讨论与交流，锻炼自己寻求帮助、解决问题的能力，培养探讨、合作精神。

(4)网络学习材料的呈现方式的灵活性 网络的非线形超文本结构，使学习者不必拘泥于原有的信息呈现顺序和方式，可以选择适合自己需求的学习内容、进度和方式，主动参与知识结构的重组和构建活动，从而调动学习者学习的主动性和创造性，使学习者学得更快、更好。

2. 网络阅读教学方法和手段

(1)教学总体思路 遵照教育部《大学英语课程教学要求》，确定的课程教学的总体思路是：在教学时数有所减少的前提下，充分利用现代教育技术和国内外优质教学资源，转变师生角色，发挥学生自主性。

(2)教学方法 在教学过程中，明确了分工，并采用不同的教学方法实现教学目的。

课堂人际教学：每周 2 学时的课堂人际教学，每班 30 名左右学生，在多媒体教室授课。本着"英语不是老师教会的，而是学生练会的"这一指导思想，在课堂上教师主要为学生安排内容、组织活动、督促进度、指导方法、解答疑难等。规定在课堂上教师要用英语授课，讲解语言不能超过 30%的时间，只对一小部分语言点做精要讲授。语言点的学习主要由学生通过在线浏览网络课件和授课型录像等进行预习和复习来自主完成。教师和课堂对学生自主学习发挥着不可替代的作用，并充分带动学生的课外学习。

网络自主学习：学生每周 2 学时的网络自主学习。在教师指导下，学生根据各自的水平安排学习进度(进行个性化、自主式)的自主学习阅读训练；教师在线辅导答疑，同时通过管理平台对学生进行辅导与监控。

实时网络平台或工作室互动答疑：设立 office Hour 制，每个工作日都安排老师值班为学生指导与答疑，通过 office Hour 和网络教学平台，在第一时间了解学生需求，为学生提供指导与帮助。

(3)教学手段和评价手段 全面采用多媒体教学，将视频、音频、纸质等教学资源有机整合，增加课堂信息量和学生接触各种介质材料的机会，使教学内容更加丰富、课堂气氛更加活跃。

利用学校的基于计算机网络的雅信达自主学习平台，真正实现阅读教学的个性化、多媒体化、自主式和立体式。

课程的测试除传统的考试方式外，还反映学生在多媒体环境下语言学习的情况，将期末考试成绩和课程网上学习单元测试成绩和多媒体自学中心自学记录结合起来，既重视终结性测试(70%)，也重视形成性测试(30%)。

4.4.3 多媒体网络英语阅读课程的反思

1. 学生对网络学习的适应性不良

中国学生已经适应以教师为主导地位的传统教学模式，习惯于依赖老师；而且，他们在生活和学习上都过多地依赖父母和老师；加之“中考”和“高考”的应试教育影响，他们根本没有自主学习的习惯。在网络环境英语阅读教学的过程中，学生缺乏有效的英语网络学习能力，学习也缺少计划性和系统性，造成自己处于无所适从的学习状态中，结果导致学习效率低，学习效果差。而且，学生网络自主学习虽也存在一定的师生、生生交流，但是减少了课堂上学生和教师之间的面对面丰富的、直接的知识和情感的交流。另外，计算机辅助阅读的即时反馈功能可以积极地引导学生，但是当学生即刻并连续地被计算机反馈说他所给出的答案全部是错误的时候，很可能学习的积极性会收到打击。最后，学生上网也需要一定的费用，这不免增加了部分学生的经济负担。

2. 教师对网络教学方式的态度不积极

从教师的角度来说，这种方式需要教师付出很大的努力，教师在设计网络教学活动时需获取和处理大量信息，需要用不同的内容来为不同的课充实模版，并需要具有一定的计算机和网络操作技术。网络教学涉及选择素材、上传文件、素材排版、批改作业等一系列环节，处理网络教学的时间和精力远远大于传统上课的备课时间。

3. 需要学校各方的支持

不可否认，网络课堂不同于传统的黑板加粉笔的课堂。网络环境下英语阅读教学对教学硬件设施提出了更高的要求。需要对计算机、服务器、局域网等硬件和课件制作等进行较大力度的投入，这就离不开学校各方和有关院系的大力支持。教学交互平台的开发大量依赖于教辅人员业余时间的奉献。因此，该模式急需资金和人员注入，以期完善。缺少投入必然会使网络课程难以为继。

4. 网络环境教学对教师角色提出了新的要求

现代外语教学中，教师已不是传统的传道、授业、解惑者，而是教学的组织者、控制者、检测者、启发者、参与者和信息源。在多媒体网络教学环境下的英语教师的角色应该是：引导者、合作者和学习者。

(1)引导者　计算机网络时代改变了教师的知识传递者这一传统角色。在网络时代“导学”这一概念比“教学”更为合适。导学体现以学生为中心的教学理念。引导学生确定合理的学习目标，通过适当的学习策略达到最佳的学习效果。学会如何学习要远远比仅仅学会一些知识更有实际价值。

(2)合作者　通过网络教学，一个比较大的学习任务往往由各有特长的学生与教师一起共同合作。由于相互的交流，容易激发新的想法，产生创新性思维。

(3)学习者　多媒体网络下的教学活动都要求教师本身要有信息素养，掌握一些基本的计算机和网络知识，可以制作多媒体课件以及参与网络文化的创造。能够对信息进行检索、评价和有效利用已经成为信息时代的每个教师必须具备的基本素养。

5. 多媒体网络要结合英语阅读元认知学习策略

依据 Malley(2001)的信息加工理论，元认知策略的使用者能主动计划、规范和控制自己的学习过程。针对学生在阅读学习中缺乏兴趣和动力的问题，教师应导入元认知学习策略，培养学生的阅读学习能力。

(1)培养自主学习能力　在阅读学习中采用多媒体网络教学模式，教师应扮演知识的“引导者”和活动的“组织者”，培养学生自主学习能力，避免变成简单的“电脑＋教师”为组合，避免学生因“迷航”而失去学习兴趣。

(2)培养自我规划、自我发现的能力　针对学生学习无目标、无计划,不讲究学习策略等问题,教师应该加强元认知学习策略的导入和培养。避免产生阅读学习的"无序"状态和多种语境的简单输入或无法实现语言交际能力的提高的情况。

(3)培养自我评价、自我调控的能力　多媒体网络学习强调学习的自主性,包括学习者自我规划、自我发现、自我总结、自我反馈、自我调控等过程,是一个有序循环的学习过程,多方面能力的培养缺一不可。在学习中掌握自我监控、自我评价的方法能使学习者对学习过程及时反馈,及时调整学习方法,将提高学习效率和效果。

(4)培养自我学习管理能力　网络信息无选择性导致信息超载,质量欠佳等问题。虚拟环境缺乏人文关怀也可能使学生道德敏感度降低,言语交际能力减弱。应加强培养学生自我学习管理能力,辨别和掌握有用信息。

本章参考文献

Adams,Royace. Developing Versatility[M]. NewYord:Holt Rinstion and Winston,1989.

Anderson,R. C,Pearson,P. D. A Schema-theoretic View of Basic Process in Reading Comprehension[M]. White Plains,NY:Longman,1984.

Arnold,J. Affect in Language Learning[M]. London:Cambridge University Press,1999:17-54.

Bakhtin,M. Speech Genres and Other Late Essays(V. W. McGee,Trans.)[M]. Austin,TX:University of Texas Press,1986.

Bartlett,F. C. Remembering[M]. Cambridge:Cambridge University Press,1932.

Bhatia,V. K. Analyzing genre:Language Use in Professional Settings. New York:Longman,1993.

Brown,G. and G. Yule. Discourse Analysis[M]. Cambridge:Cambridge University Press,1983.

Burns,A. Genre-Based Approaches to Writing and Beginning Adult ESL Learners[A]. in C. Candlin & N. Mercer(Eds.). English Language Teaching in Its Social Context:A reader[C]. London:Routledge,2001:200-207.

Byram,M. Genre and Genre-Based Teaching[M]. The Routledge Encyclopedia of Language Teaching and Learning. London:Routledge,2004:234-237.

Campbell,C. Teaching Second-Language Writing:Interacting with Text[M]. Newbury:Heinle & Heinle,1998.

Cook,V. Second Language Learning and Language Teaching [M]. London:Edward Arnold,1996:98-100.

Cook,V. Second Language Learning and Language Teaching[M].北京:外语教学与研究出版社,2000.

De Beaugrande,R.,and W. U. Dressler . Introduction to text linguistics[M]. London:Longman,1981.

Ellis,R. The Study of Second Language Acquisition. [M]. Oxford:Oxford University Press,

1994.

Flowerdew,J. An Educational,or Process,Approach to the Teaching of Professional Genres [J]. ELT Journal,1993(47):305-316.

Halliday,M. A. K. &Hasan,R. Cohesion in English[M]. Longman,1976.

Halliday,M. A. K. An Introduction to Functional Grammar[M]. Edward,Arnold,1985.

Halliday,M. A. K. An Introduction to Functional Grammar[M]. London:Edward Arnold Limited,1994.

Holland,R. and Lewis,A Written Discourse[M]. Press of the University of Birmingham, 1997.

Just,M. A. ,Carpenter,P. A. A Theory of Reading:From Eye Fixations to Comprehension [J]. Psychological Review,1980,87(4):329-354.

Kaplan,R. B. Cultural Thought Patterns in Intercultural Education[J]. Language Learning, 1966(16):1-20.

Kay,H. & Dudley-Evans,T. Genre:What Teachers Think [Electronic version] [J]. ELT Journal,1998,52(4),308-314.

Krashen,D. The Input Hypothesis[M]. London:Longman,1985.

Malley,& Chamot,A. U. Learning Strategy in Second Language Acquisition[M]. Shanghai Foreign Language Press,2001.

Martin,J. R. English Text:System and Structure[M]. 北京:北京大学出版社,2004:505.

Martin,J. R. English Text:System and Structure[M]. Amsterdam; Philadelphia:Benjamins,1992.

Martin,J. R. and David,Rose. Working with the Discourse:Meaning Beyond the Clause [M]. Sydney; Hong Kong:Continuum Press,2003.

O'Mally. J. M. & Anna Chamot. Learning Strategies in Second Language Acquisition[M]. Cambridge:Cambridge University Press,2000.

Palincsar,A. S. & Brown,A. L. Reciprocal Teaching of Comprehension-Fostering and Comprehension-Monitoring Activities[J]. Cognition Instruct,1984(1):117-175.

Quirk,Randolph et al. A Grammar of Contemporary English[M]. London:Longman,1973.

Rivers,W. M. Interactive Language Teaching[M]. 北京:人民教育出版社,2000.

Rumelhart,D. E. Schemata:The Building Blocks of Cognition[M]. Hillsdale,NJ:Lawrence Erlbaum Associates,1980a.

Rumelhart,D. E. Theoretical Issues in Reading Comprehension[M]. Hillsadle,NJ:Lawerce Erlbaum Associates,1980b.

Schiffrin,Deborah. Tense Variation in Narrative[J]. Language,1981(57):45-62.

Schiffrin,D. Discourse Markers[M]. Cambridge:Cambridge University Press,1987.

Schumann,J. H. A Neurobiological Perspective on Affect and Methodology in Second Language Learning [A]. in Jane Arnold(ed.). Affect in Language Learning [C]. Cambridge:Cambridge University Press,1999:28-41.

Swales,J. M. Genre analysis:English in Academic and Research Settings[M]. Cambridge,

UK:Cambridge University Press,1990.
Vygotsky,L. Mind in Society: The Development of Higher Psychological Processes[M]. Cambridge,MA:Harvard University,1978.
奥·库兹涅佐夫,列·赫罗莫夫. 快速阅读训练[M]. 北京:科学普及出版社,1983.
柏玉和. 英语阅读教学模式探析[J]. 内蒙古教育,2007(11).
胡隆. 计算机辅助外语教学——多媒体和网络的应用[M]. 上海:上海外语教育出版社,2001.
胡壮麟. 语篇的衔接与连贯[M]. 上海:上海外语教育出版社,1994.
黄国文. 语篇分析的理论与实践[M]. 上海:上海外语教育出版社,2001:124-126.
黄国文. 语篇分析的理论与实践[M]. 上海:上海外语教育出版社,2002.
黄国文. 语篇分析概要[M]. 湖南:湖南教育出版社,1991:142-160.
教育部高等教育司. 大学英语课程教学要求[Z]. 上海:上海外语教育出版社,2004.
金艳. 提高考试效度,改进考试后效——大学英语四、六级考试后[J]. 外语界,2006(6).
李观仪. 新编英语教程(4)[M]. 上海:上海外语教育出版社,2000:6.
连淑能. 英汉对比研究. 北京:高等教育出版社,1993.
刘辰诞. 教学篇章语言学[M]. 上海:上海外语教育出版社,1999.
鲁忠义,彭聃龄. 语篇理解研究[M]. 北京:北京语言文化大学出版社,2003.
秦秀白. 体裁教学法述评[J]. 外语教学与研究,2000(1).
秦秀白. 语篇的"体裁分析"[J]. 华南理工大学学报,1997(11).
隋雪. 学习困难生阅读过程的眼动特征[D]. 辽宁师范大学博士论文,2004.
孙纪坤. 促进学生主动参与交际的小组互动教学研究[J]. 外语教学教法研究,2002.
王墨希,李津. 中国学生英语语篇思维模式调查[J]. 外语教学与研究,1993(4).
王晓青,饶耀平. 英语阅读教学中"图式理论"的运用与研究. 中国林业教育,2009(3).
王佐良,丁往道. 英语文体学引论[M]. 北京:外语教学与研究出版社,1987:142.
徐四华,等. 关于阅读的眼动研究[J]. 心理科学,2005,28(2):467-469.
阎国利,吕勇,刘金明. 小学生快速阅读训练的眼动研究[J]. 天津师大学报,2000(4).
阎国利. 眼动分析法在心理学研究中的应用(修订版)[M]. 天津:天津教育出版社,2004:346-353.
杨晓燕. 图式理论及其在外语阅读理解教学中的应用[J]. 中小学英语教学与研究,2000(2).
张仙峰,叶文玲. 当前阅读研究中眼动指标述评[J]. 心理与行为研究,2006,4(3):236-240.
张应林. 语篇分析学[M]. 武汉:华中师范大学出版社,2006.
赵艳芳. 认知语言学概要[M]. 上海:上海外语教育出版社,2001.
朱永生. 主位推进模式与语篇分析[J]. 外语教学与研究,1995(3).

第5章 写作教学理论和方法

5.1 学习者写作中的问题以及写作教学研究的必要性

刘润清(1999)曾指出只有写作水平才能真正反映一个人的语言修养。因为它不但涉及词汇、用法、语法等语言要素,而且还和学生的组织能力、分析能力、表达能力、逻辑推理能力以及各种语体的掌握等有关。写作能够有效地检验学生对语言的掌握程度,但英语写作一直是中国学生的软肋。

5.1.1 学习者写作中普遍存在的问题

1.语言基础不扎实

(1)英语词汇量问题 Jo Ann Aebersold & Mary Lee Field(1997:139)把英语词汇分为领会式(receptive)词汇和表达式(productive)词汇,也可分别叫做被动词汇和主动词汇。领会式词汇是指认识但是在讲话和写作时不常用的词汇,也可叫做被动词汇;表达式词汇是指人们在讲话和写作时实际运用的词汇,也可主动词汇。写作中最需要的正是表达式词汇,否则就会词不达意,可写内容贫乏,文章短小,文本质量差。当然,也不能忽视领会式词汇在为写作提供语言输入方面的作用,并且只有被动词汇量大才有可能扩大主动词汇量。学生的表达词汇量(人们在讲话和写作时实际运用的词汇量)越大,他们可写的内容就越多,主题思想就越可能得到更好的发挥,文章的质量也越高。(马广惠、文秋芳,1999)然而部分学生由于词汇贫乏,因而在写作过程中常常会出现语意重复(比如反复使用一些简单句型和常见词汇),词意选择不当(比如不能区分同义词、近义词,很少区别词语的字面意义和联想意义,分不清口语和书面语等),词语搭配不当,单词拼写错误和词性误用等问题。

例如：原句“He succeeded to find out a solution to the problem.”属于词汇搭配不当，“succeed”后面应该用“in”引导的介词短语。改为“He succeeded in finding out a solution to the problem.” 原句“Come to me if you have any difficult in your work.”有词性误用错误，原句中动词的宾语应该由名词“difficulty”来充当。改为“Come to me if you have any difficulty in you work.” 原句“She is a skinny elegant girl.”没有考虑到单词的情感意义，“skinny”和“slim”都表示“瘦”，但“slim”是褒义词，指“身材苗条”；“skinny”是贬义词，指“瘦得皮包骨头”，原句中对这个词理解不够，词不达意。改为“She is a slim elegant girl.”

(2)英语语法和句式的问题　长期以来，所习得的语法信息大部分是领会式语法，而非表达式语法，所学句式因为理解掌握不透彻或母语的干扰而使用效果大打折扣。学生在平时英语写作中最常见的错误就是死套汉语语法，不注意两种语言在语法上的差异，以至于写作中存在着各种各样的语法问题，如时态、语态和语气不对，人称和数一致性问题，非谓语动词的使用不当，代词的指代不一致等等。英语写作中句子结构方面最常出现的错误是残缺句(结构不完整或者缺少句子成分)、逗号连接句(用逗号连接两个独立句子)、融合句(两个或两个以上的句子没有适当的标点符号或连词而融合在一起)、误置修饰语(修饰语与它所修饰的词位置较远)和垂悬修饰语(一个词或词组或一个短语在语法结构上修饰了它不应该修饰的句中的某个词而导致逻辑修饰不清楚)、累赘(前后重复，啰嗦)，句式单一(过多使用简单句但极少使用复杂句、松散句和倒装句以及修辞疑问句或感叹句)。

例如在句子 We agreed on the next day to make the adjustments 中，“on the next day”到底修饰“agreed”还是“make”，不太明确，属于误置修饰语。可改为：We agreed to make the adjustments on the next day. 或者 On the next day, we agreed to make the adjustments. 再例如：After hours of practice, a mug of beer was what he wanted. 此句的错误在于“after hours of practice”是悬垂修饰语，因为它的逻辑主语是“he”，而后面句子的主语是“a mug of beer”。又如：Owing to having missed many lectures, he was aware that he would very possibly fail in the exam. 这句话中，“having missed many lectures”本可以是分词短语做原因状语，学生却画蛇添足地多出了“owing to”。再如：I like the course of Extensive Reading best. Because I can Team from it a lot about English-speaking countries. 学生误把“because”引出的状语从句当做一个完整的句子。

还比如这段文字：If we want to learn English well, we need much practice. We must read a lot, we must write a lot and we must listen a lot. We can only learn English well through practice. And if we want to speak English fluently and express ourselves freely, we need to practice. So practice makes perfect. 这段文字大多数句子都以“we”开头，而且句式单一，显得有些内容重复而且形式呆板。改为：In order to learn English well, we need much practice. We must read, write and listen a lot. Only through active use of the language can we have a good command of it. Do remember to open your mouth if we want to speak English fluently and express ourselves freely. So it goes without saying that practice makes perfect.

2. 母语对英语表达的影响

(1)母语词汇构成和词的含义的影响　由于英语词汇知识有限，学习者经常要依赖汉语的词汇和结构，再把它们译成英语。在找不到合适的对应词的情况下，往往凭感觉造词，进行一些不正确的概括和迁移。所以，平时要加强英汉词汇含义和使用的对比分析，特别要注意英汉词汇搭配和含义的不同。因思维模式的差异，中西方在词语的选用上有一定的差异。连淑能(1993:48)认为汉式思维模式是形象的、直观的，体现在语言上“汉语用词倾向于具体，常常以实的形式表达虚的概念，以具体的形象表达抽象的内容”。而英式思维则是概括的、抽象的，体现在语言上，英语倾向于使用概括的词语来表达具体事物或现象，用词倾向于虚。汉语是形象思维，是动态的语言，多用动词；英语是抽象思维，是静态的，语言中较多使用抽象名词和介词。西方人的思维是理性的；东方人的思维是感性的，强调以情动人，对修饰词使用频率持慎用态度。而汉语讲求“华”，喜欢用修饰词来加强语气，以情动人，喜用修饰词特别是四字成语，语义重沓的现象非常普遍。中国文化倾向于以人为本；英美文化则以物为主体，以自然为本位，所以英语中以一些抽象事物作主语时，中国人则选用一定概念的人作主语。比如：

例句：I like computers, and they will make education become easier.

改正：Education will be easier with computers.

原句中大量使用了动词，并且主语是第一人称。改动后用抽象名词作主语，而且用介词代替了原来的动词，表达上更加符合英语“喜静务虚，简洁朴实”的传统。

例句：If we have no science, we'll never progress.

改正：Without the progress of science, we'll never amount to greater progress.

在汉语式的词汇、句型影响下使句子不符合英语的表达习惯。如原句的动词改正后成为名词，原从句中保护了第一人称代词作主语，改正后成为一个介词短语作状语。

(2)母语语法和句式的影响　汉语语法和英语语法有很大差别。英语中性、数、时态、语气、语态、句式结构等在表达上和汉语完全不同。学生在平时写作中最常见的问题就是死套汉语语法，忽视了两种语言在语法和某些习惯表达方式上的差异。比如：

例句：There are many people seek a college education.

改正：There are many people seeking a college education.

这是一个常见的汉语式英语的语法错误，例句中出现了两个谓语，实际上是把两个句子混合连接在一起，造成句子各成分之间逻辑关系不明确，改后应该由非谓语动词来完成。

例句：Although it was raining heavily, but he went out to meet his girl friend.

改正：Although it was raining heavily, he went out to meet his girl friend.

由于汉语连接词通常是成对出现的，像“因为…所以…”，“虽然…但是…”等，因此写起英语来也就很自然用了汉语的习惯用法。而英语中的这种表述却只用其中一个。

(3)母语思维习惯对于英语篇章结构的影响　中国人的思维方式是循环式的(circular thought pattern)，爱迂回环绕，让对方意会自己的意思，不直接切入主题。而西方人的思维方式是直线型的(linear thought pattern)，阐述观点时中国人常常采用开门见山的方式，把所要谈论的主题在一开始的主题句中提出来，然后再一步一步地对自己的观点进行论证。如果学生对此差异不了解，写出的文章就会被认为“松散、无逻辑”。

连淑能(1993:48)认为思维习惯对英语和汉语的语言结构有很大影响。包括英美在内的西方民族在思维形式上具有重理性、重分析、重形式完备的鲜明特征。所以英语是一种形态型语言，这决定了无论是选词造句，还是组织篇章，英语都必然表现出注重形式上的衔接(cohesion)，即形合(hypotaxis)，比如说使用连词、连接副词、各种标点来表达并列、因果、对比、转折等多种关系。而汉民族总体上表现出一种重整体、重悟性、重主体意识的思维模式，这反映在汉语中，就在造句、谋篇上形成了注重内在关系、隐含关系、模糊关系的语言结构特点，尤其表现为内容的少用或不用形式连接词，而主要依据意义上的连贯(coherence)，即所谓意合(parataxis)。如下文就令读者费解：

原文：We can make our writing vivid by choosing the proper words. We often get puzzled how to choose a proper word. Not only can we enrich our vocabulary, but also we should use active words. That is to say, we must choose the proper word where it is necessary. Once you choose the very word, you will throw a new light on your writing. Your writing may seem wonderful—especially vivid.

这是一段按照中国人的思维习惯写的文章，整篇文章主题不鲜明，开篇没有直入主题，连接词基本上没有，看完后不知作者想表达什么。如果按照西方人谋篇布局的方式做一下改动的话就能够增色不少。

改后：We can make our writing vivid by choosing the appropriate words. But we often get puzzled about how to choose a proper word. Not only can we enrich our vocabulary, but also we should use active words. Generally speaking, we must choose the proper word where it is necessary. Once you choose the right word, you will throw a new light on your writing. As a result, your writing may seem wonderfully vivid.

修改后的文章主要更加明确了段落主题句。用连接词标明段落的句子间关系，例如，"but"表语义转折(视为被强调的关键内容)，"generally speaking"表总结(视为前面内容的概括)，"as a result"表因果关系(视为前因后果)。经过修改，虽然几乎没有增减文字，但是篇章结构更加完整，连贯性也更强，也更容易读得懂。

3. 写作内容贫乏的问题

一篇作文拼写正确，语法也没错误，并不一定就是一篇好文章，内容才是关键。同样的作文题，不同的学生会给出不同的诠释。比如 2009 年 12 月英语四级一篇作文"Create a Green Campus"。有些同学写在校园里面种花种树种草，这明显偏离了环境保护和节约能源的主题。大部分学生写节水节电，不浪费粮食，毫无新意。有些学生举例的时候提到了委内瑞拉总统查维斯号召全球人民减少洗澡时间的例子，进而提到在学校里面的节水措施(如用水配额和自动感应水龙头等)，这样就既有时代气息，又不失幽默风趣。还有的学生思路更宽，提到了垃圾分类和校园周边环境的治理，以及校园人文环境，写出的文章角度完全不同，给人耳目一新的感觉。

5.1.2 英语写作教学初步探讨

1. 加强阅读训练

常言道：读书破万卷，下笔如有神。写作水平与英语阅读水平密切相关。写作是一种语言输出形式，流畅的语言输出必然需要大量的语言输入才有可能。通过阅读可以扩大词汇量，丰富语言的表达，获得大量的写作素材。在阅读过程中应细心分析和揣摩原文的语言特点、遣词造句、习惯用法、固定搭配等，并且摘录其中的常用词组。长期坚持阅读，头脑中自然会储存大量语言优美、表达地道的英语句子。那么，在下笔时才会胸有成竹，得心应手。

2.背诵

古人云:“熟读唐诗三百首,不会作诗也会吟。”说的就是背诵的力量。背诵是我国语言教育的一个传统方法,但自20世纪80年代开始引进国外语言教学法以后,背诵法逐渐被淘汰出局。90年代中期以来,学界开始检讨盲目照搬国外外语教学法的做法,呼吁要重视我国传统的外语教学法。罗伟(2003)提到国内学者就“背诵法”进行了定性或定量的分析,研究表明背诵法对语言学习有直接的促进作用。那么,背诵些什么内容呢?第一,背诵应试作文,掌握一些开头和结尾的句型有助于较快、较好地写好文章,当然还要背诵衔接词、过渡词,写作时正确使用这些词能使文章更加连贯流畅;第二,背诵英语谚语、名言警句,诸如生命、爱情、理想等方面的谚语和警句,写作时引经据典能产生意想不到的效果;第三,背诵经典的名篇佳作,这些经典的作品不仅可以领略到英语语言的独特魅力,还可以增强自己的英语学习兴趣。青少年时期,精力充沛、记忆力强,应不失时机地抓紧背诵积累,否则会造成“腹中空”、“根底浅”的后果。

3.英汉语言对比的讲解,培养英语思维的习惯

因为英汉两种语言差别非常大,学生在进行英语写作的时候,往往不自觉地受到汉语习惯的影响,写出不符合英语语言习惯的文章来。正如前面提到,汉语重意合,汉语中不乏灵活多变或“残缺不全”的句子,旨在表达内容。英语是重形合,有较鲜明的词类分别,中心词明确,句子语法结构完整。

文化适应模式(the acculturation model)认为,学会一门外语的同时也应学习适应一种外国文化(刘润清,1999)。因此,要克服母语对英语写作的干扰,就必须进行一系列中英文思维转换训练。例如:①在理论上分清英语和汉语段落、篇章结构的不同特征及规律;②从单词含义入手,对相近词进行语义辨析;③创设语境,要求学生在语境中准确用词;④比较中英文某些句式结构或表达习惯上的差异;⑤通过各种练习,如改错、翻译、长句子结构分析、句子排序、典型习作评改、在阅读英语原文的基础上比较英汉篇章组织、思维方式以及表达方式上的差异,等等。上述这些训练的关键在于要训练学生从汉语思维过程转换为英语思维过程。

4.学习英语的基本的词汇和语法,加强词句训练

词汇和语法是语言体系中结构和意义的统一体,是语言的主要基本单位。没有词汇和语法的写作也是难以想象的。词汇的学习对学习者的主动学习能力提出了很高的要求。要求学习者平时在学习阅读时要注意收集积累,把好的词语、短语、句型做好笔记。积累一个词,应该要同时掌握这个词的用法,应深入了解它的适用语境、常用搭配、习惯用法等,这样才算真正掌握了一个词。同样,对一些精彩的句子应摘抄下来,熟读成诵,并有意识地将它们应用到自己的习作中去。

教师在学习者词汇学习的过程中扮演着举足轻重的作用。首先,在课堂上让学生了解英语单词构成的规律。然后,在就某种文体、题材可能出现的高频词进行研究,让学生不仅要知道这些词的基本意思,更重要的是让学生了解这些词的其他含义以及在句子中的用法。最后,在单句训练方面,教师可设计一些训练题,注重强调词类转换、词性、习惯用法、从句的所指统一性、连接句子和扩展句子,目的是让学生掌握词的用法,扩大表达式词汇量,写出符合英语习惯、地道的英语句子。

5.2 主要写作理论与英语写作教学

5.2.1 合作学习与英语写作教学

在当前英语写作教学实践中,“学生一次成稿,教师一次评定”的成果教学法(product-oriented approach)影响仍根深蒂固。这种方法忽略了学生在整个写作过程中的交互、协商、监控等主观能动作用的发挥。而将合作学习应用于枯燥、费时、费力而又见效慢的英语写作教学中,具有深远的现实意义。因此,如何促进学生的写作方式转变,实施合作学习,培养创新思维,已成为当前我国二语写作理论和实践领域的一项重要课题。

5.2.1.1 合作学习的理论基础

我国早就有合作学习的传统。《诗经·卫风》中指出“有匪君子,如切如磋,如琢如磨”;我国古典的教育名著《学记》就有“相观而善谓之摩”、“独学而无友,则孤陋而寡闻”的论断记载;许多私塾都采取“高业弟子转相传授”的办法教学;书院更是盛行“切磋”之风;著名教育家陶行知先生大力倡导“小先生制”,总之都强调了学习过程中的合作。国外对于互相帮助,共同发展的理念也早已有之。法国著名作家巴比塞就曾经说过的“个性和集体融合起来,不会失去个性,相反,只有在集体中,个性才能得到高度的觉醒和完善。”

合作学习(cooperative learning)在美国首先兴起于 20 世纪 70 年代,80 年代逐步完善,发展成为一种流行的教学理论和教学策略。合作学习理论基础有社会互赖理论、教学工学理论、社会凝聚理论、动机理论、社会建构理论和认知理论等等。

戴卫·约翰逊(Johnson,D. W.),同他的兄弟荣·约翰逊(Johnson,R. T.)一道,将道奇的理论拓展为“社会互赖理论”(social interdependence theory)。积极互赖(合作)产生积极互动,消极互赖(竞争)通常产生反向互动,没有互赖(个人努力)存在的情境下,会出现无互动现象。Johnson(1993)明确地指出课堂中存在着合作、竞争与个人单干三种目标结构,并由此构成三种不同的教学情境。合作学习的理论核心可以用很简单的语言来表述:“当所有的人聚集在一起为了一个共同的目标而工作时,靠的是相互团结的力量。相互依靠为个人提供了动力,使他们互勉、互助、互爱,而合作最能增加组员之间的接触。”

教学工学(classroom instructional technology)理论认为,影响课堂学习质量及社会心理气氛的因素主要有三个:任务结构(task structure)、奖励结构(reward structure)和权威结构(authority structure)。合作学习在任务结构方面利用小组合作,异质性小组团体,采用各种不同方式的学习活动来进行学习。合作学习是合作的奖励结构,因为一个学生的成功同时可以帮助别人成功,合作学习利用这一正性(positive)的互赖关系来激发和维持学习活动。合作学习强调的是学生自我控制活动为主,教师指导协助为辅,就是“从旁指导”(a guide on the side)。

社会凝聚力(social cohesiveness)理论家们则认为,学生们帮助小组同伴学习是由于他们关心集体,并希望彼此都获得成功。社会凝聚力观点的一个重要标志就是突出合作学习小组的组建活动,以及小组活动过程之中和之后的小组自我评价活动。社会凝聚力理论家倾向于不接受动机理论家把小组奖励和个体责任当作合作学习的根本。沙伦与阿朗逊(Sharan,R.,

& Aronson,E.)认为合作学习可有效改善课堂内的社会心理气氛,小组内成员间互帮互助,为共同的学习目标凝聚在一起,可以促进学生形成良好的非认知心理品质,增强学生的自信心,培养团队合作精神。(引自王红宇译,1993)而同伴间不分差生和优等生相互学习、取长补短、共同提高,激发了学生学习的兴趣和归属感,培养了学习热情,并降低了学生的焦虑。

动机理论(motivational theory)主要研究学生活动的奖励或目标结构。道奇(Deutsch,M.,1949)曾界定了三种目标结构:合作性结构、竞争性结构和个体性结构。(引自王红宇译,1993)合作性目标结构(与竞争性相反)创设了一种只有通过小组成功,小组成员才能达到个人目标的情境。激发动机的最有效手段就是在课堂教学中建立起一种"利益共同体"的关系。这种共同体可以通过共同的学习目标、学习任务分工、学习资源共享、角色分配与扮演、团体奖励和认可来建立。小组成员之间形成"休戚相关"、"荣辱与共"、"人人为我,我为人人"的关系是动机激发的一个重要标志。

基于Vygotsky(1978)的心理发展理论的社会建构主义学习理论认为,有利于个体发展的教学是以合作为基本形式的,学习者的认知和能力潜势能够在与高水平学习者的合作互动中得到发展。Vygotsky提出了最近发展区(the zone of proximal development)的概念,将之界定为:"实际发展水平(独立解决问题)和潜在发展水平(成人引导或与其他能力较强的同学合力解决问题)之间的距离。"认为教学创造着最近发展区不仅体现在教师的教学之中,同样也体现在与较强同伴的合作之中。社会建构主义应用Vygotsky的思想,重视学习者个体的认知差异和先前的经验,强调学习的社会性和协作性,以合作学习和互动学习为主要形式,通过小组内部的争论、磋商、讨论、协调、共享和体验合作中来实现不同认知能力的个体各自的知识建构和能力发展。就写作而言,学习者通过合作写作中的交互活动,可以在自然的状态下使得学习者相互之间获得思想的启发,而且使得学习者解决问题的思路显性化,变得可以相互观察得到,对促进学习者的写作策略的发展起到积极的作用。

认知精制理论和发展理论具有一定的互补性。认知心理学也已证明,如果要使信息保持在记忆中,并与记忆中已有的信息相联系,学习者必须对材料进行某种形式的认知重组或精制(Wittroch,M.C.,1978)。精加工策略是一种常用的生成策略,不仅能够促进新知识在长时记忆中的保持,有效地扩大原有知识的容量,能提高知识的可利用性(莫雷,2002:230)。认知心理学的研究证明,如果要使信息保持在记忆中,并与记忆中已有的信息相联系,学习者必须对材料进行某种形式的认知重组或精制(Wittroch,M.C.,1978)。精制的最有效方式之一即是向他人解释(复述)材料。研究发现,同伴互教活动的表达与倾听的过程既有利于解释者同时也利于倾听者。韦伯(Webb,N.,1985)和丹赛罗(Dansereau,D.F.,1985)研究表明倾听详细解释的学生比单独工作的学生学得多,但作为解释者的学生学得更多。

5.2.1.2 合作学习的理论与写作教学

我国合作学习倡导者王坦教授(2001)认为,"合作学习是一种旨在促进学生在异质小组中互助合作,达成共同的学习目标,并以小组的总体成绩为奖励依据的教学策略体系。"Johnson兄弟(1994)认为合作学习中的五个基本要素不可或缺,包括积极的相互依赖(positive interdependence),小组及每个小组成员的责任感(small group and individual accountability),面对面的建设性的相互交流(face-to-face promotive interaction),小组合作技能(small group skills),小组过程(group processing)。为了提高合作学习的有效性,可采用合作学习的方式主要有同伴教学法、小组游戏或竞赛、小组辅助个体和共同学习等等。英语写作教学实践中将合作学习按以下三个步骤进行:准备阶段;实施阶段;检验与奖励阶段。

1. 准备阶段

(1)分组　合作学习主要是通过分组学习实现的,小组是合作学习的基本单位,要进行有效的合作学习,合理的小组划分是关键。在同组的成员知识层次、学习在合作学习环境相类似的情况下,教师应将能力、经验与性别等不同背景的学习者分配于同一小组中共同学习,以提高写作教学效果。其分组模式主要遵循"组间同质,组内异质"原则。所谓组间同质是指班级内部的若干学习小组在整体学习能力上相当。组间同质使以小组整体活动效果为主要评价指标的合作学习教学评价成为可能。所谓组内异质是指学习小组内成员之间在学习能力、知识水平等方面存在一定的层次结构。组内异质使小组成员之间具有学习上的互补性。

(2)设置写作任务　写作任务难度要适中,可对不同水平的学习者采用不同形式的写作任务。对于初级水平者来说,可以采用基本句型训练,连词成句,连句成文和多种多样的听写练习。对于中上水平者来说,可采用句子重组(比如让学生把打乱顺序的句子组成对话、故事等),故事重组(比如让学生把各组根据分配给的图片编写的故事重新组织成为一个完整的故事),实物辨认(比如把学生带来的照片先让小组讨论描述成文后再读给大家让其他同学辨认),辩论式写作(比如让全部学生先自由辩论某话题再小组总结己方所持的辩论观点)。

2. 实施阶段

(1)教师指导　这一步骤是激活学生对写作内容的图式。教师可适当地介绍有关话题的格式、开场白、结束语、背景知识、体裁分析、语言点提示等,以减轻任务的认知负荷,降低任务本身的认知难度。然后让学生就话题开展全班或小组讨论,并观察学生的写作策略和认知活动。White & Arndt(1991)提出了常用的两种实用教师组织互动活动的技巧分别是导向性技巧(guided techniques)和非导向性技巧(unguided techniques)。前者是指教师通过设定一些与主题相关的引导性问题指导学生就主题进行讨论;后者是指学生就作文主题进行自主构思,头脑风暴(brainstorm)是很常见的一种方法。指导学生在语篇、内容和语言方面进行思考和设计。

(2)小组讨论　小组讨论中总有一些不能统一意见的时候,为了避免小组成员各自为政,各行其是,教师要及时做好协调,告诫每人都有发言的机会,对好的建议要吸收,不对的建议要大家共同改正。为了避免基础最好的学生"一言堂"现象的发生,教师除了要鼓励其他人,还要开导那名充当权威的学生,引导他多给其他人机会。为了让基础差一些的学生也能够表达观点,教师要充分鼓励他们不要害怕出错,并告诫其他组员要以正确的态度去对待他的意见。另外,为了让讨论能够顺利得出结果,教师要时刻监控讨论的进程,对于有的学生在发言时遇到的困难,应提倡"团队精神",即一人语塞,同伴赶紧提示和圆场,如有必要教师可及时介入,给予点拨,排除思维障碍。

(3)全班写作或小组写作　全班写作就是充分利用多媒体,全班每组选出一个同学到电脑前依次轮流写电子文稿。其优点为:学生互动强;把写作结果转换成写作过程;培养学生的思维能力和逻辑推理能力;起到教师面批作文的效果;教师的现场讲解能使学生理解错句的症结。但是也有其缺点,比如缺乏学生个性和个人风格,以及不能反映每个学生的语言水平。小组写作中学生的角色为:参与者、资源提供者及评估者。小组写作可以克服全班写作的缺点,小组对话题讨论后由一人执笔或者轮流执笔,组员之间可以互相提示、互相提醒,共同参与写作整个过程。小组写作也算是集体的成果,学生的作文在内容和形式上也都缺乏个性。

(4)修改　修改也是一个分阶段的过程，初稿过程中它可能是局部的修改，初稿完成后也许就是整体修改，同学互评和老师反馈后形成的修改稿还有可能再次修改。修改的形式主要有：一是自我修改；二是小组组内成员相互评价、相互修改；三是教师给予修改反馈意见，进行集体讲评。考虑到国内大班教学的现状，写作修改过程中可主要采用相互修改的方法，并且教师可事先提供给每个学生一份"检查清单"让学生对照检查：1)文章最大的优点是什么？2)文章最大的缺点是什么？3)文章的主题是否不鲜明、观点模糊不清？4)文章哪个地方的结构有些混乱？5)是否用词啰嗦、重复？6)文章的时态语态用得是否正确？7)文章中的主谓是否一致？8)是否有搭配不当的问题？9)是否有无主句？10)文章的标点符号是否正确？11)是否大量使用简单句和并列句且句子之间缺乏有机联系？12)是否有拼写错误？13)是否词不达意？14)是否有布局谋篇、段落结构等语篇层次上的问题？

3.作文评阅与奖励阶段

《大学英语课程教学要求》(试行稿)指出"教学评估中的过程性评估包括学生自我评估、学生相互间的评估、教师对学生的评估等"。首先，评价时教师既要评价学生的写作水平，评价学生知识的迁移能力，还要对合作过程本身予以评价。另外，要提倡学生参与评价，形成学生自觉、主动、积极评价的教学民主的风尚。教师要引导学生学习评价，学会评自己、评同学；评错误、评正确；评结果、评过程、评方法。学生平时也要学会自我评价的方法，学会分析自己参与写作过程的成绩和不足，激励自己，从而增强信心，这对学生的终身教育也是至关重要的。

考虑到实际情况是英语教师一般都是课时多，任务重，面临诸多压力，可以采用课内集体评阅和学生相互评阅结合的方式。让学生相互评阅作文(peer review)可以引导学生在写作时更多地考虑读者的感受。选择1～2篇小组集体作文通过多媒体展示，在课内集体评阅，可以使学生在积极参与的过程中受到启迪，提高自己的写作能力。评阅时从内容到文字，从整体到细节，教师必须要求大家各抒己见，相互切磋，边评边改。在评改的过程中，教师要让学生多发言。经过组内评阅，全班评改，争取把错误降低到最少，这样就调动了学生学习的积极性，增强了写英语作文的信心。

改进评价方法是为了使学生为小组负责。教师也同时采用集体奖励的办法强化学生对集体的责任感。比如，可以定期进行写作测试，形式可以采用小组集体写作或者小组成员个人写作等。以每个小组成员的个人测验得分的总和为依据对小组奖励，使学生形成"组荣我荣"的观念，提高小组凝聚力，强化小组成员间的交流、合作，促进小组成员共同进步。

5.2.1.3　合作学习对写作教学的意义

合作学习在英语写作课堂上的意义体现在：

1.有助于师生之间、学生之间形成良好的互动

小组成员为达到共同目标而相帮互助，分享观点，共同完成任务。他们互相交换意见，共享相关资料，提出问题，进行探讨，这样对于写作课上的内容有了更深入的见解，逐步提高了写作能力。

2.有助于活跃课堂气氛

在学生合作讨论，学习写作的同时，教师适当参与到小组中效果比站在讲台上单一的讲解效果要好，也能够更有针对性地解决学生提出的问题。学生之间更加自由的交流想法，消除了学生惧怕出错、丢面子的焦虑心理，使他们能够更专注于如何表达思想上。学生能够自信而又流畅写作的机会越多，就越有可能写出语法正确又有文采的作品来。大大学生课堂参与程度，

有利于完成最后的课程目标。

3.有助于提高学习兴趣

分享、欣赏自己的作品会激发他们更大的创作热情，令他们的英语学习兴趣更加浓厚。合作式写作活动令学生享受到自由表达思想的乐趣和作品被他人欣赏的成就感，而不是单纯为了完成作业，让教师批改而写。在学生眼中不再是“不得不为之”的苦差，而是新奇而有趣的活动。使得学生感觉到英语写作是一种乐趣。学生创作时的投入和完成任务后的满足感是对他们进一步提高书面语言表达能力的最大保障。因此，合作式写作有利于提高学生的写作兴趣，使得写作课不再是“苦、累、难、烦”的代名词。

4.有助于培养学生间的交流技能

具体来说合作参与写作过程，可以培养学生的“四会”：学会倾听，能听出别人发言的重点、要点，对别人的发言能作出判断、选择、评价。学会质疑，对别人的发言有疑问时，要求对方作进一步的解释和说明。学会保留意见，当有不同意见难以统一时，懂得保留自己的意见，待后探究，而不是随波逐流。学会交往，要尊重别人，不随便打断别人的发言，勇于接受别人正确的意见并调整自己的想法，要给别人插话的机会，体会他人的情感，控制自己的情绪。

5.2.2 错误分析与英语写作教学

5.2.2.1 错误分析理论

错误分析理论(error analysis)的创始人 Corder 于 1967 年发表了《学习者所犯错误的意义》(the significance of learner's errors)，形成了错误分析理论。他认为，错误是指语言学习者用外语说话、写作时出现偏离目标语正确表达法的现象。错误是外语学习过程中的一种重要的阶段性表现，了解学习者错误就可了解学习者对目的语熟悉的程度，发现学习者在向目标语接近的过程中已达到哪个阶段。它一方面体现了学习者创造性地使用语言规律的特征；另一方面也向我们展示了学习者的思维方法和认知方式；再者，学习者所犯的错误反映了他们所掌握的语言体系，反映了学习者对目的语所作的假设，显示了学习者在学习过程中所使用的策略和步骤。

国内的著名学者对错误分析理论也进行了不断的研究。如桂诗春教授在其《心理语言学》一书中指出，教师通过对学生的错误分析，能使教师发现学生的语言错误的个性和共性。还有王初明教授在其《应用心理语言学》一书中指出，错误分析能使我们认识到外语学习过程是一个创造性构造语言的过程，而学习者的语言错误是反映了学习心理过程的奥秘，了解学习者采用了什么样的学习策略，探索中介语的发展过程。

分析学习者的错误不光是可发现学习者在向目标语接近的过程中已达到哪个阶段，还可以探索语言学习的心理过程。而且，对研究者来说，错误分析可以为他们提供语言习得方法的证据。另外，错误分析的最终目的都是为更好地掌握目的语提供参考，并指导外语的教与学。作为反馈系统中的一个重要组成部分，对错误的分析往往为学生提供了发现目标语的规则和手段，还能使教师发现学习中的问题，并在寻求解决问题的过程中不断地改善和提高教与学的质量。

错误分析理论有其内在的局限性。首先，错误分析对学习者在目的语使用过程中所出现的正确的、流利的语言形式则没有予以重视。其次，错误分析过分强调对学习者语言运用材料的分析，而忽视了对语言理解过程材料的分析，而语言理解和运用同样重要。再者，错误分析理论很难解释和说明学习者由于采取某种交际策略，如“回避策略”(avoidance)而出现的情况。

错误分析运用在英语写作教学中，可以帮助教师了解学生写作过程中如何犯错误的，错误产生的根源是什么，由此教师可以采取一定的纠正错误的措施，进而有效地组织教学，从而提高他们的英语写作水平。错误分析的一般步骤是：1)选择语料；2)确认错误；3)对错误进行分类；4)解释错误产生的原因；5)评价(主要为教学服务)。(Ellis 1986：52)

5.2.2.2　写作错误产生的原因分析

错误容易确认和分类，但要解释产生错误的原因并不容易，这涉及无法直接为我们所观察和分析的学习者使用语言的心理认知过程。尽管如此，根据错误分析的研究成果，第二语言和外语学习者产生错误的原因主要有以下几个方面。

1. 负迁移 (negative transfer)

语言学家们发现二语习得的主要障碍来自母语的干扰，即语际迁移(interlingual transfer)，它是指当母语与目的语的某些特点不同时，学习者用母语的表达方式来代替目的语中的表达方式而构成错误的语言输出。这样的错误体现在词汇、句子结构、思维方式等方面。

(1)词意不对等造成语际迁移　例如，汉语认为“一阵大雨”，英语写成“a heavy rain”，不能写成“a big rain”。在“Excessive smoking will injure your body.”中，“body”在英语中作“躯体”讲，而汉语“身体”有两重意思，一是指“躯体”，二是指“身体健康状况”。该句表达的意思显然是指“身体状况”，但由于受汉语影响，而误用了“body”，所以应将“body”改为“health”。“熟睡”被写成“sleep like a dead pig/dog”英语为“sleep like a log”。

(2)语法形式不对等造成语际迁移　汉语的名词一般不分单、复数，也无可数、不可数之别。主谓间不存在数的关系，谓语没有第三人称单数问题。因此，汉语表达中不存在主谓一致的问题。而英语写作中常出现主谓不一致、遗漏第三人称单数，现在时形态的错误。汉语动词无时态之分，只采用一些副词或助词来表示时态，而英语的时态很多，使用起来比较复杂，容易出错。

例如，I learn a lot of knowledges in English classes(应该为 knowledge)；Preserving natural resources are(应该为 is)are our mission.

(3)母语无标记性造成的语际迁移　有些语言特点在目的语中有标记而在母语中没有。如，英语中涉及宾语从句中的特殊疑问句是正常语序，先行词 it 可代替主语、宾语和表语，动词与介词搭配等许多汉语中没有的语法规则。这种汉语的无标志性就会导致用词不当或句子结构问题的出现。

You ask me what is the most important thing in our life.（宾语从句的语序错误）

To me, spend money properly is necessary.（主语应该是动名词形式）

I agree this opinion.（省略了与动词搭配使用的介词 with）

(4)目的语本身规则内化相互干扰造成语内负迁移　语内负迁移(innerlingual transfer)是由于目的语内部原因造成的语言错误(与母语无关)，指学习者将学过的规则扩大化或根据以往所学到的知识结构创造出该语言中不存在的结构变体，是学习者在学习过程中对目的语的语法规则、结构或句型尚未掌握好时所犯的错误。Taylor(1980)对语言学习错误进行调查时发现，中等程度的学习者比初学者犯的语内负迁移错误多。J. Richards(1971)将语内错误分为四种：过度概括(泛化目的语的某些规则)、忽略规则限制、形成错误概念(尚未完全理解甚至是误解目的语的规则)、规则应用不全(特别是当涉及多条规则的应用或者需要不同程度地应用一条规则)。

例如，"Our hero and herotress are not gods. "把名词阴性后缀-ess 被用于不规则名词之后，应为 heroine。"I think listening music is entertaining and helpful. "忽略了与动词搭配的介词 to。"Most athletes go in for sports when they were young. "主句从句前后时态不一致，既然从句是过去时态，从句的谓语动词应该是 went。"Don' t complain that your unluck or having no gift. "把宾语从句和名词短语作宾语规则混在一起了，此句中两者只能用其一，宾语可改为"that you are unlucky and have no gift"。

2. 词法和句法错误 (lexical and syntactic error)

(1)词意理解片面造成错误　误解词义导致错是因为英语语言中的一词多义和一义多词的现象。对同义词、近义词的细微差别分辨不清是导致这类错误发生的原因。

When I left home, I liked a free bird out of the cage.

这句话"like"一词是多词性的多义词。本来要它的介词词义"像……"，表达"像飞出笼子的小鸟一样"，却用了它的动词词义"喜欢"。正确的句子应为：When I left home, I was/felt like a free bird out of the cage.

英语中有很多词基本词义相同，但联想义有细微差别。如果没有充分了解词性和用法、词的文体色彩、词义的褒贬、感情色彩等，就很容易造成用词不当或词不达意。如，"admit"表说话者承认自己做过的事，但所做之事是无可厚非的；而"confess"是指说话者承认、坦白自己做过不太光彩的事，暗含说话者一定程度的自责和愧疚。所以在句子"I confess I ran over your cat with my bike and was too frightened to tell you. "就不适合用 admit。

(2)搭配错误(collocational error)　把搭配按其构成要素内部主次关系分为语法搭配(grammatical collocation)和语义搭配 (semantic collocation)。语法搭配由一个中心词和其他词构成，语法搭配有四种：以名词为中心词，如 reliance on；以动词为中心词，如 comply with；以形容词为中心词，如 responsible for；以介词为中心词，如 for a long time, in this way。语义搭配则是由两个大体"平等"的词语组成，语义搭配有六种：名词＋名词，如 life span, water shortage；名词＋动词，如 wind blows, accidents happen；动词＋名词，如 commit suicide, compile a dictionary；形容词＋名词，如 pure chance, solid foundation；动词＋副词，如 greatly appreciate, decrease sharply；副词＋形容词，如 awfully bad, interesting enough。

学生在写英语作文时要遵循英语的表达习惯及其固定搭配，这就要求学生在平常学习中多积累多练习，地道的英语表达只有在此基础上才能自然而然地在头脑中闪现。如，

为了避免搭配错误，不但学习者词汇学习的强度要加大，而且教师要提醒学生注意词汇在语言交际中的典型意义与搭配，教师还要在课堂教学和课下自学时鼓励学生比较汉英两种语言搭配的不同点，尽力避免语言的负迁移。

(3)句子错误　句子错误产生的原因可以是多种。中式英语、时态/语态/语气/主谓不一致、句子结构不完整、歧义以及修饰语错置与垂悬都可以造成错误句子的产生。

如果学生在写作中用中文思维，再译为英语，就会形成不符合英语句法结构和表达方式的句子。如，Only you have prepared for the job interview, you will succeed. 明显句子要表达的是"只有……才"的逻辑关系。英语里面应该用"only if"，句子应该改为"Only if you have prepared for the job interview will you succeed."

时态、语态、语气一致和主谓一致的情况在汉语里面并不存在。要构成正确的英语句子就要使用正确的时态、语态、语气,主谓一致等。对于大学生来说,要很好地掌握并正确地运用英语不是一件容易的事。学生习作中出现基本的语法错误也是难以避免的。例如,"I hadn't teacher to help me."应该改为"I hadn't a teacher to help me."。"I had a notebook to record mistakes that I make." 应该改为"I had a notebook to record mistakes that I made."。

句子结构不完整有四种表现形式:从属连词误用导致没有主句或者与主句隔离,非谓语动词短语独立成句或者与主句隔离,附加成分独立成句或者与主句隔离,以及随意省略主语的句子。如,"After he got into the airport. The plane has already left."应该改为"After he got into the airport,the plane has already left."。"Looking through the window. I find the city very beautiful."应该改为"Looking through the window,I find the city very beautiful."。"He had many interests. Such as skating, singing, dancing and reading."应该改为"He had many interests, such as skating, singing, dancing and reading."。"Tom looked at the beautiful car. And dreamed of having one himself."应该改为"Tom looked at the beautiful car and dreamed of having one himself."

修饰语错置是由于把修饰语放错位置从而造成了它修饰了本不该修饰的词。如,"He was waiting for a classmate in the library."句子的意思到底是他还是他的同学在图书馆呢?应该改为"He was in the library,waiting for a classmate."。修饰语垂悬是说修饰语在句中找不到被修饰的对象。特别是当学生不了解动词非谓词语形式和介词短语做状语时,以及省略句中逻辑主语应该是句子的主语,就很容易导致修饰语垂悬。如,"Going out by cars too frequently,it is harmful to the environment."就应该把现在分词短语改为独立主格结构"People going out by cars too frequently,it is harmful to the environment."。"After four year abroad, my wife is happy to see me back home."应该改为"After I stayed four year abroad, my wife is happy to see me back home."。"When walking on the street, my bad memories is gone with the wind."应该改为"When I walking on the street, my bad memories is gone with the wind."

3. 语篇错误

语篇错误的具体反映在语篇连贯性差。语篇的连贯性(coherence)指篇章中句间与段落间在语义逻辑上的联系,它把文本中的思想有效地连接起来,使其在意义上具有连续性。局部连贯可以通过正确的使用衔接手段来实现,如语法衔接、词汇衔接和逻辑连接词。整体连贯则要从宏观上注意内容发展的条理性和逻辑性,遵循时间、空间顺序,归纳法或演绎法的顺序等,还要避免逻辑关系的悖理现象:歧义、自相矛盾、冗赘、不可通约、盲从误见,不符合常理和事理的表达式双语转换,叙述方式和推进层次不一致等。

(1)语法衔接——照应关系与同类关系　照应关系指人称、指示和比较照应。同类关系指替代、省略。请看学生作文样例:

Women are playing an increasingly important part in society today. Many Women today are playing an important part at jobs that were thought only to be done by the men before. For an example,women are not secretary in the company, instead, women become manager of a company.

此作文主要写女性的社会角色变得越来越重要了。但是“women”这个词在一个段落中，甚至在一个句子中多次重复，读起来连贯性差。如果将某些相同的词语代词化，保证其相互间的照应，意义就更加明确：

Women are playing an increasingly important part in society today. Many of them today are playing an important part at jobs that was thought only to be done by the men before. For an example, some are not secretary in a company, instead, they become its manager.

以下是体现同类关系的几个例句：

If I learn to drive a motorcycle, I will certainly buy a new one.（替代）

He prefers Dutch cheese and I prefer Danish(cheese).（省略）

但是大学生习作中同类关系替代不当的现象：

Generally speaking, women are no longer looked down upon by society. Their liberation has not been completely realized. A number of men still jealously guard their rights, and regard women as incapable creature. Few of them are allowed to attend important international meetings. That's really we should deal with immediately.

该段中，第一和第二句话之间缺少逻辑关联词，第三人称代词“them，their，they”的使用比较混乱导致意思不明确，而且最后一句话无端省略了从句引导词。应该改为：

Generally speaking, women are no longer looked down upon by society. But women's liberation has not been completely realized. A number of men still jealously guard their rights, and regard women as incapable creature. Few women are allowed to attend important international meetings dominated by men. That's really what we should deal with immediately.

(2)词汇衔接——复现与同现　词汇衔接指通过词汇选择在篇章中建立连续性。词汇衔接中的词汇关系分为复现和同现关系。复现指某一词以原词、同义词或近义词、上义词或下义词、语义联想等形式重复出现在语篇中。同现关系指词汇共同出现的倾向性，包括反义和搭配。在语篇中，围绕一定的话题某些词就会同时出现，另一些词就不大可能，如 catch 和 cold, ill, doctor 和 health 等。比如下面这篇学生优秀作文描写了一起车祸，所用的词汇(粗体单词)具有很好的衔接关系：

I went up and found that the two tax drivers were badly damaged. Both hoofs were out of shape. One door of a car was knocked off and lying on the road. One driver was blooding and another was shut in the taxi. Some people were trying to help the driver get out of the crumbled car. One man was calling to the traffic police. A lot of cars were jammed on the road.

(3)逻辑联系词　英语中逻辑联系词之多、表示的意义之复杂使其正确使用成为难点。英语水平较低的学生只使用有限的逻辑联系词，如：and, but, so, because，或者干脆不用，只把个个单句罗列起来。某些句中使用不恰当的逻辑连接词直译成汉语似乎通顺，但意思完全不同：As a modern person, you must know advertisement. It is a way of showing how much the makers want to spread products. For example, you can see it on a TV channel, newspaper, even the sides of road. 忽略其他错误，“for example”的使用是不当的，英文中用来举例的连词在这被当做汉语思维中语气连接词来使用，应该用因果连接词“Thus/So/Therefore”比较合适。再看一例(括号中是改正后的正确形式)：

From the stopping track on the road, it is clear that the two taxis were driving too fast. And(But)it is just one of the reasons. In my opinion, the taxi drivers are eager to take more passengers and make a little more money. Also(On the other hand), both drivers don't show concern for one another. Both of them wanted to overtake. In all(Therefore), the accident is inevitable. So(Above all), we should let the drivers keep it in their mind that a little slower, a little safer. Cherishing other's lives means valuing your own life.

5.2.2.3　错误分析对写作教学的启示

(1)正确对待学生写作中的错误　外语学习与习得的过程是一个不断犯错的过程,学习者通过错误反馈,不论是正反馈还是负反馈,来逐渐减少错误。犯错误是学习者为了习得而使用的一种学习手段,它是一种学习者用来检验其对所学语言的本质所作假设的一种方法。因此,要理性对待学生写作中的错误在英文写作教学中我们首先应当认识到言语错误是语言习得过程中的一种正常现象。错误的出现不等于失败,这只是发展期中的正常现象,应多采取容忍的态度,以鼓励为主,培养学生的兴趣比改错更重要。对学习者来说,错误分析也是他们语言学习的一种激励机制,是他们对所学语言规则进行假设时的一次验证。教师无须过分夸大、强调错误,学生也不要太过紧张,不要因为怕犯错误而逃避写作。有了错误,才知道如何改正,有了改正的机会,错误便会越来越少,而分析了出错误的原因,将来就不难探讨出相应的解决方法。

(2)加强英汉对比教学　克服母语负迁移。傅小平(2003)研究结果表明中国学习者学习英语受母语干扰极大,应当尽可能地减少母语对其的负迁移。从根本上解决这些问题,最有效的方法就是注重中英语言的对比教学。在教学中加强英汉语言的对比学习,特别是强调容易出错的英汉差异显得至关重要。帮助学生了解两种语言不同的表达习惯,培养学生用英文思维能够有效地减少语言习得中负迁移的影响。在课堂有必要分门别类地向学生指出哪些句子有汉语式英语之嫌,那些词英汉意义不对等,那些篇章逻辑结构是汉语式的,并指出为什么它们被称为汉语式英语,以及如何改正。

鼓励母语正迁移。因为中国学生基本都是在一个完全汉文化的环境中学习外语的,他们受汉文化的影响非常大,所以就应当采取措施,鼓励学生利用母语正迁移。在英语学习的过程中,充分进行双语对比,让学生对其习作中出现的篇章结构、逻辑思维等错误不仅知其然,而且知其所以然。在教学中,合理利用双语的共同点,按照母语的特点培养英语思维能力和运用手段,并合理使用翻译手段。刘宽屏等(2003)指出通过翻译练习指导学生开展英、汉两种语言的对比研究可以增强学生的英语语感,增强识别能力,熟悉英、汉两种语言的表达方式和篇章结构的特点。

(3)要重视语言基础知识的学习　郑树棠(2008)研究结果表明语言基础知识目前是学生写作上的最大难题。学生作文中词汇和语法错误的普遍性和严重性充分说明了大学生英语基础知识的贫乏与不足。为了帮助学生打好语言基本功,教师必须明确教学大纲对语言基础知识的要求。写作教学中,应遵循循序渐进的规律,从教材设计到教学方法,都要重视学生从写句子、句群,到段落,再到短文的训练过程。在打好语言基本功的同时,让学生注意英语习惯和表达方式的多样性,并有针对性地采取一定的强化训练指导学生建立自己的写作词汇库和语料库。

5.2.3 内隐学习理论与英语写作教学

5.2.3.1 内隐学习与外显学习的区别和联系

很早以前人们就意识到“只可意会,不可言传”的知识的存在。但真正将这种“意会知识”纳入知识系谱的是英国学者 Michael Polanyi。他在《人的研究》(1958)一书中提出了“内隐知识(implicit knowledge)”和“外显知识(explicit knowledge)”的区分。美国心理学家 A. S. Reber1967 年发表《人工语法的内隐学习》(Implicit Learning of Artificial Grammar)一文,首次提出内隐学习的概念,他将其界定为无意识地获得关于刺激环境的复杂知识的过程,即不知不觉的学习过程。根据以后的一系列研究,他把学习划分为外显学习(explicit learning)和内隐学习(implicit learning)两种。所谓外显学习,是指人们有明确意识的、采取一定策略并付出努力的学习,因而该学习表现出控制性和清晰性,通过这种方式获得的知识称为外显知识;而在内隐学习中,人们并没有意识到控制他们行为的规则是什么,却学会了这种规则,因而该学习表现出自动性和模糊性,通过这种方式获得的知识称为内隐知识。Reber(1989)总结说内隐学习是无意识获得刺激环境中的复杂知识的过程,是主体在与环境接触的过程中不知不觉地获得了一些经验并因之改变其事后某些行为的学习。

20 世纪 80 年代后期开始,国外对内隐学习的研究多了起来。研究者们有的将内隐学习定义为一种不同于外显学习的学习模式,认为它有自动化的、无意识的特征,而且能更有效地发现任务变量间的不显著的关系。(Mathews,1989)有的主张如果知识是在无目的状态下获得的,并且能够无意识地影响行为,那么发生的就应该是内隐学习。有的认为内隐学习以一种偶然的方式发生,无需运用有意识的假设、检验策略;无需被试获得足够的有意识的知识,它就能提高被试在测验中的成绩;是新材料的学习,不涉及先前已有的表征的激活,同时还是健忘症患者能够进行的学习。虽然分歧仍在,但对内隐学习的特征、认同程度还是比较高的。我国学者郭秀艳(2004)总结的内隐学习的本质特征主要有:①自动性,即内隐知识是自动产生的,无需有意识地去发现任何操作过程中的外显规则,即学习者是在没有刻意努力去发现学习任务的隐藏规则的前提情况之下,学会在学习任务环境中对复杂的关系做出适当的反应;②抽象性,内隐学习可以抽象出事物的本质属性,并获得不依赖对事物外在形式的识记和理解的、更易于迁移的知识,即将内隐学习得到的知识推广到所有深度结构相同的新情境中时,都与在类似的环境中的效果相等或接近;③理解性,内隐知识并非完全无意识的,通过内隐学习获得的知识虽然具有自动性和无意识性,但是在某种程度上是可以被意识到的,只是学习者很难把它们完全揭示出来,即内隐获得的知识比外显获得的更不易被有意识反应所接近,但在部分程度可以被意识到;④抗干扰性及稳定性或强健性,通过内隐学习获得的知识不易受外界因素的干扰,会一直保留在学习者的脑海中,即与外显学习相比,内隐学习不易受次要任务、年龄、IQ 和病理等的影响。我国学者杨治良等(1993)也对内隐学习的特征进行了探讨,并提出了内隐学习的“三高特征”:高选择力,高潜力,高效性。杨治良等(2003)研究又发现内隐学习具有高潜力,仅使用显著特征分类,却达到了外显学习运用显著和非显著特征的学习效果;同时,内隐知识的传递具有高效性,内隐知识储存的密度更大。

总结内隐学习与外显学习的区别有如下几点。①内隐学习是自动产生的,无需有意识地去发现任何操作过程中的外显规则;外显学习需要意志努力,有一定的目的,而且是学习者自始至终意识得到的。②内隐学习是稳定的，外显学习是易变的。内隐学习具有抗干扰性特征，外显学习则容易受次要任务(分心任务)、年龄、智商、情绪、个性、动机、氛围等因素影响。③内隐学习是深层的，外显学习是表层的，内隐学习具有抽象性，其获得的是抽象的规则知识，能够在深层结构保持不变而表层特征不同的情境中发生有效的迁移；外显学习获得的是在特定刺激下获得的某些浅表的规则。

在二语习得领域，较早涉及内隐/外显学习以及相关知识研究的是 Krashen 的监控模式(monitor model)与 Bialystok 的二语习得理论(theory of L2 learning)。在 Krashen 看来，习得就是内隐学习，而学得就是外显学习，并且两种学习是割裂的，通过两种学习获得的知识也不能互相转化，这在二语习得中称为"非接口论"(position of non-interface)。与 Krashen 不同的是，Bialystok 的二语习得理论认为内隐知识和外显知识之间存在接口(interface)，即两种知识可以互相转化。在语言接触过程中，外显语言知识可以通过正式训练获得，内隐语言知识则可通过功能训练(functional practicing)获得；外显语言知识通过正式训练可转化为内隐语言知识，同样，学习者也可以从内隐语言知识中推出外显语言知识。

任何学习中都存在内隐学习和外显学习两种认知过程，随着学习对象和学习情境的不同，两种认知过程所发挥的作用和得到的效果则不同。Ellis(1993)指出，复杂的认知活动需要两种认知机制合作进行。外显学习对内隐学习的促进作用主要表现在三个方面：①外显练习所学来的语法知识将监控语言的实际使用；②有了目的语的外显知识，学习者将注意到目的语中相关的语言特征；③外显知识有助于学习者比较其中介入语语法和目的语语法的差异。

内隐学习和外显学习各有其特点和功能，有着不同的优势和发生条件。在第二语言学习的特定环境中，学习者在很大程度上通过外显学习获得语言知识，语言的深层规则却主要是通过内隐学习获得。内隐知识可以被自动提取使用，而外显知识涉及控制的过程。在紧张刺激、事物结构高度复杂、关键信息不明确、个体生理条件差的学习情境中，内隐学习的效果优于外显学习；反之，在常规的学习情境中，外显学习占主导地位。

5.2.3.2　内隐学习和可理解性输出

以前学习写作多是外显学习，学生花了很大精力、时间来学习却效果不佳。鉴于内隐学习自身的特点和优点，应考虑将写作学习定位为内隐学习，而且现实告诉我们写作学习可能就是一种内隐学习。例如，许多写作能力强的学生否认自己的写作水平与教师的外显指导有关。一些作家如张恨水、林语堂等在谈及自己的创作体会时，都说从《红楼梦》中得到了启示，但并非获益于那些红学家们的研究成果。杨治良、叶阁蔚(1993)的研究不仅证明了内隐学习的存在，而且是在刺激结构复杂，关键信息较隐蔽，难以有意识解决的条件下发生的，在学习复杂知识结构时具有明显优势。

外语学习关键是该语言概念系统的获得。概念系统既是语言和思维的共性，也是思维和语言的核心，一旦形成，要确立另外一套概念系统和思维则必然是一个长期、困难的过程，因为许多概念都需要在使用中才能逐渐获得并得到内化(蒋楠，2004)。由于外语学习者已经具有一套牢固的母语概念系统，在缺乏相应的语言环境的情况下，培养外语思维、形成外语概念十分困难，这也是当前我国学生输出能力薄弱的重要原因。所以语言学习是一种特殊的学习，它一方面遵循一般学习过程的规律，另一方面，它所获得的知识大多是难以用语言清晰完整描述的直觉性的知识，是一种内隐知识(高湘萍，2003)。因此要发展输出能力，其核心就在于把握语言学习的默会规律，结合内隐与外显学习的优势，在潜移默化中促进概念系统和思维的形成。Swain (1995)认为可理解输出的三个基本功能可以促进语言学习:注意与触发功能(注意到自己语言体系中的问题,进而触发对现有语言知识的巩固或获得新的语言知识);假设验证功能(对目标语不断做出假设并对假设不断进行修正);元语言功能(使用目标语在交际中对目标语的语言形式进行协商)。

5.2.3.3 内隐学习理论指导下的英语写作能力的发展

1. 写作中内隐学习与外显学习的关系处理

内隐学习是人类认知活动的基础,要着力发挥。目前教师在英语写作教学中主要采取外显指导,让学生进行外显学习,取得了一定的成效。但要真正提高英语写作水平,学生必须注重内隐学习,将内隐学习和外显学习适当结合才是事半功倍的好办法。

首先是处理好课堂教学的外显性与实际学习的内隐性的矛盾。常规的课堂教学一般是一种知识的高密度传授过程,外显学习的特点十分明显。如果写作教学也不顾写作学习的内隐性特征,而主要采用知识讲解的模式,其效率就会因写作知识的不成熟不明确,与实际写作情境差距较大,习得的知识难于迁移等原因显得十分低下。有时还会显得十分无聊,如对相类似的应用文种写作模式进行逐一讲解,这种模式的弊端目前已被写作老师普遍认识。讨论式教学法、情景式教学法、案例教学法、示范教学法、交际式教学法、实际操作教学法的引入,实际上都是在为学生的内隐学习创造相对有利的条件,使写作教学更加符合写作学习的内隐特征。

但是,强调内隐学习不是否定外显学习,而是将二者协同起来。教学中,学生只有通过感受—领悟—积累—运用,才能内隐地习得语言,教师再适当地对学生进行外显知识的点拨使知识内化为语言能力。写作课程的课堂教学要处理好这对矛盾,一是要对明确的关键信息给予必要而有重点的讲解。如应用写作方面的有关规范和相关知识,一些平时英语学习容易忽略的连接词语、常用句型,英语作文的特殊要求等。二是要对重要而常用的文章形式通过例文给予灵活的展示,给予深入的分析,力求让学生借此外显的信息成品,见彼内隐的"同本异末"。三是提供必要的条件,促使学生充分利用课余时间,从事内隐的写作学习,并利用课堂教学的时间,或利用第二课堂的形式给予辅导和鼓励。

其次是充分利用第二课堂时间,组织学生积极开展读书活动和写作实践活动等,通过内隐的方式学习写作。同时鼓励学生认真学好各门课程,注重实践,接触社会,体验人生,以更深入地理解把握写作对象极其复杂的内部结构,把"写作课外"的工夫做得更充分一些。

2. 加大语言输入

写作受不受理论支配呢? 古人云:"熟读唐诗三百首,不会作诗也会吟。"人们在动笔写作时,完全是凭着自己对语言的感觉组织语言。因此,内隐学习对于写作能力的提高就显得特别重要。写作学习从总体上来看是一种内隐学习,英语作文水平的高低决定于写作主体平时的素材积累和对素材主题的理解程度,决定于英语表达的熟练程度。没有适当的语言输入,语言产出就会出现障碍和困难。为此,必须加大语言输入。

(1)大量阅读　阅读是最重要的输入途径,学生主要通过阅读,获得相关知识和语言表达方式,了解外国人的思维特征、文化习俗和价值观念。在长期大量的阅读中,各种新颖的表达不断进入我们的词库。久而久之,自觉或不自觉地,读者可从中领悟各种写作技巧,寻求写作材料。Krashen 在他提出的"语言输入假说"(input hypothesis)中也谈到,学习者只要能获得足够的可理解性语言输入,语言输出就会水到渠成(Krashen,1985),而扩大语言输入的途径就是大量阅读。

阅读与写作的关系紧密，关于阅读和写作的关系，中文有很多俗语，如“读书破万卷，下笔如有神”、“熟读唐诗三百首，不会做诗也会吟”。事实上，马广惠(1999)研究证明了阅读能力与写作能力之间的关联性。英文同样如此，大量的泛读和快读能对学生产生潜移默化的语言文化感染。有了这大量的语言材料的系统积累及内化了的语言知识，才有可能写出好的文章来。

(2)范文教学　在英语作为外语的写作教学中，不能忽视范文的作用。范文在词、句、段、篇、章的层次上，形象地揭示了英语写作的方法和规律，典型地反映了英美作者构思运思的轨迹，以及讲述了许多英语国家的文化、传统、风土人情。因此，范文教学，如对重要而常用的文章形式，通过范文给予灵活的展示、深入的分析，有助于培养中国学生对中西方思想表达方式存在的文化差异和敏感性，促使他们在潜移默化中学会结构、修辞、句子变化、选词等方面的技巧。引导学生进行模仿写作的关键是记忆和储存模仿写作的材料，为了帮助学生记忆，教师需要帮他们寻找形象化、趣味性、易于理解的规范性语句和范文，通过与刺激材料的不断接触，从而有效地引导他们储存材料，内化语言知识。

(3)背诵输入　如果语言积累不够，学生在没有足够语言输入的情况下，必然会产生大量不规范的语言表达，从而严重影响语言输出的质量。从 Krashen 输入假设可以得知，对于语言学习来说，输入是第一性的，是输出的基础。对提高写作能力来说，背诵输入可以加强学生语言知识的积累和巩固，因而能将原本是外显的语言知识转化为内隐的语言知识。随着背诵输入的不断增加，学生对所学的目标语语言现象的敏感度会不断增强，学生在用英语进行写作时才能缩短从母语到英语的译码过程，从而减少甚至克服母语对英语的负迁移，逐步养成用英语进行思维的习惯，提高写作水平和能力。为此，教师在平时教学中应设法要求学生通过背诵将已有的外显语言知识转化为内隐知识。

3. 开展思维训练，提高输出能力

思维先于输出或者与输出同步，是语言输出的一个前奏，是流利表达的先决条件。(赵景绥，2002)通过反复的思维训练活动，可以对语言结构更为熟悉，习得词汇、句法的内隐知识，促进语言与概念系统的结合。思维训练总体上可以从两个方面来实施：首先，发挥内隐学习的优势，把握好课后时间。在日常生活中寻找机会运用英语进行反复的思维、表达，逐步发展复杂思维，在信息加工过程中不断熟悉、内化目标语的词汇、句法。为此，学生本身要具备较好的约束能力和元语言意识，能够监控自我行为，投入足够时间，在有意识与无意识的统一中接触、内化语言结构。其次，必须发挥好课堂的作用。围绕思维活动的核心，教师可以采用主题教学方式(theme-related mode)，在主题规约下制定具体活动，包括阅读、写作任务等。针对某一主题，学生围绕该主题准备词汇、结构和相关材料。如在以“How to cope with natural disaster”为话题的教学中，就可以结合抗震救灾的背景设计相关的阅读、讨论、写作等活动。要求学生准备 disaster, earthquake, forest fire, flood, avalanche, mudflow, tornado, tsunami，等相关词汇，结合所学结构，进行大脑风暴和各种输出活动。在整个过程中，教师要关注学生对思维、逻辑的组织和扩展，帮助学生缩短从内部语言到外部语言的差距，从而获得较高水平的输出能力。

5.3 英语写作教学中可采纳的方法

5.3.1 任务型教学法的运用

5.3.1.1 任务型教学法简介

任务作为一种教学活动有着与人类教育同样悠久的历史。我国大教育家、思想家孔子就是一个非常突出的强调用学习内容做事的教育家。子曰:“闻斯行之。”孔子的弟子大多自在实践中学习,子路就是一个典型。《论语》中就有“子路有闻,未之能行,唯恐有闻。”荀子《儒效》中也指出,“知之不若行之,学至于行之而止矣。”我国不仅有着朴素的实践哲学传统,更有明末时期的实学传统,还有近代的洋务运动教育思想,以及以陶行知为代表的在行动中学习的现代教育家倡导在做中学的理论与实践。陶行知被毛泽东同志称之为“伟大的人民教育家”,他一生强调“教学做合一”,要求在做中教,在做中学。西方自近代以来,一直倡导在实践中学习知识。西方大哲学家苏格拉底更是以实践教学著称的教育家。

1. 任务型教学法的理论基础

任务型教学法的理论基础是:社会建构主义理论、输入输出理论、相互作用假设/互动理论。研究者发现,任务能够给学习者提供输入和输出的机会。在完成任务的交际过程中,学习者既需要输入,也需要输出,所以任务有利于学习者在意义协商的过程中发展语言能力。

建构主义强调通过互动与合作建构知识,以及通过社会的互动与合作进行学习。该理论认为,学习和发展是社会合作活动;学习者自己构建知识,而不是由他人传授知识;人的知识是一种连续不断的心理建构过程,是体验、发现和创造的过程。真实自然的教学任务正是为学习者提供了这种宝贵的体验过程。学习者正是通过实施任务和参与活动,促进了自身知识的重组与构建,促进了摄入的新信息与学习者已有的认知图式之间的互动、连接、交融与整合。建构主义强调建构知识过程中的互动与合作,特别强调互动与合作的学习,认为孤立的学习不能导致知识能力的增长,只有通过与周围的人进行互动,与同伴合作才能激活内在的各种因素。

另外一个理论基础是二语习得中的输入输出理论。这一理论主要是关于学习者怎样在课堂中成功地习得语言。Krashen(1985)把学习分为潜意识学习和有意识学习,认为可理解的语言输入是语言习得的必要条件。学习者只有在理解了稍高于他外语水平的结构所包含的信息的时候,才能习得这一结构。他认为语言输入是决定性的,而语言输出则是不必要条件。而Swain(1995)沉浸式项目表明,尽管学生接触到大量的可理解性输入,而且他们也能很好地理解目标语,但他们语言产出却不能接近目标语。Swain 于是认为语言输出也很重要,提出可理解的语言输出。为了获得流利而准确的说和写的能力,学习者必须有机会去产出“可理解性输出”,要让学习者注意他们的产出,以及他们语言产出和目标语之间的差异在交际的过程中,学习者从中获得反馈,这样输入才能被理解,语言也就被习得。

随着对输入输出理论的进一步研究,Long(1983,1996)提出了相互作用假设,不但强调了可理解性输入的作用,还强调了否定反馈和可理解性输出的作用,从更广阔的视觉解释相互交流可以促进语言习得。经过大量的研究之后,Long 认为,在语言习得过程中起关键作业的是意义协商过程。Long 认为,协商促使学习者对他们的输出进行调整,以使会话对方理解自己的话语，从而促进语言习得。意义协商是第二语言习得最理想的过程，也是第二语言习得取得成功的关键所在。Long 相互作用假设的核心思想是：意义协商的过程是促进语言学习的关键因素。互动理论的核心是意义协商，即在交互活动中，交流双方可能遇到交际困难或障碍。为了克服交际困难，交流双方要经过提问，证实，复述等一系列意义协商过程。程晓堂(2004)对互动理论的总结认为，语言学习者在执行或完成互动式的任务过程中，可能遇到交际困难或障碍，为了克服困难，必须进行意义协商，学习者在意义协商过程中学习和掌握语言知识，从而促进语言学习。互动理论从意义协商这一角度出发，解释了互动任务有利于促进意义协商，从而有利于语言学习，回答了任务型语言教学关注的一个核心问题即为什么任务有利于语言学习，成为任务型语言教学的一个理论基础。

2. 任务型教学法的国内外主要研究成果

任务型教学法(Task-Based Teaching Approach)是在 20 世纪 80 年代基于"交际教学法"(Communicative Teaching Approach)发展起来的。任务型英语教学的本质是以完成特定任务为目标，以言语形式为基本形式，师生双方进行民主、平等的双向交流，使学生不断获得语言习得，并促进其英语综合语言能力发展的英语教学。

20 世纪 80 年代，在印度班加罗尔的一位英语教师 Prabhu(1987)总结在自己英语课堂的教育的实践(Bangalore Project by Prabhu)提出了一种以学习为中心的教学模式，即语言学习不仅要注意语言的形式，而且要注意语言的意义和语言的学习过程。他认为，外语教学应该是"通过交际来教"，不是"为交际而教"。为此，他设计了交际教学项目(communicational teaching project，简称 CTP)。他设计的 CTP 由引领学生进入思考过程的任务构成。小组通过合作，运用已经学过的语言和本节课学习的新的语言项目完成任务。任务必须是学生感兴趣的，对学生具有一定的挑战性。在任务的划分上，他把学习任务分为三大类：信息差活动(information-gap activity)，推理差活动(reasoning-gap activity)和意见差活动(opinion-gap activity)。在具体的教学上，他把任务型学习模式分为三个阶段：前任务(pre-task)、任务(task)和反馈 (feedback)。在当时看来，Prabhu 的教学方在外语教学界引起了很大的轰动，但是也存在着很多缺陷。尽管这样，作为任务型学习的先驱，Prabhu 还是对外语教学作出了大胆的尝试。

Skehan(1996)指出任务有以下特点：应具备一个特定的意图(任务或要解决的问题)；任务必须完成；任务完成的结果是评价任务实施情况的主要依据；所设计的任务应与日常生活中所做的事情紧密相连；每一项任务都有一个用语言来完成的问题。所谓任务型语言教学，其核心思想就是要把人们在社会生活中所做的事分成若干非常具体的"任务"，并把培养学生具体完成这些任务的能力作为教学的目标。但是 Skehan(1996)同时也指出以意思交流为主的任务可能会使学习者在进行语言加工时忽视语言形式。其结果是学习者的交际语可能永远都不会成熟。对于任务性教学的地位 Skehan(1996)列出了两种截然不同的看法：一种主张任务型教学作为教学大纲的主体，别的一切都从属于它；另一种则肯定任务在语言教学中的重要性，但与复杂多变的教育文化背景联系起来。可以说，Skehan(1996)任务型教学的基本构架既注重形式，又能够体现"交际的真实动机"这一任务型教学的根本价值，并且提出了任务型教学应实现三大目标，即准确(使用规则结构的正确性)、重建(提高目的语使用者语言的可接受程度和交际效果的过程)和流畅(真实的交际活动中调动语言知识和用正常速度进行理解和交流的能力)。对于任务种类主要有以下几组划分：一是课堂任务(pedagogic tasks)和真实任务(real world task)；二是推理分歧性任务(reasoning gap tasks)和意见分歧性任务(opinion gap tasks)；三是单向性任务(one-way tasks)和双向性任务(two-way tasks)；四是答案趋同性任务(convergent tasks)和答案分歧性任务(divergent tasks)。Skehan(1996)提出实施任务型教学法的具体做法：认真选择任务，选择的任务既能够平衡"准确"和"流畅"的需求，又能够提供"重建"的机会；应该有前任务，以增加"重建"产生的机会；任务的难度应该加以严格的控制；还应该有后任务，如小组表演、听任务录音、对任务完成情况进行分析以及测试等。总的来说，实施任务型教学的关键在于两点：一是将任务分为三个步骤——前任务、任务环和后任务；二是要控制好学习者的注意力，这样他们就能把注意力不时地放在"准确"、"重建"和"流畅"这三个目标上。

David Nunan(1989)的《交际课堂的任务设计》(*Designing Tasks for the Communicative Classroom*)一书将"任务型"教学的框架描绘成六个组成要素：目标，输入，活动，教师角色，学生角色和环境。David Nunan(2004)又出版了《任务型语言教学》(*Task-based Language Teaching*)一书，作为对1989年版的补充与扩展，从任务型语言教学的定义、框架、任务构成、任务型语言教学的经验基础、形式聚焦、整合任务、任务型语言教学的评价、任务与教师发展8个方面详尽地讲解了任务型语言教学的各个方面。其中认为任务作为英语课堂教学的一种活动，至少应具备这些特点：其一，以意义为中心，而不是以操练某种意义不大甚至是无意义的语言形式为目的的；其二，任务的焦点是解决必须与现实世界有着某种联系的某一交际问题，这种联系不应是笼统的或是现实世界中某种活动的翻版，而应是具体的，贴近学生生活、学习经历和社会实际，能引起学生共鸣和兴趣，激发学生积极参与的欲望；其三，任务的设计与执行应注意任务的完成即交际问题的解决。

Rod Ellis(2003)《基于任务的学与教》(*Task-based Language Learning and Teaching*)对近期基于任务的二语习得研究和语言教学进行了全面的总结与回顾，将理论研究与教学实践紧密结合。Ellis在书中对任务做出了更全面，更具体的界定。关于任务的真实性问题，他明确指出任务的目的在于引出与现实交际相类似的语言使用方式，这种相似可以是直接的，也可以是间接的。另外，认为任务不仅是指称性的口语产出活动，任务应该包括四种语言技能中的任何一种。他强调表达意义是任务的首要条件，它与以形式为中心的练习不同，而形式为中心和意义为中心的本质区别其实在于参与者的角色，在任务进行过程中，参与者的角色在不断变化。任务要求参与者扮演语言使用者的角色，学习是偶然的，在练习中参与者的角色转为语言学习者，学习是有意识的。最重要的是，作者借用Vygotsky的最近发展区域(proximal zone of development)和Lantolf的活动理论(activity theory)对外部中介(external mediation)和内部中介(internal mediation)过程中任务对语言学习的作用，以及认知活动的动机、目标和处理对学习者与任务的互动进行了深入探讨。

在我国，任务型教学的研究还处于起步阶段。夏纪梅(2001)提出在大学英语教学中实施任务型语言教学，帮助学生走出课堂小天地，把社会引入课堂，把课堂延伸到社会，帮助学生学会发展生存能力和工作能力。夏纪梅等(1998)详细分析和介绍了任务教学的理念，认为任务型学习旨在把语言教学真实化和课堂社会化，把任务型学习称为是"达到高等教育人才培养的最终目标的有效方法之一"。2001年，北京师范大学王蔷教授带领的课题组研究完成的、由教育部颁布的《英语课程标准》，提出了任务型教学的理念。《英语课程标准》(2001)明确指出：提倡任务型教学途径，把综合语言运用能力的培养落实在教学过程中，倡导体验、实践、参与、交流和合作的学习方式,实现任务的目标。岳守国(2002)介绍了任务型教学法的理论依据与学习依据从任务目标、任务类型与教材3个方面探讨了如何设计任务,并从学习者的角色和教师的角色两个方面讨论了任务教学法的具体运用。文章展望任务型教学法广阔前景的同时也指出任务教学法在任务类型设置、难易顺序以及成绩评估等方面存在不足,需要改进。

5.3.1.2 任务型教学在英语写作教学中的实施原则

1. 与学生共同选定写作题目的协商原则

任务型教学法强调以学生为中心,学什么和怎样学不是由专家决定,而是由学生和老师共同协商决定。这样能激起学生的内部动机,从而从根本上改善英语教与学的效果,提高了学生对英语学习的兴趣。孔子说过:知之者莫如好之者,好之者莫如乐之者。在完成自己选定的任务过程中,学生带着愉悦的情绪和积极的情感体验,伴随着学习成果的获得,即使是平时英语基础差的学生也能通过小组合作,发挥自己的独特性。

2. Willis 任务分阶段教学框架

Jane Willis(1996)提出的任务法三阶段教学框架被认为最具有代表性。我们在教学常规中所使用的那种 PPP (presentation, practice, production)模式被倒过来了。在常规的 PPP 模式中,tasks 通常被认为是体现在最后一个 P(Production)中的延伸式练习,用来巩固所学语法结构、语言功能、或词汇。然而在 Willis(1996)的 TBL 模式中,学生们以完成任务的活动开始学习。在任务完成后,教师再把学生的注意力引到任务型学习活动中所使用的语言上来,并对学生的使用语言表现做一些适当地纠正和调整。Jane Willis 把她的任务型学习模式分为三个阶段:任务前的介绍:(Pre-task);任务中的活动:(Task cycle);任务后的语言讲解:(Language focus)。在"任务前"阶段,教师通常向学生介绍需要学生完成的"任务"(目的、完成任务的程序、时间等);通过组织听、阅读、讨论、头脑风暴等获活动,为学生提供必要的、与任务有关的语言输入。在"任务中"阶段,学生计划、实施、完成任务;向老师和同学汇报任务的完成情况,或展示任务成果。在"任务后"阶段,教师引导学生注意语言形式,做必要的巩固性练习,提高学生对语言形式的敏感性。Willis 认为,在任务型语言学习中,由于有完成任务的刺激和兴趣,学生使用语言和交际的手段和范围都大大地扩大了。学生运用语言的能力因此而大为提高。目前国外不少著名教材大都使用这种顺序的编排模式。

Dave Willis 和 Jane Willis(2007)又提出改进了的任务学习法理论框架,由前期任务(pre-task priming activities/mini-tasks)、任务环(task cycle)、语言形式焦点(form focus)、任务重复或评价(task repetition and/or evaluation)等四个部分组成。其中,任务环还包括构想(planning a report)、汇报(reporting back)两个环节。当然只是对原来的框架做了一些必要修正,在 post-task 后面,他原来的环节叫做 language focus,现在他叫做 form focus,更多会强调语言的这种准确性。那么跟原来的框架有点不同,同时在这个之后他又增加了一个 task repetition 或者 task evaluation 这样一个环节。那么,这个环节就是基于很多的课堂教学,可能在学生在做 language focus 或者叫 form focus 的过程中语言有了更进一步的提高,在这个之后再做一次任务。这样一来,使任务达到一种更好的一个完成的阶段。所以,在这个层面上,我们可以看到任务教学的过程本身也在不断地发展。他们在具体的一些案例中还提出来了一些小的调整,比如说 focus on form,他在有一些案例中提到说我可以在课文呈现之后就做 focus on form,在 task 之前就先做一个 focus on form,再来做 task。这是根据语言和任务的关系来确定的,也就是说当这个任务是需要运用新语言才能够去进行的时候我们通常会可能需要做一个 focus on form,然后再来做 task。这就是现在任务教学中的一些比较灵活的一些操作的程序。一般说来,在中国教学实践中,我们通常可以采取三种不同的教学程序。第一种是跟经典教学框架比较一致的教学模式,即先呈现任务,然后可以是完成任务,或者在此之前有一个 focus on form。如果是新语言要运用到的,我们可以是先呈现任务,然后是 focus on form,也就是语言学习,或者以前 Jane Willis(1996)提出的叫做语言的准备,然后去让学生去完成任务,最后再做语言的加工,也就是 focus on form,最后再做评审。语言评价这种形式很适合课文的教学,也就是 Rod Ellis 讲的 focused tasks,即有聚焦的一种任务,或者是 Willis 讲到的一种叫做 text-based tasks,就是以课文为基础的一种任务。那么,如果不是以课文为基础的,我们也可以这样操作,先是任务呈现,然后任务完成,最后来做语言的巩固。这种模式比较适合没有新语言的运用就能够完成任务的课堂教学内容,就是说,语言已经学习完了然后往下做。

3. 语言形式和意义交流的平衡原则

在任务的具体实施过程中,在语言形式和意义交流之间保持平衡是任务型写作教学成功的关键。在进行任务型写作教学时,教师应尽力创造更多的机会让学生用目的语进行真实交流,教师应该把重点放在内容上并多设计一些互动性任务,设计贴近学生生活的有趣而实用的任务;注意创设丰富多彩的语言学习环境;同时,也要注意语言表达的准确和流畅。好的任务给学习者充分的语言表达机会,任务的完成激发学习动机。学生结对或以小组完成任务的过程使他们有机会利用一切个人语言资源表达自我。教师可以四下走动、监控、支持鼓励学习者,不要为了纠正语言错误打断他们。任务必须包括为汇报所作的计划。汇报的目的在于促使学生使用正式的、严谨的语言,也使他们接触了更多的口头和书面语。任务的最后阶段,教师请小组代表向全班简要汇报,然后大家对结论进行比较,由教师进行归纳总结并给予合理评价。目的是要帮助学生探索语言,培养对句法、词组搭配、词汇某些方面的意识,教师通过适量的练习帮助学生掌握语言中的知识点。这些练习使整个教学程序更易于为许多学习者所接受,在程序的最后起到一种总结作用。

5.3.1.3 任务型教学在英语写作教学中的应用范例

任务:以"怎么样骑自行车"为题材写一篇说明文。

任务目的:让学生了解骑自行车的全过程,并把它写出来。

任务前活动:

(1)教师向学生简要介绍本节课要完成的任务,即讨论怎样骑自行车。

(2)教师向学生展示自行车的一些主要零部件的图片,让学生说出这些零部件的名称。

(3)教师以 brainstorming 的形式和学生一起讨论骑自行车的步骤和注意事项。

教师向学生说明任务的步骤和要求,并给出小组讨论的话题:如:

(1) What is your purpose of writing? And who is your reader?

(2) How many steps involve in riding a bike?

(3) How will you describe each step?

任务环活动:

(1)学生以小组为单位按要求执行任务。各小组成员积极参与,说出自己对骑自行车整个过程的理解。

(2)各组准备以口头的形式向全班报告完成情况,报告中必须包括教师提出的要求,并由全班同学评选出完成最出色的一组予以奖励，以激发学生的积极性。

任务后活动：

(1)各小组代表到教室前面向全班学生报告他们组的作品。

(2)教师对各组的报告作简单的评价，如趣味性，信息性，可行性和推广价值等。

(3)教师引导学生复习本节课学生使用的主要语言项目。尤其是学生使用得不正确或不太准确的语言项目。

(4)教师用幻灯向学生展示一篇有关如何骑自行车的说明文，让学生进一步讨论写过程说明文应该把握的知识点。

这个任务有利于学生发展以下几个方面的语言能力：

(1)根据自己的喜好提出建议的能力。

(2)表达自己对事物的分析的能力。

(3)说服他人接受自己的意见的能力。

学生通过完成任务的方式，加深了他们对所学新知识的理解，并将其运用到实际的语境中，提高他们用英语表达思想的能力，尤其在内容方面，任务性活动能让学习者做到言之有物、观点正确、条理清楚，同时还能激发他们学习英语写作的兴趣。"任务型写作教学法"能有效地提高学生的写作水平，尤其能使学生通过完成任务，丰富自己的思想内容，对学生语言综合运用能力的提高也有一定的帮助。任务型写作教学法包括了学习技能、生活技能和听、说、读、写、语言技能的综合运用。它的目的不只是练习语言，还教会学生思考，要求学生既注意知识和技能，还要注意创造。同时通过交流可使学生注意到形式和意义的平衡，提高语言表达的准确性，使写作课教学达到意义与形式并重。

5.3.2　过程体裁写作教学法

5.3.2.1　成果、过程和体裁写作教学法的讨论

1. 成果教学法

成果教学法(the product approach)的理论基础是行为主义理论，该理论认为教学过程就是教师给予刺激，学生做出反应的过程。Pincas(1982)认为成果教学法强调写作与语言知识(linguistic knowledge)相关，重点在于词汇、句法和衔接手段(cohesive devices)的正确使用。蔡兰珍(2001)总结成果教学法的特点是写作活动是以语言为中心，语法知识、正确的句子结构和写作的基本格式备受重视；写作中所有的错误要及时纠正，并给予正确范例供学习者效仿，使他们形成正确的语言习惯。因此成果教学法大多遵循"教师命题—学生写作—教师批改"的模式。许庆红(2002)总结结果教学法的教学模式是教师讲解写作理论—分析范文—学生模仿范文写作—教师批改作业—全班评述。一般情况下，成果教学法要求学生在教师的严格指导和控制下的语法和句子练习(guided and controlled writing)开始，逐渐过渡到较自由的写作(free writing)。

考虑到在中国学校教学条件的限制和师资力量的短缺，班级大，人数多，没有单独的写作课和适合的写作教材的现状，考虑到外语学习者更加需要教师的指导，以及英语教学大纲普遍对写作速度和形式准确性的要求，成果教学法也不是一无是处。但是，成果教学法忽略了学生在写作前、写作中及写作后一系列交互、协商、监控等主观能动作用。同时，由于学生的写作过

程只是被动地输入、机械地输出，所以语言知识难以转化为语言交际能力。另外，教师无法监控学生写作过程，无法及时发现学生在文章的组织和内容方面有不妥之处并加以指导；教师批改作文和撰写评语，工作量大，耗时多。并且教师在批改作文过程中，把学生的作文当成最后成果进行修改、评分，其侧重点在于教师对学生最终成品的好坏评估上，其评判的依据主要是句子层面的修辞形式和语言正确度。学生在整个写作过程中处于完全被动的状态，缺乏写作动机。出于应付作业或者在限制时间内写出来的文章内容空洞，错误百出。教师的反馈虽耗时耗力，但成效不大。刘宽平(2003)这样描述成果教学法的写作：学生怕“写”，老师怕“改”，形成了“学生听到写作心烦，教师看到写作头疼”的局面。

2. 过程教学法

美国西北大学教授 Wallace Douglas 明确指出：“写作是一个过程，写作课应该教授构成写作过程的一步步的操作方法。” Judy(1981:16)将过程教学法作为英语写作教学方法进行了积极推广的 Zamel(1983)强调，“写作课的重点应放在写作表达和创造的过程中”。建构主义学习观认为知识是学习者在一定的情景即社会文化背景下，借助学习过程中其他人(包括教师和学习伙伴)的帮助，利用必要的学习资料通过意义建构的方式而获得的。以建构主义学习观为基础的过程教学法(the process approach)强调教师通过对写作过程的指导和监控，结合多样化的活动，帮助学生发现，分析和解决问题；学生不是学习，而是无意识地潜移默化地获取写作技巧。过程教学法的另外一个理论基础为交际理论(interactive theory)，认为写作应是一个群体间进行交际的互动过程，而非写作者个体的单一行为。它以培养学生掌握交际技能为目的，要求教学目的的交际化，强调在真实的社会情景中使用真实的语言进行交际活动(苏航，2001)。

迄今为止，研究者们对写作过程的描述仍未达成一致意见。Flower & Hayes (1981)认为写作由三部分组成：任务环境(task environment)，写作者的长期记忆(long-term memory)，和写作过程(writing process)，从而建立了动态的、呈等级的、互动的认知模式。其中，写作过程是重点，分为：计划(即构思 planning)，转译(即表达 translating)和修改(reviewing)。这里，计划可再分为：“产生思想”、“组织思想”和“确定目标”。转译则指在写作计划的指导下从记忆系统中获取素材，把观念或构思转化成可接受的书面文字的过程，即将内在心理表征转变成外在的言语符号。修改的目的在于提高经过转换过程所生成文章的质量，包括评价和校正两个方面，这些分过程均受大脑监控器的控制。在 Flower & Hayes 的写作认知模式中，他们认为产生思想和组织思想以及将写作转化成可接受的句子是主要的，而修改过程所起的作用非常小，也就是说，构思技能是首要的，基本的，表达技能是关键性的，而修改技能则是从属性的。Tribble(1996)提出了一个写作的四阶段教学模式。首先，写前准备(prewriting)，即输入阶段，是一种构思活动，包括寻找素材、在老师指导下与同学进行分组讨论、打腹稿(brainstorming)等。然后，写作阶段(composing/drafting)，学生整理出一个在腹稿基础上的初稿。其次，修改阶段(revising)，学生再次在老师指导下与同学进行小组讨论，然后根据老师、同学的意见单独或与其他小组成员一起修正初稿。最后，编辑阶段(editing)，学生通篇阅读全文，并做必要的扩充、删节。祁寿华(2000)认为过程教学法“所采用的是心理学的方法，观察正在进行写作的作者，试图以此方法来找到确定能导致好文章产生的那些活动。”它把写作过程分为构思(planning)、初稿(first draft)、同级评判(peer reviewing)、修改或写第二稿(second draft)、教师批阅(commenting)、定稿(final draft)等过程。虽然如此，过程教学法的基本原则是共同的：

它注重诸如从构思、资料收集、写作、修改到定稿等所有写作活动。

过程教学的特点有以下几个方面。过程教学法把教学重点放在学生的写作过程上，强调在学生写作过程中帮助他们发现、分析和解决问题。过程教学法写作过程的及时反馈和评改形成高效的纠错机制，学生可以不断发现并纠正错误，并从反馈那里得到启发，学到新东西，不断加深对主题的认识、理解，同时也通过评改给予其他学生同样的帮助。过程教学法是对传统的重视语法，形式等教学方法的挑战。过程教学法激发了学生对作文的兴趣，提高了写作的积极性。但过程教学法对各类文章的写作都采用同一套过程，没有注意文章的体裁类别，同时对语言知识的输入强调不足，忽略了作为英语学生写作的基础——语言基础知识的教学，而语言基本功恰恰又是英语学生的弱项。过程教学法要求学生在不断地吸收经验和修改中逐渐提高写作技巧和能力，但是在教学实践中由于受到某些客观条件的限制，特别是在人数庞大、需求迫切的非英语专业教学领域，由于班级人数众多、课时有限、师资不足等原因，这种方法很难付诸实施。

3. 体裁教学法

根据 Richards(1985)的观点，不同的文章（如叙事、报道、描写、诗歌、说明、信件、议论等）之所以不同，是因为它们的主题、命题、和其他信息的联结形式各不相同，这便构成了文章的"结构图式"，即"底层结构"。而建立在语篇体裁分析基础上的"体裁教学法"（the genre approach)将体裁分析理论自觉运用到课堂教学之中，围绕语篇的图式结构开展教学活动，通过分析不同体裁语篇所具有的不同交际目的和篇章结构，让学生了解语篇的建构过程，识别类型性语篇的图式结构，使学生得以掌握相对稳定的框架模式并加以借鉴和模仿。

体裁教学法对写作的看法同成果教学法相似。Flowerdew (1993)认为体裁教学法写作与语言知识密切相关，只不过随着社会语境（social context)的变化而变化，并由此产生了与不同语境相适应的语篇体裁。就写作过程而言，体裁教学法和成果教学法也有许多共同之处。Cope 和 Kalantzis(1993)把写作过程划分为三个阶段：示范分析（modeling)、共同协商（joint negotiation of text)、独立写作（independent construction of text)。总之，体裁教学法认为写作的成功取决于语言知识与社会目的密切结合，强调写作活动是受特定社会情景制约的，是为特定目的服务的；而写作过程主要由教师提供范文，然后进行分析和模仿，认为学生可以通过有意识的模仿和分析范文提高写作能力。但是它容易造成课堂教学出现以语篇为中心的倾向，教师容易偏重对语篇的描述和复制，忽略学生创造性写作活动的开展，不重视写作技巧，使得学生显得有些被动。

5.3.2.2　三种教学法的综合："过程体裁教学法"

在写作教学中必须既注重结果，也要注重过程，使两者有效地结合。过程体裁教学法（the process genre approach)可以满足这一要求。过程体裁教学法就是把成果教学法、过程教学法和体裁教学法有机地结合在一起的一种综合教学模式。这种教学模式可以充分发挥三种教学法各自的优点，它把写作视为写作者从特定情景出发写出特定语篇的一系列步骤。在这个过程中教师向写作者提供其需要的语言知识和写作技巧，帮助、促成写作的最终实现。

Badger 和 White (2000)提出了一种综合教学模式，称作"过程体裁教学法"。他们认为写作应包括语言知识（体现在成果和体裁教学法中）、语境知识（体现在体裁教学法中）、写作目的（体现在体裁教学法中）和写作技巧（体现在过程教学法中）等要素。写作目的、语言知识和语境知识都可以为作者提供足够多的输入，可以使学生有话可说，调动学生的写作潜力；写作技巧的训练可以使学生知道怎么说。过程体裁教学法既注重写作环节的交际活动，又设置特定的社会语境，使其能为特定的交际活动服务，同时，也保存了结果教学法关注文体篇章结构和修辞手法的优点。过程体裁教学法对特定语境的设置，对学生写作的监控，同时对同一主题的多篇范文的展示，促使学生不断校正写作思路，避免了反馈与讨论的无序化，缩短了写作流程。

Badger 和 White 没有给出具体的可操作的写作步骤，笔者根据对三种教学法的理解并结合自身的教学经验，认为过程体裁教学法写作教学应包括以下阶段：

(1)范文分析 图式理论强调写作离不开阅读，学习者必须阅读才能熟悉该体裁的模式。教学中可以充分利用教材中的课文及写作素材，并鼓励学生通过互联网搜集范文和素材。比如，对于论说文体裁，教师要指导学生把搜集来的范文按“个人观点阐述型”、“问题分析解决型”、“对比对照型”、“批驳型”分类，由学生自行分析不同类型的语篇所具有的不同交际目的和语篇结构，并演示结构图，引导学生重点关注同一体裁范文的布局谋篇的特点、遣词造句的手法。随后，教师要向学生讲解与这种体裁相关的社会语境、交际目的，使学生充分了解这一体裁的情景语境，包括话语范围、话语基调和话语方式，并在此基础上分析、总结这一体裁的体裁结构、语言特点。

(2)预写作阶段 教师应结合范文，用口头提问或组织学生围绕主题分组讨论，让他们叙述各自类似的经历或知晓的有关事和物，深入挖掘写作内容，相互启发，开拓思路。这种以说带写的预写交互模式不仅树立了学生的写作信心，提高了学生的英语口头表达能力，同时也为学生课后的笔头写作提供了相关的素材及语言输入，为后面的写作顺利展开打下了良好的基础。

(3)模仿写作阶段 可以有针对性地设计一些题目，使学生分步模仿某一体裁的语篇知识，如建构特定语篇所要使用的恰当的词汇、时态、句式以及语篇图式等，或着重训练某一写作技巧，比如如何撰写开头，结尾等。教师要学生尽可能将课内外所学所记的新词、短语、句型及精美词句用于写作，同时在预写阶段课堂讨论的基础上鼓励学生模仿范文的写作结构、题材，将这些结构特点、语言特点内化到其自身知识结构中。

(4)独立写作阶段 此时学习者对特定体裁的语言内容和形式已经形成了一定的图式。教师启发学生剖析给定的题目，如明确论点、提供论据、列出写作步骤等，并鼓励学生畅所欲言，让学生根据有关这一体裁的知识进行实际的创作，包括编写提纲、打草稿、成文等写作过程。

(5)编辑修订阶段 写作过程中错误是不可避免的，写作者可以通过反馈纠正错误，不断修改完善，直至完成终稿。在写作教学中，教师要改变“教师评，学生看”的单一模式，要注意评价主体的互动与方式的多样性，采用自我修改、同级反馈和教师反馈的不断循环，让学生从自评和互评中受益，在不断的修改中形成新的思路，教师评阅的时间大为缩短后才能够有机会和时间对作文进行更有针对性的有效反馈。为此，要求教师事先提供互评的具体标准和细则，涉及文章的长度、内容及语言表达等方面，既要发现闪光点，如一些好的语言表达，同时要发现错误，最后还要写出具体的评语，随后学生要根据同伴互评的意见修改自己的作文，主要挖掘内容、充实内容，并兼顾语言形式的正确表达。

5.3.3 写长法

5.3.3.1 “写长法”教学设计的提出和验证

“写长法”(length approach)是王初明等(2000)首先提出的以“写”促学的学习模式。“写长法”要求教师把教学的重点由传统的精批细改转移到任务设计上来在写作过程中,通过逐渐增加作文的长度来提高学生的外语写作水平,让学生有内容可写,愿意写,能够写,写得长,由此拓展外语能力。

方玲玲(2004)对广东工业大学非英语专业一年级 35 名学生进行了为期一年的写长作文教学实验。研究结果表明,“写长法”通过以写促学培养学生的积极情感,增强学生的产出意识,不但对他们写作成绩的提高有积极的影响,而且还间接地促进了他们语言水平的提高。王初明(2005)的实验再次表明,经历过“写长”训练,学生的外语学习信心明显增强,语言运用能力显著提高。张新风(2007)在非英语专业写作教学中对“写长法”进行了一项实证研究,其实验结果表明,写长作文不仅可以提高学生的英语写作能力,而且能在整体上促进二语习得,达到“以写促学”的目的。薛常明等(2009)在基础教育阶段英语“写长法”教学的实效性研究中进行了两个学期的试验。实验班的学生对“写长法”的看法是肯定的,他们认为写长作文改变了他们对写作的态度,觉得写作没有以前那么困难了;实验组学生经过写长法的训练,在英语各方面取得了不同程度进步,很多同学说他们是“写长法”的受益者。从而证明基础教育阶段的英语教学完全可以利用“写长法”优势,以写作为突破口,以量促质,以写促学,从而更有效地提高基础教育阶段的英语教学质量。除了上述主要研究之外,在中国知网按照主题为“写长法”进行检索,可以查到许多其他类似的实验和类似的结果。

5.3.3.2 “写长法”主要基于的外语教学理念

1. 建构主义理论

建构主义学习理论认为,学生应该是知识意义的主动建构者,而非外部刺激的被动接受者。外语技能是学出来的,不是教出来的。“写长法”提倡教师设计任务,学生通过语言的使用来促进学习,强调以写的方式去学外语,即以写促学(write to learn),而非学习写作(learn to write),这充分体现了以学生为中心的教学思路。

2. 情感因素理论

Arnold 和 Jane(2000)提出情感因素在外语学习中起着至关重要的作用。学习的态度,动机,毅力,自信等直接影响外语学习的成功与否。由于“写长法”是通过“写”而不是“说”这种输出方式拉动输入,就不会影响初学者或语音不标准的学习者的“自我概念”,不会造成对学习者动机不利的、消极的、负面的情感影响。写长十分强调学生的自我效能感和学习态度、动机、毅力等情感因素。写长可以打开学习者的情感通道,促进外语学习。首先,写长能够产生成就感,成就感增强学习信心,有了信心,外语才能坚持学下去。学英语信心增强了,才能消除怕写心理,使得写作不再是一件令人头疼的苦差事。并且,“写长法”采用的快乐式纠错、间接纠错的方式,在真正意义上解决了外语学习者情感问题。

3. 输出理论

写长有量,既能巩固所学的知识,又能增加运用新知识的机会,还能加快知识向运用层面的转化。“写长法”所依据的第二语言习得规律是 Swain(1985,1995)的“输出假说”,即可理解性的输出在二语学习过程中有四个功能(注意的触发、检验假设、元语言和表达自动化功能)。Swain 认为写作可以有效促进语言知识的内化,促进语言运用的自动化。“写长法”通过改进传统的作文评估办法,增加“作文长度”的权重,鼓励学生“写长”以促进学生通过大量的输出。大量的写作能让学习者深入地浸泡在英语材料之中,其目的是通过大量的输出促使已有语言知识的不断地巩固和内化,有助于学习者检验目的语的句法结构和词语使用,使语言运用自动化,并有效达到语言学习的目的。

4. 可理解输入假设

Krashen 认为,可理解输入必须是由“i+1”构成,这是第二语言习得产生的必要条件。语言能力的提高,或要做到有话可写,有话可说,还需要知识的积累。写长是相对于每个学生当前的写作能力而言的。“写长法”根据学生语言能力的变化来调节写作的长度,能够帮助学习者开阔思路,超越极限,挖掘学习潜力。“写长法”通过大量的输出来拉动更大量的输入,从而在多写多练的基础上逐步提高语言能力。

5. 中介语理论

中介语是在结构上处于本族语与目标语的中间状态。中介语的语言具有过渡性、动态发展、自成体系的特点。写长也具有顺应性、过渡性、阶段性的特点。而转变过程中的语言属于中介语,是发展变化的,具有波动性,有波动才会有进步。通过大量接触语言的正面输入,随着英语水平的不断提高,学生的许多中介语错误会自行消失。写长只是学习外语的一种手段,不是目的,并不是说长文一定比短文好。能够写出精练短文者,必然经历过写长的阶段。写长只是顺势而为,因势利导,有意让学生体验这个必经的阶段。

5.3.3.3 “写长法”的实施原则

1. 纠错原则

“写长法”倡导的纠错原则是:肯定优点,间接改错;选择纠错,即纠正重点的错误。批改作文语误主要通过集体评阅优秀习作来完成。同时,对佳作中的语病进行详细评析使学生受到启发,尽量避免犯类似语误。对一般的作文,批改时以肯定优点为主,对有代表性的错误,只在讲评优秀习作时引发出来,重点提示和分析。王初明(2005)提到“写长法”的间接改错手段还包括:①写作任务不采用中国文化色彩太浓的话题,以免刺激汉式英语造成过多语误;②提供跟任务配套的读物、写作时可能用到的英语句型和词语等;③让学生修改至少一个月以前写的作文,自我纠错;④学会正确使用词典核实用法。

2. 教师角色和学生角色的转变

李力(2004)提到教师应该从传统教学中至高无上的、权威性的知识传授者转变为“写长法”中的学习机会的提供者,学习的引导者和激励者,课堂的监控者以及接受咨询者的角色。这样的角色有利于学生主动性的发挥,但也容易影响教师应有作用的发挥。教师不仅仅应承担写长活动简单的组织工作和在学生需要时给予指导,更应在写前对学生进行写长培训,必要时做示范,提具体细致的要求,例如要求学生使用精读课上新学的词汇、尽可能多地使用定语从句、同样的意义要用多种方式表达,以确保以写促学目的的落实。教师要努力探索出一套行而有效的激励机制来维持被激发的动机和兴趣,并在实施写长法的过程中始终使学生保持适度的焦虑。(田宝,2004)另外,在实际运用写长法的过程中,学生主要处于自主学习的状态。学生们自己在班级中要主动形成良好的学习氛围,其中来自教师、学校、同伴和社会的影响是不能忽视的因素。“写长法”的学习是主动的,为此,学生必须要能够察觉到学习内容与学习目有关，自己的学习是有意义的。（施良方，2001）学生个体的热情，同时加上班级群体的热情，“写长法”的效果应该会更理想。

3. 用写作档案袋进行形成性评价

写作档案袋评价（writing portfolio assessment）是形成性评价的一种形式，语言学习与评价中，O'Malley & Valdez Pierce（1996）认为，档案袋真实客观地记录学生的学习过程以及在学习过程中经历的挫折和成功。张漱梅（2009）提出档案袋里的基本内容应该包括：档案袋评价标准；目录以及页码；自我介绍，包含个人学习英语的经历与心得；长作文的标准；作文目录；阅读书目；互评表和自我反思表；教师评语；自我总结。“写长法”鼓励学生自我改正错误，修改一个月之前写的文章，并将优秀作文展示。“写长法”让每个学生参与评价，进行反思。评价包括教师示范评、生生互评、学生自评，然后作品展示。教师每隔一段时间挑选两三篇优秀作文在课堂上做示范性讲评。集参与和反思两大主题为一体的写作档案袋能引导学生自主地去关注篇章结构、语句结构以及词语的使用，从而促进语言运用的自动化；能为师生解决长篇文章的收集、编排、保存和管理问题。面对档案袋，学生既是作者又是读者，既是设计者又是评价者和改进者。

5.3.3.4　“写长法”课程设计

郑超（2005）对“写长法”课程设计系统化地做了大量的探索、尝试，逐渐形成现在相对定型的四大教学阶段。其中，第一阶段旨在打造信心，发掘潜力；第二阶段注重锻辞炼句，融意谋篇；第三阶段提高美学修养，创作功力；第四阶段磨炼述评文笔，报刊风范。

1. 笔随心动

就是启发学生放开写，写多，写长，写快，想到什么就写出来。此时的教学多是围绕一篇精选的英美原作范文展开的，多侧重叙述文。老师在课堂上充分分析这篇范文的写作特色，让学生体会它的构思，段落展开方式，措辞构句特色，然后布置学生发散思维，模仿范文风格，自己拟定题目，放开了写。同时，为了加强学生对写作文的成就感，就要培养学生自我欣赏的兴趣。让学生自己把作业中特别满意的句子、段落用蓝色笔画线标出来，唤起老师的注意。老师对画线部分往往作出反馈，如写上 good，excellent 之类的肯定评语，或者打个勾表示认可，或者打个问号表示觉得有待商量，等等。确实写得好的作文让同学自己在全班同学面前念出来，老师表彰其中出现的句型、措辞和篇章布局。

2. 立论谋篇

此阶段教学要旨就是培养学生写议论文的能力。采用的方法是归纳先于演绎。意思是先让学生尝试动笔写，等写作过程遇到写不下去的困难时，老师再归纳篇章结构和修辞上的要领，鼓励学生遵照执行。等到学生能够掌握写议论文的基本知识后，再演绎性地逐项巩固诸般写作技巧。此阶段依然坚持第一阶段的“笔随心动”原则，只指定与范文类似的话题范围，让学生自己激扬文字。老师在赏析范文时，引导学生熟悉议论文的写作诀窍。如第一段先来一个话题导入，然后引出一个中心论题；接下去的几段都是支持主题的论证，多以段落主题句开头，段中运用不同段落扩展手法如举例，定义，因果，比较，对照，分类等来展开该段的主题；结尾段的首句要与第一段中交代的主旨相呼应，最后几句最好是对论述内容的一番风趣的发挥。

3. 品味创作

此阶段由老师领着学生去品味文学创作，通过精心安排的一系列发散型思维任务，创作出短篇小说和散文等。为此，必须鼓励学生广为搜集佳句妙文，建立创作样文库，优美句型库，和特色词汇库。对于那些形象思维不强的同学，通过品味创作也能锤炼他们的文笔，提高写作的得体性(appropriacy)。对于创作能力强的学生，如果犯了Chomsky(1965)提到的performance上的错误，不要大惊小怪。桂诗春(2004)认为只要鼓励学生养成写后检查的好习惯，通过提高学生的精品意识，这些post-systematic errors就会越来越少。

4. 实用写作培训

培训一类非常实用的综合写作技能，比如让学生熟悉报刊特写文体，体验如何当报刊撰稿人。引导学生从主观思维到客观分析，从个人中心到读者中心，从粗放模仿到精雕细琢，初步尝试了从课堂作业到职业任务的境界过渡。需要经历课堂快写，调查研究写报告，精讲范文和仿写，互评互改并赏析佳作这一套组合式的训练，最终，每个学生改好的文章在话题开拓，谋篇布局，措辞构句等诸多方面都达到上佳水平。

5.3.3.5 网络"写长法"

在计算机辅助教学日益发展的今天，充分利用网络技术资源，在虚拟网络学习社区中，组织学生在线完成写长训练、进行互评互议，也是可以尝试的。比如可以利用班级博客、班级电子邮件和班级QQ群进行师生和生生沟通及作文的收发和评析。"http://drop.io/"和"http://www.brsbox.com/"是两个免费的网络共享空间和交流平台。教师只要平时注意搜索就能发现类似的网络服务有还有很多。通过课堂上和网络上的交流和沟通，教师可以充分了解学生的兴趣，布置他们感兴趣的作文题。同时教师通过网络发一些与作文任务相关的资料给学生，以便他们能有所参考。

在布置完任务后，学生们使用网络通过网络博客或共享空间或邮箱或QQ等即时通讯工具展开热烈的讨论甚至是辩论，全班形成良好的交流习惯。自评和同学互评通过电脑在网络上就方便多了。word处理器本身具备提示拼写、搭配、标点和语法错误的功能，也可以利用word的"工具"中的"审阅"功能进行多方互评。教师批阅时设计一个评阅格式，主要分析学生作文的构思、结构、内容和词汇的运用，重点肯定学生的优点。批阅后可以通过电子邮件直接发给学生，缩短写作和反馈之间的时间差，让学生印象更深。每次挑选2～3篇优秀作文在课堂上用多媒体显示出来，进行集体讲评，和同学们一起对文章构思、谋篇布局和语言运用方面的优点给予肯定。

无论在理论上还是实践中，运用网络对"写长法"有极大的促进作用。随着网络功能的不断发展和完善，"写长法"运用过程中经验的不断积累，网络与"写长法"定能实现更好的整合。

本章参考文献

Aebersold, Jo. Ann. & Field, Mary. Lee. Vocabulary Issues in Teaching Reading [A]. From Reading to Reading Teacher[M]. Cambridge University Press, 1997.

Badger, R. & White, G. A Process Genre Approach to Teaching Writing [J]. ELT Journal, 2000, 54(2): 153-160.

Chomsky, N. Aspects of the Theory of Syntax[M]. Cambridge: The MIT Press, 1965.

Cope, B. & Kalantzis, M. (Eds) The Powers of Literacy: Genre Approaches to Teaching Writing[M]. London: Falmer Press, 1993.

Corder, S. P. The Significance of Learners' Errors[A]. in Wallace-Robinett, B. & Schacter, J. Second Language Learning: Contrastive Analysis, Error Analysis, and Related Aspects[C]. Ann Arbor: University of Michigan Press,1967,1983: 163-173.

Corder,S. P. Error Analysis and Inter-language[M]. Oxford University Press, 1985.

Ellis, N. C. Rules and Instances in Foreign Language Learning: Interactions of Explicit and Implicit Knowledge[J]. European Journal of Cognitive Psychology, 1993 (5):289-318.

Ellis, R. Task-Based Language Learning and Teaching[M]. Oxford University Press. 2003.

Ellis, R. Understanding Second Language Acquisition[M]. Oxford University Press, 1986.

Ellis, R. Planning and Task Performance in a Second Language[M]. Amsterdam/Philadelphia:John Benjamins Publishing company,2005.

Ellis,R. Task-based Research and Language Pedagogy[M]. Language Teaching Research, 2000:193-220.

Flower, L. & Hayes, J. R. A Cognitive Process Theory of Writing[J]. College Composition and Communication, 1981,32(4): 365-387.

Flowerdew, J. An Educational or Process Approach to the Teaching of Professional Genres [J]. ELT Journal,1993,47(4):305-316.

Johnson, D. W. &Johnson, R. T. &Holubec, E. J. Circles of Learning:Cooperation in the Classroom(4th ed)[M]. Edina,MN:Interaction Book Company. 1993:5-6.

Johnson,D. W. &Johnson,R. Learning Together and Alone:Cooperative Competitive and Individualistic Learning(4th ed.)[M]. Needham Hights,Massachustts:Allyn and Bacon, 1994.

Judy, S. N. & Judy, S. J. An Introduction to the Teaching of Writing[M]. Illinois: Scott, Foresman Company, 1981.

Krashen,S. The Input Hypothesis: Issues and Implications[M]. New York:Longman,1985.

Long, M. Native Speaker/Nonnative Speaker Conversation and the Negotiation of Comprehensible Input[J]. Applied Linguistics, 1983(4): 126-141.

Long, M. The Role of The Linguistic Environment in Second Language Acquisition[A]. in Handbook of Language Acquisition, Volume II: Second Language Acquisition[C]. Ritchie, W. and Bhatia, T. (Eds.)New York: Academic Press,1996: 413-468.

Long,M. Focus on Forming Task-based Language Teaching[A]. in Lambert,R. & Shohamy,E. (eds)Langauge Policy and Pedagogy:Essays in Honour of R. Walton[C]. Amsterdam:John Benjamins,2000.

Mathews, R. C. , Buss, W. B. , Blanchard,F. , Cho, J. R. & Druhan, B. Role of Implicit and Explicit Processes in Learning from Examples: A Synergistic Effect[J]. Journal of Experimental Psychology: Learning, Memory, and Cognition, 1989(15):1083-1100.

Nunan,D. Designing Tasks for Communicative Classroom[M]. New York:Cambridge University Press, 1989.

Nunan,D. Second Language Teaching and Learning[M]. Beijing:Foreign Language Teaching and Research Press, 2001.

Nunan,D. Task-Based Language Teaching. Cambridge:Cambridge University Press,2004.

O'Malley, M & L. Valdez Pierce. Authentic Assessment for English Language Learners [M]. New York: Addison-Wesley, 1996.

Picas ,A. Teaching English Writing[M]. London: Macmillan, 1982.

Polanyi,Michael. Study of Man[M]. Chicago: The University of Chicago Press, 1958.

Prabhu, N. S. Second Language Pedagogy: A Perspective[M]. Oxford: Oxford University Press, 1987:46-47.

Pusack, J. and Otto, S. Taking Control of Multimedia[A]. in M. Bush and R. Tent (Eds.), Technology-Enhanced Language Learning[C]. Illinois: National Textbook Company,1997:7.

Reber, A. S. Implicit Learning and Tacit Knowledge [J]. Journal of Experimental Psychology: General, 1989, 118(3): 219-235.

Reber,A. S. Implict Learning of Artificial Grammars[J]. Journal of Verbal Learning and Verbal Behavior,1967.

Richards,J. C. The Context of Language Teaching[M]. Cambridge University Press,1985.

Skehan, P. A Cognitive Approach to Language Learning[M]. Oxford: Oxford University Press, 1998:128-129.

Skehan,P. A Framework for the Implementation of Task-based Instruction[J]. Applied Linguistics, 1996,17(1):38-62.

Skehan,P. & Foster,P. Task Type and Task Processing Conditions as Influences on Foreign Language Performance[M]. Language Teaching Research ,1997(1):185-211.

Slavin ,R. E. Cooperative Learning: Theory, Research and Practice[M]. Allyn and Bacon, 1990. 14.

Slavin,R. E. 合作学习与学业成绩:六种理论观点[J]. 王红宇,译. 外国教育资料,1993(1):63-67.

Swain, M. Three Functions of Output in Second Language Learning [A]. in G. Cook & B. Seidlhofer. Principles & Practice in Applied Linguistics[C]. Oxford, England: Oxford University Press, 1995: 125-144.

Swain,M. Communicative Competence: Some Roles of Comprehensible Input and Comprehensible Output in Its Development[A]. in S. Gass, &C. Madden. (eds) Input in Second Language Acquisition[C]. Rowley,Mass:Newbury House, 1985:235-253.

Swain,M. Three Functions of Output in Second Language Learning[A]. in G. Cook and B. Seidlhofer(eds). Principles and Practice in Applied Linguistics: Studies in Honour of H. G. Widdowson[C]. Oxford: Oxford University Press,1995:125-144.

Tribble, C. Writing[M]. Oxford: Oxford University Press, 1996.

Vygosky,L. S. Mind in Society: The Development of Higher Mental Process[M]. Cambridge, MA: Harvard University Press,1978:47.

White, R, Arndt, V. Process Writing[M]. London: Longman,1991: 298-312.

Willis, D. A Framework for Task-based Learning[M]. London: Longman,1996.

Willis, J. & Willis, D. Doing Task-Based Teaching[M]. Pearson Education, 2007.

Wittrock, M. C. The Cognitive Movement in Instruction[J]. Educational Psychologist, 1978 (77): 60-66.

Zamel, V. The Composing Process of Advanced ESL Students: Six Case-Studies[J]. TESOL Quarterly, 1983(17): 163-187.

蔡兰珍. “任务教学法”在大学英语写作中的应用[J]. 外语界, 2001(4): 41-46.

陈琳、王蔷、程晓堂. 英语课程标准解读[M]. 北京: 北京师范大学出版社, 2002.

程晓堂. 任务型语言教学[M]. 北京: 高等教育出版社, 2004: 7.

方玲玲. “写长法”在大学英语教学中的应用研究[J]. 外语界, 2004(3).

傅小平. 论迁移规律在英语教学中的具体运用[J]. 中学外语教与学, 2003(10): 30.

高湘萍. 隐性知识的获得及其显性化的心理途径[J]. 全球教育展望, 2003, 32(8): 27-29.

桂诗春. “以写促学”——个人的经历和看法[A]. 郑超(编). 以写促学: 英语“写长法”的理念与操作[C]. 北京: 科学出版社, 2004.

桂诗春. 心理语言学[M]. 上海: 上海外语教育出版社, 1985.

郭秀艳. 内隐学习研究综述[J]. 华东师范大学学报(教育科学版), 2004(1): 49-55.

教育部高等教育司. 大学英语课程教学要求(试行)[M]. 北京: 高等教育出版社, 2004.

李力. 从课程论的角度看“写长法”[A]. 郑超(编), 以写促学: 英语“写长法”的理念与操作[C]. 北京: 科学出版社, 2004.

连淑能. 英汉对比研究[M]. 北京: 高等教育出版社, 1993.

刘宽平, 周业芳, 曹小艳. 提高中国学生英语写作能力的有效途径[J]. 外语教学, 2003(6): 68-71.

刘润清. 论大学英语教学[M]. 北京: 外语教学与研究出版社, 1999.

罗伟. 大学英语写作训练技巧[M]. 上海: 上海外语教育出版社, 2003.

马广惠, 文秋芳. 大学生英语写作能力的影响因素研究[J]. 外语教学与研究, 1999(4).

庞国斌, 王冬凌. 合作学习的理论与实践[M]. 北京: 开明出版社, 2003.

祁寿华. 西方写作理论、教学与实践[M]. 上海: 上海外语教育出版社, 2000.

乔治·雅各布斯. 共同学习的原理与技巧[M]. 林立, 马容, 译. 北京: 中央民族大学出版社, 1998, 41.

施良方. 学习论[M]. 北京: 人民教育出版社, 2001.

苏航, 杨磊. 结果教学法与过程教学法——谈英语写作教学改革[J]. 北京第二外国语学院学报, 2001(2): 98-102.

田宝. 课堂教学中的基本情绪[J]. 教育研究与实验, 2004(1): 39-42.

王初明, 牛瑞英, 郑小湘. 以写促学——一项英语写作教学改革的试验[J]. 外语教学与研究, 2000(3): 207-212.

王初明. 外语“写长法”的教学理念[A]. 外国语言学与应用语言学研究[C]. 北京: 中央编译出版社, 2002(1): 99-105.

王初明. 外语写长法[J]. 中国外语, 2005(1).

王初明. 应用心理语言学[M]. 长沙: 湖南教育出版社, 1990.

王坦. 合作学习的理念与实施[M]. 北京: 中国人事出版社, 2002.

王坦. 合作学习原理与策略[M]. 北京: 学苑出版社, 2001: 6-7.

文秋芳.评析外语写长法[J].现代外语,2005(3).
夏纪梅,孔宪辉."难题教学法"与"任务教学法"的理论依据及其模式比较[J].外语界,1998(4):36-39.
夏纪梅.任务教学法给大学英语教学带来的效益[J].中国大学教学,2001(6).
许庆红.变写作课堂为写作实验室——英语写作教学方法探索和实践[J].淮北煤师院,2002(2):100-101.
薛常明,何孙赋,蒋益群.基础教育阶段英语"写长法"教学的实效性研究[J].广东外语外贸大学学报,2009(4):108-112.
杨治良,叶阁蔚.内隐学习"三高"特征的实验研究[J].心理科学,1993(3).
杨治良,周颖,李林.无意识认知的探索[J].心理与行为研究,2003(3):161-165.
岳守国.任务语言教学法:概要、理据及运用[J].外语教学与研究,2002(5).
曾文雄.任务教学法研究及在中国的应用[J].山东师范大学外国语学院学报(基础英语教育),2005,1.
张湫梅.写长法和档案袋评价在英语写作教学中同时使用的尝试[J].广西师范大学学报:哲学社会科学版,2009(6):119-123.
张新凤."写长法"在非英语专业写作教学中的一项实证研究[J].高等教育研究,2007(9).
赵景绥.大学外语口语教学的意义及实践[J].解放军外国语学院学报,2002(5):61-68.
郑超.以写促学:英语"写长法"的理念与操作[M].北京:科学出版社,2004.
郑超.英语"写长法"课程设计[J].外国语言文学,2005(1).
郑树棠.新视野大学英语综合训练[M].北京:外语教学与研究出版社,2008.
中央教育科学研究所比较教育研究室.简明国际教育百科全书·教学(下册)[Z].北京:教育科学出版社,1990:410.
佐红星.背诵是一种"储蓄"——二谈作文素材的积累积累[EB/OL].http://www.ht88.com/article/article_477_1.html,2004,06,30.

第 6 章

语言教育中的学习者因素

6.1 学习者个体差异

6.1.1 年龄

6.1.1.1 语言习得的最佳年龄学说

儿童的习得母语有三种不同的理论：先验论、行为主义论和互动主义论，它们分别把语言习得机制(language acquisition device，简称 LAD)，模仿和习惯形成，以及环境当作儿童学习和掌握语言的方式。儿童习得第二语言的方式是否与年龄有关至今仍争论不休。关键期假说(critical period hypothesis)及国外外语磨蚀理论(language attrition)相关研究成果都支持“年龄小优势论”。

Lenneberg(1967)提出的语言习得关键期假说或者最佳年龄(the optimum age)，一般认为，从两岁到青春期(puberty)(10～12 岁)之间语言学习比较容易，语言习得能够自然地、毫不费力地发生。Weber-Fox & Neville(1996)用行为主义和事件相关电位技术相结合的方法对母语为汉语的汉英双语者在理解英语句子时的行为数据和脑电活动进行了记录与对比，发现语言习得不仅有关键期，而且可能有多个关键期。成年人第二语言学习能力随初始学习年龄的增长而呈直线下降，而且对于语音而言，大脑侧化完成的时间可能更早，习得地道语音的时间是 6 岁左右。美国语言学家 Larsen-Freeman & Long(2000)证实二语习得能力随着年龄的增长而减弱，而且就短期来看年龄较大的学习者速度快，长期来看年龄较小的学习者学习效果却较好，所以他们建议如果想达到本族语水平，语言学习的最佳年龄是 9 岁左右。Hansen-Strain(1990)和 Yukawa(1997)研究发现年幼的比年长的外语磨蚀的速度快，他们总结说从年龄对外语磨蚀影响的角度来看,外语学习并非越小越好,而至少应该是8岁以后。

当然也有学者认为不存在二语习得的临界期。Stern(1985)研究证明一种语言可从任何年龄开始学习,不过儿童多通过对交际情境"反应"进行学习,而成年人更容易利用认知和课堂学习的方法学习。Krashen(1982)指出成年人同样可以学好外语,而且如果学习和使用外语的时间相同,成年人比儿童进展更快、大龄儿童比低龄儿童的学习效果更好。相同时间内,儿童在语言学习除了语音的其他方面进步的速度要慢于成年人。Ellis(1994)认为儿童和成人在外语学习上各有优势。成年人最初在习得速度上存在优势,特别是在句法方面;在正式的语言学习环境中,只有儿童学习者能习得本族语的语言;儿童更有可能获得本族语的语法能力,语法关键期可能迟于发音的关键期;不管是否能够达到本族语使用者的熟练程度,儿童在发音和语法方面习得的水平都高于成年人。1985年我国国家教委组织的一次全国中学生英语调查也间接地回答了外语学习的最佳年龄问题。周流溪(1995)总结这项调查结果,发现学习成绩的优劣主要取决于领导重视程度、师资水平、教学计划、教学内容和方法,以及学生的学习态度和方法等多种因素,与起始年龄相关不大。Burstall在英国进行了长达10年之久的纵向研究发现,学习法语起步早的儿童只在听说方面稍占优势,而随后这种优势慢慢消失。起步晚的儿童学习外语的时间短,但在阅读和写作方面的学习成绩与起步早的儿童相等,甚至更好些。

6.1.1.2 年龄在第二语言习得中作用的解释

1. 生物学上的解释

Penfield和Lennenberg指出了大脑单侧化(lateralization)是二语习得的关键问题,并给出证据证明大脑左右半球功能的不同,比如语言功能和逻辑分析功能由左半球负责,而情感和空间能力则是右半球的功能。大脑模块化理论证明各种相对独立能力的存在,比如左半球的用于储存母语,右半球的用于接受第二语言。Ellis(1994)发现儿童和成人信息储存的方式不同。儿童分隔地储存第一与第二语言信息(并存的双语),成人混合地储存第一语言和第二语言的信息(合成的双语)。儿童在学习外语时,两种语言互不干扰,也不会产生混淆。母语习得在大脑语言功能的侧向以前就已经完成;二语习得在青春期以前相对快和容易成功。在关键期大脑变得有弹性,可塑性更强,而随着大脑功能的单侧化,神经组织失去灵活性,第二语言学习所必需的某些脑神经组织在关键期过后已无法到达。人的发音器官包括口腔、鼻子、喉咙、嘴唇等,随着神经弹性的衰弱而衰退。所以儿童发音水平的"最终到达度"(ultimate attainment)可以接近本族语使用者,而随着母语的发展,成年人发音肌肉的灵活性已经丧失(王立非,2001)。

2. 认知上的解释

认知能力的发展为语言能力的发展提供了丰富的"物质内容",语言能力的发展又进一步促进认知能力的发展。儿童在11岁前后,其感性认知开始由具体思维向抽象思维转变,其认知能力的发展与语言能力的发展同步进行。尽管成人的认知理解能力强,语言学习看起来更快,在掌握语言知识和应用语言知识的准确性与逻辑性方面,成年人占有明显的优势(如语法),却由于认知能力与第二语语言的发展相分离,思维能力与语言能力相分离,造成了成年人第二语言习得中某些方面的困难(如语音)。

3. 情感上的解释

Krashen(1985)提出情感过滤假说,他认为能否成功地学习外语取决于学习者的态度。消极的态度,比如缺少动机和自信,过于焦急,都被认为是语言学习的过滤器,使学习者不能有效地利用输入的信息,导致二语习得的失败。Vivan Cook (2000:54)认为过滤作用越小,学习者就可以很有效的利用它们。儿童的大脑没有固定化,短时记忆强,接受新事物快,很少受到情感因素的影响,所以更容易学到地道的发音和语调。然而,成人可能更加压抑,他们更愿确立说某种语言而显示的身份,因此他们可能在某种程度上抵制社会化。

4.外语磨蚀方面的解释

语言磨蚀是指个人或语言社团(speech community)的某种语言或语言某一部分退化和丧失的现象。(倪传斌,2006)低龄儿童的外语磨蚀速度快,而且在汉语语境中,课堂外的外语输入量很小,如果没有读写能力,其外语磨蚀速度会更快。曹鸿娟(2007)研究得出,学生年龄与英语磨蚀之间关系的总体趋势是:年龄越小的学生其语音、词汇及综合能力等的磨蚀就越大。

5.母语负迁移方面的解释

按照母语知识是否有助于外语学习,分为"正迁移"(positive transfer)和"负迁移"(negative transfer)。Taylor(1975)的调查也证实了人们在利用母语知识、一般语言知识和世界知识学习外语的过程中会因两种语言的根本区别造成的负迁移在学习中产生错误。成年人对自己的母语已经有了充分的掌握,因此在英语学习时会有意或无意地运用母语知识。在这一过程中不可避免的会产生错误,成年人是在检验、修正错误的过程中形成正确的语言认知系统。所以,成年人在外语习得过程中受母语知识的影响就大一些。年龄小的学习者如儿童在使用语言时,他们不担心语言上的错误,而担心交往的成功与否。由于儿童使用母语本身的交际能力有限,掌握的交际功能有限,对语言知识的明确意识程度较低,受母语知识的影响相对较小。

6.输入方面的解释

儿童比成人受到更好的输入,这将为他们学习句法提供更好的素材。儿童也更善于利用与说本族语的成年人交流的机会,通过这些交流,他们能进行语音上的练习。对儿童保姆式的交谈能够使得他们能得到更好的输入。成人只能通过对不同的输入进行协商(Negotiating input),才能得到更好的输入。对于那些受社会心理的影响,如语言自我意识,焦虑感比较强,总是惧怕失败、惧怕其他人取笑的成年人,如果再加上学的是课堂上教师"满堂灌"的"哑巴英语",他们得到足够语言输入的机会更少。

6.1.1.3 对我国外语教学的启发

1.外语学习并非越早越好

"外语学习越早越好"之类的说法目前仍缺乏理论和实践上充分的科学依据。大多数中国家长和教师所持的"外语学习越早越好"的观点适合于在自然的交际环境中习得英语的儿童,而不适合于主要通过课堂教学学习英语的学生。根据 Piaget(1972)关于儿童认知能力发展阶段的划分,如果儿童不持续发展使用本族语的认知能力,那么包括本族语和外语的语言能力的发展往往会受到影响。目前"外语要从小学起"在我国多数师资条件、教学设施外语接触量不配套的落后地区缺乏现实性;根据我国多方面的实际情况,我国学生以小学五年级、六年级或初中一年级开始学习外语为宜。各级教育行政部门和学校在这一问题的决策上要从实际出发,在小学开设英语课不可不问条件一哄而起。同时,在我国外语学习者日趋低龄化的今天,要对儿童学习外语的规律进行理论上和实践上充分的理性的科学分析和研究,以建立完善的教学体系,并严格执行,不可把外语学习导入误区。

2.成年人也可学好外语

年龄不是外语学习的决定因素。Krashen(1982)引述 Cummins 的观点,把语言能力分为基本的人际交流能力(BICS: basic interpersonal communication skills)和认知/学习语言能力(CALP: cognitive/academic language proficiency)两种。前者涵盖语音、语流和社会语言学方面的能力,通常儿童占有比较大的优势;后者涉及语言文字技能(literary skills)方面的能力,通常成年人更容易掌握。Cummins 认为,决定外语学习的是 CALP,而不是 BICS。由于成年人有较强的理解力,具有逻辑思维能力和学习自觉性等儿童没有的优势,只要方法得当,成年人同样可以学好外语。

3.针对年龄差异应采取的相应教学策略

儿童阶段:儿童外语的教授可以听说活动为主,允许他们通过适当的途径(主要是听)来增强外语的感性认识。多以游戏形式进行,寓教于乐。第一,应用直接法(the Direct Method)和全身反应法(TPR)帮助儿童建立稳定实用的词汇库。根据儿童机械记忆能力强,同时短时记忆优于长时记忆的特点,加大词汇和短语的输入,选择与儿童生活学习密切相关的词汇重复巩固。在选择和安排词汇学习时,可以按学习母语的自然过程来设计课程。在词汇的选择上要做到由具体到抽象,由近及远,由已知到未知。除此之外,全身反应法有利于学生集中注意力,加深对词汇的理解,从而促进记忆。第二,结合沉默法(the Silent Way),利用原声帮助儿童获得良好的发音。儿童模仿正确发音的能力正处于优势阶段,因此,应注重输入正确的外语语音。我们可以凭借先进的多媒体手段和网络资源并合理结合沉默法来避免错误的语音输入。这样,教师就可以在语音学习阶段尽量保持沉默,使"中国腔"远离学生,给他们提供最好的学习语音的环境。

少年阶段:应侧重使用听说法(the audio-lingual method)、口语法和情景教学法(the oral approach and situational language teaching)以及交际教学法(communicative language teaching)推进少年应用语言的能力。这一阶段,在之前词汇和语音奠定的基础上,应当适当增加语法知识的输入,同时侧重口语表达。第一,听说法、口语法和情景法以行为主义语言学习为理论基础,通过刺激-反应来训练学生的听说技能,其强调结构准确性。第二,交际法认为学习语言是用来交流的,其要求语法形式服从于语言功能。因此,这一阶段使用的教材必须使用真实自然的语言,而且真实地道的语言材料要安排在合情合理合乎社会交际情理的情景之中。

成年阶段:可侧重于使用语法-翻译法(the Grammar-Translation Method)和交际法(CLT)提高成年外语学习能力。第一,运用语法-翻译法进行详细的词汇和语法讲解,以及以母语为媒介,再加上成年人理解联想能力、记忆力比较强,成年人可以较轻易掌握语法结构,从而提高阅读、写作能力。第二,在侧重语法结构学习的同时,也不要忽视语音的练习,以增强大脑对发音器官的控制能力。虽然二语习得的起始年龄决定了学习者语音的准确性,但 Ellis(1999)认为学习时间的长短对学习者总体语言交际的流利程度作用巨大。这说明在大学英语教学中,只要假以时日,学生的口语交际能力仍然能够得到提高。第三,由于成年人情感屏障较高,他们不愿意用外语交流。交际法认为,语言学习的最终目的是交流,在课堂上,老师应尽可能创设真实的语言场景和环境,鼓励学生多说多参与,达到彼此之间的交流目的。给学生的任务既不能太难,也不能太容易,要稍稍超出学生的能力,使得学生有一种挑战和成就感。教师作为组织者和引导者,务必要提供充足、高质量的目的语输入,并采用启发、鼓励的方式,尽可能消除学生焦虑情绪,鼓励学生积极参加言语交际活动,同时还要不苛求纠正语言错误。此外,老师应注意对学习者学习策略和方法的培养,使他们对自己的学习有所认识和调控,例如学习词汇、习语时,可利用语境和上下文进行理解记忆,关联、想象、新旧知识的联系等的运用也可加强记忆。

6.1.2 语言潜能

6.1.2.1 有关语言潜能的论述

语言潜能(language aptitude),也称语言学能、语言素质或语言天才,是影响外语学习的一个重要因素。潜能是一种固定的天资(endowment),与学习动机、学习成就、一般的智力无关。

Skehan(1986)认为语言潜能包括自然状态下的语言处理和处理非语境化(de-contextualized)材料的能力,不仅跟正式的语言学习环境有关,而且也跟交际定向的(communication-oriented)课堂教学和习得环境有关。这两种能力对语言学习的成功与否起着至关重要的作用。语言学能的作用并非只有在教学中才能实现,它会在任何环境下,有意识或无意识地运作。无论是在正式的语言学习环境还是在非正式的语言学习环境中,对目的语的充分掌握和自如运用都需要记忆、分析大量的语言材料,包括有规则地组织的学习材料和未经组织的学习材料。因此,潜能测试是有效的语言学习预测者。但是,Skehan(1989)也发现语言学能是稳定的,并且有些语言学能在3.5岁就已形成。语言潜能不仅在人的一生中相对稳定,而且很难以训练和实践得到提高。

哈佛大学的Carroll(1990)语言潜能是多维度的(multi-dimensional),是持久不变的特性(enduring characteristics)的某些组合,是与生俱来的学习某项任务的能力,包括语音编码解码能力(phonemic encoding),即辨音能力和不费力气就可以回忆起语音表述形式的能力;语音和意义之间联想记忆能力(rote learning ability),即迅速而有效地学习语音和意义之间的联系并保存这些联系的能力;语法敏感性(grammatical sensitivity),即识别句子结构中词语的语法功能及理解词语在句子中所起作用,解释语法关系和推断出语言规则的直觉能力;归纳性语言分析能力(inductive language learning ability),即辨认对应句型的能力以及辨认语言形式与语义之间联系的能力,或者叫做生成能力。

Skehan (1998)提出把语言潜能看作有三个组成部分更为恰当:与输入处理有关的听力能力(auditory ability),与中心处理有关的语言学方面的能力(linguistic ability)以及与输出有关的记忆能力(memory ability)。Skehan提出的听力能力与Carroll的语音编码解码能力基本上一样,其语言学习能力把Carroll的语法敏感性和归纳性语言学习能力综合在一起。而且Skehan对记忆能力的概念还予以扩展。

语言潜能高的人在语言学习方面可能会取得更快的进步,取得更好的学习效果。Skehan(1998)发现在不同的源组(heterogeneous group)的学习者强化学习外语的情况下,语言潜能测试结果与学习者结业成绩相关性介于0.40到0.70之间。吴一安等(1993)在调查我国英语本科学生素质情况时发现语言学能的预示能力最强,与语言学习成功的可能预测者相比,如性格、年龄、动机,甚至认知方式等,唯一的预测对手是动机。但是Carroll(1999)认为语言潜能不是二语习得的先决条件,但是语言潜能可以帮助提高外语学习的速度和降低学习的难度。

6.1.2.2 语言潜能测试

在语言学能测量方面,最有影响的测量工具主要有两种:一种是由Carroll和Sapon等于1959年研制的现代语言学能测试(Modern Language Aptitude Test),简称MLAT;另一种是由 Pimsleur 等于 1966 年制订的皮姆斯纽语言学能测量表(Pimsleur Language Aptitude Battery),简称 PLAB。戴运财(2006)对 MLAT 测试和 PLAB 测试的构成进行了详细的介绍。其他比较有影响的语言学能测试还有美国国防部语言学能测量表(Defense Language Aptitude Battery),美国陆军语言学能测试(Army Language Aptitude Test),Parry & Child 设计的 VORD 语言学能测量表,Grigorenko(2000)设计的外语习得中创新的认知能力测试(Cognitive Ability for Novelty in Acquisition of Language as Applied to Foreign Language Test)等。

MLAT 测试共五部分。第一部分:数字学习。用录音教受试者一种陌生的数字系统,然后让受试者听 15 个数字后写下对应的阿拉伯字母,旨在测验联想记忆。第二部分:音标记忆。该部分测量音位编码能力。首先让受试者学习英语音位的一种注音系统,然后测验他们是否学会。第三部分是拼法提示。有 50 个词不达意、拼写得像英语词,但又不正确的词汇,要求在每个词汇下面的五个备选英语词中按意义与联想选出最有可能正确的答案。此项既测英语词汇知识,又测语言代码化的能力。第四部分是句中词。受试者看到 45 个标准英语句子,每句都有一个用大写字母拼写出来的词,在下面有 1～4 个句子,每个句子中有 5 个词打了底横线,让受试者识别哪一个带底横线的词在语法功能上相当于标准句中的大写词。此项测验语法敏感性能。第五部分是词语对应联想。先给受试者 24 个库尔德语(Kurdish)语词及其英语对应词,让学生用 2 分钟记忆,然后有 2 分钟的练习,最后用五项选择的方式测验这 24 个库尔德语语词的词义。此项是考查死记的能力。

PLAB 测试共分六部分。前两部分是口头汇报性质的,第一部分是学分平均数,要求受试者报出自己最近一学年的英语、数学、自然科学和历史(或社会科学)的学分,第二部分是“兴趣”,要求受试者在一个二级量表上标出自己对外语学习的兴趣;第三部分是词汇测试;第四部分是语言分析测试;第五部分是语音辨别;第六部分是语音标识。Pimsleur 认为,学习语言的天赋包括三大成分。一是语言智力,包括对词汇的熟悉程度(由第三部分测)和对语言材料的分析(由第四部分测);二是学习语言的动力(由语言学习的兴趣大小测);三是听觉能力(由第五、六部分测)。该量表尤其适宜于测量初级语言学习者如初中学生,另一个特征是该量表把学生过去的学习情况及对外语的学习兴趣包括进去。

Pimsleur 等的语言学能测量表与 Carroll 等的语言学能测量表的一个明显差异是前者把动机当做语言学能整体的一部分而后者认为动机是独立于语言学能之外。另一个差异是语言智力在语言学能中所占的比重不同。Pimaleur 认为它在语言学能中占有重要的分量,所以在他的测量中,三、四部分都是用于测量语言智力。虽然 Carroll 承认在 MLAT 中拼写线索部分依赖于语言智力和词汇知识,但他并不认为语言智力是语言学能中必需的一部分。

PLAB 不仅代表了更先进的测试结构的方法,也反映了五六十年代听说法(audiolingual method)的原理。例如:这些测试评估语音的辨别能力,把语音与一套特定符号相联系的能力;评估语言学习任务中的机械记忆(rote memory)及对句子结构的敏感性和归纳性语言学习能力——以上全是听说法的特点。

这些测试的目的旨在进行语言训练前对学习者加以分类。测试的结果被谨慎地运用到把学生安排在大致相同的组(homogeneous group)里面,或者进一步被诊断性地用作识别语言学习中学习者的强势和弱势。除了其实用价值外,这类测试还有助于在理论本质上对语言潜能作为学习者的一个变量的理解。现代语言潜能测验在许多研究中运用,并被证明对语言学习成功与否是非常可靠和有用的预测者。

6.1.2.3 语言潜能研究对外语教学的启示

根据 Carroll 以及一些语言学家的观点，语言潜能是天生的且不可改变的。研究语言学能并非只停留在发现上，其目的是为了帮助学习者，改善教学和大纲及课程设计。

根据语言潜能的构成，低潜能可以在一定程度上以两种方式进行弥补：增加学习的时间和降低最终要求达到的标准。因此，顾伟勤（2008）建议说如果学生一入学就参加 LAT 或 PLAB 测试后分班，就要确定不同班级达到所规定的语言水平各自所需要的时间。同时，这些测试的各个组成部分的得分也可以被教师作为一种诊断手段，从而针对性地调整教学环境和教学技巧。

不同的学生所具备的学能类型是不同的。一些研究表明，如果学习者所接受的教学方式与他们的学能类型相一致，他们的学习效果比那些获得与其学能互补型的教学方式的学习者要好。顾伟勤（2008）提到 Wesche 做过一个著名而有趣的试验，目的是研究课堂方式与学习者的类型之间的对应关系。Wesche 找到两组学习者，“A 类学习者在 MLAT 或 PLAB 测试中总分相当高，而 B 类学习者在这些测试中表现出较高的分析能力，但在音素代码能力和听力能力方面有一定的困难。当这两类学习者接受与他们的学能相一致的课堂教学（即 A 类学习者采用视听和归纳教学法，而 B 类学习者采用一种更注重演绎推理和分析能力的教学法），结果两类学生学得同样出色”。

在各种技能学习中，语言潜能的差异对第二语言学习的影响比对任何其他技能学习的影响似乎都要显著。诸如 MLAT 之类的测试只是表明这些技能对于语言学习是重要的，也是预测语言学习结果的最佳手段。然而，动力、态度、性格、学习策略、教学方法、课堂环境等诸如此类的因素也在二语习得中发挥着不可忽视的作用。如果能将语言学能与所有这些变量以及其他许多的变量结合在一起，进行更全面系统的衡量，就一定能更加准确地预测语言学习效果。

6.1.3 认知风格

6.1.3.1 认知风格结构模型

在外语教学中了解教学对象，正确分析其学习需要，着眼于激发、促进他们的学习，已成为当今教育研究者关注的课题。在对 EFL 学习者的分析中，认知风格分析是重要的内容之一。另外，认知风格在教育和相关领域的预测效度得到肯定，它可以解释智力和人格都无法解释的变异。其次，因素分析方法的普及和应用，也为认知风格模型的整合提供了技术上的保证。这样的事实让人们重新重视认知风格的研究。

认知风格（cognitive style），亦称认知模式或者认知方式。朱智贤（1991）认为一般来说，认知风格是人在信息加工（包括接受、储存、转化、提取和使用）过程中表现出来的认知组织和认知功能方面持久一贯的风格，其中既包括个体知觉、记忆、思维等认知过程方面的差异，又包括个体态度、动机等人格形成和认知功能与认知能力方面的差异。程晓堂（2002）认为认知风格有时候也包括学习者解决问题时的出发点（orientation），有时也表现为带有个性特征的学习风格，是学习策略和学习倾向的总和。胡斌武（1996）则认为认知风格是学习者在长期的学习活动中表现出的一种具有鲜明个性的学习方式和学习倾向。这种学习方式指学习者为完成学习任务而采用的方法、策略、步骤；这种学习倾向指学习者对学习活动的动机、态度、情绪体验、坚持性以及对学习环境、学习内容的偏爱。虽然不同的学者对于认知风格的内涵做了上述各自不同的表述，但其实质内容却没有什么大的差异：一是谈其个性化特点；二是谈其一贯性特点。

认知风格到目前为止尚没有非常明确的定义，不同研究者对认知风格的分类也不相同。例如 Messick(1984)将认知风格分为 19 类，而 Riding 等人(1991)则分为 30 多类，Armstrong(1998)经整理列出了多达 54 种关于认知风格的划分，反映了研究者不同的研究方式和侧重点。Riding 等人(1993)通过对各种认知方式的综合分析，认为所有的认知方式可以从整体-分析(holistic-analytic)和言语-表象(verbal-imagery)两种纬度来重新分类。认知风格分析系统(cognitive style analyser, CSA)是用来测验这两个维度的。两个维度之间是彼此独立的，而且独立于智力。分析—整体风格维度描述了个体信息加工的习惯化的方式，一些个体将信息分解成它的组成部分进行加工，另一些个体保持相关信息的整体和综合的看法。语词—表象的维度关注个体偏好的信息表征的方式，个体在思维过程中是以语词的方式还是心理图像的方式表征信息。

"整体-分析"这一风格纬度与个体在加工信息时是倾向整体还是倾向于从整体的各个组成部分看其中的相互联系；思维具有整体性的人重视情景的整体性，在信息加工过程中倾向于将支离破碎的信息组织成整体，而对部分之间的区分比较模糊甚至根本不加区分。相反，分析型的学习者将情景看做是部分的集合，常常集中于一两个部分而无视其他方面，可以曲解或夸张部分，倾向于把信息组织成轮廓清晰的概念集。以这一风格纬度为特征的认知风格模型主要包括：场依存型与场独立型(field dependence vs. field independence)、冲动型与审慎型(impulsivity vs. reflectivity)、聚合型与发散型(convergent vs. divergent)、容忍倾向型与排他倾向型(tolerant tendency vs. exclusive tendency)等。

言语表象这一风格纬度与个体在表征信息或思考时是倾向于以言语的形式，还是以表象的形式相联系。Paivio(1975)的研究表明：长时记忆中的信息编码是以视觉表象和言语表象两种形式来储存的，此所谓双重编码为主。以视觉表象(贮存具体事件的，与情景记忆有某种相似)为主要信息编码方式的人称形象思维者，而以言语表象(贮存言语信息的，与语义记忆有某种相似)为主要信息编码方式的人则称言语思维者。许多研究表明，言语思维者在语言作业方面成绩更高，而形象型的人则具体、描述性的形象作业成绩更好，而且言语思维型的人性格多呈外向的。

6.1.3.2 认知风格类型与语言学习的关系

1. 场依存型和场独立型

"场"是指周围环境，它能不同程度地影响人的感知。场依存/独立型(field dependence/independence, FI/FD)就是根据个体受环境影响的程度而划分的一组认知风格。美国心理学家 Witkin(1978)就区分了场依存型(亦称内部定向者)和场独立(亦称外部定向者)。他最早的研究是测量人们如何确定物体的空间垂直性，后来又使用了镶嵌图形测验(The Group Embedded Figure Test)，从而发现了人们在知觉活动中所表现出的对外在参照依赖的不同程度。威特金据此提出这样的理论构想：凡在知觉活动中依赖外在参照或受背景影响大者属场依存特征，反之属场独立特征。场独立/场依赖性广泛存在于记忆、思维和个性等方面。从认知的角度看，场独立者认识事物时，很少受环境和他人的影响，且倾向于以分析的方式看待事物；而场依存者的认识受环境和他人的影响较大，且常以整体的方式看问题。习惯场依赖性的人发展了一种与他人接触的倾向，习惯场独立性的人在外界和他们自身之间显示出更为明显的界限。在人际关系中，场依赖性者表现出社会性定向，喜欢与人有联系的情况。而场独立性者呈现非社会性定向特征。

Witkin 等(1997)在对学习者的场依存/独立认知风格进行了调查后发现前者更适合学习与社会内容有关的知识，擅长完成结构性任务，但他们注意力容易分散，需要教师的引导与帮助；相反，后者倾向于组织非结构性材料，善于通过分析的方式解决问题，喜欢个人钻研，其学习过程主要取决于内在动机，而不是教师的帮助。性别和年龄的因素也会在一定的程度上影响人对周围环境的依赖性。通常来说，男性对于环境的依赖性较小，因此男性场独立者多于女性，由于人随着年龄的增长会对环境的依赖越来越小，高年龄段中的场独立者会多于低年龄段中的场独立者。

场依赖性认知风格与第二语言习得的关系一直受到国内外学者的关注和重视。吴一安，刘润清(1993)对中国学生的调查研究表明，在语言学习初级阶段，场依存性强的学习者与场独立性强的学习者可能没有显著差异，但是达到一定水平之后，场独立性逐渐显示出其优势。因为他们认为场独立性者在课堂上和交际中能注意到语言的相关变化，具有分析型风格的场独立性者能够通过分析语言素材展示自己的才能。场独立性者具备较好的从场景中分辨具体信息的能力，能较好地理解具体信息与整体信息的关系。他们更擅长进行复杂的学习活动。另外一种观点认为重社会交往善文化移情的场依赖型的人最终会是好的第二语言学习者。第二语言学习的目的是要进行交际，学习语言在某种意义上也是学习该社会的文化，为此必须善于超越个人的自我疆界，接受目的语言的文化。还有一种折中的观点认为自然的第二语言习得适合场依赖性风格；而课堂语言学习则适合于场独立性风格。

2. 审慎型与冲动型

审慎-冲动型的认知方式又被称为“概念化速度”(conceptual tempo)，是卡根(Kagan)等人于 1964 年提出的，指的是在不确定条件下，个体做出决定时在速度上体现出来的差异。这一认知风格类型可以通过匹配相似图形测试(Matching Familiar Figures Test)加以评定。根据测试过程中的思考时间和错误率把认知风格划分为审慎和冲动两大类型。研究人员趋向一致地认为整体式的学习模式往往被具有冲动型思维方式的学者所采用，凭知觉获取信息，易快速得出结论，较少注意准确性。分解式的学习模式则往往被具有审慎型思维方式的学习者所采用，其特点是获取信息的系统性，处理问题的沉稳性，在寻求答案时准确性的关注，因而往往需要更多的时间才能得出结论。

多位学者的研究(施良方，1996；李寿欣，宋广文，1999；肖得法，1997)表明审慎型学生在完成需要对细节进行分析的学习任务时，学习成绩较好；而冲动型学生则擅长从整体上来分析问题，所以两者各有千秋，解决问题的能力没有本质的差异；同时具有准确性和快速性的学生语言学习成绩最高。

在外语课堂中，冲动型学习者通常学得较好。然而在语言学习中，冲动常导致缺乏监控(注意表达的内容)。结果，冲动型学习者讲话时会形成一种根深蒂固的习惯，那就是那些错误总会出现，这使得语言水平处于较低的层次。这种现象为“僵化”。如果可以有意识地注意自己的谈话，发现错误并进行纠正，通过有意识的监控可以提高语言表达的水平。

3. 聚合型与发散型

聚合型与发散型认知方式是 Guilford(1950)介绍智力模型时提出的，从信息加工模式看，发散与聚合型思维是学生使用储存信息的两种不同方式。聚合型思维，即将与问题有关的信息和知识汇集或者综合起来的思维方式；发散型思维则恰好相反，观念发散到许许多多的有关领域，通常与创造性紧密相关。施良方(1996)总结的聚合型与发散型思维者不同表现有以下方面。首先，兴趣不同，前者多选自然科学，后者则多选文科；采用的信息加工策略不同，发散型思维者采用的是搜寻策略，注意面广，并能够将已有的各种图式联系起来。相反，聚合型思维者则只注意事物的某些方面，并很快将思维限定在某一特定的领域。另外，在解决问题的过程中，聚合型思维者往往根据所提供的信息找出一个确定的答案，而发散型思维者则善于找出多种可以接受的答案。研究还发现，具有发散型思维的人在场独立性方面得分亦较高，他们均擅长学习具有高度创造性的学科。

在外语学习中，具有发散型思维的人更能够借助于各种知识创造性地学习第二语言，他们抗第一语言干扰的能力强，学习效率明显比较高。传统的教学方法以教师为重心，强调知识讲授的明确性，寻求的是问题唯一的答案，所以比较适合具有聚合型思维者；而交际教学法则强调学习者的主体作用，要求他们充分发挥其创造性，因而比较适合具有发散型思维者。

4. 容忍倾向型与排他倾向型

容忍倾向型与排他倾向型认知方式是采用 Pettigrew 的宽窄量表(Width Scale)测量的。它们是个体对事物归类过宽或过窄而形成的倾向性。持容忍倾向的学习者比较能包容不熟悉的、甚至有些矛盾的语言现象，对于自己现阶段难以理解或接受的语言材料也能容纳；而持排他倾向的语言学习者在一个时期内较难接受以一种全新的方式来看待世界，其母语结构知识及母语结构的特殊性，在他的认知结构中根深蒂固，因而新的语言项目不是被母语同化就是要花较长时间才能被接受，尤其是在感到某种心理压力时会采取回避的策略。

6.1.3.3 学习主体认知差异对外语教学的启示

作为语言的传授者，教师若能根据学习者的认知特点采取不同的教学策略，并引导学习者根据其自身的特点培养不同的学习策略，则会达到教学成果最大化的目的。认知风格的研究对外语教学有很多启示，概括如下。

首先，外语教师了解学生的认知方式，有的放矢，采用适合学习者的教学方法、选择恰当的学习材料来教授学生，尽力使教学活动与认知风格的匹配。作为教师，其首要任务是真正了解学生的认知特点和个性，并尽量采用适合他们的教学方法和材料来实施教学过程。当然，满足所有学生的口味和要求是不可能的，也是不现实的，但教师不能忽视它的存在。教师要具备心理分析、行为观察的知识和能力，善于了解不同学习者的认知风格，考察各种教学策略与不同学习风格的适应程度，创造适应每个学习者特点的学习环境和条件，使他们在学习过程中以适宜的速度和方式，通过与教师的共同努力达到一个确定的教学目标。恰如前述，场依存性强的学生在外语学习初期可能因为社交能力较强具有一定的优势，然而随着学习难度加大，可能由于其性格中所固有的弱点，反而不如场独立性强的学生，教师如果能在适当的时候给予恰当的指导，学习效果或许会得到提高。

其次，教师在实际教学中还可以通过各种手段(如语言材料、学习任务等)促使学生转换风格，以弥补自己认知风格的不足。认知风格虽具有一定的稳定性，但并不意味着不可改变，不可转换。事实上，认知风格之间不仅可以相互转换，互为补充，还可以在学习策略，尤其是元认知策略的指导下得到丰富和完善。例如，可以鼓励场独立性强的学生有意识地找同学、老师或者外籍人士交谈，积极参加英语角、英语演讲比赛之类的课外活动，甚至在课堂上为他们创造一种能够展示自己的机会；相反，对场依存性强的学生可以多布置给他们一些需要独立完成的写作或自我交谈任务，在他们学习处于低谷时期给予足够的鼓励，并鼓励他们有勇气表达自己的主见。还必须避免单一的教学方法在课堂教学中的使用。目前，处理好外语教学中语言流畅性和准确性的关系就面临很大的挑战。众所周知，我国外语教学中存在的最突出的问题是学生口语交际能力太差，这固然与多年来我们采用的片面强调准确性的传统教学方法有关，但是传统的教学方法仍不能废弃。冲动型学生在课堂上发言踊跃，语言流畅，但是错误较多。对他们而言，注重准确性的传统教学方法可能比较适宜，教师对他们所犯的错误应该多加注意和纠正。相反，反省型思维者在课堂上比较沉闷，他们表达的观点都是经过深思熟虑，因而表达比较准确，但语言不够流畅。对他们来说，交际教学法可能更适合一些，教师对他们在课堂发言中所犯的错误应该采取更加包容的态度，只要基本不影响意思的表达，尽量少纠正。另外，反省型思维者逻辑思维能力较强，在需要推理的语言学习任务上占明显的优势，所以可以适当多给他们一些这方面的学习资料或任务，但是这并不意味着不给冲动型学生这种任务或者材料，两者各自适当有所侧重是应该的。

最后，要倡导差异性教学。教学者应该充分考虑学生的个体认知差异，并从不同的教学环节上体现出这种差异。比如，具有不同认知风格的人第二语言的发展表现出不同的特征。冲动型学生在各个阶段呈现快速小幅度跳跃上升的特点，稳定周期较短，经常出现起伏，进步虽快，但不明显；反省型学生稳定周期较长，阶段之间跳跃幅度较大，进步虽然总的来说比较缓慢，但比较明显。教师对此应有充分的认识，并采用适当的教学方法，给学生切实可行的指导。

6.1.4　语言学习策略

6.1.4.1　语言学习策略的定义和分类

根据已有的文献资料，国内外的学者们对语言学习策略的定义的描述和分类很多。其中比较有影响和最具典型性、代表性的有 O'Malley & Chamot(1990)，Oxford(1990)和 Cohen(1998)等西方学者提出的学习策略定义和分类系统。下文中提到的对语言学习策略的描述包含了第二和外语语言学习策略，并且对外语和第二语言等同对待，不作区分。

1. 语言学习策略的描述

Stern(1983)认为语言学习策略是语言学习者采用的学习方法(learning approach)总的倾向或总体特征，而学习技巧(learning techniques)是可观察的学习行为的具体形式。Weinstein 和 Mayer(1986)认为语言学习策略是学习语言时的做法或想法，这些做法和想法旨在影响学习者的信息处理过程。Rubin(1987)认为语言学习策略是学习者自己构造并直接作用于学习过程的策略，这些策略能直接影响语言系统的发展，可以促进第二语言或外语的内化、存贮、提取或使用。Chamot(1987)认为语言学习策略是学生采取的技巧、方法或者刻意的行动，其目的是为了提高学习效果、优化学习过程、加强语言知识和信息知识的记忆。Oxford(1989)认为语言学习策略是学习者为了使语言学习更加成功、更加自主、更加愉快所采取的行为或行动。Cohen(1998)认为语言学习策略指学习者有意识或半意识的行为和心理活动，这些内外部活动有着两种明确的目标，其一是使语言知识和语言技能的学习变得更加容易，其二则是为了语言的运用或弥补学习者语言知识的不足。

Ellis(1994:531-533)认为给语言学习策略下定义的最好的方法是列出它的主要特点。

Ellis针对语言学习策略定义的分歧总结了语言学习策略的八个特点：①策略可以指总的学习方法，也可以指具体的行为或技巧；②策略是以解决问题为出发点的；③学习者一般都能意识到他们所采用的策略，并能描述策略的内容；④策略的使用包括语言和非语言行为；⑤策略能够用母语或第二外语进行；⑥有些策略是从外部可以观察到的外显行为，有的则是内隐的心理行为；⑦大部分策略对学习起到了间接影响，而有些策略能产生直接影响，如记忆策略对词汇和语法规则起直接影响；⑧策略的应用因人因事而异。

一般来说，第二语言学习策略是指学习者在学习活动中，可以意识到的(有时意识性不明显，策略的意识性的有无取决于个体意识程度的差异(文秋芳，2004))有效学习的观念、规则、方法、技巧及其调控。它是一种程序性知识，是由一系列原则和技能系统构成的，是学习者为了习得和使用第二语言加工材料时所运用的策略和技巧。并且第二语言学习策略具有目的性(不包括无意、偶然、机械的行为)和选择性(不包括没有选择余地的行为)。第二语言学习策略是操作性与监控性的有机统一，外显性与内隐性的有机统一，变通性与迁移性的有机统一。第二语言学习策略不同于认知风格(认知风格是先天的、持久地、很难改变的，无太大的可塑性)，依仗于学习方式，其中一部分又表现为学习方法和学习技巧。第二语言学习策略的运用是一个动态的执行过程，受到学习动机、学习态度、认知风格、性别、年龄、个性、智力、民族、语言焦虑、自信及先前经验等等个体因素的影响，并且受到教师对学习策略训练的直接影响，受到教师的教学经验，教学方法和教学步骤的间接影响。

2. 语言学习策略的分类

O'Malley & Chamot(1990)根据信息处理模式将学习策略归为三类。第一类：元认知策略(metacognitive Strategies)，即通过思考、计划、监督和评价等手段来树立学习语言的观念和确立学习方法。该策略由以下几个部分组成：确立目标(advance organizers)、直接关注(directed attention)、选择关注(selective attention)、自我管理(self-management)、预先准备(advance preparation)、自我监督(self-monitoring)、暂缓发言(delayed production)、自我评估(self-evaluation)。第二类：认知策略(cognitive Strategies)，涉及学习者对输入信息的处理，是学习者对学习材料进行分析、推理、转换或归纳，进而在解决问题过程中所采用的各种步骤或策略。该策略包括几个部分：重复(repetition)、记笔记(note-taking)、合成(elaboration)、定义(resourcing)、直接的身体反应(directed physical response)、翻译(translation)、分类(grouping)、推断演绎(deduction)、重新组合(recombination)、形像(imagery)、声像(auditory representation)、记忆关键词(key word)、通过上下文记忆(contexualization)、转换(transfer)、推理(inferencing)。第三类：社会情感策略(social/affective Cooperation)。社会策略是指通过人际交往促进学习的策略，包括：合作(cooperation)、提问求证(question for clarification)。情感策略是指调控影响学习的情绪，以良好的心理状态投入学习。这三类学习策略构成了较完整的三个学习层面：元认知策略属最高层次的宏观调控，培养学习者独立的学习能力。认知策略属微观解决问题的策略。社会情感策略涉及学习者所要解决的个人与他人关系的策略。

Oxford(1990)在提出学习策略的理论主张与学科分类的同时，还建立了语言学习策略的衡量手段——语言学习策略记录表(the Strategy Inventory for Language Learning)，成为评价语言学习者学习策略的有利工具。Oxford根据策略与语言材料的关系将学习策略分成两大类把学习策略分为直接学习策略和间接学习策略。前者指直接参与目标语学习的策略，并要求对语言进行大脑处理；后者则通过注意力集中、计划、评估、寻找机会、控制焦虑、增强合作和移植等手段为语言学习提供间接的支持。两大类又各分三小类，直接策略包括记忆策略、认知策略和补偿策略；间接策略包括元认知策略、情感策略和社会策略。记忆策略指学习者用以储存与提取新的信息的技巧，它有助于学习者把一个学习项目或者概念与其他的项目与概念联系起来，包括归类、联想、复习、利用上下文情景、利用关键词、运用动作、运用形象和声音、使用单词卡、利用视觉形象。认知策略指学习者对于学习材料直接进行处理的各种方式，包括重复、翻译、分析和推理、记笔记、比较对比、迁移、总结、用目的语思维、演绎、重新组织。补偿策略指学习者用以弥补自身的语言知识缺陷的行为，包括猜测、利用母语、手势、迂回表达、同义词、选择话题、自造新词。元认知策略指学习者用于对自己心理过程的了解与评估的行为，对于认知策略起着监控和评价的作用，包括安排和计划学习、建立学习重点、提前准备、集中注意、选择注意、自我管理、事先练习、自我监控、延迟表达、自我评价。情感策略可帮助学习者控制自己的情绪，包括降低焦虑程度、鼓励自己、勇于冒险、了解自己的情感状态。社会策略指在语言学习过程与他人之间的互动，需要他人参与的行为，包括询问问题、和别人合作、同情别人、请求对方放慢语速、请求别人纠正自己的错误、增强文化意识。这一分类体系集众家所长，层次清楚分明，更加全面系统。

Cohen(1998)根据学习策略的用途把学习策略分为两大类：学习语言策略和运用语言策略。前者包括识别语言材料(即识别需要学习的语言材料)，区分语言材料(即把要学习的语言材料与其他材料区分开来)，组织语言材料(即将语言材料归类，以便更轻松的学习)，反复接触语言材料(如通过课堂练习，完成家庭作业等)以及有意识的记忆(即在不能自然习得语言的情况下，要有意识地记住语言知识)等几个方面；后者包括思索策略(学习者为唤起储存在大脑中的语言材料而采用的策略)，排练策略(学习者为反复联系目标语的语言结构而采用的策略)，掩盖策略(学习者为掩盖语言知识的不足而采用的策略)以及交际策略(学习者在交际活动中为听者或读者顺利传达有意义的信息而采用的策略)等。

另外，国内的文秋芳(1993)根据 Skehan(1989)的观点将策略分为两类：管理策略和语言学习策略。前者与学习过程有关，后者与语言学习的材料有关。管理策略对语言的学习策略的使用具有制约作用，处于学习策略之上；而管理策略既管理认知过程，又管理情感过程。具体地说它包括确立目标、制订计划、策略选择、自我监控、自我评价、自我调整。管理策略所蕴含的能力具有很强的迁移性，它能跨学科、跨专业、跨时空发挥作用。

6.1.4.2　对外语学习者语言学习策略的培养

在外语课堂教学中组织策略培训，培养学生独立、自觉、有效运用学习策略的能力，不仅十分必要，而且具有重要的现实指导意义。

1. 语言学习策略训练的模式

Wenden(1987)认为学习者策略是学习者自主的关键，而语言训练最重要的目的之一应该是促进学习者自主，通过学习策略的训练促使学生具备“如何学习的能力”能力。Cohen (1998)认为对学习者策略培训的意义在于对明确策略使用的作用，并选择适合自己的策略和自觉使用策略，促进学习者自我评价和自我指导。就我国目前外语教学而言，学习策略培训的主要目的总结如下：①培养学习者根据自己的学习目标有计划性、有选择地提高外语学习策略的意识，从而增强外语学习能力。②培养学习者自觉制定、实践学习计划，监控自己学习外语的能力。③培养学习者对外语学习的自我宏观和微观调控理能力。宏观调控能力指经常对学习进步情况和策略进行反思和调整。微观调控发生在进行某个学习活动的前、中或后。④围绕听、说、读、写等课堂活动对学生进行学法指导，培训包括推理、分析、概括和操练等能力的认知策略。⑤培养良好的解决问题的技能，为终身学习和个人素质的提高打下基础。

Oxford(1990)认为语言学习策略训练至少包括三种方式：意识训练（对策略的认识但不包括应用）、短时训练（包括对策略的认识和策略使用与评价）、长时训练（包括的策略更多，练习的时间更长，特别注重策略的监控和评价）。为此，Oxford 提出了策略训练的八步骤：①确定学习者的需要和有效的学习时间；②选择良好的学习策略；③整体考虑策略的训练；④考虑动机因素；⑤实施完整的策略训练；⑥准备材料和设计活动；⑦评价策略训练；⑧矫正策略训练。前五步为计划和准备步骤，后三步为实施、评价和矫正。这个模式侧重培养学习者的独立思维能力和学习的自主性。

Cohen(1998) 的 SSBI 模式要求教师扮演不同的角色，比如策略诊断专家、策略学习者、策略培训者、监督协调者、指导者以帮助学生学会使用适合自己学习风格的学习策略。Grenfell 和 Harris(1999)的指导模式首先唤醒学生对自己使用的策略的意识，然后教师介绍新策略，学生模仿练习新策略，学生制定策略实现目标计划后进行集中练习，最后教师和学生对行动计划的成功作出评估，设定新的目标，进行新的循环。而 Chamot(1999,2005)的 CALLA 模式则包括学生常用策略的辨认、教师的策略演示、学生对新策略的练习、学生对策略的自我评价、学习者策略的扩展和归纳，以及教师对学生策略的使用和策略对学生表现的影响进行评。三种模式都是通过学习活动判断学生的学习策略，并对其作出评估，同时建议教师应该对新的学习策略进行示范，从而使策略指导更明确。

这些模式有很多共同点：首先，学者们都认识到学生对学习策略元认知理解的重要性，指出对学习策略的理解可以通过教师的演示和示范来实现；其次，学者们都认为应为学生提供策略应用的机会，以便学生在将来的学习中能够熟练使用；最后，学者们都认为学生应该学会评价学习策略，为学习任务选择合适的策略，并且把所学策略运用到新的学习任务中去。

2. 语言学习策略训练中应该注意的问题

第一，教师培养学生运用学习策略，首先要了解学生。

教师不能只把注意力集中在某一种固定的学习策略上，为了满足不同学生的不同学习方式的要求，教师的作用是向不同的学生介绍不同的学习策略。可以通过随意聊天，课后询问，课堂上仔细观察，问卷调查等形式了解学生的兴趣、学习动机、学习方式和学习经历等等。

第二，进行语言学习策略培训，强化学生的策略意识。

教师在教学中，要使学生充分认识到学习策略的重要性，促使他们更积极主动地在学习过程中学习和运用学习策略。教师应在课堂上对可能有用的策略进行描述、示范并举例说明；基于学生自身的学习经验，引出更多的例子；引导小组和全班的学生对策略进行讨论；鼓励学生联系、使用各种策略；把策略与日常的课堂材料结合在一起，以明确或隐含的方式将策略融进语言任务，为学生提供语境化的策略联系。

第三，教师要重视教材的选择。

教师要考虑教材是否包含了学习策略的体现以及对学生学习策略培养的内容。教师对教材中内含的学习策略必须清晰地加以指出、解释、举例说明和联系巩固。使学生们认识到并灵活使用这些策略。

第四，教师必须把语言学习策略的培养融入学生的常规外语学习课程之中。

学生需要不断地运用、监督和评价他们发展和运用的策略。他们必须意识到这些策略的本质、功能和重要性。不管是阅读、写作、口语还是别的课程，组织有效的学习策略培训将为学生的自主学习提供更多的锻炼机会。

第五，教师还应就学习策略使用的有效性组织一些活动或讨论。

学生自己对系统使用学习策略的有效性的态度和评论对于学习策略训练是很关键的。教师应该向学生提供自我评价的标准。使学生能够对自身进步进行自我评价，同时也可以评估各种学习策略在处理不同问题时的作用和价值。

6.2　情感因素

6.2.1　动机

6.2.1.1　学习动机的结构模型

学习动机是在语言学习诸个体因素中最具能动性的因素之一。它体现了学习者获得第二语言目标的心理倾向。Dornyei(1998)从概念上对动机定义作了全面系统的研究，他认为动机是一种能够赋予学习者学习方向和动力的情感因素，动机是激发外语学习者开始决定学习一门外语，并且使学习者在这个漫长而又费力的学习过程中一直保持这种驱动力的主要力量来源。

国外学者从 20 世纪 50 年代以来就把学习动机和第二语言成绩联系起来进行研究，并从理论上讨论动机的组成成分，提出动机的理论框架，并对第二语言学习的动机进行了归类，其中最具有代表性的是 Gardner 和 Lambert(1972)及 Deci(1972)的分类。

Gardner & Lambert(1972)基于社会心理学的动机研究把学习外语的动机分为融入性动机(integrative motivation)和工具性动机(instrumental motivation)。学习者的生存和发展需要融入性动机。融入性动机的特点是学习者对目标语有了解或有特殊兴趣、喜欢目标语文化，并希望与目的语文化群体融合。工作和教育发展则需要工具性动机。工具性动机指学习者的功能性目标，如通过某项考试或获得某一职位，提高个人修养或改善自己的社会地位等。(Brown，2000)研究表明，不管学习者是具有融合性动机还是工具性动机，都能够成为成功的语言学习者。特别在发展中国家，英语作为国际性语言，很多人只有工具性动机也能够成为成功的语言学习者。

Deci(1972)则从动机来源的角度，把动机分为内部动机(intrinsic motivation)和外部动机(extrinsic motivation)。内在动机来自于学习者对某一学习内容或学习任务的浓厚兴趣。持有内在动机的人对其从事的活动本身感兴趣，如学习外语活动本身就是学习者所追求的目的。他们由于求知欲、好奇或爱好，对外语学习感兴趣，并能从中获得满足。外在动机则是来自于外界影响，如获得鼓励或避免惩罚。外语学习者的外在动机是受到外语情境支配而不得不学外语，如学外语是为了升学、文凭、奖励、出国等。虽然外在动机有利于第二语言的学习，但更重要的是内在动机。内在动机持续的时间较长，是语言学习取得长远成就的重要前提。换句话说，当采取某个行动的唯一目的是获得行动以外的某个东西时就是外部动机；如果个体对学习过程本身感到有兴趣，学习是为了从该行为中得到满足，那么这种动机就是内部动机。魏恒健(2004)根据 Hermann(1980)成就动机理论(achievement motivation)进一步说明了学习者的内外动机是如何共同作用促进学习的。成就动机由三方面内驱力(drive)构成,即认知内驱力(cognitive drive)、自我提高内驱力(self-improving drive)和附属内驱力(dependent drive)。认知内驱力,即求知欲,是指学生在获取外语知识、技能和运用能力过程中由于体验成功,求知欲大增而形成的内在动机;自我提高内驱力是指学生因成绩好而受到奖励,从而赢得相应的地位,满足其自尊心的需要而产生的学习动机;附属内驱力是指学生取得好成绩想赢得教师、家长的肯定和赞扬,并因此感到满足,并产生继续学习的动力,是一种外语学习中的外部动机。

此外,Brown(1994)把动机分为三种类型,即综合型动机——学习者对二语学习的总体动机及其态度;情景型动机——该种动机往往是由于某个具体的事物或场景刺激的结果,比如令人愉悦的课堂气氛、教师的人格魅力、某种有意思的教学方法和教学内容;任务型动机——为了完成教师布置的某个学习任务的动机。由于对综合型动机的概念定义过于模糊,Brown对动机的分类方法受到了质疑。同时,他的分类方法被指出只考虑到教学情景,而忽略了影响学习动机的其他方面,比如社会和环境因素。

我国学者从20世纪80年代开始引进、介绍和研究外语学习中的动机,到90年代我国外语学习动机研究在研究对象、内容、方法以及研究的深度和广度等方面取得了长足的发展。高一虹等人(2004:63-86)采用问卷调查和因子分析的方法,归纳出7种外语学习动机类型,包括内在兴趣动机、成绩动机、情景动机、出国动机、外部要求动机、个人发展动机和交流媒介动机。文秋芳(2000:174-178)从教育心理学的角度,把英语学习动机分成为了文凭、好工作、高工资等表层物质刺激的表层动机(surface motive)和因为兴趣、为了增加知识等深层物质刺激的深层动机(deep motive)。秦晓晴(2002)对中国语境下的英语学习动机结构假设模式进行了研究,确认了13个英语学习动机变量,并提出了外语学习动机的假设因果模型:动机前提中的可控归因和学习兴趣对动机行为的预示作用明显;情感中介的自我效能是调节动机前提与动机行为的重要变量;而认知中介的远期学习目的和近期学习目的则与目标定向一起对动机行为产生积极的影响。

6.2.1.2 影响学习动机的主要因素

1.结果归因

Weiner(1979)提出的归因理论(attribution theory)发现,当学习者把成功归因于努力时,学习持续的时间就更长。秦晓晴(2007)也发现从努力和学习策略方面进行归因的学生,在外语学习中普遍较为用功。一般来说,把行为结果成败的原因归结为外部的或不可控的因素,会降低个体对后继行为的动力;而把行为结果成败的原因归结为内部的、可控的因素,则会增强个体对后继行为的动力。爱因斯坦的成功秘诀是:成功=艰苦劳动+正确方向+少说废话;爱迪生认为:成功=1分灵感+99分血汗,都说明了这个道理。结果归因与动机行为之间存在着因果关系不难理解,因为如果学生认为过去的成绩是因为自己付出了努力和使用了有效的学习策略,他们就会认为自己能控制自己的学习结果,在后来的学习中也就会继续努力下去。同样,如果认为过去英语成绩不理想是因为努力不够,或学习方法不当所致,那么他们就有可能采取措施改进学习方法,并付出更多的时间和精力。

2.学习兴趣

兴趣可以分直接兴趣和间接兴趣两种。例如,有的学生是出于对外语学习本身的兴趣在学习外语,这是直接兴趣或内在动机或深层动机。而有的学生是为了考研、出国、为个人的前途和经济利益而进行外语学习，这是间接兴趣或外在动机或表层动机。对英语学习和英语文化感兴趣的学生在英语学习上会花较多的时间和精力。学习兴趣之所以影响动机行为，是因为学生一旦对外语文化感兴趣，就会对学习这种语言持肯定态度，而不会有屈从于外来压力的感觉，因而更愿意主动去学好这门语言。对外语不感兴趣的学生在一段时间内也可能会很努力地学习外语，但在外来压力下的努力不可能持续下去，一旦压力消失，学习就会终止。

3. 自我效能

作为自信心的重要组成部分，自我效能(self-efficacy)是指学生对自己英语水平所能达到的程度的预期。正如 Bandura(1993)所指出的那样，自我效能之所以能影响学习动力，是因为它能影响人们对任务的选择及其持续性，影响完成任务时的情绪。另外，自我效能高的学生还倾向于制定较高的学习目标，并有信心通过自身努力达到该目标。

4. 目标定向

目标定向或者掌握目标（mastery goal)能有效促进学习动力的提高。正如 Pintrich (2000)等人认为，掌握目标能引导学习者的注意力方向和努力方向，使之坚持从事与目标相关的活动，并促使学习者根据任务难度寻求相关的行动计划或任务策略。掌握目标着眼于外语的最终掌握，是较高的学习目标。外语学习者最终要达到熟练掌握的程度，必然会对自己严格要求，克服心理困难和条件限制，坚持利用各种机会学习英语。

5. 学习者需求

“需求”(needs)是外语学习最基本的动机因素。对学生的学习需要进行分析是语言教学的参与者对语言学习者语言需要的估计，语言需要包括：目的需要(target needs)和学习需要(learning needs)。目的需要涉及所学的语言在将来的实际应用问题。学习需要则涉及影响学习的一些因素。可通过面谈或者调查问卷了解学生的需求。需求分析帮助学生认真思考学习目的，进一步明确学习目标，提供相应的学习策略和达到这些目标可采用的方法，引导学生进行自我评估。教学中，教师应尽可能组织好教学的内容和形式，以满足学生的需求。对学生不合理的要求，要加以积极引导，对教学所要求的但又为学生所缺乏的需求，要努力培养。

6. 社会环境

二语习得理论强调社会环境因素对语言教学的影响。Spolysky(1989)曾指出社会环境在两方面影响第二语言学习：一方面它影响学习者对所学目的语的态度，进而直接影响学习者的动机；另一方面它决定了语言学习的社会政策及学习机会。Ellis(1999)也认为，“社会环境不仅决定学习者的动机导向，而且决定哪种动机对语言学习最为重要”。英语在我国作为外语的社会环境使得英语使用机会较少，人们学习语言主要通过课堂教学及其他方式以补偿环境支持的不足。应试教育及片面追求证书的工具性动机使英语教学成为通过考试的工具，学习中优先考虑的因素成为语言知识和考试结果。所有这些直接影响学习者的学习动机。

7. 语言焦虑

Horwitz(1991)对外语课堂学习焦虑症下的定义是：一个与课堂语言学习有关的、在这门语言学习过程中产生的显著的自我知觉、信念和情感情结。从逻辑上讲，语言焦虑可能对动作行为产生两种完全反方向的影响：一方面，焦虑促进了学习动力的提高，这就是人们常说的“促进性焦虑”(facilitating anxiety)。另一方面，有的学生自我意识比较强，过于在意他人对自己的评价，时刻担心出错，从而导致焦虑感过强，这就是所谓的“抑制性焦虑”(debilitating anxiety)。外语学习焦虑的外在典型反应可能是焦虑的一般表现出来的症状，如心跳和脉搏加快等。而外语学习焦虑的进一步反应可能表现为语音变调和忘词等。极端的症状可能是逃课、上课注意力分散等。完全缺少焦虑感与焦虑感过强都不利于动机水平的提高,而适中的焦虑感有利于外语学习。

6.2.1.3 英语学习动机的培养

1. 教师应调节学生的动机水平,提高学生学习效果

在一个范围内,学习动机强度与学习效果呈正相关。但并不是学习动机愈强,学习效果愈佳。学习效率与动机水平呈曲线函数关系,有三种情况:一是在学习比较容易的课题时,学习效率会随着学习动机强度的增强而提高;二是在学习比较困难的课题时,学习效率反而会由于学习动机强度的增强而下降;三是在一定范围内,学习动机强度的增强有利于学习效率的提高,特别是在学习力所能及的课题时,其效率的提高更为明显。这就是耶基斯(R. M. Yerkes)与多德森(J. K. Kodson)于 1908 年通过实验而证实的耶基斯—多德森定律。这一定律适用于广泛的任务情景,可反映动机水平与行为效率之间的关系。一般而言,人在中等唤起水平下,也就是动机强度保持适中时,学生的表现最好。任务复杂程度不同,相应的最佳唤起水平也不同。对于比较简单的任务,最佳唤起水平相对较高,但对于比较复杂的任务,最佳唤起水平相对较低。所以在教学时要根据学习任务的不同难度,恰当控制学生学习动机的激起程度。

2. 教师应该激发学生的学习兴趣

激发学习者的内在动机是靠有效且持久的学习方法,而内在持久动机来自于学习者的求知欲,即对学习本身的兴趣。首先,在课堂教学过程中,注意悬念的设计,激发学生的求知欲和好奇心。另外,精心设计讨论题,注意问题的难易程度、趣味性,使得学生在学习过程中能获得胜利感、成效感和快乐。这对学生保持长久的学习兴趣至关重要。再者,教师应注意教学过程中的文化传授,让学生不只对英语语言本身感兴趣,而且对英美文化感兴趣。

3. 鼓励学生要期待成功

每个学生都有获得成功的需要和愿望。只要他们期待成功,他们就会做得更好。因此,教师要为学生的成功提供最大的潜在可能以及所需具备的条件要素。表扬是一种最廉价、最易于使用且最有效地激发学生学习动机的方法。阴国恩等(1998)实验发现表扬、鼓励更能激起学生积极的学习动机,并且有持久性。鼓励的方式可以是物质上的,也可以是信任的微笑、关注的眼神、点头或语言等,这些对学生都是一种鞭策与鼓励,都可能引起学生的兴趣与热情。另外,在教学中,应注意对学生多做肯定的评价,评价既要及时又要恰如其分;注意成功需要诱导和铺垫,因为诱导易使学生接受教师的要求,而铺垫可以通过示范使学生减少盲目性;注意帮助很少获得成功学习的愉快体验的学困生获得成功。

4. 教学内容尽量满足学生需求

教师可以在课前通过采访、个人访谈、调查问卷等方式了解他们最敬佩的人、想去旅游的地方、羡慕和不赞成的生活方式、他们喜爱的和语言学习有关的活动,他们和第二语言的接触,哪种语言技能对他们来说最重要或最有用,第二语言学习的目的等。根据需要分析学生的生活经历,原有的知识和技能基础以及他们所感兴趣的主题,以此为基点组织教学。

5. 降低学生的焦虑程度,提高学生的自信

Oxford(1994)认为,语言焦虑不是一般意义上的焦虑,而是学生因为害怕在使用目的语过程中出现语言错误而产生的。焦虑会使学生陷入紧张、害怕而不敢积极主动参与课堂活动,

进而被动、消极地接受老师所教内容。导致焦虑因素很多，比如，学生自己的个性特征、学习方法或教师的教学方式。从教师角度考虑，教师应充分了解学生产生焦虑和紧张的因素，而后采取相应的措施去降低学生的焦虑程度。焦虑在轻松、愉悦的环境下是可以得到缓解的，所以教师应创设愉快、和谐的课堂气氛，使学生在课堂上能轻松的学习、积极地探讨，从而增强自己的自信。

6. 兴趣迁移

张大均(2001)提出利用兴趣的迁移来激发学生学习的内在动机。即学生对某些活动有内在动机，那么就可以采取这些活动与学习联系起来的方式使之产生对学习的内在动机。如把学生的远大理想与英语学习联系起来；把学生对从事外交外贸或公关等职业的兴趣与英语联系起来；把学生对其他学科的学习兴趣联系起来；把学生看小说的兴趣与欣赏英语作品联系起来；把学生对音乐的兴趣与英语歌曲联系起来等等。

6.2.2 态度

6.2.2.1 态度和学习态度

1. 态度

态度是心理学概念，加涅(R. M. Gagne)认为，态度是通过学习而形成的影响个体行为选择的内部状态。他认为态度是一种行为的倾向性或反应准备状态，而不是实际反应本身但又可影响行为发生的潜在因子。Gardner(1985)和 Baker(1992)都认同态度是个体发展中的主要的融合的力量，它使个体行为具有持久性。因此，态度主要影响个体对行为的选择倾向，表现为愿不愿意完成某项学习任务的一种心理反应倾向。态度对于英语学习非常重要。学生的态度已经表现出影响他们在学校的行为，态度积极的学生更有可能参与到课堂中去，而且态度也是一种适宜、有效的解释行为持久模式的方法。

Gardner and Lambert(1972)在广泛系统地检验态度与语言学习效果的相互关系后，把动机界定为“由某些态度构成的心理结构”，比如对学习本身的态度，对第二语言文化的态度，对其使用者的态度，即他们把语言学习态度包含在学习动机中。有些学者也将学习态度视作内部动机。Dornyei(1998)的调查发现态度与第二外语学习情境中的学习动机有密切的联系，语言态度能导致动机。

态度与动机一样，都是影响英语学习的个体差异因素，实际上它们之间相互影响。除了动机外，影响态度的因素还有很多，如兴趣，性别，经验，期望，家长、老师和同龄人的态度，学习英语的目的，文化，学校的政策，课程和教学大纲，考试体制，能力，成功，等等。

2. 学习态度

所谓学习态度，一般是指学生对学习及其学习情境所表现出来的一种比较稳定的心理倾向，是学习者对学习持有的积极、肯定的或者消极、否定的反映倾向性。它也是个人对学习所有的一种内在的心理准备状态，态度一形成它就具有一定的持久性和稳定性。学习态度影响着学生对学习目的、课程、学习方式等的定向性选择。对学习持肯定态度的学生，有较强的求知欲望，他总是积极参与各种学习活动，自觉地学习，从而获得较高的学习效率，也就是说，学习态度形成之后，在一定时间内，对一定的对象表现出前后一致的比较稳定的反应倾向因而他们的英语学习成为习惯性的反应行为。语言学界所研究的态度实质上就是指的语言学习态度。

3. 态度的结构

态度的结构(心理学上又叫态度的心理成分)非常复杂,国内外学者(邵瑞珍,2000;束定芳,庄智象,1996;Baker,1992)多数认为态度含有认知、情感、行为或意向三个组成部分。态度细分为:认知部分(cognitive aspect of attitude),指对学习目的、意义的理解,对学习对象、学习内容和学习结果的内在信念和认识的综合;情感部分(affective aspect of attitude),对任何事物的倾向、观念、偏好、褒贬、畏惧等的总和;意向部分(intentional aspect of attitude),指个人对待事物或采取行动处理事物的倾向性和心理上的反应准备状态。认知、情感、意向三大成分相互作用,便构成了态度的结构。

4. 影响英语学习态度的因素

学习者的态度受到很多因素的影响。良好学习态度是外语学习成败的关键。学习英语的主要目的不应该是单纯为工具性的,比如通过考试拿文凭,找到好工作,而是要更多地考虑到英语对自身将来发展的作用。对学习成败正确的归因也影响学习态度,归因于个人学习方法和策略就比归因于学习环境和条件更容易培养正确的学习态度。成功学习的体验直接影响学习效果,能使学生得到满足感和成就感,激发学生对语言学习的兴趣,从而树立和保持积极的学习态度。教师的授课方式和教材内容会创造学生对教学情景的积极或消极态度。如果对英语学习的兴趣逐渐变成积极的学习态度,最终将引导学生积极地投入到语言学习中去。老师对学生的关注程度、回应和喜爱、关心、冷漠或者拒绝的态度影响和塑造出了学生对外语学习积极或消极的态度。家长,权威人士和同龄人的态度也在一定程度上影响着学习者的态度。学生所处的特定的社会文化背景塑造着他们的评价观,影响着他们的学习态度。学习成绩是学生追求个人荣誉和学校对于学生评价的导向作用的结果,但是追求成绩可以激励学生努力学习,但也会带来一些负面影响,即忽视知识的掌握,学习态度出现偏差。

6.2.2.2 态度教学的实施原则

1. 认知、情感、意向/行为三成分齐头并进

态度结构告诉人们,稳定态度的形成需要认知、情感、意向三个成分的共同作用。所以,在进行“态度”教学的时候,“晓之以理,动之以情,诱发行为”三部曲是缺一不可的。当然,三部曲的顺序不一定是固定的,但通常的做法是将诱发行为环节安排在后面,并在此之后安排反思和总结活动,进一步巩固态度教学的效果。例如,大学英语教学得从英语学习与未来就业、个人理想与前途等认识层面入手端正学生的学习态度。教师要以高度的教学激情感染学生旺盛的学习热情,学生要从学习英语的时间投入,学习的努力和刻苦程度等方面培养自己的对英语学习的坚韧毅力。

2. 关注学生原有的相关态度

学习者先前的态度的持久性作用可能会影响到现有的态度教学。为了更有效更高效地进行态度教学,关注学生原有的相关态度是必需的。可以通过进行长期的、深入细致的观察,以及设置一些要求学习者做出行为选择的情境,再进行现场观察和询问。将原有态度与预期态度进行对比,可以梳理出教学的侧重点。关注原有态度其实是进行学习者分析的重要内容之一,这使得态度教学更有针对性。

3. 注重实践和反馈

态度要通过学习,通过经验积累来巩固和加强。态度教学的顺利开展需要为学生设置各

种情境，不断提供给学生采用预期态度的机会。此外，教师还应该为学生的态度实践活动提供及时有效的正反馈和负反馈。这种实践和反馈活动可以是直接的，也可以是间接的。可安排学生亲身经历一些活动来培养某种态度，也可设置榜样，使学生通过观察学习来习得某种态度。

6.2.2.3　态度教学的具体策略

1. 诊断阶段

在诊断阶段，教师需要了解学生是否具备相关的态度，通常使用的方法是观察和访谈，除了进行长期的观察积累，教师还可以设置情境，提供学生执行行为的机会，有针对性地观察学生的表现，以判断学生是否具备相关态度。

2. 教学阶段

在教学阶段，依据前期诊断工作，可将态度教学分为两类，一种是对不具备相关态度的学生进行教学，可称之为态度形成教学；一种是对具备相关态度的学生进行教学，也可称之为态度改变教学。

对于态度形成教学，需要同时从认知、情感、意向/行为三个角度入手，缺一不可。对于认知成分，教师应对学生晓之以理，主要通过讲解、沟通交流等方式让学生形成对表达情境、态度对象以及两者关系的正确观念和信念；对于情感成分，教师应对学生动之以情，可采用自然动情的言语，有感染力的例子，使学生拥有直接或间接的情绪体验；对于意向/行为成分，教师应诱发学生的行为，教师应身体力行，言行一致，应为学生示范，此外，教师还应为学生设置情境，提供执行预期行为的机会。

对于态度改变教学，需要进行的首要工作是将学生原有的相关态度与预期态度进行比较。通过比较，可以了解到原有态度在哪些方面与预期态度的结构不符，从而有针对性地采取补救措施。如果是认知成分方面有欠缺或者不一致，那么态度教学的侧重点应该偏向认知学习，应该努力使学生具备必要的观念和信念；如果是情感成分方面有欠缺或者不一致，那么态度教学的侧重点就应该偏向情感激发，帮助学生拥有积极的情绪体验；如果是意向/行为成分方面有欠缺或者不一致，那么态度教学的侧重点就应该是行为指导，使学生学会并且有机会执行预期行为。

3. 巩固阶段

在巩固阶段，教师应制定相应的强化巩固措施，使态度的结构越来越稳定。教师应该分析并告知学生影响态度的各种因素，并在实践练习的各种情境中加入这些因素，使态度学习更具迁移性。在平时的实践练习中，教师应该给予及时有效的反馈，帮助学生巩固和完善形成的态度结构。此外，教师还应该组织学生定期进行反思和总结，使其对自己的行为选择有更清楚的认识，促进积极态度结构的巩固和完善。

6.2.3　性格

6.2.3.1　关于性格的研究

在现代心理学中，性格(character)是一个人对现实的态度和习惯化了的行为方式中所表现出来的较为稳定的心理特征。Eysenck(1970)把性格包含进人格(personality)研究的范围之内，认为人格包括一个人的性格、气质、智慧和体质等，它们是一个相当稳定而有持续性的组织,决定了人对于环境独特的适应。

学习者性格与外语学习的联系是显而易见的。性格作为学习者个性中最主要的因素,在二语学习中一直被认为是研究学习者的基础。Stern(1992)曾专门对优秀的英语学习者研究,诸如他们良好的学习方式(认知方式,cognitive style)、端正的学习态度(态度,attitude)、高涨的学习热情(动机,motivation)、得天独厚的良好天赋(学能,aptitude)以及非常重要的心理素质(性格问题,personality)。性格与学业成绩间的关系越来越受到研究者的重视。然而在所有的性格因素中,讨论最多的是:外向和内向。

许多的中外研究者从教育学的角度对性格与外语学习之间的关系进行了大量的研究,并且进展迅速。但学习者的性格因素与学习成绩的关系研究结果有诸多的不一致。Ellis(1994:520)对第二语言习得的研究中将性格作为影响学习者的因素加以探讨,其中提到在性格倾向与外语学习相互关系的研究中,存在着两种截然不同的观点。一种观点认为,外向型者在学习外语方面占据优势,因为他们都比较善于社交,有着较强的基本人际交际技术 IS (basic interpersonal communication skills,BICS),而社交倾向性有助于得到更多的练习机会,获取更多的语言信息;另一种观点则认为,内向型者占据优势,因为他们在认知学术语言水平(cognitive academic language ability,简称 CALP)方面具有优越性。

另外,Chastian(1975)对美国人学外语的调查研究发现学生的性格开朗程度与外语学习成绩呈正相关。Robson(1992)对日本的英语学习者所做的实验表明,情绪稳定的外向型学习者比内向型学习者更有可能参加课堂交流活动。Busch(1982)却发现外语学习者的发音与外向性格呈负相关,她发现内向型性格的人在英语标准考试中的阅读和语法得分偏高。Ehrman(1990)研究发现如果测量的是语言运用能力,语言成就水平与外向性格有关系;如果测量的是语言知识,语言成就水平与外向性格没有关系。类似不一致的结论还很多,其中也出现在对其他性格变量的调查中,如移情、自尊等。很明显,试验结果缺乏一致性,有不同的结论,有正相关,负相关,还有不相关。他们的研究存在一定的局限性,因为许多都是研究德语、西班牙语、法语等学习与外向/内向型性格的相关关系,而不是研究英语。其研究结果不一致的原因可能在于不同研究者在测量外向,内向与语言水平的关系时,使用的是不同的测量工具,并且缺乏性格变量影响第二语言习得的理论基础。

6.2.3.2 外向/内向

Eysenck 通过对大量的人的特质资料的因素分析,归纳出个性结构的三个基本维度:内、外向性;情绪稳定性;精神质。按照 Eysenck 的向性学说,依据个体的心理活动的倾向性,将性格分为外向型和内向型两种。内、外向(extroversion/introversion)两种性格并不完全对立,相反,它们形成了一个连续体:从喜欢交往,富于冒险,活泼积极到文静,不喜欢社交和不喜欢张扬。Eysenck 和 Chan(1982)进一步定义:外向的人是社交型,喜欢聚会,有很多朋友,常需要激动,他们是感觉的追寻者和冒险者,喜欢笑话,且活泼主动;内向的人是安静的,宁愿看书也不愿与人接触,朋友少,但极个别的朋友是密友,常避免激动。Ellis(2000:467-527)认为性格外向的人好交际,勇于冒险,充满活力,个性活跃;性格内向的人安静,不喜欢交际。武波(1997)认为:性格的内向和外向直接影响着外语学习。外向性格者往往表现为活泼开朗,热情大方,不拘小节,善于交际,情感外露,反应迅速,易适应环境变化,不介意别人的评价;内向性格者则往往表现为以自我为出发点,深沉稳重,办事谨慎,思考周到,但反应缓慢,不善交际,适应环境困难,很注重别人对自己的评价。

1. 内、外向和语言学习策略

吴丽林(2005)对优秀语言学习者的调查研究表明,性格倾向在某些学习策略的选用上有偏好的表现,但在英语学习过程中这些偏好有所变化。初期,外向型学习者倾向于选用交际策略和功能操练策略,同时也较多地采用分析研究型学习策略;而内向型学习者更倾向于采用形式操练策略和分析研究型学习策略。动态趋势显示,外向型学习者逐渐少用功能操练策略而转向运用形式操练策略,且不断呈上升趋势,交际策略的偏好也呈下降趋势,而分析研究型学习策略呈平稳态势;内向型学习者在运用形式操练策略和分析研究型学习策略方面都呈微弱上升趋势。外向型或内向型学习者都偏好情感策略,随着学习时间的增加前者使用此项策略的平均数有微弱下降,后者却微弱上升。外向型或内向型学习者都较少用管理策略,制定目标和学习规划较少,很少评估自己阶段性学习效果,在此类策略上没有显示出性格倾向的偏好差异。在母语策略运用方面,相对于 7 大类策略,外向型学习者很少采用;而内向型学习者虽然运用母语策略较其他常用策略少,且呈微弱下降趋势,但与外向型学习者相比差异显著。

性格虽然是影响学习者选用语言学习策略的因素,但不是唯一的因素。外语学习是一个极其复杂的过程。制约学习者选用第二语言学习策略的因素有很多,有学习者本身的因素,如学习者的年龄、性别、动机、态度、第二语言水平等,也有外部环境的因素,如第二语言教学环境、学习任务的特点、教学要求和教师的教学方法等,性格只不过是这些因素当中的一种,与所有其他因素一起对学习者选用第二语言学习策略产生作用。像国内这种以通过考试为目标的英语教学环境不可能不对学生选用语言学习策略产生重要的影响,这种影响甚至有可能比性格的影响还要大。外向型和内向型学生对语言学习策略的使用情况基本趋同也许正好从一个侧面说明了非性格因素对学习者语言学习策略的重要影响。因此,不能把语言学习策略的差异都归于性格差异,而同样应该重视其他因素的影响。

外向型和内向型两种不同性格的界定通常与社会交往密切相关,前者指性情活泼开朗、内心活动易于表露,喜欢与他人交往,后者则刚好相反。戴炜栋、束定芳(1994)和 Oxford(1995)研究表明,在学习方式上,这两类不同性格的学习者具有明显的差异——外向型学习者倾向于群体学习,内向型学习者则倾向于独自学习或与熟悉的伙伴一起学习。以课堂学习为主的教学环境,往往是以非群体活动或行为为主。就这一点而言,内向型和外向型学习者一般没有较大差异。加上教学环境、教学要求、考试形式等因素基本趋同,他们选用大致相同的语言学习策略也许在情理之中。

2. 内外向和学习自主性

在学习过程中,学习者各种因素往往是相互交织在一起的,也就是说,学习者性格因素与学习者的学习策略、认知方式、情感特征、年龄、动机、态度、智力等相互联系在一起。虽然性格因素一直作用于外语学习,但它受到了学习者的其他因素的干扰,甚至还受学习环境、学习条件等因素的影响。以上这些因素共同作用,使得性格因素对外语学习的影响表现得不直接,或者说被掩盖起来了。

不同性格的学习者的学习方式不同,以弥补其性格带给自己的学习带来的不利之处,或者是减少了由本身性格所带来的不利之处,正如戴炜栋、束定芳(1994)所指出的:外向型学生不注重语言形式的学习,但他们能从本身的健谈、好交际、敏于思辨等方面获得更大的语言输入,从而弥补其由于不注重语言分析所带来的不足。而内向型的学生由于好读书,细心,对语言作形式上的分析,适应课堂教学环境等,他们往往也能获得足够的语言输入。

性格的意志特征包括:意志的自觉性、意志的自制性、意志的果断性、意志的坚定性。自觉性是指在行动之前有明确的目的,事先确定了行动的步骤、方法,并且在行动的过程中能克服困难,始终如一地执行。与之相反的是盲从或独断专行。坚定性是指能采取一定的方法克服困难,以实现自己的目标。与坚定性相反的是执拗性和动摇性,前者不会采取有效的方法,一味我行我素;后者则是轻易改变或放弃自己的计划。果断性是指善于在复杂的情境中辨别是非,迅速作出正确的决定。与果断性相反的是优柔寡断或武断、冒失。自制力是指善于控制自己的行为和情绪。与自制力相反的是任性。结合性格的意志特征和不同性格倾向所具备的特点,可见内向型性格的人大多有较强的自制力但不具备较强的果断性,而外向型性格的人大多具有较强的自觉性和果断性但不具备较强的自制力。至于坚毅性,则没有太明显的倾向性。自主学习是学生在学习活动中自我决定、自我选择、自我调控、自我评价反思,发展自身主体性的过程。一个学习者,无论性格内向或外向,真正决定其学习成败的是意志力的强弱和意志力对学习者自身行为调控的力度。

3. 内外向和语言教学

人们一般倾向于认为性格外向的人学习第二语言会更好更快些,因为他们更愿意在课内外使用第二语言。尤其在英语为第二语言的环境中,他们的语言能力是靠 Krashen(1981)所提的"自然习得"(natural acquisition)而发展的。他们在课内积极参加语言实践,课外寻求交流的机会,这使得他们对语言输入特别敏感,所以有更多的机会建立和检验关于语言结构的假设。在强调语言交际能力培养的教学环境中,比之性格内向的学习者,他们的整体语言能力会发展得更快些。在我国英语是作为外语来教的,课堂上可能更注重语言结构的讲解,而外向型的学生仍然可能利用一切机会使用英语,使其口语更为流利。但是也应该看到,性格内向、沉默寡言的学习者,由于他们愿意花更多的时间和精力思考语言的形式和内容,课内能倾听教者的讲解,对语言结构的理解更加全面、准确,在我国现行教育评价体系下,更易取得较高的测试成绩。

这种现状决定了教者必须根据教学任务的不同,在外向和内向倾向型的学习者之间寻找到平衡点,在向学习者强调语言流利性的同时不忘提醒其注意语言的准确性,反之亦然。

6.2.3.3 针对性格倾向性的第二语言学习和教学

1. 学习者独立选择、优化组合外语学习策略

性格类型没有好坏,只有不同。清楚地了解自己的性格优劣势,有利于更好地发挥自己的特长,而尽可能地在学习中避免自己性格中的劣势,更好地利用有利于自己学习的一切可利用的条件,选择更适合自己的学习策略,同时清楚地了解老师和同学的性格特征,有利于减少冲突,使集体和睦,使班级合作学习更有效,创造出一种天时、地利、人和的学习环境,以减少不必要的干扰。英语教学可以通过鼓励学生网络自主学习,使英语教学朝着个性化学习、不受时间和地点限制的学习、主动式学习方向发展。Gopla (2002)大量的调查研究表明,在具有兴趣的领域,人们的认识往往较多,而且相对不容易感到茫然,让人在不知不觉中重温复习。不同性格的语言学习者有着各自的个人兴趣或者说各自的注意力焦点,在开放式自主学习中心,无论是外向型、内向型学习者都可以自由选择自己喜爱的学习策略,包括认知策略、交际策略、调控策略和资源策略。给学习者自主权,有利于他们确立比较具体的学习目标,让他们通过选择适合自己的学习策略和补偿自己劣势的学习策略,使他们很容易集中注意力,激活思考,并且从专门的学习中取得成绩和获得成就感。

2. 教学者创造促进外语习得的条件

独立学习对学习者的自律(self-discipline)和自励(self-motivation)要求都很高,这就必须结合正式学习环境下的教学模式的调整和革新。大学英语教学的新模式还可以实行分级教学和分课型教学。所谓分级教学就是对入学新生先进行摸底考试,然后根据考试成绩将学生分成不同层级的班级授课。老师常常可以选择恰当的语言教材,确定灵活的授课方式,安排性格互补的学生在同一学习小组,展开以"学生为中心"的合作学习。分课型教学就是将原来"由一个教师全面负责听、说、读、写各个方面教学的模式"分为视听说、读写译和个性化辅导三种课型由不同教师分别授课的教学模式。这种新的教学模式,不仅照顾到学生的性格差异,还考虑到教师的性格差异,进行合理分工,让外向型的教师担任视听说课型的教学任务,让内向型的教师担任读写译课型的教学任务。个性化辅导则共同参与,并考虑到"性格互补的"因素,让性格迥异的师生们进行"师师合作,生生合作以及师生合作",以提高教学指导和自主学习的效果。

6.2.4　语言焦虑

6.2.4.1　焦虑和语言焦虑

焦虑是一个心理学概念,属情绪范畴,指的是个体由于不能达到目标或不能克服障碍的威胁,致使自尊心与自信心受挫,或使失败感和内疚感增加,形成一种紧张不安,带有恐惧的情绪状态。Scovel(1978)根据焦虑对外语学习的作用把焦虑分为促进性焦虑(facilitating anxiety)和妨碍性焦虑(debilitating anxiety)。Ellis(1994)把焦虑分为特质焦虑(trait anxiety,是一种持久的个性方面的焦虑倾向),状态焦虑(state anxiety,是某一时刻气质型和情景型焦虑结合产生的焦虑心情)和情景焦虑(situation specific anxiety,是由具体的情景或事件激发出来的焦虑心情)。焦虑还可以分为一般焦虑和特殊焦虑(MacIntyre & Gardner,1989);低度焦虑,中度焦虑和高度焦虑(章兼中,1999)。只有促进性焦虑,一般焦虑以及中度焦虑有利于语言学习,能促进学习质量的提高;妨碍性焦虑,特殊焦虑以及高低度焦虑都不利于语言学习。

Gardner(1993)等学者认为,语言焦虑有别于一般意义上的焦虑,它是语言学习所特有的一种复杂的心理现象,是学习者因运用目的语而产生的害怕心理,是与课堂语言学习有关的,在语言学习过程中产生的,独特而复杂的自我认识、信念、情感以及行为。Horwitz(1986)对课堂语言学习焦虑症下的定义是:一个与课堂语言学习有关的,在这门语言学习过程中产生的显著的自我感知、外语学习的感受、对外语学习的看法、感情及学习行为等特殊的心理活动中明显焦虑。

语言课堂学习焦虑由三部分组成,一是交际恐惧(communication apprehension):个人对于他人的真实或者预期交际产生的恐惧或者焦虑程度(MacCroskey,1978);二是考试焦虑(test anxiety):带着恐惧心理来看待考察过程中成效不充分的倾向,即学生担心考不好(Sarason,1978);三是对否定评价的恐怕(fear of negative evaluation):对他人的评价有畏惧感,对负评价产生沮丧心理以及担心其他人会对自己做出负评价的预期心理(Watson & Friend,1969)。首先,交际畏惧是一种元认知意识,当学生意识到既不能用外语自由地表达自己,又不能理解别人说的外语时,就产生交际畏惧,即交际回避或交际退缩。其次,考试焦虑是学生害怕失败而产生的焦虑。把考试焦虑定义为在考察学过的知识时对不理想的表现所带来的后果的担忧。再次,否定评价恐惧来源于学生对自己的不自信,他们担心自己得不到教师和同学的认可,害怕听到别人对自己不好的评价,想尽量避免受到评价的场合,比如当众说外语等场合。

语言焦虑的外在典型反应可表现为焦虑的一般症状,如手掌心出汗,腹部疼痛,心跳和脉搏加快。Oxford(1999)总结的语言焦虑迹象能帮助教师观察出学生的焦虑心情。外语学习焦虑的迹象大体上可分为四类:①回避,如"忘记"答案、装出粗心的样子、迟到早退等;②身体动作,如扭动、玩弄头发或衣物、抖动身体等;③身体不适症状,如抱怨头痛、肌肉抽动、身体部位有莫名疼痛等;④形象保护行为,如用功过度、有完美主义思想、回避社交、不敢正视他人、有敌意等。

6.2.4.2 语言焦虑的成因

导致语言焦虑的原因有很多,既有学习者个体心理方面的原因,又有客观环境方面的原因。Young (1991)也曾总结了引起外语学习焦虑的六种可能的原因:个人以及个人与他人之间引起的焦虑;学习者对语言学习的看法;教师对语言教学的看法;教师与学习者之间的交流;教师与学习者之间的交流;语言测试。Oxford (1999)认为相关因素包括学习者个体(内部因素)及学习过程(外在因素)两大部分。前者包括自尊心(self-esteem)、对模糊性语言的容忍(tolerance of ambiguity)、冒险精神(risk-taking)及竞争意识(competition),后者包括社交焦虑(social anxiety)、考试焦虑(test anxiety)、身份与文化休克(identity and culture shock)、师生对语言学习所持的观点、师生间的互动(instructor-learner interactions)以及课堂活动与教学方法(classroom activities and methods)。这些因素紧密联系共同影响学习者的语言焦虑,决定它积极或消极的性质。结合中国学习者学习外语的实际情况,认为导致外语学习者语言焦虑的原因主要有:

1. 自尊心

Oxford(1999)认为,自尊心是人们在自己所处环境下对自身价值的自我判断,它是一种与环境的有效互动过程。对于自尊心低者,无论焦虑强度大小,大多是阻碍型的,只能起消极作用。这种妨碍性焦虑会直接影响学习者参与课堂的积极性,使学生成绩下降甚至使他们产生厌学心理而最终放弃英语学习。而对于自尊心高者,由于他们会尽力去适应并接纳外语,于是就会化焦虑为动力,焦虑对他们则是促进型的,起积极作用。因此,在高焦虑的语言学习者中,高自尊心的人在行为表现方面比低自尊心者要好。

2. 自我界定和对语言模糊性的容忍度

自我界定的明确与不明确可以说是两种学习风格。自我界定明确的人喜欢结构清晰的课程大纲及学习方法,也就是说他们不容易接受新鲜事物,对那些需要临场发挥的学习活动不太适应。自我界定不明确的学习者喜欢重意义而不重形式的活动,他们乐于接受新事物、新信息,即使是相互矛盾的信息他们也能容忍。在外语学习过程中,由于文化的差异以及其他方面的不同,与学习者母语中相互冲突的概念很多。语言模糊性的容忍度指的是接受语言的模糊状态(confusing situations),特指外语学习中遇到的许多不是十分清晰的现象,例如词义不甚明确、指代关系隐蔽、发音没把握等。这些现象常常会引起阻碍型焦虑,使得语言学习者无法继续学习。所以自我界定太明确、对模糊无法忍受势必导致语言学习者焦虑程度的加深,从而影响语言学习。

3. 纠错方式

语言的习得是按"假设—验证—纠正"的过程进行的。在此过程中出错是不可避免的。

Schmidt & Frota (1986)认为,任何一个学习者的语言输出同时也是全体学生的语言输入,如果教师不及时纠正学习者言语中的错误,会使学习者误认为这种表达方式正确,将错误的语言内化。许多教师的课堂实践证明,过分严厉的纠错会大大挫伤学生的学习积极性,增强语言焦虑,不利于语言习得。失误(mistakes)和错误(error)不一样,如果不加区分的有错必究,如果纠错时候不考虑到学习者的性格特点,对于内向型和外向型的学生毫无二致地采用一样的处理方法,就可能让学生感到课堂是他们暴露缺点的地方,就会挫伤学生的学习积极性,产生焦虑。

4. 竞争意识

竞争是一种与他人作比较并竭力超过他人的欲望。Bailey (1983)通过研究语言学习者的日记,提出竞争会导致语言焦虑。消极情感化的竞争会使学习者与“他人”(含优于自己的人及理想中的、鲜能实现的自我)进行对比,发现无法弥补的差距,于是就产生阻碍型焦虑,有失落感,从而使学习受阻。而那些持积极、客观的态度看待竞争的人则会从中找出差距与不足,并设法赶超优胜者,实现理想的自我,从而使学习得到提高。而对竞争的态度又取决于学习者所依赖的学习方式、竞争的本质及周围环境的要求与报酬等,相当复杂。

5. 个性特征及认知方式

学习者的个性特征及认知方式也会影响语言焦虑的性质。相对而言,外向且认知方式为场独立型的学习者会从语言焦虑中受益,因为他们面对焦虑多采取积极的态度,加强努力以克服其负面影响,于是学习就得到提高;而对于内向且认知方式为场依靠型的学习者情况则相反,结果是学习受到阻碍。

6. 语言学习环境

Young(1991)认为:当学习者认同某一语言全体或目标文化时,焦虑就会降低;反之,在文化冲击的影响下,焦虑就会增高。由于英语是独立于母语之外的一门学科,不仅涉及语法体系的不同,而且也包括风俗习惯、思维方式、表达习惯、价值观念不同而导致的文化差异,有些学生害怕在英语的文化中失去自我,还有些学生担心由于不了解英语国家的文化,犯低级错误贻笑大方,从而产生焦虑。此外,学习者周围有众多的本族语使用者,而外语学习很难有这样的语言环境。实际生活中极少使用英语,学不能致用,也导致焦虑情绪的产生。

7. 语言教学因素

首先,教师是课堂教学的设计者、组织者与引导者,其作用举足轻重。教师的角色定位直接影响其教学方法和手段的采用以及教学效果的好坏。长期以来沿用“教师为中心”、以考试为手段的教学模式,强调教师的主体地位和权威,形成了课内形式僵化、内容单一的“一言堂”状态。这种互动环节缺少良好设计,缺乏新颖性和吸引力,学生极易产生心理厌倦。学生只需机械地完成老师设计和布置的任务,无需主动探究和积极思考,兴趣无从激发,信心难以维持,自然取而代之的是学生消极回避、上课费时低效的教学格局。再者,教材教学内容是完成教学的主要组成部分。当今的教材,词汇量大、语料篇幅长且难度大,教师需花大量时间进行词汇、语法和语料的讲解。其次明显的地域差异和城乡差异普遍存在,而教材在设计上忽略过渡性环节和层次性安排。相当一部分学生无法适应,从而产生畏惧心理,导致状态性焦虑。最后,如果教学安排上不对学生文化差异的认知能力和理解能力进行充分的分析和导入,将使得导致无法有效的进行语言输入和输出,由此产生情景性焦虑。

8.考试焦虑

考试焦虑是指在某一测试或评估中,人们由于担忧自己表现不好而表现出来的心理状态。考试焦虑在学生中普遍存在。Sarason(1986)发现这种担忧有时是不现实的。学生把考试看得太重,思想压力过大,超过其心理负荷而表现为过度紧张;过分的重视导致焦虑感的加深,学生根本无法发挥出自己的正常水平。同时,有的学生为了顺利通过考试,在考前花费过多的时间和精力进行训练,因此在此过程中经常感受到压力和焦虑。过强的焦虑耗费了学生本来可以用于记忆和思考的精力,出错也就不足为怪了。

6.2.4.3 克服语言焦虑的策略

1.帮助学生树立自信心

缺乏自信的学生容易出现焦虑,因此,教师应首先帮助学生树立自信心,减轻学生的焦虑感,提高和强化他们的学习动机。教师可以从以下几个方面入手:第一,建立良好的师生关系。第二,帮助学生克服自己不如别人的心理,特别是那些容易产生焦虑的内向性格者。第三,重视学生的个体差异,帮助学生建立明确的学习目标及应对策略。第四,教师可以利用小组讨论,采取合作学习法,让学生在低焦虑中交际互动,从而增强学习动机,树立自信心和自尊心。

2.利用合作学习法减少焦虑感

合作学习法对于改善课堂教学气氛,促进学生良好的非认知品质的发展能起到积极的作用。李卫航(2006)和董文风(2006)在他们的文章中也认为,合作学习法有利于减少焦虑感。合作学习法即要求学生积极参与学习活动,进行社会交往,交流思想,为完成任务出力。学习者在小组里团结协作,积极主动,减少了个人竞争。那些高度焦虑的学生曾一度承受着在全班面前回答问题的痛苦,而在小组范围内的交流导致的焦虑程度则低得多;学习者在交流过程中,增加了听说的机会,尤其是害羞、胆怯、内向的学习者能够有更多的交流机会,促进交际。小组成员间的合作和相互依赖有助于增强学习者的自信心和自尊心,从而激发更高的学习动机。

3.改革考试方法以降低考试焦虑

考试在一定程度上给学生施加着压力。Sarason(1983)认为,在考试时,有焦虑感的学生常常会有认知干扰,很难集中精神完成手头的试题。不少考生都有考试焦虑的体验,过大的压力所产生的焦虑已严重挫伤了学生学习语言的兴趣和信心。因此,教师应采取明确的、学生熟悉的测试手段来评价学生的成绩,消除学生的考试焦虑。为此,在考试前,教师要有针对性地对学生进行考前辅导和心理疏导,让学生不会因为考试而引发不适当的焦虑;教师还应适时地改革英语考试方式,采用高信度、高效率、合理、全面的测试手段,测试出学生的真实水平,比如教师可以把对学生平时的考勤、课堂参与以及作业情况作为平时成绩记入期终考试成绩。考试只是检验学生学程度的一种手段而不是学习的最终目的,学生应正确对待考试,不要把考试看得过重。考试分数高的同学不一定能力就强,考试分数低的学生也不一定能力就弱。

4.培养学生的跨文化意识

教师应在要求学生有效地掌握语言本身的同时,还要向学生教授文化背景知识,如他们的风俗习惯、思维方式、表达习惯、价值观念等等。在此基础上,教师还应向学生进一步解释学生的本国文化和说英语国家的文化差异,在英语学习中设法让学生融入一定的文化当中去,让学生情景中找到认同感,以进一步减轻学生的心理焦虑。

5. 采用正确的纠错方式

区别对待失误(mistakes)和错误(error),做到失误(mistakes)不纠,错误(error)需纠。失误(mistakes)是指学生在运用语言过程中的口误或笔误,是由于一时记不起或紧张、粗心、疲劳、激动而犯的言语差错,没有规律,只是偶然发生,不会反复出现,可由学生自行发现并改正。错误(error)是指学生尚未掌握目的语体系而犯的系统性错误,会反复发生,学习者一般难以自行发现并改正,需要老师给予帮助。值得注意的是:对于失误,虽然没必要纠正,但教师应分析其出现的原因,并采用不同的纠错技巧。如果失误是由课堂气氛引起的,教师就要从自身角度进行反思,是否给予学生的思考时间过少,任务量过多、过难,还是师生关系不够融洽。针对不同原因,教师应及时修正教学步骤和教学计划,努力创设一个和谐、宽松的教学氛围。对于口语表达中的错误可以采用 Lyster 等(1997)的纠错技巧:明确纠错(explicit correction,也叫正面纠正);重述(recasts,教师用正确的形式重新表达);引导(elicitation,用提问使学生注意到错误并纠正);元语言提示(metalinguistic clues,教师并不直接说出正确答案,而是对学生的错误进行技术上的分析和描述);要求澄清(clarification,教师发出明确的信息要求学生纠正);重复(repetition,教师重复学生说错的话语并在出错的地方改变声调以凸显错误)。笔误以自我改错(self-correction)为主,学生之间的改错(peer correction)和通过影响暗示隐性改错(implicit correction)为辅。不管口误或笔误都可以使用直接改错(direct correction),但是要特别注意学生的个性。对于内向型的学生来说,教师在纠正错误时,应力求语气委婉,表情应尽量和蔼,以免挫伤他们的自信心;当富于冒险的性格特征以及不怕犯错的外向型学生出现错误时,教师可以及时纠正,但应防止纠错过多造成他们自信心受挫。

6.2.5　自我效能感

班杜拉 Bandura(1977)首次提出自我效能感(self-efficacy)这一概念后,越来越多的研究都试图把自我效能感整合到教学过程中去,探讨这一理论与学生各种认知观念的关系及其影响效果。自我效能感或自我效能信念是班杜拉的社会认知理论的主要理论,是指个体对实施和完成特定行为任务的能力判断和能力信念。洪灵敏(2007)详细总结学习自我效能感的定义,"自我效能感理论在学习领域内指的是个体的学业能力、信念,是学习者对自己能否利用所拥有的能力或技能去完成学习任务的自信程度的评价,是个体对控制自己学习行为和学习成绩能力的一种主观判断。而 Ehrman(2003)将语言学习自我效能感定义为学生对自己完成语言学习任务的能力信念,或者说是自我效能感为学生对自己的学习能力是否能够完成学习任务的主观判断。

6.2.5.1　自我效能感的作用机制

语言学习中存在着多种自我调节机制,行动者的认知能力和动机受到这些自我调节机制协同活动的控制,其中,占据中心地位的机制就是自我效能感。自我效能感不仅是个体对自己未来活动的事先估计,也会直接影响个体在执行未来活动过程中的动力。自我效能感是通过以下中介过程实现其作用的:

1. 学习者的动机

自我效能感的高低直接影响着学习者学习动机。自我效能感高的学习者对学习有浓厚的兴趣和较强的成就动机,他们倾向于设置较高的学习目标和选择难度大、具有挑战性的学习任务，在学习过程中倾向于采用精加工和组织的策略把新旧知识联系起来，深层次地辨别知识之间的细微差别，进行主动的探究式学习，能有效地调控自己的学习行为，自觉克服学习中的不利因素，并积极、持久地进行学习活动。而具有较低自我效能感的学习者，在其学习过程中常常伴有因对教师授课方式、学习环境的不满意而出现的焦虑感，对学习缺乏兴趣和内在动机以及对自己学习的能力没有信心等心理状态，他们倾向于逃避学习，对课堂信息仅仅停留在表面的、机械的、较低层次的记忆上，他们所从事的大多是被动地接受式学习，其学习质量较低，学业成绩不理想。

2. 学习成败的归因

自我效能感很大程度上反映在对于成败经验的归因上。通过认知加工来获得重要意义，要依赖于主体的注意、选择和评估。认知加工过程首先完成对效能信息的选择性注意，然后对这些不同来源的信息进行分析、比较和整合。自我效能感高的学生普遍把成败归因为内部或可控因素，如能力或努力程度。他们认为如果知识不够或努力不够，平时预、复习不及时，测试前复习不充分会导致学习效果不好，而不会把一切罪过归因于外在因素等。自我效能感低的同学则认为成败被归因为运气或其他的干扰因素。如学生在网络自主学习时，学校机房的计算机上网速度慢，经常发生死机等故障，从而影响了自主学习的进度和学习的积极性。

3. 情感状态

自我效能感在情感状态的自我调节中也起着重要的作用。自我效能感对情感状态的调节形式有两种。一种形式是，效能信念激发注意倾向，影响外来刺激是否以温和或者情绪扰乱的方式被解释、认知表征和回忆；另一种形式是，当由混乱的思维转入流畅的意识时，控制扰乱的思维秩序的认知能力知觉。(郭本禹，姜飞月，2008)

在课堂听讲中，高自我效能感学习者能够准确判断信息和获取信息，创造性地处理信息，对自己需要的知识进行搜集、筛选、归类、概括，进而对这些知识进行加工融合，并在此过程中形成与发展自身的知识结构和能力结构。而低自我效能感学习者习惯于普遍自学能力和自控能力都比较弱，在学习的过程中常常感到盲目与茫然，感到孤立无助，总是渴望得到他人的帮助与指导，而且很容易受到各种“负信息”的干扰，从而放弃学习。

4. 选择过程

从三元交互决定论看，人与环境是交互作用的，人是环境的产物，同时也是环境的创造者。个体的效能判断可以通过影响活动选择和环境选择来塑造发展道路。自我效能感影响到个体对环境及行为活动方式的选择。一般而言，人们倾向于选择那些自己感觉能有效应对的环境，而避开那些无法胜任的环境。(Ren，1999)认为自我效能感的高低不仅通过选择过程而决定了个体对挑战性活动和环境是接受还是回避的生活态度，而且还通过个体的选择过程决定了哪些个体潜能得到开发，哪些被忽视而得不到开发。看似无关紧要的决定选择的效能信念，能开启或关闭通往成功的大门。

6.2.5.2 自我效能感的影响因素

1. 成败经验

个体对自己实际活动的水平的感知，成功会建立起对个体效能的坚定信念，失败则削弱它。因为亲身获得的成就是以真实的经验为基础的，所以它是最有影响力的效能信息来源。

2. 替代性经验

替代经验是从观察别人的行为所得的间接经验，是对能力等人格特征与自己相似的他人的活动及其成就水平的观察。它使观察者相信,当自己处于类似的活动情境时也能获得同样的成就水平,与自己相似的榜样的成功会提高个体对类似活动的自我效能信念,反之会降低个体对效能的判断。

3. 言语劝导

接受别人认为自己具有执行某一任务的能力的语言鼓励而相信自己的效能。社会评价和他人言语的说服,会影响个体自我效能信念的建立。缺乏经验基础的言语劝说，在形成效能判断方面的效果是脆弱的；而在直接经验或替代经验的基础上,对那些相信自己的能力可产生行动效果的人们影响最大。

4. 生理和情绪状态

个体在面临某项活动任务时的身心反应。平静的反应使人镇定、自信;焦虑不安则使人对自己的能力发生怀疑。在充满紧张危险的情景中,情绪易于唤起。而高度的情绪唤起和紧张的生理状态会妨碍行为操作,降低成就水平，从而导致个体的低自我效能感。

6.2.5.3　培养学生学习自我效能感的途径

1. 充分利用暗示的作用

皮格马利翁效应(Ygmalion effect),亦称“罗森塔尔效应(Rosenthal effect)”或“期待效应”。由美国著名心理学家罗森塔尔和雅格布森在小学教学上予以验证提出。赞美、信任和期待具有一种能量,它能改变人的行为,当一个人获得另一个人的信任、赞美时,他便感觉获得了社会支持,从而增强了自我价值,变得自信、自尊,获得一种积极向上的动力,并尽力达到对方的期待,以避免对方失望,从而维持这种社会支持的连续性。王珍珍等(2008)这样总结皮格马利翁效应:“说你行你就行,不行也行;说你不行,你就不行,行也不行”。皮格马利翁效应在学校教育中表现得非常明显。受老师喜爱或关注的学生,一段时间内学习成绩或其他方面都有很大进步,而受老师漠视甚至是歧视的学生就有可能从此一蹶不振。一些优秀的老师也在不知不觉中运用期待效应来帮助后进学生。

皮格马利翁效应其实体现的就是暗示的力量。教师在日常教学工作中可以通过以下途径利用积极暗示来提高学生的自我效能感。①珍惜并鼓励每个微小的进步。②少指责,保护自尊心:美国著名作家和教育家默生精辟地指出:“教育成功的秘密在于尊重学生。”保护“差生”自尊心,等于赋予他们力量,使他们坚强,催他们拼搏。③少批评,多找闪光点:看人总是一分为二的,在学生身上也是如此。④多耐心,少埋怨。对学生的教育要耐心,要和学生多交心,常谈心,对学生有信心、苦心和诚心。

2. 提供榜样示范

提供榜样示范指的是让学生在替代性经验中获得自我效能感,即通过观察能力相近者的进步行为来培养自信心和提升自我效能感。在这个多元化的信息时代,学生非常需要寻找正确的榜样,从很多的榜样模范中汲取最适合自身个性特点和经历的相关要素来模仿和学习,并且按照榜样的做法来指导自我。但是,示范教育也要注意方法,比如陈栩等(2006)指出“要注意将示范的教育功能最大化,而将其比较评价的功能最小化以避免社会比较给个人自尊带来的损失”。因此,对于自我效能感比较低的英语学困生生,切勿让他们与那些在听、说、读、写、译某一或几方面突出的英语尖子生作比较,而应该鼓励他们以同水平的、通过努力取得进步的其他同学(曾经的学困生)为榜样,从最基本的语音、语法知识入手,循序渐进、脚踏实地提高英语水平与语言能力。

3. 指导学生对成败的正确归因

根据 B. Weiner(1974)的归因理论(attribution theory),人们对行为成败原因的分析可归纳为以下六个原因:能力(是否胜任);努力(是否尽力而为);任务难度(个人经验判定任务的困难程度);运气(个人自认为成败是否与运气有关);身心状态(身体及心情状况是否影响工作成效);其他因素(其他事关人与事的影响因素)。以上六项因素作为一般人对成败归因的解释或类别,Weiner 按各因素的性质,分别纳入以下三个纬度之内。①控制点:指当事人自认影响其成败因素的来源,是以个人条件(内控),抑或来自外在环境(外控)。在此一纬度上,能力、努力及身心状况三项属于内控,其他各项则属于外控。②稳定性:指当事人自认影响其成败的因素,在性质上是否稳定,是否在类似情境下具有一致性。在此一纬度上,六因素中能力与工作难度两项是不随情境改变的,是比较稳定的。其他各项则均为不稳定者。③可控性:指当事人自认影响其成败的因素,在性质上是否能否由个人意愿所决定。在此一纬度上,六因素中只有努力一项是可以凭个人意愿控制的,其他各项均非个人所能为力。

通过归因训练加以改变,变消极的归因模式为积极的归因模式。教师在学期、学年考核后,要组织学生对考试成绩做分析与研究,认真进行归因,提高学生的学习自我效能感。教师在进行归因训练时应具体情况具体分析,针对不同的人、不同的任务、不同的场合和条件,给予学生不同的归因反馈,以保护他们的自尊心,使他们对成功有一个良好的期待并愿意作进一步的努力和从事有成就的任务。

将失败归因于内部、稳定、不可控时,会产生习得性无助感(learned helplessness),经过某事后学习得来的无助感,意味着一个人消极的生活情况,经常没有意志力去战胜困境,而且相当依赖别人的意见和帮助。学生在遇到英语学习困难时,一个不良的归因倾向就是把失败归因于自己能力不足、没有语言学习天赋等内部不可控因素。这种消极的归因倾向为持续的失败预期提供依据。对于成绩优异者,可以淡化其外部的、不可控制的因素,强调其个人努力等方面内部的、可控制的因素,以进一步强化其自我效能感;对于成绩差的学生,要淡化内部的可控制因素,强调外部的不可控制因素的影响,以保持其自我效能感,争取下一次的成功。对于那些学习不够努力的学生,也可归因一些不可控因素,如努力不够、平时的预习和复习不认真、考核前复习不充分,等等,让学生意识到只要改变自己的不良学习习惯和方法,就有希望获得成功。

本章参考文献

Armstrong, S. J. and Priola V. An Examination of How Differences in Cognitive Style Affect the Functioning of Self-managing Work-Teams: An Empirical Study[J]. ELSIN 3rd Annual Learning Style Conference, Conference Proceedings, Sunderland, 1998.

Bailey, K. M. Competitiveness and Anxiety in Adult Second Language Learning: Looking At and Through the Diary Studies[A]. in H. W. Seliger. and M. H. Long. (Eds.). Classroom Oriented Research in Second Languages [C]. Rowley, MA: Newbury House, 1983: 67-103.

Baker, C. Attitudes and Language[M]. Avon, England: Multilingual Matters Ltd., 1992.

Bandura, A. Perceived Self-efficacy in Cognitive Development and Functioning[J]. Educational Psychologist,1993(28): 117-148.

Bandura,A. Self-efficacy: Toward a Unifying Theory of Behavioral Change[M]. Psychological Review, 1977(2): 191-215.

Brown, D. H. Principles of Language Learning and Teaching[M]. NY: Longman,2000.

Brown, D. Teaching by Principles[M]. Englewood Cliffs: PrenticeHall,1994:152-157.

Busch, D. Introversion-extraversion and the EFL Proficiency of Japanese Students[J]. Language Learning, 1982,32(1):109-132.

Carroll, J and Sapon,S. Modern Language Aptitude Test (Form A)[M]. Bethesda, Maryland: Second language Testing Inc. , 1999.

Carroll. J. Cognitive Abilities in Foreign Language Aptitude: Then and Now[A]. in Parry and Stansfield. Language Aptitude Reconsidered[C]. Englewood Cliffs, N. J. : Prentice Hall, 1990.

Carroll. J. Twenty-five Years of Research on Foreign Language Aptitude[A]. in Diller. Individual Differences and Universals in Language Learning Aptitude [C]. Rowley, Mass. : Newbury House, 1981.

Chamot, A. U. The Cognitive Academic Language Learning Approach (CALLA): An update[A]. in P. A. Richard-Amato & M. A. Snow (Eds.), AcademicSuccess for English Language Learners: Strategies for K-12 Mainstream Teachers[C]. White Plains: Longman,2005: 87-101.

Chamot, A. U. , Barnhardt, S. , & El-Dinary, P. B, et al. The Learning Strategies Handbook[M]. White Plains:Addison Wesley Longman,1999.

Chastain, K. Affective and Ability Factors in Second Language Acquisition. Language Learning, 1975(28): 55-68.

Cohen, A. D. Strategies in Learning and Using a Second Language[M]. London: Longman, 1998:107-156.

Deci,E. L. & Ryan,M. Intrinsic Motivation and Self-determination in Human Behavior [M]. New York: Plenum, 1985.

Deci,E. L. Intrinsic Motivation, Extrinsic Reinforcement, and Inequity [J]. Journal of Personality and Social Psychology, 1972,22(1): 113-120.

Dornyei, Z. Motivation in Second and Foreign Language Learning[J]. Language Teaching, 1998 (31):117-138.

Ehrman,M. E. , & Oxford, R. L. Adult Language Learning Styles and Strategies in an Intensive Training Setting[J]. Modern Language Journal, 1990,74(3):311-327.

Ehrman,M. E. , Leaver,B. L, Oxford, et al. A Brief Overview of Individual Differences in Second Language Learning. System, 2003, 31(3): 313-330.

Ellis R. The Study of Second Language Acquisition[M]. Oxford:Oxford University Press, 1994.

Ellis, R. Task-based Research and Language Pedagogy. Language Teaching Research, 2000 (4):3.

Ellis, R. The Study of Second Language Acquisition[M]. Shanghai: Shanghai Foreign Language Education Press, 1999.

Eysenck, H. J., & Eysenck, M. W. Personality and Individual Differences: a Natural Science Approach[M]. New York: Plenum Press, 1985.

Eysenck, H. J. The Structure of Human Personality [M]. London: Methuen, 1970.

Gardner, R. & P. McIntyre. A student's Contributions to Second Language Learning Part 1: Cognitive Variables[J]. Language Teaching, 1992(25).

Gardner, R. et al. Second Language Learning: a Social Psychological Perspective[J]. Canadian Modern Language Review, 1976 (32): 2, 4.

Gardner, R. C. Social Psychology and Language Learning: the Role of Attitudes and Motivation. London: Edward Arnold, 1985.

Gardner, R. & Lambert, W. E. Attitudes and Motivation in Second Language Learning[M]. Rowley, MA: NewberyHouse, 1972.

Gardner, R. C. & MacIntyre, P. D. On the Measurement of Affective Variables in Second Language Learning[J]. Language Learning, 1993(43), 157-194.

Gardner, R. C. & Lambert, W. E.. Attitudes and Motivation in Second Language Learning [M]. Rowley, Mass: Newbury House, 1992.

Grenfell, M. & Harris, V. Modern Languages and Learning Strategies: In Theory and Practice[M]. Cambridge University Press, 1999.

Grigorenko, E., R. Sternberg & M. Ehrman. A Theory-Based Approach to the Measurement of Foreign Language Learning Ability: The Canal-F Theory and Test [J]. The Modern Language Journal, 2000(84): 390-405.

Guilford, J. P. The Nature of Human Intelligence [M]. New York: Scribner, 1967.

Guilford, J. P. Creativity[J]. American Psychologist, 1950(5): 444-454.

Guru, Gopal. How Egalitarian are the Social Sciences in India? [J]. Economic and Political Weekly, 2002 (51): 5003-5008.

Hansen-Strain, Lynne. The Attrition of Japanese by English-Speaking Children: An Interim Report[J]. Language Sciences, 1990, 12(4): 367-377.

Horwitz, E. K. & Young, D. J. Language Anxiety: From Theory and Research to Classroom Implications[M]. New Jersey: Prentice Hall, 1991: 164.

Horwitz, E. K., Horwitz, M. B., & Cope, J. Foreign Language Classroom Anxiety[J]. The Modern Language Journal, 1986(70): 125-132.

Kagan, et al. Information Processing in the Child: Significance of Analytic and Reflective Attitudes [J]. Psychological Monograph, 1964(78).

Krashen, S. D. Principles and Practice in Second Language Acquisition[M]. Oxford: Pergamon Press, 1982: 202-206.

Krashen, S. D. Second Language Acquisition and Second Language Learning[M]. London: Pergamum Brosna, 1981.

Larsen-Freeman, D. & Long, M. H. An Introduction to Second Language Acquisition and

Research [M]. Beijing: Foreign Language Teaching and Research Press, 2000.

Lenneberg, E. Biological Foundations of Language[M]. New York: Wiley and Sons, 1967.

Lyster, R. , & Ranta, L. Corrective Feedback and Learner Uptake: Negotiation of Form in Communicative Classrooms[J]. Studies in Second Language Acquisition, 1997(19): 37-66.

MacIntyre, P. D. , & Gardner, R. C. Anxiety and Second Language Learning: Toward a Theoretical Clarification [J]. Language Learning, 1989(39): 251-275.

McCroskey, J. C. Validity of the PRCA as an Index of Oral Communication Apprehension [J]. Communication Monographs, 1978(45): 192-203.

Messick, S. The Psychology of Education Measurement[J]. Journal of Educational Measurement, 1984, (21): 215-237.

O'Malley, J. M. The Effects of Training in the Use of Learning Strategies on Learning English as a Second Language[A]. in A. Wenden. & J. Rubin. (eds.) Learner Strategies in Language Learning [C]. UK: Prentice Hall, 1987.

O'Malley, J. & Chamot, A. Learning Strategies in Second Language acquisition. Cambridge: Cambridge University Press. 1990.

Oxford, R. and D. Crookall. Research on Language Learning Strategies: Methods, Findings, and Instructional Issues[J]. Modern Language Journal, 1989(73): 404-419.

Oxford, R. Language Learning Strategies: What Every Teacher Should Know[M]. New-York: Newbury House, 1990.

Oxford, R. , Anderson, N. A Cross-cultural View of Learning Styles[J]. Language Teaching, 1995(28).

Oxford, R. L. Anxiety and the Language Learner: New Insights[A]. in Arnold, J. (Ed.). Affect in Language Learning[C]. Cambridge: Cambridge University Press, 1999: 58-67.

Oxford, R. L. & J. Shearin. Language Learning Motivation: Expanding the Theoretical Framework[J]. Modern Language Journal, 1994(78): 12-28.

Piaget, J. Language and Thought from the Genetic Point of View[A]. in Adams, P. Language in Thinking[C]. Harmondsworth: Penguin, 1972: 141.

Pimsleur, P. The Pimsleur Language Aptitude Battery[M]. New York: Harcourt Brace Jovanovich, 1966.

Pintrich, P. R. Multiple Goals, Multiple Path-ways: The Role of Goal Orientation in Learning and Achievement[J]. Journal of Educational Psychology, 2000(92): 544-555.

Ren, W. Self-efficacy and the Search for Government Information[J]. Reference & User Service Quarterly, 1999(38): 283-291.

Riding, R. Cognitive Style [J]. Educational Psychology, 1991(3).

Rubin, J. Learning Strategies: Theoretical Assumptions, Research, History and Typology [A]. in Wenden, A. & Rubin, J. (eds.) Learner Strategies in Language Learning[C]. New York: Prentice-Hall, 1987.

Sarason, I. G. Test Anxiety, Worry, and Cognitive Interference[A]. in R. Schwarzer

(Ed.). Self-related Cognition in Anxiety and Motivation[C]. Hillsdale, NJ: Erlbaum, 1986:19-34.

Sarason, I. G. , and Sarason, B. The Test Anxiety Scale:Concept and Research[A]. In C. D. Spielberger and I. G. Sarason (Eds.), Stress and Anxiety. Washington, D. C. : Hemispher Publishing,1978(5):193-216.

Sarason, I. G. . Understanding and Modifying Test Anxiety[A]. in B. Scarvia, B. Anderson & J. S. Helmich. On Educational Testing[C]. San Francisco: Jossey-Bass,1983: 133-149.

Scovel,T. The Effect of Affect on Foreign Language Learning: A Review of the Anxiety Research[M]. Language Learning, 1978(28),129-142.

Skehan, P. A. The Role of Foreign Language Aptitude in a Model of School Learning[J]. Language Testing,1986 (3):188-221.

Skehan,P. A. Cognitive Approach to Language Learning[M]. Oxford: Oxford University Press. 1998.

Skehan,P. A. Individual Differences in Second Language Learning[M]. London:Edward Arnold,1989.

Spolysky, B. Conditions for Second Language Teaching[M]. Oxford:OUP,1989.

Stern, H. H. Concepts of Language Fundamental Teaching[M]. New York: Oxford University Press, 1983.

Stern, H. H. Issues and Options in Language Teaching[M]. Oxford: OUP,1992.

Stern, H. H. The Time Factor and Compact Course Development. TESL Canada Journal/ Revue TESL du Canada, 1985(3): 12-27.

Taylor, B. Adult Language Learning Strategies and their Pedagogical Implications [J]. TESOL Quarterly, 1975(9):391-399.

Tremblay, P. F. & Gardner,R. C. Expanding the Motivation Construct in Language Learning[J]. Modern language Journal, 1995(79): 505-520.

Vivian Cook. Linguistic and Second Language Acquisition[M]. Shanghai: Foreign Language Teaching and Research Press, 2000:54.

Watson, D. , & Friend, R. Measurement of Social-Evaluative Anxiety[J]. Journal of Consulting and Clinical Psychology, 1969(33): 448-451.

Weber-Fox,C. M. & Neville, H. J. Maturational Constraints on Functional Specializations for Language Processing: ERP and Behavioral Evidence in Bilingual Speakers[J]. Journal of Cognitive Neuroscience,1996(3): 231-256.

Weiner, B. Achievement Motivation and Attribution Theory[M]. Morristown, N. J. : General Learning Press,1974.

Weinstein, C. E. &Mayer,R. E. The Teaching of Learning Strategies[A]. in W. C. Wittrock(ed.)Handbook of Research on Teaching [C]. New York:Macmillan, 1986.

Wenden, A. & J. Rubin. (Eds.). Learner Strategies in Language Learning[M]. NJ: Prentice Hall,1987.

Witkin, H. A. Cognitive Styles in Personal and Cultural Adaptation[M]. N. P.: Clark University Press, 1978.

Witkin, H. A., C. A. Moore, R. Goodenough, & P. W. Cox. Field-dependent and Field-independent Cognitive Styles and Their Educational Implications[J]. Review of Educational Research, 1997, 47(1): 1-64.

Young, D. J. Creating a Low-Anxiety Classroom Environment: What Does The Language Anxiety Research Suggest? [J]. Modern Language Journal, 1991, 75(4): 426-437.

Yukawa, Emiko. Language Attrition from the Psycholinguistic Perspective: A Literature Review[J]. Centre for Research on Bilingualism, Stockholm University, 1997.

阿瑟·S·雷伯.心理学词典[Z].上海:上海译文出版社,1996.

曹鸿娟.从外语磨蚀的角度分析"年龄小优势论"[J].东北大学学报(社会科学版),2007(5).

陈栩,张建霞,郭斯萍.谈学困生自我效能感的培养[J].教育探索,2006(9).

程晓堂.英语学习策略[M].北京:外语教学与研究出版社,2002.

戴炜栋,束定芳.试论影响外语习得的若干重要因素[J].外国语,1994(4).

戴运财,何琼.第二语言学习动机研究:存在的问题及发展趋势[J].国外外语教学,2003 (2).

戴运财.语言学能对二语习得的影响[J].外语教学与研究,2006(11).

高一虹,等.中国大学生英语学习社会心理——学习动机与自我认同研究[M].北京:外语教学与研究出版社,2004.

顾伟勤.重谈语言学能[J].中国外语,2008(11).

郭本禹,姜飞月.自我效能理论及其应用[M].上海:上海教育出版社,2008:81-83.

洪灵敏.学习自我效能感理论对教学设计的启示[J].现代教育科学,2007(4):19-20.

胡斌武.学习风格与学习策略的选择[J].上海教育科研,1996(9).

教育部高教司.大学英语课程教学要求[J].中国大学教学,2004(1).

李寿欣,宋广文.西方认知方式研究概观[J].社会科学,1999(1):19-24.

倪传斌,延俊荣.外语"磨蚀"的影响因素分析[J].外语教学与研究,2006(1):50-54.

秦晓晴.第二语言学习策略研究的实践意义[J].外语教学,1996(4).

秦晓晴.文秋芳.非英语专业大学生学习动机的内在结构[J].外语教学与研究,2002(1).

秦晓晴.中国大学生外语学习动机研究[M].北京:高等教育出版社,2007.

邵瑞珍.教育心理学[M].上海:上海教育出版社,2000.

施良方.学习论[M].北京:人民教育出版社,1996.

束定芳,庄智象.现代外语教学——理论、实践与方法[M].上海:上海外语教育出版社,1996.

王立非.第二语言学习策略研究:问题与策略[J].外语教学,2001(4).

王立非.现代外语教学论[M].上海:上海教育出版社,2000.

王珍珍,李淑萍."皮格马利翁效应"在英语课堂教学中的运用[J].考试周刊,2008(3):86-87.

魏恒健.激发外语学习动机提高外语教学效率[J].英语辅导报,2004(19).

文秋芳.王立非.第二语言学习策略研究中的理论争端//英语学习策略理论研究[M].西安:陕西师范大学出版社,2004.

文秋芳.英语学习策略论[M].上海:上海外语教育出版社,2000.

文秋芳.英语学习策略论[M].上海:上海外语教学出版社,1996.

吴丽林. 内/外性格倾向优秀语言学习者学习策略运用研究. 外语学刊，2005(2).
吴一安，刘润清，Jeffrey，等. 中国英语本科学生素质调查报告[J]. 外语教学与研究，1993(1).
武波. 外语学习方式研究及其启示. 外语界，1997(2).
肖得法. 第二语言习得研究[M]. 长春：吉林教育出版社，1997.
阴国恩，梁福成，白学军. 普通心理学[M]. 天津：南开大学出版社，1998.
张大均. 教育心理学[M]. 北京：人民教育出版社，2001.
章兼中. 外语教育学[M]. 杭州：浙江大学出版社，1999.
周流溪. 中国中学英语教育百科全书[M]. 沈阳：东北大学出版社，1995.
朱智贤. 心理学大词典[Z]. 北京：北京师范大学出版社，1991.